Ursula Hochuli Freund (Hrsg.)

Kooperative Prozessgestaltung in der Praxis

Materialien für die Soziale Arbeit

Verlag W. Kohlhammer

Dieses Werk einschließlich aller seiner Teile ist urheberrechtlich geschützt. Jede Verwendung außerhalb der engen Grenzen des Urheberrechts ist ohne Zustimmung des Verlags unzulässig und strafbar. Das gilt insbesondere für Vervielfältigungen, Übersetzungen, Mikroverfilmungen und für die Einspeicherung und Verarbeitung in elektronischen Systemen.

Die Wiedergabe von Warenbezeichnungen, Handelsnamen und sonstigen Kennzeichen in diesem Buch berechtigt nicht zu der Annahme, dass diese von jedermann frei benutzt werden dürfen. Vielmehr kann es sich auch dann um eingetragene Warenzeichen oder sonstige geschützte Kennzeichen handeln, wenn sie nicht eigens als solche gekennzeichnet sind.

1. Auflage 2017

Alle Rechte vorbehalten
© W. Kohlhammer GmbH, Stuttgart
Gesamtherstellung: W. Kohlhammer GmbH, Stuttgart

Print:
ISBN 978-3-17-031306-4

E-Book-Formate:
pdf: ISBN 978-3-17-031307-1
epub: ISBN 978-3-17-031308-8
mobi: ISBN 978-3-17-031309-5

Für den Inhalt abgedruckter oder verlinkter Websites ist ausschließlich der jeweilige Betreiber verantwortlich. Die W. Kohlhammer GmbH hat keinen Einfluss auf die verknüpften Seiten und übernimmt hierfür keinerlei Haftung.

Vorwort

Der vorliegende Materialienband unter dem Titel ›Kooperative Prozessgestaltung in der Praxis. Materialien für die Soziale Arbeit‹ ist Ausdruck und zugleich Resultat jahrelanger fachlich fundierter, sorgfältiger Auseinandersetzung mit dem Thema, den gesamten Unterstützungsprozess in der Sozialen Arbeit in kooperativer Weise mit Klientinnen und Klientensystemen methodengestützt, zielorientiert und nachvollziehbar zu gestalten. Grundlage und Ausgangspunkt bildet das 2011 erschienene Lehrbuch ›Kooperative Prozessgestaltung in der Sozialen Arbeit‹ (Hochuli Freund/Stotz), in dem das Konzept hergeleitet und in seinen Grundzügen beschrieben wird, wobei ein besonderes Augenmerk auf die Darstellung der einzelnen Prozessschritte gelegt wurde. Im nun vorliegenden Materialienband wird in je spezifischen Zugängen aufgezeigt, wie unterschiedlich in den verschiedensten Arbeitsfeldern der Sozialen Arbeit mit der Methodik der Kooperativen Prozessgestaltung (KPG) gearbeitet werden kann. Dieser Rundgang durch die Landschaft der Sozialen Arbeit mit KPG gestaltet sich spannend und auch überraschend. Dabei zeigt sich, dass das Modell Ausdruck ist einer Denkfigur, an die sich Professionelle der Sozialen Arbeit – im Sinne eines Orientierungsrahmens, einer Hintergrundfolie – in der Kooperation mit Klientinnen halten können. Bei der Lektüre der verschiedenen Beiträge wird klar, was es heisst, in sorgfältiger und abgewogener Weise in ein jeweiliges Arbeitsfeld hineinzusehen, hineinzuhören, die Kooperation mit den Beteiligten zu suchen und gemeinsam den gesamten Unterstützungsprozess so zu gestalten, dass sich Anreiz und Motivation für gemeinsame Lösungen entwickeln. Dabei zieht sich wie ein roter Faden die Haltung der Kooperation als Leitlinie für die Soziale Arbeit durch, wenn aufgezeigt wird, wie das zugrundeliegende Konzept umgesetzt werden kann.

Das oben beschriebene Lehrbuch hat sich seit seinem Erscheinen an der Hochschule für Soziale Arbeit der Fachhochschule Nordwestschweiz wie auch an andern Ausbildungsstätten als Grundlagenwerk bewährt und etabliert. Dies zeigt sich u. a. an diversen Weiterbildungsangeboten, Fachseminaren, Forschungsprojekten oder an der Verfassung von Bachelorarbeiten zur Methodik KPG. Vorteil wie auch Nachteil dieses generalistischen Lehrbuchs ist, dass es trotz vieler Beispiele auf einer relativ abstrakten Ebene bleibt, indem es neben den zugrundeliegenden Herleitungen das Konzept und die einzelnen Prozessschritte ausführlich beschreibt und dazu jeweils mögliche Methoden nennt bzw. vorstellt. Eine Implementierung des Konzepts in verschiedenen Arbeitsfeldern ist aber nicht so ohne Weiteres möglich. Deshalb hat sich die Herausgeberin Ursula Hochuli Freund entschlossen zusammen mit ihren Mitarbeitenden einen Materialienband zu gestalten, der diesem Umstand Rechnung trägt. Sie stützen sich ab auf Grundlagen und Erkenntnisse, die sie im Laufe der letzten Jahre in verschiedenen Bereichen erarbeitet bzw. gewonnen haben. So wurden z. B. im Zusammenhang von Dienstleistungen jeweils zugeschnitten auf einzelne Organisationen der Sozialen Arbeit konkretisiert, wie die Zusammenarbeit zu gestalten, die Verantwortung für den Prozess aufzuteilen, Punkte der Uneinigkeit anzugehen, einzelne Aufgaben zuzuteilen sind etc. Im Bereich der Forschung wird derzeit mit sieben sozialen Organisationen aus den Bereichen ›Stationäre Hilfen‹ und ›Gesetzliche Sozialhilfe‹ ein Verfahren zur kooperativen, erfahrungs- und theoriebasierten Entwicklung von Instrumenten für die Gestaltung der Arbeit mit Klienten entwickelt. Aus der damit verbundenen organisationsspezifischen Implementierung lassen sich erste Erkenntnisse ableiten, die in diesem Band gut nachvollziehbar aufgezeichnet werden. Ein weiterer interessanter Bereich stellt die Fallarbeit dar. Die im Materialienband aufgezeigten Best-Practice-Beispiele aus der Fallarbeit mit KPG zeigen ganz unterschiedliche konkrete Möglichkeiten auf, wie ein Fall vor dem Hintergrund des Konzepts bearbeitet werden kann.

Spätestens hier wird klar, dass der vorliegende Materialienband analog dem Lehrbuch weit weg von einer Sammlung von Rezepten und Rezepturen ist, wie ein jeweiliger Unterstützungsprozess mit einer einzelnen Person oder einer Gruppe anzugehen, zu planen, durchzuführen und auszuwerten sei. Im Gegenteil – und das macht die Lektüre dieses Buchs so spannend –, man trifft auf mannigfache Unterschiede in und zwischen den einzelnen Arbeitsfeldern, auf Eigenheiten, auf Widersprüchliches, eben auf die Vielfalt, die Menschen voneinander unterschieden und sie auszeichnen, und man liest mit steigendem Interesse, wie sich die Arbeit mit dem Konzept KPG ganz unterschiedlich konkretisiert. Dadurch entstehen neue Handlungsräume für die eigene Tätigkeit als Sozialarbeiterin oder Sozialpädagoge im eigenen Arbeitsfeld, die Zusammenarbeit mit den jeweiligen Klientinnen individuell zu gestalten.

Aus der Perspektive des aktiven Beobachters, im Jahre 2011 noch Mitautor des Lehrbuches, nun in Rente, kann ich das vorliegende Buch bestens empfehlen. Es stellt eine überzeugende, gut gelungene Folge und gleichzeitig Weiterführung des Lehrbuches dar, es bildet die inhaltslogische Konsequenz aus dem, was im Lehrbuch entworfen wurde. Seine Qualität, und das soll hier noch einmal verdeutlicht werden, macht die arbeitsfeldspezifische Konkretisierung des Konzepts KPG aus und darüber hinaus die Auseinandersetzung mit unterschiedlichen Aspekten der Umsetzungen dieser Methodik in die Praxis der Sozialen Arbeit.

Oberdorf, im April 2017
Walter Stotz

Zu diesem Materialband

Ursula Hochuli Freund

Vor sechs Jahren ist das methodenintegrative Lehrbuch zum Konzept Kooperative Prozessgestaltung (Hochuli Freund/Stotz 2011) in der ersten Auflage erschienen. Seither ist die theoretische und v. a. die praxisbezogene Auseinandersetzung weitergeführt worden. In verschiedenen Forschungs- und Dienstleistungsprojekten wurde und wird an der arbeitsfeld- und organisationsspezifischen Weiterentwicklung und Ausdifferenzierung des Konzepts gearbeitet. Das Anliegen des nun vorliegenden ersten Materialienbandes ist es, die vielfältige Denkarbeit rund um Kooperative Prozessgestaltung (KPG) sichtbar zu machen, die unterschiedlichen Ansätze zur Weiterentwicklung und zur Nutzung der Methodik darzustellen und damit Materialien insbesondere für die Praxis Sozialer Arbeit zur Verfügung zu stellen.

Im ersten Teil ›Konzeptionelle Grundlagen‹ sind Aufsätze zur Einbettung, zur theoretischen Weiterentwicklung und Präzisierung des Konzepts KPG aufgenommen. *Jakin Gebert* setzt sich mit dem Diskurs zu methodischem Handeln innerhalb der scientific community der Sozialen Arbeit auseinander. Er arbeitet heraus, welche *Anforderungen an professionelles Handeln* in aktuellen Professionalitätsentwürfen genannt werden und vergleicht die Methodik KPG mit diesen anderen Entwürfen. Sein Artikel ist eine Weiterentwicklung seiner sehr gelungenen Bachelor-Thesis zu diesem Thema. Demgegenüber nutze ich im Artikel *Denken und Handeln* den Blick über die Grenzen der Profession hinaus und suche die transdisziplinäre Auseinandersetzung, um das Konzept KPG zu positionieren, zu hinterfragen und Ansätze zur Weiterentwicklung zu finden. *Kathrin Schreiber* geht der Frage nach, inwiefern *Kooperative Prozessgestaltung als Beitrag zum ethischen Handeln in der Sozialen Arbeit* verstanden werden kann. Den Artikel *Kooperation und Multiperspektivität* habe ich 2015 für einen anderen Sammelband geschrieben. In der leicht gekürzten Version wird aufgezeigt, dass es eine genuine Aufgabe der Sozialen Arbeit ist, die unterschiedlichen Sichtweisen aller an einem Fall beteiligten Akteurinnen aufzunehmen und die Kooperation sowohl auf der Fachebene wie auch mit Klienten aktiv und reflektiert zu gestalten. *Raphaela Sprenger-Ursprung* schliesslich vergleicht die *Bedeutung und Funktion von Hypothesenbildung im Konzept Kooperative Prozessgestaltung und in der systemischen Sozialen Arbeit* und zeigt Möglichkeiten der Verbindung auf.

Der zweite Teil enthält Beiträge zur arbeitsfeldspezifischen Konkretisierung des Konzepts sowie verschiedene Materialien zu KPG. Der Beitrag *Kooperative Prozessgestaltung im Eingliederungsmanagement* leistet eine theoretische Ausdifferenzierung und Konkretisierung von KPG in Hinblick auf die Arbeitsfelder des Eingliederungsmanagements; er wurde zunächst für das demnächst erscheinende Handbuch zu Eingliederungsmanagement (herausgegeben von Geisen/Moesch) verfasst. Die beiden nächsten Artikel dokumentieren die Entwicklungsarbeit in zwei Projekten. In einer Einrichtung der Behindertenhilfe in Süddeutschland wurde in einem drei Jahre dauernden Projekt nicht nur die Methodik KPG im Wohnbereich eingeführt, sondern auch – von Praktikern und Wissenschaftlerinnen gemeinsam – ein neues Angebot ›*Kooperative Bedarfsermittlung*‹ entwickelt, bei dem der Bedarf hinsichtlich Wohnen gemeinsam mit jungen Menschen mit einer kognitiven Beeinträchtigung vorgenommen wird. In einer weiteren Einrichtung der Behindertenhilfe in der Schweiz wurde die sozialpädagogische Prozessgestaltung – wie sie dort genannt wird – gemeinsam mit der Entwicklung eines neuen elektronischen Dokumentationstools grundlegend überarbeitet. Im Artikel *Implementation eines Tools zur sozialpädagogischen Prozessgestaltung und Dokumentation* nehmen unterschiedliche Akteure Stellung, wie sie insbesondere den Implementationsprozess erlebt haben.

Der Text *Variationen zum Prozessgestaltungsmodell* von Raphaela Sprenger-Ursprung und mir ist eine Spielerei. Wir verfolgen damit aber ein durchaus ernsthaftes Anliegen, wollen wir doch dazu beitragen, den Blick auf dieses Modell zu weiten und einige Missverständnisse in Hinblick auf diese Denkfigur zu klären. Die *Fallbesprechungs-Materialien* sind zunächst im Kontext des Weiterbildungs-Fachseminars ›Fallbesprechung leiten‹ entstanden. Aufgrund des Bedarfs in einzelnen Praxisentwicklungsprojekten in unserem aktuell noch laufenden Forschungsprojekt ›Kooperative Instrumente-Entwicklung zur Qualitäts- und Effektivitätssteigerung in der Sozialen Arbeit (KoopIn)‹ habe ich diese Materialien noch einmal deutlich angereichert. Der vorliegende Artikel fasst den aktuellen Stand zusammen.

Best Practice-Beispiele, so lautet die Überschrift des dritten Teils, der inspirierende Beispiele für die Arbeit mit KPG enthält. Die fünf Beiträge von ehemaligen Studierenden beruhen auf Fallarbeiten, die zunächst als Leistungsnachweis in einem Kasuistik-Modul im Bachelor-Studium an der Hochschule für Soziale Arbeit der Fachhochschule Nordwestschweiz FHNW geschrieben worden sind. Die Studierenden – die damals entweder im Modus studienbegleitender Praxisausbildung studierten oder aber ihr zweites Praktikum absolvierten – hatten die Aufgabe, einen Fall in der Praxis theoretisch begründet, methodisch strukturiert und reflektiert zu bearbeiten. Im handlungsentlasteten Raum einer Fallwerkstatt an der Hochschule wurde jeweils über die einzelnen Fallbearbeitungen diskutiert. Es handelt sich um fünf hervorragende Fallarbeiten, welche zu einem Artikel für dieses Buch weiterentwickelt wurden. Sie stammen aus unterschiedlichen Praxiskontexten: aus der stationären Kinderhilfe (*Noemi Hauri*), der stationären Behindertenhilfe (*Mirjam Eberhart*), der Suchthilfe (*Andrea Hauri*), einem Sozialdienst (*Sophie Löw*) und aus der Spitalsozialarbeit (*Noemi Burgener*). Unter den Fallbearbeitungen aus der offenen Jugendarbeit gab es leider keine für diese Publikation geeignete Arbeit (daran besonders interessierte Leser seien auf den nächsten Materialienband vertröstet).

Die Fallarbeiten beziehen sich alle auf das Konzept KPG, sie legen das Schwergewicht aber auf unterschiedliche Phasen einer Prozessgestaltung und zeigen die grosse Bandbreite von Bearbeitungsmöglichkeiten auf. Sie zeugen von Kreativität, indem fallbezogen neue Instrumente entwickelt wurden (zum Beispiel Andrea Hauri und Sophie Löw, letztere für eine kurze Beratungssequenz), von einem differenzierten Prozess gemeinsamen Fallverstehens (Noemi Hauri) und theoretisch grosser Versiertheit (Noemi Burgener, welche die von Sprenger-Ursprung thematisierte Verbindung von KPG und systemischer Arbeit in der Fallarbeit praktisch umsetzt). Vier der Best-Practice-Beispiele beziehen sich auf einen Fall mit einer Einzelperson, Mirjam Eberhart beschreibt eine Fallarbeit mit einer Gruppe von Bewohnerinnen. Nicht nur Studierende können sich von diesen fünf ganz unterschiedlichen Arbeiten inspirieren lassen, was Fallarbeit vor dem Hintergrund von KPG bedeuten kann.

Ich hoffe, dass der vorliegende Materialienband die Aus- und Weiterbildung zum methodischen Handeln bereichern wird, indem er die aktuellen fachlichen Standards Sozialer Arbeit noch besser (be-)greifbar macht und eine auf Fallverstehen beruhende Gestaltung des Unterstützungsprozesses gemeinsam mit Klienten immer selbstverständlicher werden lässt. V. a. aber wünsche ich mir, dass die unterschiedlichen Beiträge und Materialien soziale Organisationen ebenso wie einzelne Praktiker dazu anregen, das Konzept KPG im eigenen beruflichen Kontext zu nutzen. Erst dann wird sich zeigen, was der Titel dieses Materialienbandes verspricht: Was *Kooperative Prozessgestaltung in der Praxis* bedeutet.

Inhalt

Vorwort 5

Zu diesem Materialband 7
Ursula Hochuli Freund

Teil 1: Konzeptionelle Grundlagen

Anforderungen an professionelles Handeln
Kooperative Prozessgestaltung und weitere Professionalitätsentwürfe im Vergleich 17
Jakin Gebert
1   Auf der Suche nach Gemeinsamkeiten 17
2   Anforderungen an professionelles Handeln 19
3   Besonderheiten des Konzepts Kooperative Prozessgestaltung 39
4   Fazit 47
    Literatur 48

Denken und Handeln
Eine transdisziplinäre Auseinandersetzung mit dem Konzept Kooperative Prozessgestaltung 51
Ursula Hochuli Freund
1   Vorausschauendes Denken und Planen – Intuition – nachträgliche Reflexion: Zur Auswahl der Vergleichskonzepte 51
2   In Sekundenschnelle handlungsfähig werden dank ›intelligenter Vermutungen‹ (Gigerenzer) 54
3   Die Anstrengungen ›langsamen Denkens‹ auf sich nehmen (Kahneman) 57
4   ›Reflection-in-action‹: Einheit von Denken und Handeln (Schön) ... 62
5   Denken, Planen, Handeln, Reflektieren 67
    Literatur 69

Kooperative Prozessgestaltung als Beitrag zum ethischen Handeln in der Sozialen Arbeit 71
Kathrin Schreiber
1   Ethik, Moral und Professionalität 72
2   Kooperative Prozessgestaltung als Unterstützung ethischer Reflexion 76

3	Kooperative Prozessgestaltung als Beitrag zum ethischen Handeln	85
	Literatur	86

Kooperation und Multiperspektivität 89
Ursula Hochuli Freund

1	Multiperspektivität	89
2	Perspektiven verschiedener Professionen	92
3	Perspektive der Klientinnen und Klienten	97
4	Verschränkung von Perspektiven in der Kooperation	101
	Literatur	103

Bedeutung und Funktion von Hypothesen im Konzept Kooperative Prozessgestaltung
Ein Vergleich zur Hypothesenbildung in der systemischen Arbeit 106
Raphaela Sprenger-Ursprung

1	Begriffsklärung und Bedeutung von Hypothesen in der Sozialen Arbeit	106
2	Die Arbeit mit Hypothesen im Konzept KPG	108
3	Die Arbeit mit Hypothesen in der systemischen Sozialen Arbeit	115
4	Gemeinsamkeiten und Unterschiede von Hypothesen der beiden Konzepte	119
	Literatur	122

Teil 2: Arbeitsfeldspezifische Konkretisierungen und Arbeitsmaterialien

Kooperative Prozessgestaltung im Eingliederungsmanagement
Eine praxisfeldspezifische Ausdifferenzierung des Konzepts Kooperative Prozessgestaltung 127
Ursula Hochuli Freund

1	Rahmenbedingungen professionellen Handelns im Eingliederungsmanagement	127
2	Gestaltung von Unterstützungsprozessen im Eingliederungsmanagement	132
3	Professionelle Grundhaltung und Arbeitsprinzipien	146
	Literatur	147

›Kooperative Bedarfsermittlung‹ und Weiterentwicklung des Wohnbereichs
Einführung von Kooperativer Prozessgestaltung in einer Einrichtung der Behindertenhilfe 151
Jakin Gebert, Ursula Hochuli Freund, Jasmin Hugenschmidt, Raphaela Sprenger-Ursprung

1	Das Projekt	151
2	Ein neues Angebot: Kooperative Bedarfsermittlung	153
3	Veränderung der bisherigen Angebote	162

4	Fazit	166
	Literatur	168

Implementation eines Tools für sozialpädagogische Prozessgestaltung und Dokumentation in einer Einrichtung der stationären Behindertenhilfe 169
Raphaela Sprenger-Ursprung, Jakin Gebert, Renate Trawöger, Oliver Eglinger, Ursula Hochuli Freund

1	Zwei Projekte: Instrumente-Entwicklung und Implementation	169
2	Herausforderungen und Gelingensfaktoren bei einem Implementationsprozess	174

Variationen zum Prozessgestaltungsmodell
Spiel-Möglichkeiten und Klärungen 179
Ursula Hochuli Freund, Raphaela Sprenger-Ursprung

1	Ein Modell und seine Variationen	179
2	Drei Klärungen	187
	Literatur	190

Fallbesprechungs-Materialien
Strukturierungshilfen für effektive Fallbesprechungen gemäss Kooperativer Prozessgestaltung 191
Ursula Hochuli Freund

1	Fallbesprechungen: Was – wozu – wann – wie?	191
2	Materialien für Fallbesprechungen nach KPG	196
	Literatur	210

Teil 3: Fallarbeit mit KPG Best-Practice-Beispiele

»Sprechen ist schwierig«
Analyse und Diagnose in einem Fall der stationären Kinderhilfe 215
Noëmi Hauri

1	Kontext der Fallbearbeitung	215
2	Fallbearbeitung	216
3	Folgerungen	230
	Literatur	231

Schritt in die Unabhängigkeit
Ein Fall in der Ablösung vom Sozialdienst 232
Sophie Löw

1	Organisationaler Kontext	232
2	Fallbearbeitung	233
3	Erkenntnisse aus der Fallbearbeitung	242
	Literatur	244

Zielkarte für einen herausfordernden Berufswunsch
Kooperative Prozessgestaltung in der stationären Suchthilfe 245
Andrea Hauri
1 Kontext der Fallbearbeitung 245
2 Fallbearbeitung 247
3 Folgerungen 254
   Literatur 256

Bedürfnisse aufnehmen
Ein neues Freizeitangebot für alte Menschen in der stationären
Behindertenhilfe 257
Mirjam Eberhart
1 Organisationaler Kontext der Fallbearbeitung 257
2 Fallbearbeitung 258
3 Erkenntnisse aus der Fallbearbeitung 269
   Literatur 269

Autonomieförderung durch systemische Fallbearbeitung
Kooperative Prozessgestaltung in der Spitalsozialarbeit 271
Noemi Burgener
1 Kontext der Fallbearbeitung 271
2 Fallbearbeitung 273
3 Reflexion und Erkenntnisse 286
   Literatur 289

Anhang

Abbildungsverzeichnis 293

Tabellenverzeichnis 294

Autorinnen und Autoren 295

Teil 1 Konzeptionelle Grundlagen

Anforderungen an professionelles Handeln
Kooperative Prozessgestaltung und weitere Professionalitätsentwürfe im Vergleich

Jakin Gebert

In diesem Artikel werden verschiedene Konzepte von Professionalität miteinander verglichen mit dem Ziel, deren Gemeinsamkeiten herauszuarbeiten und auf dieser Grundlage allgemeingültige Anforderungen an professionelles Handeln in der Sozialen Arbeit zu formulieren. Ebenfalls wird aufgezeigt, wie das Konzept Kooperative Prozessgestaltung (KPG) diese Anforderungen berücksichtigt und welche Besonderheiten und Vorteile es gegenüber anderen Professionalitätsentwürfen hat.

1   Auf der Suche nach Gemeinsamkeiten

Die Methodik KPG (Hochuli Freund/Stotz 2011, 2013, 2015) ist ein Konzept für methodisch strukturiertes Handeln, das von einem spezifischen Verständnis von professionellem Handeln in der Sozialen Arbeit ausgeht. Es gibt etliche andere Professionalitätsentwürfe für die Soziale Arbeit, die ebenfalls Aussagen darüber machen, worauf es bei fachlichem Handeln ankommt. Alle gehen sie davon aus, dass professionelles Handeln notwendig ist und sich bis zu einem gewissen Mass planen und strukturieren lässt. »Die Planung des Vorgehens modifiziert sozialpädagogisches Handeln von einem primär intuitiven Handeln hin zu einem kalkulierbaren Prozess der Hilfe« (Galuske 2013:31). Jedoch unterscheiden sich die Professionalitätsentwürfe teilweise stark voneinander. Um Gemeinsamkeiten und Unterschiede zwischen KPG und anderen Konzepten bezüglich der Fragen, was professionelles Handeln ist und auf welche Weise es geplant und strukturiert werden kann, soll es in diesem Beitrag gehen.

Der Terminus »Professionelles Handeln« bildet ein Sammelbecken für etliche Begriffe, die inhaltlich zwar miteinander in Verbindung stehen, jedoch keine allgemeingültige Definition zulassen. ›Professionell‹ wird im Alltagsgebrauch mit mehreren Bedeutungen in Verbindung gebracht: Es bezeichnet erstens eine Tätigkeit, die als Beruf bzw. gegen Bezahlung durchgeführt wird, verweist zweitens auf das Bestehen eines Berufsabschlusses bzw. einer Ausbildung oder unterscheidet zwischen Profis und Laien. Mit professionell können aber auch eine hohe Qualität bzw. ein fachlicher Standard angesprochen werden, ein besonderes Wissen oder spezielle Fertigkeiten gemeint sein (vgl. Dewe et al. 2011:27, Duden o. J.a). Die unterschiedlichen Teilaspekte von Professionalität finden sich auch im Diskurs in der Sozialen Arbeit wieder. In der Vergangenheit galt lange Zeit eine altruistische Motivation mehr als eine Qualifikation und professionelle Eigenschaften (vgl. Erler 2012:115). Mittlerweile steht zunehmend die Qualität im Zentrum, die sowohl an Produkt bzw. Qualität der Hilfen, als auch an Können und Fachlichkeit der Sozialarbeitenden festgemacht wird. Professionalität wird »als gekonnte Beruflichkeit, als Ausdruck qualitativ hochwertiger Arbeit bewertet, vorausgesetzt oder angestrebt« (Busse/Ehlert 2012:85). Professionalität dient auch als Unterscheidungs- und Gütekriterium gegenüber Laien und Nichtfachkräften, um »richtiges oder gutes berufliches Handeln von falschem oder schlechtem Handeln abzugrenzen« (ebd.). Neben der Abgrenzung nach aussen geht es dabei auch um Selbstvergewisserung im Sinne eines reflexiven Vorgehens. Professionalität ist jedoch keine feste, klar definierte Grösse, sondern eher eine Idealvorstellung und schwammige normative Vorgabe zur Orientierung und Reflexion in Studium und Praxis (vgl. ebd.).

Der Begriff Handeln stammt aus dem mittelhochdeutschen »mit den Händen fassen, bearbeiten; tun« bzw. vom althochdeutschen Wort hantalōn »berühren; bearbeiten« (Duden o. J.b). Gemeint ist damit also eine Bewegung, etwas zu greifen und zu spüren, in der Absicht es zu bearbeiten. Beim Handeln besteht ein expliziter Bezug zu Arbeit, wie auch bei Professionalität. Die beiden Begrifflichkeiten sind eng aufeinander bezogen. Analog zur Kommunikationstheorie formuliert Callo, dass ein Mensch nicht nichts tun kann (vgl. 2005:61). Das Tun findet ständig und zunächst undefiniert statt. Erst durch ein Ziel und die Verwendung von Instrumenten entsteht Struktur und erhält professionelles Handeln Bedeutung. Es wird möglich, gegenüber beliebigem Tun zu unterscheiden und Tätigkeiten spezifische Anforderungen beizumessen. Professionelles Handeln ist – wenn der Exkurs zu den beiden Begriffen wieder zusammengeführt wird – also eine Kombination aus Qualität und Handlung. Professionalität und professionelles Handeln lassen sich nahezu gleichsetzen, beide schliessen sie eine Tätigkeit ein. Dennoch ist die Bezeichnung professionelles Handeln mit dem Fokus auf Aktivität und Handlung besser geeignet, um damit die statischen Anteile von Professionalität wie Qualifizierung, Abgrenzung und Status nicht zu gewichten. Es geht daraus besser hervor, dass eine praktische Ausrichtung besteht und es sich nicht um intuitives und zufälliges, sondern um bewusstes Vorgehen handelt.

Damit ist mit professionellem Handeln ein begrifflicher Rahmen definiert, der zunächst allerdings eine Worthülse bleibt. Denn es stellt sich die Frage, was die fachliche Qualität des Handelns inhaltlich konkret ausmacht und welche Anforderungen an die Professionellen gestellt werden müssen. Becker-Lenz und Müller kommen zum Urteil, dass immer noch unklar zu sein scheint, welche Vorgehensweisen im beruflichen Kontext der Sozialen Arbeit als professionell eingestuft werden können (vgl. 2009:9). »Es könnte dann in der Praxis im schlimmsten Fall eine relative Unverbindlichkeit und Beliebigkeit im professionellen Handeln festzustellen sein« (ebd.). Von Spiegel stellt noch etwas genauer dar, dass Professionelle, trotz institutioneller Vorgaben, im Alltag häufig relativ autonom entscheiden und handeln können oder, etwas salopper ausgedrückt, ›machen können, was sie wollen‹. Bis auf rechtsverbindliche Vorschriften gibt es keine »übergreifenden professionellen Regeln« (2013:78) oder einheitliche fachliche Standards, weshalb sich explizite Handlungsfehler bisher nur anhand von groben Verfahrensfehlern feststellen und messen lassen (vgl. ebd.:77f.). Daher besteht nach wie vor sowohl ein Bedarf solche allgemeingültigen Massstäbe theoretisch herauszubilden, als auch diese in der Praxis zu etablieren. Doch was genau ist ›gutes‹, fachliches, qualitativ hochwertiges Handeln? Welche Voraussetzungen müssen dafür gegeben sein? Welche Kompetenzen und welche Haltung werden dazu benötigt? Je nach theoretischer Position werden diese Fragen unterschiedlich beantwortet. Im Fachdiskurs wurde bereits häufiger auf Unterschiede und Gegensätze hingewiesen. Daher lohnt es sich, trotz aller Verschiedenheiten, den Fokus auf gemeinsame Nenner zu richten.

In einem ersten Schritt werden dazu die strukturellen Besonderheiten Sozialer Arbeit in den Blick genommen und beschrieben, welche gemeinsam geteilten Sichtweisen es zu den grundlegenden Rahmenbedingungen Sozialer Arbeit gibt. Anschliessend werden verschiedene aktuelle Konzepte verglichen und die dort formulierten Ansprüche an professionelles Handeln zusammengetragen. Aus den Übereinstimmungen wird ein Katalog von Anforderungen formuliert, welche Voraussetzungen und Fähigkeiten benötigt werden, um in der Sozialen Arbeit ›gut‹ und ›richtig‹ zu handeln. Danach werden diverse, z. T. in den Konzepten enthaltene, Strukturierungshilfen zur Gestaltung des professionellen Handelns beleuchtet und hinsichtlich der zuvor zusammengestellten Anforderungen überprüft. Auch hierbei finden sich einige Ähnlichkeiten und Überschneidungen. Zuletzt werden die wichtigsten Unterschiede und Besonderheiten von KPG aufgezeigt, mit denen sie sich von den anderen Entwürfen abhebt.

2 Anforderungen an professionelles Handeln

Professionelles Handeln lässt sich nicht getrennt von den strukturellen Bedingungen der Sozialen Arbeit betrachten. Es gibt einige Besonderheiten, in denen sie sich von anderen Professionen unterscheidet. Diese machen eine Professionalität überhaupt erst erforderlich und lassen sich professionstheoretisch zur Bestimmung der Profession heranziehen (vgl. Hochuli Freund/Stotz 2015:46f.). In Anlehnung an die von Schütze formulierten »Paradoxien professionellen Handelns« (1992:137) haben sich im Fachdiskurs im Laufe der Zeit verschiedene Spannungsfelder und Dilemmata herausgebildet. Diese werden als »strukturelle Widersprüchlichkeiten« (Hochuli Freund/Stotz 2015:47), als »Kernproblem in der Sozialen Arbeit« (Knoll 2010:177) oder als »Charakteristika der beruflichen Handlungsstruktur« (von Spiegel 2013:25) bezeichnet. Diese Strukturmerkmale werden immer wieder in Grundlagenwerken und Professionalitätskonzepten rezipiert. Sie können daher, abgesehen von einigen Ausnahmen und Kontroversen (z. B. in Bezug auf das doppelte Mandat, Hilfe/Kontrolle, Freiwilligkeit oder Loyalitätsfragen) als vermutlich grösster Konsens in der Sozialen Arbeit angesehen werden. Die Strukturmerkmale bilden somit die Grundlage für professionelles Handeln. Dewe et al. bemängeln, die strukturellen Besonderheiten Sozialer Arbeit würden in Entwürfen professionellen Handelns zu wenig berücksichtigt (vgl. 2011:142). Die erste und wichtigste Anforderung an professionelles Handeln ist deshalb, die Strukturmerkmale zu kennen und mit den Widersprüchen umgehen zu können. Ebenso sollten die Spannungsfelder nach aussen kommuniziert und transparent gemacht werden, um mehr Klarheit für alle Beteiligten zu schaffen bzw. die Soziale Arbeit realistischer darzustellen. Für die Professionellen bringt dies »eine Entlastung von einseitig individuellen Selbstzweifeln« (Knoll 2010:177) mit sich und hilft viele Probleme auch als strukturell bedingt zu verstehen. Die Paradoxien werden im Folgenden skizziert, wobei bewusst der Stil von Pol versus Gegenpol gewählt wird und die Begriffspaare einander symbolisch als absolute Positionen gegenübergestellt werden. Neben dem Konzept KPG von Hochuli Freund und Stotz (2015) wird für den Vergleich dabei insbesondere auf von Spiegel (2013), Galuske (2013) und Knoll (2010) Bezug genommen.

2.1 Aushalten von Spannungsfeldern und Paradoxien

Klient vs. Systeme

Sämtliche Leistungen Sozialer Arbeit finden im Kontext verschiedener Systeme statt. Es besteht dabei sowohl eine Verpflichtung gegenüber den Interessen der Klientinnen und Klienten als auch gegenüber der eigenen Organisation, den gesetzlichen Vorgaben und gesellschaftlichen Rahmenbedingungen. Das Bestehen dieser unterschiedlichen Aufträge wird als doppeltes Mandat beschrieben (vgl. Hochuli Freund/Stotz 2015:51f.). Es wird auch von multiplen Loyalitäten gesprochen, wenn weitere Systeme, wie die eigene Fachlichkeit, Wissenschaft, Berufskodex und Menschenrechte, hinzugenommen werden (vgl. Staub-Bernasconi 2007:200f., Widulle 2011:41). Die mehrfachen Aufgabenstellungen begrenzen sich teilweise gegenseitig und können zu einem Interessenskonflikt führen. Der Handlungsspielraum für das Wohl der Klientinnen und Klienten ist abhängig vom bestehenden Recht, von staatlicher oder anderweitiger Finanzierung, von der institutionellen Einbindung und der jeweiligen Verwaltungsstruktur (vgl. Galuske 2013:51). Die bürokratische Handlungslogik steht dabei im Widerspruch zur konkreten Arbeit und dem Umgang mit den betroffenen Menschen und ihrer Lebenswelt (vgl. Hochuli Freund/Stotz 2015:51f., Knoll 2010:174). Knoll beschreibt mit dem »Widerspruch zwischen beruflich-professioneller Problemdefinition und der Alltagsbedeutung der Probleme« (Knoll 2010:172) die Möglichkeit, dass gesellschaftliche Probleme auf den Einzelfall abgewälzt und damit verschleiert werden. Soziale Arbeit trägt durch ihr Eingreifen und das Schaffen neuer Angebote dazu bei, dass Probleme gelöst statt politisch thematisiert werden und verhindert allenfalls, dass Missstände sichtbar werden können (vgl. ebd.).

Hilfe vs. Kontrolle

Soziale Arbeit übernimmt sowohl die Aufgabe von Hilfe als auch von Kontrolle, wenn auch je nach Fall und Kontext in einem unterschiedlichen Verhältnis. Der Kontrollaspekt wird meist auf Grund der staatlichen bzw. institutionellen Rahmenbedingung oder der Orientierung an gesellschaftlich vorgegebener Normalität begründet (vgl. Galuske 2013:52f., von Spiegel 2013:27). Kontrolle scheint insgesamt eher negativ belegt zu sein, im Sinne von Sanktionen, und wird verstärkt Arbeitsfeldern mit unfreiwilligen Nutzerinnen und Nutzern zugeschrieben (vgl. Hochuli Freund/Stotz 2015:52). Kontrolle kann jedoch auch in freiwilligen Settings stattfinden. In Form von Druck oder hilfreicher Kontrolle kann sie durchaus positiv und wichtig sein, z. B. um Grenzen zu setzen oder durch Konsequenz Verbindlichkeit herzustellen. Die Schwierigkeit besteht v. a. darin, sich für die geeignete Vorgehensweise zu entscheiden und zwischen Hilfe und Kontrolle abzuwägen (vgl. Heiner 2010:37). Es bedarf eines kritischen Umgangs, da prinzipiell jegliche Hilfe oder Kontrolle unangebracht oder gerade gefragt sein kann.

Mensch vs. Arbeitskraft

Bei Inanspruchnahme von sozialen Hilfeleistungen sind Klientinnen und Klienten in der Regel als ganze Person diffus betroffen und es kann prinzipiell alles zum Thema werden. Auch bei den Professionellen besteht eine Involviertheit als ganze Person, jedoch kann nicht alles thematisiert werden und sie agieren auf Grund ihrer Rolle. Sie sind Mensch und Arbeitskraft in einem (vgl. Hochuli Freund/Stotz 2015:60f.). Bei ihrer Tätigkeit geht es um einen »strategischen und reflektierten Einsatz [...] der eigenen beruflichen Persönlichkeit« (von Spiegel 2013:74). Die eigene Person wird als Arbeitsinstrument oder Werkzeug benutzt. Allerdings beschränken sich der Kontakt und die Begegnung mit den Klientinnen und Klienten nicht auf die Sachebene, vielmehr handelt es sich auch um eine Beziehung zwischen zwei oder mehreren Menschen. Knoll formuliert dies als »Widerspruch zwischen persönlichem Engagement und bezahltem Beruf« (Knoll 2010:170). Auf Grund der Bezahlung für Gefühle vergleicht er Soziale Arbeit mit Prostitution, mit dem Unterschied, dass Sozialarbeitende für die Zuwendung echter Gefühle vergütet werden. Damit beschreibt er recht treffend die spezifische Herausforderung, aufrichtiges Interesse und authentische Gefühle zu zeigen bei gleichzeitiger Notwendigkeit einer gewissen Distanzierung, um rational und überlegt handeln zu können (vgl. ebd.:170f.). Problematisch wird es, wenn Professionellen diese Unterscheidung schwerfällt. Es läuft sowohl etwas schief, wenn die Tätigkeit nur mechanisch und auf Grund der Bezahlung ausgeführt wird, als auch, wenn jegliche Distanz aufgegeben wird und nur noch die Motivation besteht, Liebe und Wärme weiterzugeben.

Standardisierung vs. Offenheit

Im Unterschied zu anderen Berufen unterliegt das Handeln in der Sozialen Arbeit einer begrenzten Standardisierbarkeit. Es gibt keine absolute Methode, mit der sich alle Herausforderungen bewältigen lassen (vgl. Galuske 2013:57). Es ist nicht möglich, strikt nach Plan oder Anleitung vorzugehen. Vollkommen frei und offen zu agieren, hat hingegen nichts mehr mit geplantem und professionellem Handeln zu tun (vgl. Hochuli Freund/Stotz 2015:55). Es besteht ein strukturelles Technologiedefizit, da sich vor dem Handeln keine verlässlichen Aussagen über die Wirksamkeit Sozialer Arbeit machen lassen. Die Auswirkungen von Interventionen sind immer ungewiss und lassen sich im Vorfeld nicht bestimmen. Dennoch müssen für jeden Einzelfall mögliche Wege entworfen und Vorkehrungen getroffen werden, um Ziele zu erreichen (vgl. von Spiegel 2013:31f.). Auch die von Spiegel formulierte Paradoxie »eingeschränkte Entscheidungsbasis versus kontrollierte Risiken« (von Spiegel 2011:88) lässt sich diesem Themenbereich zuordnen. Unter Handlungsdruck muss die Entscheidung getroffen werden, ob in einer Situation aus dem Bauch oder einer Routine heraus oder streng anhand standardisierter Methoden gehandelt wird und ob riskante Alternativen ausgeblendet oder gewählt werden. Ebenso muss in einer aktuellen Problemsituation zwischen blosser Momentaufnahme und biografischer Ganzheitlichkeit entschieden werden (vgl. ebd.).

Allzuständigkeit vs. Spezialisierung

Der Aktionsrahmen der Sozialen Arbeit erstreckt sich über alle Themen- und Lebensbereiche. Potenziell kann jedes Problem zum Gegenstand Sozialer Arbeit werden (vgl. Galuske 2013:40-42). Grundsätzlich besteht »eine diffuse ›Allzuständigkeit für komplexe Probleme‹« (Hochuli Freund/Stotz 2015:48). Es lässt sich kein fester Bereich abstecken, in dem nur Sozialarbeitende tätig sind. Ihre Zuständigkeit lässt sich nicht klar eingrenzen. Sie variiert je nach Situation und muss fallspezifisch ausgehandelt werden (vgl. ebd.:49). Galuske bezeichnet dies als »*fehlende Monopolisierung von Tätigkeitsfeldern*« (2013:44, Hervorhebung im Original). Für Aussenstehende ist schwer erkenntlich, was Soziale Arbeit tatsächlich leistet und worin ihre besondere Expertise besteht (vgl. ebd.:44f.). Gleichzeitig existiert ein grosser Fundus von rechtlichem, theoretischem und methodischem Spezialwissen. Es gibt eine Vielzahl von Arbeitsfeldern mit unterschiedlichem Klientel, verschiedenen Aufgaben und bereichsspezifischen Fähigkeiten und Kenntnissen (vgl. Hochuli Freund/Stotz 2015:32). Keine Fachkraft ist in der Lage, allen diesen Anforderungen gerecht zu werden und alle Fertigkeiten zu beherrschen. Für die Soziale Arbeit besteht daher nicht nur die Gefahr, wahllos überall aktiv zu werden, sondern auch das Leistungsangebot zu stark einzugrenzen und zu spezifizieren. Es wäre vermessen sich für alles zuständig zu fühlen, ebenso wie notwendige Hilfe durch zu starke Spezialisierung zu verweigern (vgl. Galuske 2013:42).

Autonomie vs. Abhängigkeit

Die Leistung der Sozialen Arbeit kann nur gemeinsam mit den Klientinnen und Klienten zeitgleich erbracht und genutzt werden. (vgl. Hochuli Freund/Stotz 2015:56, von Spiegel 2013:34). Dieses Phänomen wird in der Literatur als Koproduktion bezeichnet. Die Professionellen können nichts ohne das Mitwirken der Klientinnen und Klienten erreichen. Die Hilfesuchenden sind aus irgendeinem Grund nicht mehr selbst in der Lage, ihre Probleme zu bewältigen (vgl. Galuske 2013:50f.). Das Ausmass und die Bedeutung der Abhängigkeit unterschieden sich jedoch erheblich. Es besteht ein ungleiches Verhältnis auf Grund einer »strukturellen Asymmetrie« (Hochuli Freund/Stotz 2015:58) und einem damit verbundenen Machtgefälle. Sozialer Arbeit kommt damit eine paradoxe und sensible Aufgabe zu. Durch einen Autonomieeingriff soll Autonomie wiedererlangt werden. Auf diesem Hintergrund ist es zwingend erforderlich, eine vertrauensvolle Beziehung aufzubauen, um an einem Strang in die gleiche Richtung zu ziehen (vgl. ebd.:57). Es bedarf einer Einschätzung und Steuerung, wann etwas ohne Hilfe geschafft werden kann. Dabei besteht immer die Spannung, entweder zu früh einzuschreiten und selbständige Versuche zu unterbinden, oder zu lange abzuwarten und einer Person zu viel zuzumuten und sie zu frustrieren (vgl. von Spiegel 2011:87). Insgesamt ist ein Konflikt zwischen der professionellen Hilfe und der eigenen Selbsthilfe vorhanden. Klientinnen und Klienten können sich in professionelle Abhängigkeit begeben, statt auf ehrenamtliche Angebote oder ihre Selbsthilfepotenziale zurückzugreifen. Soziale Arbeit steht zudem dauerhaft in der Gefahr, Menschen und Gruppen, statt einer Hilfe zur Selbsthilfe zum Selbstzweck der eigenen Existenzberechtigung, abhängig zu machen (vgl. Knoll 2010:173f.).

Die beschriebenen Strukturmerkmale zeigen die ausserordentliche Komplexität der Tätigkeit der Sozialen Arbeit und machen nachvollziehbar, warum es nicht ausreicht, rein intuitiv darauf zu reagieren, und es einer Fachlichkeit bedarf, die sich dieser Rahmenbedingungen bewusst ist und sie beim Handeln berücksichtigt.

> »Die Abarbeitung an den Paradoxien des professionellen Handelns geschieht sehr häufig fehlerhaft in dem Sinne, daß die unaufhebbaren Antinomien in den Paradoxien vom Berufsexperten nicht ausgehalten, sondern sich selbst und dem Klienten verschleiert werden.« (Schütze 1992:138)

Es fällt leichter sich nur an einem Pol zu orientieren, statt die Spannung und Zerrissenheit auszuhalten, sich mal mehr beim einen, mal mehr beim anderen Pol zu bewegen. Es wird vergessen, dass es immer die Möglichkeit gibt, »auf zwei Seiten des Pferdes herunterzufallen«. Durch die Verschleierung der Paradoxien kommt es zu unnötigen Schwierigkeiten für Professionelle und Klientel (vgl. ebd.). Die Professionellen stehen in der Gefahr einer permanenten Überforderung und Unsicherheit, mit Selbstzweifeln auf Grund ihrer Fehler, was z.B. Burnout oder Co-Abhängigkeiten zur Folge haben kann (vgl. Knoll 2010:175f.). Die Klientinnen und Klienten sind diesen Umständen unmittelbar ausgesetzt und zutiefst persönlich davon betroffen und erleiden evtl. mehr Schaden, als dass ihnen durch die Soziale Arbeit geholfen wird.

Jeder Versuch, ein Dilemma aufzuheben oder zu beseitigen, ist zum Scheitern verurteilt und verunmöglicht Professionalität. Lediglich die Interessen der Gesellschaft zu vertreten, jegliche Form der Kontrolle zu vermeiden oder keinerlei Standardisierung und Methodisierung vorzunehmen, wäre genauso falsch, wie nur menschlich und emotional vorzugehen, den Zuständigkeitsbereich ganz starr einzuschränken oder Menschen zu entmündigen und stellvertretend für sie zu entscheiden. Derartige Versuche gab es im theoretischen Diskurs und in der täglichen Arbeitspraxis in der Vergangenheit zur Genüge und es gibt sie nach wie vor (vgl. von Spiegel 2013:80). Auch historisch erfolgte die Pendelbewegung zwischen den Polen meist von einem Extrem ins andere, beispielsweise der Wechsel beim Professionsverständnis vom Altruisten zum Sozialingenieur (vgl. Knoll 2010:187–191). Professionelles Handeln bedeutet vor diesem Hintergrund deshalb zu allererst, sich kompetent in den angeführten Spannungsfeldern Sozialer Arbeit zu bewegen und nicht zu versuchen diese aufzuheben.

2.2 Professionalitätsentwürfe

Unter dem Titel ›Professionelles Handeln‹ werden unterschiedliche Begriffe verwendet, beispielsweise Fallbearbeitung, methodisches Handeln, Prozessgestaltung, Handlungskompetenz, Kasuistik, Professionskompetenz, Fallverstehen, Professionalität oder Methodenkompetenz. Kreft und Müller stellen fest, es gebe unzählige Publikationen, die zu einer regelrechten definitorischen Begriffsverwirrung führen und scheinbar »alles, was etwas mit geordnetem, planmässigem Handeln zu tun hat« (2010:12), werde als Methode bezeichnet. Um ein möglichst umfassendes Bild der im Fachdiskurs formulierten Anforderungen an professionelles Handeln zu erhalten, werden ausgewählte Professionalitätsentwürfe mit ihren wichtigsten, übergeordneten Ansprüchen herausgegriffen. Die Positionen sollen einen Überblick geben sowie verschiedene Schwerpunkte und wichtige Blickwinkel aufzeigen. Nach der Darstellung einzelner Standpunkte werden die darin enthaltenen Anforderungen gebündelt und zu einer Liste von zentralen Kompetenzen und einer Grundhaltung zusammengefasst. Dadurch wird der begriffliche Rahmen ›Professionelles Handeln‹ weiter mit Inhalt gefüllt und die Qualitätsmerkmale davon definiert.

Hiltrud von Spiegel fasst die aus ihrer Sicht wichtigsten Handlungskompetenzen zu Oberbegriffen zusammen. Diese bezeichnet sie als die drei Dimensionen – Können, Wissen und berufliche Haltungen. Zum Bereich des Könnens zählen verschiedene Fähigkeiten zur Kommunikation und Beziehungsgestaltung, Fähigkeiten zum Einsatz und zur Reflexion der eigenen Person und Fähigkeiten zur Anwendung von Methoden, Wissensbeständen und hermeneutischem Fallverstehen. Ebenso werden Fähigkeiten zur Gewährleistung von Effektivität und Effizienz, Fähigkeiten zur organisationsinternen Kooperation und zur übergreifenden Vernetzungs-, Verhandlungs- und Öffentlichkeitsarbeit aufgeführt. Das Wissen wird ausdifferenziert in Beschreibungswissen zu Multiperspektivität und Kontextbedingungen, in Erklärungswissen zu theoretischen, empirischen Grundlagen sowie zu politischen, rechtlichen und organisationalen Bedingungen und Dynamiken, in Wissen zu Ethik, Normen und Werten und in Veränderungswissen zu Methoden und Arbeitshilfen wie auch zu Teamarbeit, Evaluation und Forschung. Bei der Dimension der beruflichen Haltungen geht es um die Reflexion der eigenen beruflichen Haltung, die Orientierung an bestimmten Grundwerten und einen reflektierten Einsatz der Haltung durch Identifikation mit Disziplin, Profession und Organisation (vgl. 2013:82–98).

Dieter Kreft unterscheidet ebenso zwischen Haltungen, Können und Wissen, wenn auch nicht so ausdifferenziert wie von Spiegel. Er legt v. a. Wert auf die kommunikative Kompetenz und die administrative/Management-Kompetenz. Unter der kommunikativen Kompetenz wird die Zusammenarbeit und Koordination mit Klientinnen und Klienten verstanden, sowohl organisationsintern als auch mit anderen Institutionen und Fachkräften. Für die praktische Umsetzung ist die Management-Kompetenz erforderlich, d. h. die Kenntnis und der Umgang mit den bestehenden Kontextfaktoren von Politik, Recht etc. Als Grundhaltung sieht er einen hippokratischen Eid, der aus Verpflichtungen gegenüber der Profession, ethischer Prinzipien und rechtlicher Vorgaben besteht (vgl. Kreft 2010:55f.).

Michael Galuske geht von mehreren notwendigen Elementen sozialpädagogischer Methodenansätze aus. Seiner Ansicht nach braucht es Hilfen,

- um an diverse Informationen zu gelangen und diese zu analysieren und zu reflektieren,
- zur Kommunikation und Interaktion mit Klientinnen und Klienten und ihrem Umfeld,
- zur Gestaltung von flexiblen institutionellen Settings und der Orientierung am Einzelfall,
- zur Phasierung des Hilfeprozesses in Handlungsschritte,
- zur Gewährleistung der Partizipation von Klienten und Klientinnen und
- zur Kontrolle der Folgen der Interventionen (vgl. Galuske 2013:161).

Roland Becker-Lenz et al. nennen vier existenziell notwendige Voraussetzungen als Rahmenbedingungen für professionelles Handeln.

> »Professionalisiertheit lässt sich eben gerade an der erwartbaren Verfügbarkeit spezifischen professionellen Wissens und professioneller Kompetenzen festmachen, sie setzt einen professionellen Habitus wie eine gelebte und lebbare professionelle Identität voraus.« (2012:10)

Wissen, Kompetenz, Habitus und Identität sind miteinander verwobene Elemente von Professionalität, die sich nicht voneinander trennen lassen und sich gegenseitig bedingen (vgl. ebd.:26). Reflexivität wird dabei explizit als verbindende und äusserst wichtige Komponente benannt (vgl. ebd.:14). In einer Studie zu den Handlungsproblemen von Studierenden und ihrer Habitusbildung wurden vier Hauptprobleme herausgearbeitet. Es besteht Unklarheit über den eigenen Auftrag und die Zuständigkeit, die Studierenden sind kaum in der Lage, eine wissensbasierte Deutung vorzunehmen, es fällt ihnen schwer eine angemessene Beziehung aufzubauen und zu gestalten und der Einsatz von Methoden erfolgt häufig fehlerhaft oder beliebig (vgl. Becker-Lenz/Müller 2009:324–

330). Auf Grund dieser Erkenntnisse wurde das Konzept eines professionellen Habitus entwickelt.

> »Der Habitusbegriff soll hier als Gesamtheit einer verinnerlichten psychischen Struktur gelten, die auf der Ebene des Unbewussten zentrale Persönlichkeitsmerkmale enthält und als generative Grammatik, Wahrnehmen, Denken und Handeln bestimmt.« (Ebd.:22)

Der professionelle Habitus ist ein Teil des gesamten Habitus einer Person. Damit dieser gebildet werden kann, müssen die Handlungsanforderungen Sozialer Arbeit bewusstgemacht, die eigenen Haltungen dementsprechend angepasst und eine professionelle Grundhaltung verinnerlicht werden (vgl. ebd.). Durch den Habitus werden die Sozialarbeitenden befähigt, in der Praxis kompetent vorzugehen (vgl. ebd.:21). Als notwendige Grundlage dafür werden ein Berufsethos, die Fähigkeit zur Gestaltung von Arbeitsbündnissen und die Fähigkeit des Fallverstehens angesehen (vgl. ebd.:22–26).

Silvia Staub-Bernasconi führt »Fragestellungen einer allgemeinen normativen Handlungstheorie professionellen Handelns« (2007:204) auf und versteht den gekonnten Umgang damit als kognitive Schlüsselkompetenzen der Praxis Sozialer Arbeit. Bei den Fragen geht es, um

- die Beschreibung des Problems und der Ausgangslage,
- den Hintergrund und die Entstehung der Situation und die Klärung, welches theoretische Erklärungswissen herbeigezogen wird,
- eine Prognose und Aussage über die weitere Entwicklung,
- die Beschreibung eines Wunschzustands und Zielsetzung,
- die Bestimmung der Akteure und ihrer Funktion,
- die Ermittlung der zu Verfügung stehenden Möglichkeiten und Ressourcen,
- Entscheidungen und konkrete Planung,
- die Auswahl von zu verwendenden Handlungstheorien und Methoden und
- die Überprüfung der Ziele, der Wirksamkeit und Wirtschaftlichkeit (vgl. ebd.:204f.).

Kitty Cassée zählt fünf professionelle Fähigkeiten auf, die sie in jedem Praxisfeld der Sozialen Arbeit als erforderlich ansieht und als Basisfähigkeiten bezeichnet. *Theoriebezug* ermöglicht das eigene Handeln zu begründen und immer wieder neues Wissen anzueignen. Durch *Methodenbewusstheit* werden Methoden gezielt verwendet, ihr Einsatz hinterfragt und das Handwerkszeug erweitert. *Nähe/Distanz* kann im Umgang mit Klientinnen und Klienten gesteuert und reflektiert werden. Mit *Kooperation/Reflexion* ist die interne und externe Zusammenarbeit und die Transparenz und Auseinandersetzung des eigenen Handelns im Team gemeint. *Datensammlung/Informationsverarbeitung* bedeutet sowohl Informationen beschaffen zu können als auch diese digital und inhaltlich sinnvoll zu bearbeiten (vgl. Cassée 2010:200).

Maja Heiner hat aus den Erkenntnissen von Interviews mit Fachkräften aus verschiedenen Praxisfeldern sechs berufliche Anforderungen in der Sozialen Arbeit formuliert:

- »Reflektierte Parteilichkeit und hilfreiche Kontrolle als Vermittlung zwischen Individuum und Gesellschaft,
- Entwicklung realisierbarer und herausfordernder Ziele angesichts ungewisser Erfolgsaussichten in unstrukturierten Tätigkeitsfeldern,
- aufgabenorientierte, partizipative Beziehungsgestaltung und begrenzte Hilfe in alltagsnahen Situationen,
- multiprofessionelle Kooperation und Vermittlung von Dienstleistungen bei unklarem und/oder umstrittenem beruflichem Profil,
- Weiterentwicklung der institutionellen und infrastrukturellen Rahmenbedingungen eines wohlfahrtsstaatlich nachrangig tätigen Berufes,
- Nutzung ganzheitlicher und mehrperspektivischer Deutungsmuster als Fundament entwicklungsoffener Problemlösungsansätze auf empirischer Basis.« (Heiner 2004:161)

Sie ordnet jeder dieser sechs beruflichen Anforderungen verschiedene Spannungsfelder zu. Die erforderliche Handlungskompetenz besteht ihrer Ansicht nach darin, eine angemessene Positionierung zwischen den jeweiligen Polen vorzunehmen (vgl. ebd.:161–167). In einer weiteren Publikation wird ein Handlungskompetenzmodell vorgestellt, bei dem zwischen bereichsbezogenen und prozessbezogenen Kompetenzmustern unterschieden wird, die aus jeweils drei Kompetenzbereichen bestehen. Bei den bereichsbezogenen Kompetenzmustern gibt es die Fallkompetenz, die auf das Klientensystem bezogen ist, die Systemkompetenz, die sich auf die eigene Organisation und Kooperation mit anderen involvierten Systemen bezieht, und die Selbstkompetenz, welche die eigene Persönlichkeit betrifft (vgl. Gromann 2010:10–12). Die prozessbezogenen Kompetenzmuster setzen sich aus der Planungs- und Analysekompetenz, der Interaktions- und Kommunikationskompetenz und der Reflexions- und Evaluationskompetenz zusammen, denen jeweils noch weitere konkretere Teilkompetenzen und Anwendungsbereiche zugeordnet sind (vgl. Heiner 2010:66).

Bernd Dewe et al. nennen sechs verschiedene Handlungskomponenten:

- Umgang mit Bürokratie und den institutionellen und äusseren Vorgaben und Rahmenbedingungen;
- strategisches Vorgehen mit den bestehenden Spielräumen unter Berücksichtigung von Konflikt- und Konsensprozessen;
- Flexibilität in Bezug auf Einsetzbarkeit, Problembearbeitung und Hilfsangebote, die eine Fähigkeit zur Handlungsentscheidung erfordert;
- Zusammenarbeit mit Kolleginnen und Kollegen sowie Fachkräften anderer Professionen;
- Analyse und Entscheidungen auf der Basis wissenschaftlicher Kenntnisse;
- Selbstkontrolle, v. a. beim methodischen Vorgehen, und Einschätzung von Auswirkungen und Nebenfolgen (vgl. Dewe et al. 2011:138f.).

Der Deutsche Berufsverband für Soziale Arbeit e. V. (DBSH) hat versucht – mit dem Ziel, das Profil der Sozialen Arbeit zu schärfen und Professionellen eine Hilfe zur Identitätsbildung und Begründung des Handelns zu liefern – in einem Kompetenzprofil »die für die berufliche Praxis von Sozialer Arbeit notwendigen Fähigkeiten und Fertigkeiten zusammenzutragen« (Maus/Nodes/Röh 2008:12). Die Kompetenzen spiegeln dabei primär die Sichtweise der Praxis wider und sind weniger theoretisch fundiert (vgl. ebd.:7f.). Es werden neun Schlüsselkompetenzen genannt – namentlich Strategische Kompetenz, Methodenkompetenz, Sozialpädagogische Kompetenz, Sozialrechtliche Kompetenz, Sozialadministrative Kompetenz, Personale und kommunikative Kompetenz, Berufsethische Kompetenz, Sozialprofessionelle Beratungskompetenz, Praxisforschungs- und Evaluationskompetenz – die als Kern und Voraussetzung für eine generalistische Tätigkeit in der Sozialen Arbeit angesehen werden (vgl. ebd.:12f.). Jedoch besteht die Fachlichkeit »nicht [nur] im Beherrschen einzelner Kompetenzen [...], sondern stellt die Fähigkeit dar, diese Kompetenzen im Hilfeprozess für den Klienten miteinander zur sozialprofessionellen Hilfe zu verknüpfen« (ebd.:11).

2.3 Zentrale Kompetenzen und Grundhaltung

Nachfolgend werden die vorgestellten Anforderungen an professionelles Handeln zur besseren Übersicht noch stärker komprimiert und zu zwei übergeordneten Kategorien zusammengefasst. Es liegt bereits eine Unterteilung in verschiedene Bereiche und Kategorien vor, beispielsweise Können, Wissen, Haltung, Kompetenz, Habitus, Identität, Fähigkeiten, Fall- und Managementebene oder Bereichs- und Prozessbezogenheit. Hier soll jedoch nur zwischen Grundhaltung und Kompetenz unterschieden werden, letztere wird zudem noch weiter in Fach-, Sozial- und Selbstkompetenz aufgegliedert. Neben den dargestellten Positionen fliesst auch das Konzept KPG in die Zusammenfassung ein.

Zentrale Kompetenzen

Kompetenzen werden allgemein als »Fähigkeiten und Fertigkeiten zur Problembearbeitung« (Callo 2005:83) verstanden. Darunter lassen sich Können und Fähigkeiten fassen. Das Wissen wird nicht als eigener Punkt aufgeführt, sondern wird als integraler Bestandteil von Kompetenz gesehen. Nur Wissen, welches auch ins Handeln einfliesst, ist relevant für professionelles Handeln. Kompetenz wird daher im Sinne von Performanz verstanden und zeigt sich somit ausschliesslich in der praktischen Anwendung (vgl. Hochuli Freund/Stotz 2015:122). In Anlehnung an das Verständnis von Cassée besteht Kompetenz aus drei weiteren Kategorien:

- Sozialkompetenz beinhaltet alle Fähigkeiten im Umgang mit anderen Personen.
- Fachkompetenz besteht aus den speziellen Kenntnissen und Methoden Sozialer Arbeit.
- Selbstkompetenz ist die Reflexion und Auseinandersetzung mit der eigenen Person (vgl. 2010:33–36).

Fachkompetenz

Methoden: Verschiedene Methoden sind bekannt und werden sinnvoll ausgewählt und angewendet. Aufgrund der enormen Vielzahl ist eine breite Methodenkenntnis erforderlich. Je nach Arbeitsbereich sind spezialisierte Methoden vorhanden und werden dem Einzelfall angepasst (vgl. Galuske 2013:57).

Zielsetzung: Der Wunschzustand wird benannt und es werden gemeinsam sinnvolle Ziele gesetzt.

Analyse: Die Hintergründe und die Entstehung eines Problems werden geklärt und die Situation und die Informationen analysiert und sinnvoll verarbeitet.

Fallverstehen: Auf jeden Fall wird individuell und flexibel eingegangen, um ihn in seiner Eigenheit zu verstehen, zu erklären und Deutungen vorzunehmen. Theorie und empirisches Wissen werden zur Fundierung und Begründung des Handelns einbezogen. Es kann eine Prognose und Aussage über die weitere Entwicklung gemacht werden.

Evaluation: Die Organisation, die Vorgehensweisen und die Zielerreichung werden, zur Vermeidung von Fehlern und zur Gewährleistung von Effektivität und Effizienz, überprüft. Die Angebote und Rahmenbedingungen werden weiterentwickelt.

Kontext: Die vorgegebenen Rahmenbedingungen von Bürokratie, Politik, Recht und Organisation sind bekannt und werden berücksichtigt.

Information: Die Ausgangslage und das Problem können beschrieben und notwendige Daten und Informationen gewonnen werden.

Planung: Planung ermöglicht strukturiert und strategisch vorzugehen, Entscheidungen zu treffen und den Hilfeprozess in einzelne Handlungsschritte einzuteilen.

Sozialkompetenz

Beziehung: Der Aufbau und die Gestaltung von Beziehungen mit Klientinnen und Klienten erfolgt durch angemessene Interaktion und Kommunikation. Ihnen wird ein aufrichtiges Interesse entgegengebracht. Mit Nähe und Distanz und Übertragungsmechanismen wird sensibel umgegangen und aus einer spezifischen Rolle heraus gehandelt.

Kooperation: Auf der Fachebene erfolgt sowohl eine Zusammenarbeit innerhalb der eigenen Organisation als auch trägerübergreifend mit anderen Fachkräften und Institutionen. Es kann zwischen verschiedenen Akteuren vernetzt und koordiniert werden.

Koproduktion: Auch mit den Klientinnen und Klienten und ihrer Umwelt wird kooperiert und ein Arbeitsbündnis hergestellt. Es wird bewusst auf die Partizipation und Beteiligung geachtet und verschiedene Wahrnehmungen und Perspektiven ernst genommen und berücksichtigt.

Selbstkompetenz

Reflexion: Durch Selbstkontrolle und Selbstreflexion wird das eigene Handeln überprüft und hinterfragt. Neben dem methodischen Vorgehen werden auch eigene Gefühle und Haltungen reflektiert und bearbeitet. Es ist eine Evaluation auf der Ebene der eigenen Person, die persönlich und im Team stattfindet.

Abb. 1: Zentrale Kompetenzen für professionelles Handeln in der Sozialen Arbeit

Diese drei Kategorien fungieren als Ausgangspunkt für die Zusammenfassung der Anforderungen. Sie bilden die wichtigsten Kompetenzen für eine Tätigkeit in der Sozialen Arbeit (siehe Abb. 1). Die meisten davon finden sich mehr oder weniger in allen Positionen, auch wenn sie nicht immer explizit so benannt und unterschiedlich ausführlich beschrieben werden.

Grundhaltung/Habitus

Neben den zentralen Kompetenzen bedarf es einer Grundhaltung bzw. eines Habitus. Es ist nicht möglich, die Kompetenzen nur technisch anzuwenden, und es braucht ein verbindendes, leitendes Element als Grundlage, um in der Praxis danach zu handeln. Diese Notwendigkeit geht bereits aus den Strukturmerkmalen und dem Balanceakt zwischen den Spannungspolen hervor, aber auch die einzelnen fachlichen Positionen setzten eine gewisse Haltung oder Identität, einen Berufsethos oder Habitus voraus. Das Handeln und der Umgang mit den Menschen soll auf der Basis ethischer Grundwerte und Maximen der Sozialen Arbeit erfolgen. Diese Wertbezogenheit und Handlungsleitung wird hier als Grundhaltung oder auch Habitus zusammengefasst. Es wird von einer in der Persönlichkeit verinnerlichten Grundhaltung ausgegangen, die das eigene Handeln steuert und Orientierung gibt. Sie zu habitualisieren ist jedoch kein einmaliger Vorgang. Wenn die Grundhaltung entwickelt wurde, wird daraus kein Selbstläufer, plötzlich automatisch professionell zu handeln. Es bedarf einer kontinuierlichen Reflexion der Grundhaltung, eines inneren Dialogs und Diskurses im Rahmen der Profession (vgl. Hochuli Freund/Stotz 2015:125f.).

In der Sozialen Arbeit gelten bisher keine allgemeingültigen Kompetenzen (vgl. ebd.:124). Ebenfalls gibt es keine verbindliche Berufsethik und Einigkeit über die Werte einer solchen Grundhaltung (vgl. Becker-Lenz/Müller 2009:23). Der Vergleich der Positionen zeigt aber, dass es sehr viele Gemeinsamkeiten gibt und sich Anforderungen beschreiben lassen, mit denen es durchaus möglich ist, professionelles bzw. ›gutes‹ und ›schlechtes‹ Handeln zu definieren. Einzelne der Kompetenzen nicht zu beherrschen oder zu vernachlässigen, könnte auf Grundlage dieser Anforderungen beispielsweise als nicht professionell eingestuft werden. Gleichzeitig bleiben die Anforderungen etwas vage, da sie sehr weit und allgemein gefasst sind. Wie sich situativ in den Spannungsfeldern positioniert werden kann, was unter den Kompetenzen im Detail zu verstehen ist, oder was die Grundhaltung genau ausmacht, bleibt offen. Jedoch ist es zumindest möglich die groben Kompetenzbereiche, die Notwendigkeit einer reflektierten Grundhaltung und die Berücksichtigung der Paradoxien zu bestimmen. Die beschriebenen Anforderungen können eine Basis bieten, um die zentralen Kompetenzen je nach Arbeitsbereich und Organisation in noch konkretere Facetten und Teilkompetenzen weiter auszudifferenzieren sowie eine Auseinandersetzung mit Habitus- und Haltungsfragen und den Spannungsfeldern Sozialer Arbeit zu ermöglichen. Neben der rein theoretischen Beschreibung der Anforderung an professionelles Handeln braucht es darüber hinaus auch konkrete Konzeptionen und Leitlinien für deren Umsetzung in der Praxis, die im Weiteren genauer betrachtet werden.

2.4 Strukturierung des Handelns

Damit das Vorgehen in der Sozialen Arbeit geplant und überprüft werden kann, ist es erforderlich, dieses zu strukturieren. Dazu gibt es verschiedene Vorschläge, die in der Regel eine Phasierung und/oder Unterteilung des professionellen Handelns in einzelne Schritte beinhalten. Solche Strukturierungshilfen sind im Diskurs dauerhaft von Bedeutung und weisen viele Gemeinsamkeiten auf. Eine Strukturierung des Handelns kann daher als weitere Anforderung an professionelles Handeln angesehen werden. Die vorliegenden Strukturierungshilfen jedoch sind noch unvollständig oder zumindest nicht gut in der Praxis etabliert. Dewe et al. bemängeln, dass es bisher nicht ausreichend gelungen sei, ein angemessenes Konzept von Professionalität für die Praxis zu entwerfen (vgl. 2011:27). Auch Heiner stellt eine Lücke fest, da die Voraussetzungen dafür hauptsächlich theoretisch diskutiert wurden und kaum in handlungsleitende Modelle gemündet sind. Diese bestehen deshalb nur in groben Zügen (vgl. Heiner 2004:37f.). Professionelles Handeln zu systematisieren, ist im Diskurs noch nicht abschliessend geklärt, und es besteht nach wie vor der Bedarf nach einer solchen, geeigneten Konzeption. Einige der aktuelleren Systematisierungsversuche werden nun präsentiert und anhand der Anforderungen an professionelles Handeln – insbesondere der zentralen Kompetenzen – kritisch beurteilt bzw. geprüft, inwiefern sie diese Handlungsanforderungen berücksichtigen. Auch die Methodik KPG wird dabei einbezogen.

Müller verwendet ein allgemeines Modell professionellen Handelns (siehe Abb. 2), das auch in anderen Professionen zur Anwendung kommt. Er bezeichnet es als das bekannteste Modell, das aus den Schritten Anamnese, Diagnose, Intervention und Evaluation besteht (vgl. 2012:65). Zudem unterteilt er einen Fall in drei Dimensionen: einem *Fall von*, mit dem er die Verwaltungs- und Bürokratieebene anspricht, einem *Fall für*, womit die Kooperation mit anderen Fachkräften und Institutionen gemeint ist, und einem *Fall mit*, der sich auf die Arbeitsbeziehung mit den Klientinnen und Klienten bezieht (vgl. ebd.:41–43). Zu jedem Schritt gibt es auf den drei Falldimensionen unterschiedliche Aufgaben zu bewältigen (vgl. ebd.:77, 98). Eine solche Einteilung ist zunächst sehr hilfreich, greift insgesamt aber zu kurz, da sie den Hilfeprozess nur vereinfacht und in Grundzügen darstellt und viele der zentralen Kompetenzen nicht enthalten sind.

Der Entwurf von *Stimmer* ist weitaus umfangreicher und scheint die Anforderungen grundsätzlich zu berücksichtigen (siehe Abb. 3). Lediglich die Kooperation auf der Fachebene ist nicht explizit enthalten. Ein Arbeitsbündnis mit Klientinnen und Klienten zu schliessen, wird allerdings nicht nur zu Beginn, sondern auch im Verlauf einer Zusammenarbeit immer wieder nötig sein. Hauptkritikpunkt an Stimmers Modell ist jedoch, dass die Kompetenzen, Informationen zu sammeln, zu analysieren und zu diagnostizieren, unter nur einen einzigen Punkt gefasst und nicht genauer voneinander unterschieden werden.

Teil 1 Konzeptionelle Grundlagen

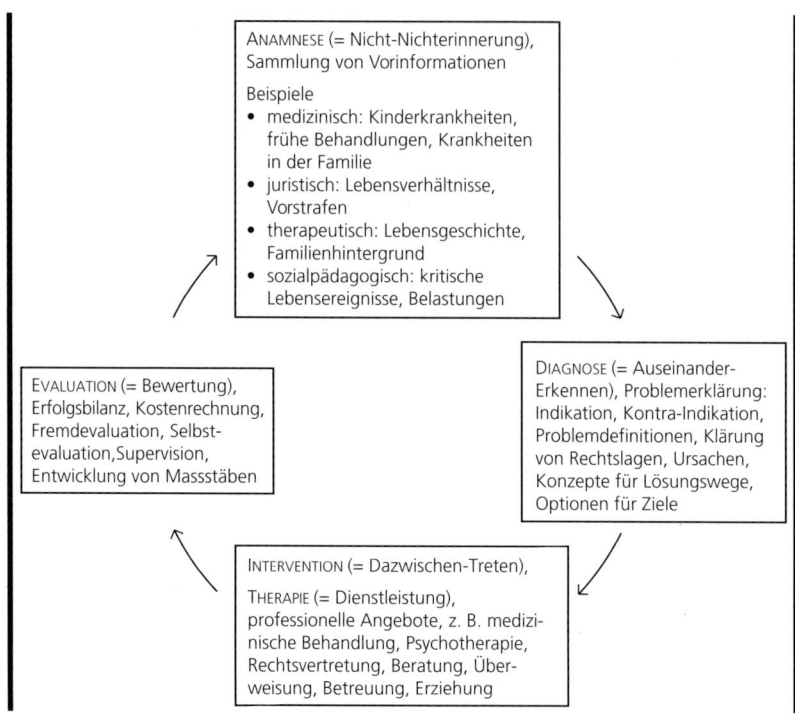

Abb. 2: Allgemeines Modell professioneller Fallarbeit (in: Müller 2012:76)

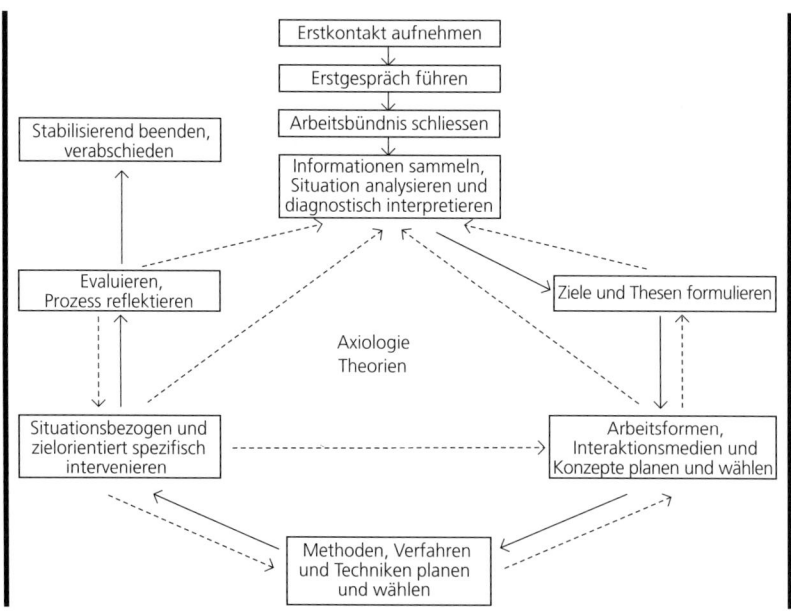

Abb. 3: Zirkulärer Problemlösungsprozess (in: Stimmer 2012:37)

Possehl stellt fest, dass es in der Sozialen Arbeit schon sehr lange – und sehr viele – Phasenmodelle gibt. Er vergleicht einige miteinander und fasst sie zu seinem Vorschlag der »Beurteilung der Situation mit Beschluss« zusammen (vgl. 2009:122f.) Das Modell (siehe Abb. 4) ist grafisch anders dargestellt als es tatsächlich gedacht ist, nämlich zirkulär und zur flexiblen Handhabung (vgl. ebd.:125–127). Die Abbildung vermittelt jedoch einen eher statischen und technischen Eindruck, und es bleibt unklar, weshalb der Entscheidung als eigene Phase ein so hoher Stellenwert beigemessen wird, zumal bei jedem Schritt Entscheidungen getroffen werden müssen. Kooperation, Koproduktion, Grundhaltung und selbst die Strukturmerkmale werden von Possehl nicht wirklich berücksichtigt.

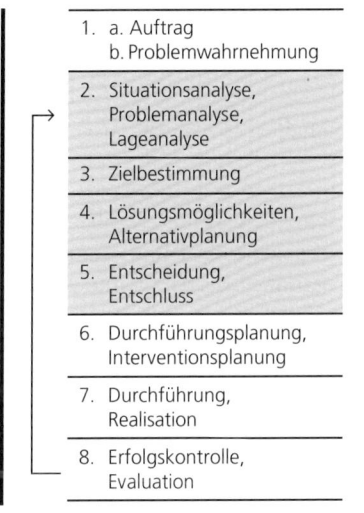

Abb. 4: Phasenmodell (in: Possehl 2009:23)

Von Spiegel gibt einen Werkzeugkasten an die Hand, der als Rahmengerüst mit verschiedenen Methoden und Bausteinen gefüllt werden kann (siehe Abb. 5). Sie benennt fünf Handlungsbereiche zu denen es vier Planungstypen gibt, je nachdem ob es um die Gestaltung alltäglicher Situationen, Projekte oder um konzeptionelle Arbeiten geht (vgl. 2013:105-107). Die Kompetenzen und die Grundhaltung werden berücksichtigt, auch wenn diese nicht umfassend grafisch einbezogen werden. Hervorzuheben ist, dass mit dem Werkzeugkasten sehr viele praktische Arbeitshilfen zur Verfügung gestellt werden, die dabei helfen können den eigenen Kompetenzstand einzuschätzen und die jeweiligen Aufgaben in den Handlungsbereichen umzusetzen.

Das Modell von *Cassée* (Abb. 6) ist gestalterisch gelungen und enthält die wichtigsten Kompetenzen als Handlungsschritte, lediglich die Kooperation und Koproduktion sind nicht explizit integriert. Zu bemängeln ist eine begrenzte Bezugnahme auf theoretische Grundlagen und Grundhaltung. Die Methodik ist

Teil 1 Konzeptionelle Grundlagen

Handlungs-bereiche/ Planungs-typen	Analyse der Rahmen-bedingungen	Situations- und Problem-analyse	Zielentwicklung	Planung	Evaluation
Situations-gestaltung	Analyse der Arbeitsaufträge	Situations-analyse	Zielbestimmung	Handlungs-planung	Auswertung der eigenen Handlung
Hilfepla-nung	Auftrags- und Kontextana-lyse	Problem-analyse	Aushandlung von Konsens-zielen	Operationali-sierung von Hilfezielen	Evaluation eines Hilfezeitraums
Konzeptions-entwicklung	Analyse der Ausgangs-situation	Erwartungs-sammlung	Bildung konzeptio-neller Ziele	Operationali-sierung konzeptioneller Ziele	Fortsetzung der Planung: Fertigstellung der Konzeption Schlüssel-situation
Projekt-planung und Selbst-evaluation	Erarbeitung der Aufgaben-stellung	Vertiefung der Problem-erklärung	Differenzie-rung der Projektziele	Erstellung der Projekt-konzeption	Durchführung einer Selbst-evaluation

Abb. 5: Werkzeugkasten für methodisches Handeln (in: von Spiegel 2013:107f.)

überwiegend praktisch und sehr stark auf die Kinder- und Jugendhilfe ausgerichtet, ausgestattet mit einem vorgegebenen Paket manualisierter Instrumente (vgl. 2010:63). Die Verwendung standardisierter Inhalte ist vor dem Hintergrund der Individualität des Einzelfalls eher kritisch zu beurteilen, ein Einsatz in einem anderen Praxisfeld ist schwer denkbar und selbst in verschiedenen Institutionen im Bereich der Jugendhilfe liessen sie sich nicht unverändert übernehmen. In den Grundzügen ist das Modell ansprechend, jedoch theoretisch zu wenig untermauert und in der praktischen Ausgestaltung nicht ganzheitlich genug.

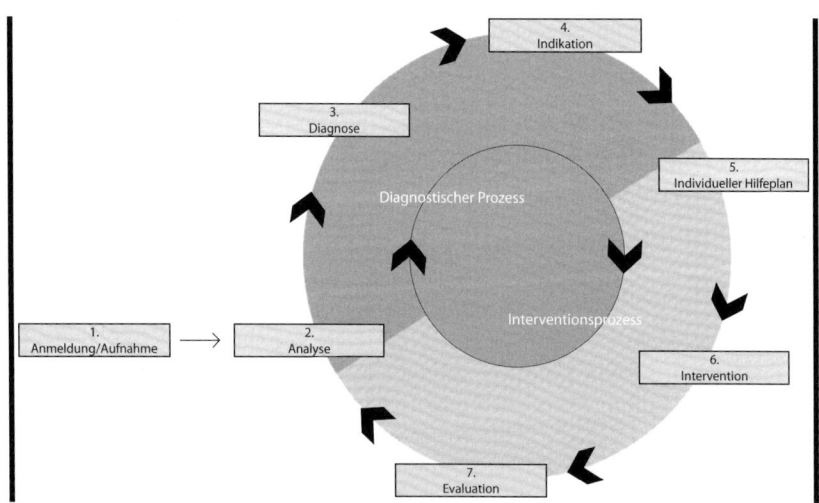

Abb. 6: Zyklusmodell für den Hilfeprozess (in: Cassée 2010:65)

Bei *Michel-Schwartze* wird von vier verschiedenen Arbeitsebenen ausgegangen, auf denen man sich gleichzeitig bewegt.

»Das Ziel der reflektierten und systematischen Fallarbeit soll erreicht werden durch die Konstatierung von vier Handlungsebenen, die nicht – wie Arbeitsschritte – aufeinander folgen, sondern parallel ablaufen.« (2009:133)

Es wird zwischen den Ebenen der Informationssammlung, der Diagnose/Problem- und Ressourcenanalyse, der Intervention sowie der Evaluation unterschieden (vgl. 2016:250). Für ihren Arbeitsprozess gibt es keine Darstellung (im Sinne einer Visualisierung des Modells), möglicherweise auf Grund der Gleichzeitigkeit der Ebenen. Das Modell scheint inhaltlich zunächst alle Anforderungen in irgendeiner Form zu berücksichtigen, insbesondere die Kooperation und der Einbezug verschiedener Sichtweisen wird immer wieder angesprochen. Gleichzeitig sind die Ausführungen jeweils sehr kurz und es bleibt etwas diffus, wie genau das Handeln auf den Ebenen geplant und strukturiert wird. Auch die Grundhaltung und Strukturmerkmale fliessen eher implizit ein. Speziell bei der Ebene der Diagnose/Problem- und Ressourcenanalyse sind sehr viele Aspekte enthalten (z. B. Analyse, Zielsetzung, Fallverstehen), die aber nur kurz gestreift werden. Insgesamt bleibt das Vorgehen nach dem Modell zu offen und es wird nicht vertieft genug dargelegt, welche Schritte wann zu vollziehen sind bzw. wie das Nebeneinander der Ebenen konkret berücksichtigt und ausgestaltet wird.

Beim Verlaufsmodell von *Martin* (siehe Abb. 7) gibt es die vier Schritte – Analyse, Planen, Handeln und Auswerten –, denen weitere Teilschritte/Tätigkeiten zugeordnet sind (vgl. 2005:57–62). Auch darin sind die meisten Anforderungen enthalten, jedoch ist die Kooperation kaum bzw. nur beim Handeln enthalten und auf die Strukturmerkmale oder Grundhaltung wird nur am Rande eingegangen. Ansonsten werden punktuell immer wieder konkrete Hinweise gegeben worauf es bei den einzelnen Tätigkeiten ankommt, wobei insgesamt nicht genau genug hervorgeht, wie diese im gesamten Prozess miteinander verknüpft und strukturiert werden.

Die systemorientierte Sozialpädagogik nach *Simmen et al.* setzt die soziale Eingebundenheit der Klientinnen und Klienten besonders in den Fokus und misst daher der Vernetzung und Kooperation einen hohen Stellenwert bei (vgl. 2010:21). Der Leitfaden zu einer prozessorientierten Systemvernetzung enthält fünf zirkuläre Teilschritte (siehe Abb. 8). Nach der Orientierung, bei der die Situation erfasst wird, werden theoriebasierte Deutungen vorgenommen und es wird entschieden, was verändert werden soll. Anschliessend wird eine Planung vorgenommen sowie diese umgesetzt und kontrolliert. Während des gesamten Prozesses wie auch zum Abschluss findet eine Auswertung statt (vgl. ebd.:56–61). An diesem Modell ist v. a. zu kritisieren, dass die inhaltlichen Ausführungen zu den Schritten sehr minimal sind und auf nur wenigen Seiten abgehandelt werden. Auch bildet die Grafik die Kooperation und Koproduktion beispielsweise nicht ab.

Teil 1 Konzeptionelle Grundlagen

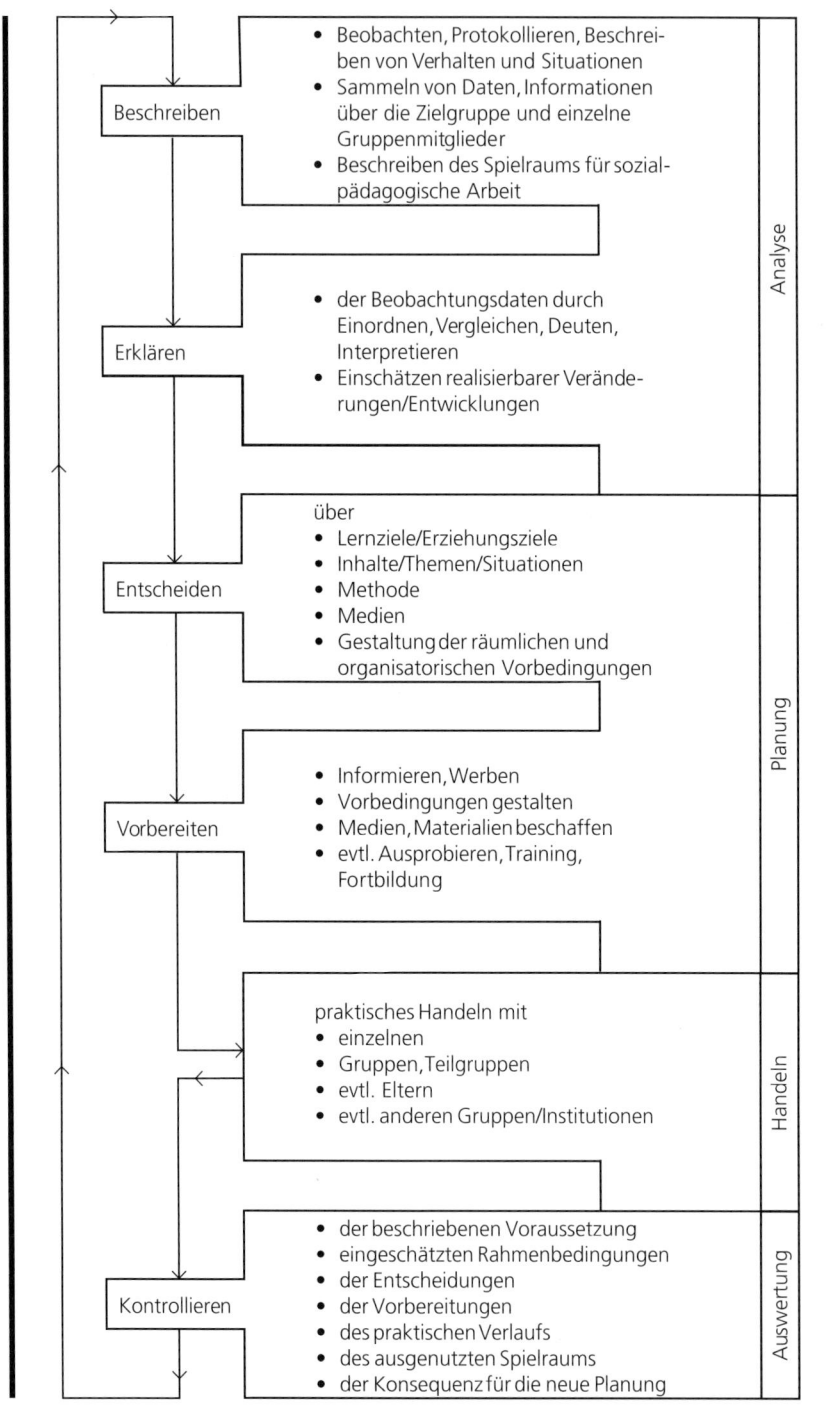

Abb. 7: Verlaufsmodell der didaktischen Arbeit (in: Martin 2005:61)

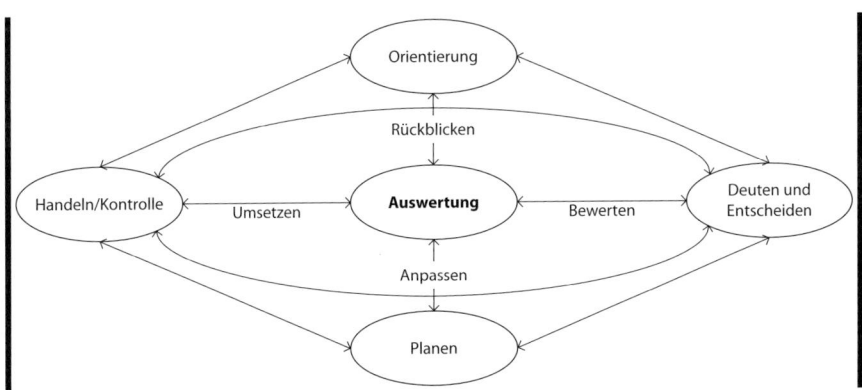

Abb. 8: Leitfaden zur prozessorientierten Systemvernetzung (in: Simmen et al. 2010:56)

Beim Konzept KPG nach *Hochuli Freund/Stotz* geht es um

> »*Prozesse, die sowohl intra- und interprofessionell als auch gemeinsam mit einer Klientin oder einer Klientengruppe* [erfasst, analysiert, diagnostiziert und] *im Hinblick auf definierte Ziele geplant, umgesetzt und ausgewertet werden.*« (2015:135, Hervorhebung im Original)

Das Modell besteht aus sieben Teilschritten – Situationserfassung, Analyse, Diagnose, Zielsetzung, Interventionsplanung, Interventionsdurchführung und Evaluation – und zwei Ebenen der Zusammenarbeit mit Klientinnen, Klienten und Fachkräften, die sich über den gesamten Prozess erstrecken (siehe Abb. 9, vgl. auch Hochuli Freund/Sprenger-Ursprung in diesem Band, Abb. 14, dort in Farbe). Es wird zwischen einer analytischen Phase (die ersten drei Schritte) und einer Handlungsphase unterschieden. Die Schritte sind idealtypisch angeordnet, können jedoch auch in anderer Reihenfolge durchgeführt, übersprungen oder wiederholt werden. Darin enthalten sind verschiedene Methodenvorschläge für die Prozessschritte und vorgegebene Kriterien (Kooperation, Zielsetzung Soziale Arbeit, Professionsethik, Praxisfelder, Aufwand), anhand derer ihr Einsatz überprüft und gemessen werden kann (vgl. ebd.:137–140). In den theoretischen Grundlagen wird Bezug auf die Strukturmerkmale genommen, für die Arbeit mit dem Konzept wird eine handlungsleitende Grundhaltung vorausgesetzt, und die zentralen Kompetenzen finden sich inhaltlich alle darin wieder und werden sogar fast vollständig durch die Prozessschritte abgebildet.

Werden die Modelle einander gegenübergestellt, lässt sich abschliessend feststellen, dass diese im Grossen und Ganzen sehr ähnlich sind, sich aber bezüglich Umfang der Ausführungen sowie individueller Schwerpunktsetzung unterscheiden. Possehl hält beim Vergleich verschiedener Phasenmodelle fest, dass diverse Begrifflichkeiten für die gleichen Sachverhalte genutzt werden und manche Schritte je nach Modell stärker aufgegliedert, zusammengefasst oder ausgelassen werden (vgl. 2009:123). Dies ist auch für die zuvor aufgeführten Beispiele zutreffend. Der kurze Überblick reicht zwar nicht aus, um einen fundierten und umfassenden Einblick zu den Modellen zu vermitteln, die Auseinandersetzung damit ist jedoch hilfreich, um Gemeinsamkeiten und Schwachstellen festzustellen. Die grosse Anzahl der Modelle und aktuellen Publikationen machen darüber hinaus deutlich, dass diesem Thema nach wie vor eine grosse Bedeutung zukommt und nach geeigneten Handlungskonzepten gesucht wird. Die besondere Herausforderung besteht darin, die komplexen Ansprüche für professionelles Handeln in eine praktische und möglichst einfach zu handhabende Systematik zu fassen. Die Ausführungen zu den verschiedenen Konzeptionen bieten ausserdem eine Grundlage, um die Besonderheiten der Methodik KPG darlegen zu können.

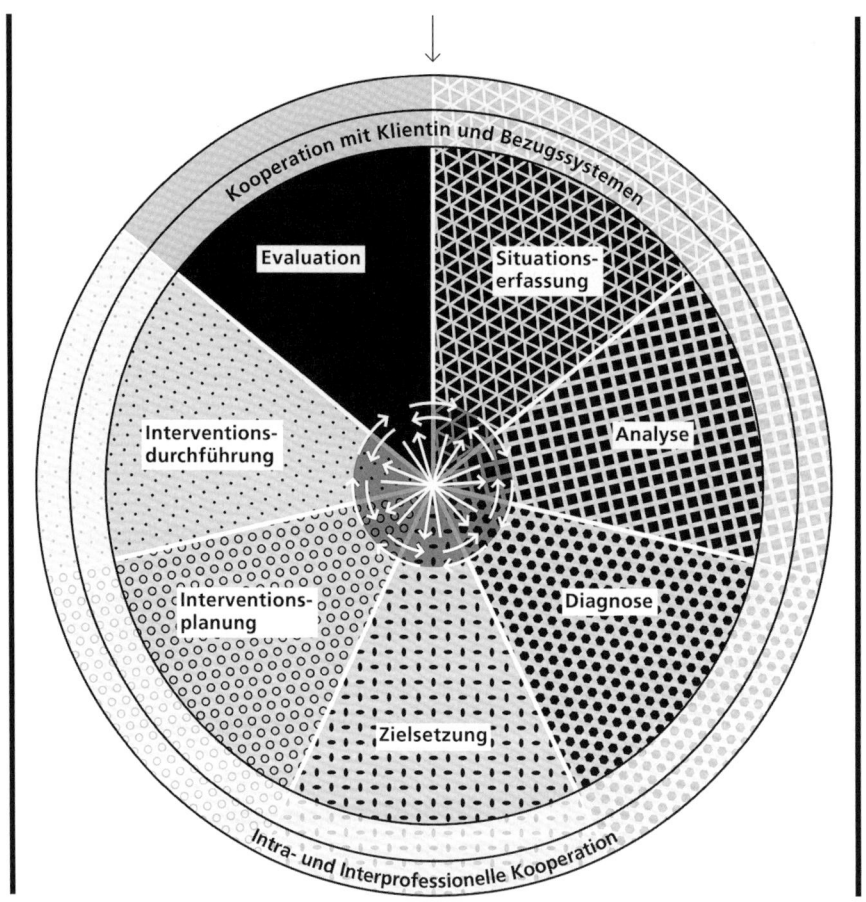

Abb. 9: Prozessmodell Kooperative Prozessgestaltung (in: Hochuli Freund 2017).

> **Zwischenfazit**
>
> Aus der Analyse der Gemeinsamkeiten von verschiedenen Professionalitätsentwürfen können folgende Anforderungen an professionelles Handeln abgeleitet werden, welche die fachliche Qualität in der Sozialen Arbeit ausmachen:
>
> 1. Kennen und Aushalten von strukturellen Spannungsfeldern und Paradoxien;
> 2. Verfügen über zentrale Kompetenzen und eine/n fachliche/n Grundhaltung/Habitus;
> 3. Verwendung einer Systematik zur Strukturierung und Reflexion des methodischen Handelns.

3 Besonderheiten des Konzepts Kooperative Prozessgestaltung

Die Methodik KPG fügt sich in eine Reihe mit den vorgestellten Konzeptionen und Modellen zur Systematisierung professionellen Handelns. Allerdings hebt sie sich von den bisherigen Entwürfen ab, da sie nicht nur die beschriebenen Qualitätsanforderungen an professionelles Handeln umfassend berücksichtigt, sondern auch über einige spezifische Merkmale verfügt. Da die Gemeinsamkeiten bereits erörtert wurden, werden schwerpunktmässig diejenigen Aspekte behandelt, welche KPG in besonderem Masse auszeichnen. Die Besonderheiten des Konzepts werden anhand von drei Gesichtspunkten – der offenen Rahmenstruktur mit praxistauglichen Standards für das Handeln, der Ausdifferenzierung der analytischen Phase und einer neuen Diagnose-Methode für die Praxis sowie dem besonderen Stellenwert der Kooperation – aufgezeigt.

3.1 Offene Rahmenstruktur mit praxistauglichen Standards für das Handeln

Das Konzept KPG beschreibt professionelles Handeln in der Sozialen Arbeit nicht nur theoretisch und abstrakt, sondern bildet die benötigten Handlungsanforderungen ebenso praxistauglich in einem Prozessmodell ab. Die Anforderungen an professionelles Handeln werden heruntergebrochen und, insbesondere da, wo sie an manchen Stellen anderer Konzeptionen vage bleiben, ganz konkret beschrieben. Dadurch werden diese besser lehr- und lernbar sowie für Praktiker besser greif- und handhabbar. Damit stellt KPG eine sehr angemessene und handlungsleitende Konzeption professionellen Handelns dar. Diese fachliche Einschätzung soll mit Bezug auf die Ausgestaltung des Konzepts veranschaulicht werden.

Umfassende Rahmenstruktur für individuelle Gestaltungsfreiheit

KPG ist ein generalistisches Konzept und für alle Felder der Sozialen Arbeit geeignet. Das darin enthaltene Prozessmodell lässt sich für sämtliche Prozesse auf der Fall- und Fachebene wie die klassische Fallführung, die sozialpädagogische Arbeit mit Klientinnen und Klienten aber auch für Projektmanagement, Beratung oder Ähnliches, heranziehen. Die Dauer eines Prozesszyklus kann sich auf eine Momentaufnahme beschränken oder sich aber auch über einen ganzen Begleitprozess erstrecken. Es werden mögliche Methoden und Instrumente für die einzelnen Prozessschritte vorgestellt, wobei diese für die Organisation und/ oder den Einzelfall ergänzt, modifiziert oder durch passendere Methoden ersetzt werden können. Hochuli Freund und Stotz sehen – im Unterschied zu anderen Autoren – den ganzen Prozess einer strukturierten Fallbearbeitung als elementaren Beitrag zur Professionalisierung, für ›besseres‹, professionelleres Handeln, bei dem die fachliche Tätigkeit unweigerlich mit der Beziehung und der Aushandlung mit Klientinnen und Klienten verbunden wird (vgl. Hochuli Freund/Stotz 2015:325). Dieser Prozess der Fallbearbeitung soll dabei in sich schlüssig und nachvollziehbar sein. Indem bei jedem Schritt die bisherigen Erkenntnisse aufgegriffen und prozessschrittspezifisch weiterverarbeitet werden, sind die Prozessschritte eng verwoben und bauen aufeinander auf. Je nachdem kann es auch erforderlich seine einzelnen Schritte erneut durchzuführen. Das Konzept KPG schafft einen klar definierten Rahmen, der sich unterschiedlich füllen lässt. Auf Grund der Strukturierung sowie vorgegebener Prinzipien ist er eng genug, um Beliebigkeit zu vermeiden, gleichzeitig ist die Vorgehensweise offen genug, um je nach Fall und Kontext Anpassungen vorzunehmen. Den Autoren gelingt dabei ein Balanceakt, indem sie Strukturmerkmale und Spannungsfelder nicht aufheben, sondern auf diese hinweisen und sie damit ins Bewusstsein rücken. Trotzdem wird den Professionellen damit nicht die Verantwortung genommen, sich selbst situativ zu entscheiden, was wiederum auf die Bedeutung eines professionellen Habitus hinweist. KPG liefert – und darin besteht eine enorme Erleichterung – einen Rahmen, in dem diese fachliche Auseinandersetzung strukturiert, fundiert und damit nachvollziehbar erfolgen kann.

Verschränkung von Theorie und Praxis

Die Publikation ›Kooperative Prozessgestaltung‹ wurde als Lehrbuch konzipiert mit dem Anspruch, Studierende und praktisch tätige Personen zu erreichen sowie als Nachschlagwerk zu fungieren (vgl. Hochuli Freund/Stotz 2015:18). Praktikerinnen und Praktiker sollen im Stande sein, die Methodik nachzuvollziehen und anzuwenden. Ebenso muss sie einer genaueren Überprüfung im Diskurs standhalten, und dem *state of the art* gerecht werden. Eine Ausgewogenheit zwischen Theorie und Praxis ist damit entscheidend für einerseits den Einsatz in der Praxis und andererseits den Stellenwert im Diskurs zu professionellem Handeln. Mit dem Konzept KPG ist ein niederschwelliger Zugang zu einer sehr komplexen Thematik gelungen. Mit Bezug auf die Strukturmerkmale wird deutlich gemacht, dass die Tätigkeit in der Sozialen Arbeit eine schwierige Aufgabe ist und auch die eigene Persönlichkeit stark fordert. Das Konzept gibt einen Orientierungsrahmen an die Hand, um mit diesen komplexen und widersprüchlichen Bedingungen umgehen zu können. Es vermittelt ein gesundes Selbstvertrauen, dass damit ein Unterstützungsprozess erfolgreich gestaltet werden kann, weckt und erzeugt jedoch keine überhöhten Erwartungen im Sinne einer Machbarkeit aller Dinge oder macht übersteigerte Allheilsversprechen. Ganz im Gegenteil kommt ihm eher die Funktion einer gewissen Erdung zu, und es wirkt solchen Illusionen entgegen. Die Professionellen erfahren eine Entlastung davon, Fehler nur auf die eigene Person zu beziehen, und sie können die Spannungsfelder Sozialer Arbeit als gegeben akzeptieren, gegen die sie nicht ankämpfen müssen (vgl. Knoll 2010:177). Auch gegenüber Klientinnen und Klienten kann dadurch Transparenz geschaffen und die Umstände nicht verschleiert werden. Dies bedeutet auch, ihnen keine falschen Hoffnungen zu machen und gegebenenfalls ihre Erwartungen zu dämpfen. Sie bekommen realistischere Vorstellungen darüber, auf was sie sich einlassen, selbst, wenn das nur bedeutet, zu wissen und sich darauf einzustellen, eben nicht zu wissen, welche Leistungen zu erwarten sind (vgl. Hochuli Freund/Stotz 2015:49). Gerade der zweite Teil des Lehrbuchs macht professionelles Handeln für die konkrete Handhabung greifbar. Durch kurze Zusammenfassungen am Ende jedes Kapitels sind die wichtigsten Informationen schnell und kompakt verfügbar. Durch mehrere Grafiken werden komplexe Vorgehensweisen und Zusammenhänge vereinfacht und zugänglich gemacht, beispielsweise bei Analyse und Diagnose. Die Prozessgestaltung mit einem Modell bildlich darzustellen, macht die Inhalte einprägsamer.

Konkretisierte Standards und Arbeitshilfen ermöglichen Lernprozesse

Hochuli Freund und Stotz nennen für jeden Prozessschritt die dafür erforderlichen Kompetenzen. Es gelingt ihnen, die meisten der eher abstrakten zentralen Kompetenzen weiter auszudifferenzieren und zu konkretisieren, sodass deren Vorhandensein respektive Entwicklungsbedarf konkret geprüft werden kann. Die Auseinandersetzung mit dem Konzept und seine Umsetzung führen daher zwangsläufig zu einem Zugewinn an Wissen und Kompetenz. Durch die dargelegte, kriteriengeleitete Methodenreflexion lernen die Professionellen nicht nur neue Methoden anzuwenden, sondern auch diese hinsichtlich ihrer Eignung zu beurteilen, den Prozessschritten zuzuordnen und fall- und situationsspezifisch auszuwählen. V. a. bei der Diagnose und der Interventionsplanung fliessen theoretische Wissensbestände mit ein. Dadurch kann sich das Repertoire der Professionellen laufend um verschiedene Lern-, Entwicklungs- und Sozialisationstheorien oder Handlungskonzepte erweitern. Zugleich findet bei der praktischen Umsetzung eine Transformation derselben statt. Professionelles Handeln löst durch diese Verschränkung auch das Theorie-Praxis Problem für Lernende (vgl. Becker-Lenz et al. 2012:14). Durch einfache Prinzipien, z.B. »so viel wie möglich sehen – so wenig wie möglich verstehen« (Meinhold 1987:207, zit. in Müller 2012:104) bei der Situationserfassung, »zuerst verstehen, dann handeln« (Hochuli Freund/Stotz 2015:325) für das Grundverständnis von KPG oder strukturierte methodische Abläufe und Formulierungshilfen z.B. für Hypothesen (erklärende Hypothesen »Weil ...« oder der handlungsleitenden Arbeitshypothese »Wenn ... dann ...«) bei der Diagnose, können Handlungsschritte und Denkmuster leichter erlernt und verinnerlicht werden (siehe dazu auch den Beitrag von Hochuli Freund in diesem Band). Insgesamt ist das Konzept KPG damit sehr verständlich und praxistauglich. Indem Arbeitshilfen an die Hand gegeben werden, kann niederschwellig damit gearbeitet werden und wirkt die Methodik gleichzeitig unterstützend bei der Entwicklung eines Grundverständnisses von professionellem Handeln.

Verankerung der Reflexion

Die Notwendigkeit einer beständigen Reflexion des professionellen Handelns ist bereits an einigen Stellen angesprochen worden. Reflexion ist die Kompetenz, die sich am direktesten mit der eigenen Person befasst. Sie ist für die Grundhaltung einer Arbeit, die sich mit Menschen befasst, die entscheidende Komponente, da Fehler vorkommen, jedoch kein Produkt, sondern das Leben von Personen betreffen. KPG macht Reflexion planbar, indem diese fest eingebettet ist. Das Konzept erhebt den Anspruch an die Professionellen, sich durch Selbstreflexion mit der eigenen Person zu befassen und ihre eigene Biografie, ihre Haltungen und Gefühle zu erforschen. Der Blick wird dabei insbesondere auf die Kooperation und Arbeitsbeziehung gerichtet, um u. a. Übertragungen, Autonomieeinschränkungen und den Umgang mit Macht bewusst zu machen. Dies schützt die Klientinnen und Klienten und hilft, die strukturelle Asymmetrie auszugleichen.

Selbst die Grundhaltung und Ethik der Professionellen soll reflektiert, weiterentwickelt und im Diskurs der Sozialen Arbeit behandelt werden (vgl. ebd.:126). Zur Gewährleistung der Reflexion werden konkrete Vorschläge und Handwerkszeug zur Verfügung gestellt. Für die Arbeit im Team sollen neben der gemeinsamen Reflexion verbindliche Reflexionsgefässe wie Supervision und Intervision institutionalisiert werden (vgl. ebd.:61). Es werden Kriterien formuliert, mit denen Methoden hinsichtlich der Kooperation, der Zielsetzung Sozialer Arbeit, der Professionsethik, der Praxisfelder und des Aufwands überprüft werden können (vgl. ebd.:147–149). In jedem Prozessschritt erfolgt eine Auswertung anhand von Evaluationsfragen, mit denen das methodische Vorgehen reflektiert werden kann.

Reflexion ist letztlich auch als eigenständiger Prozessschritt Evaluation im Modell enthalten. Als Abschluss wird der gesamte Prozess eines Falles reflektiert und ausgewertet. Reflexion findet somit auf verschiedenen Ebenen statt und ist untrennbar mit der Methodik verbunden. Auch das Modell an sich ist damit ein institutionalisiertes Gefäss zur Reflexion. Denn damit lässt sich überprüfen, inwiefern systematisch und methodisch strukturiert vorgegangen wird und um welchen Prozessschritt es aktuell geht. Letztlich kann beurteilt werden, ob die Gestaltung von Unterstützungsprozessen den genannten Anforderungen Rechnung trägt und als professionell eingestuft werden kann. Die Methodik trägt damit zur Optimierung und Professionalisierung des Handelns bei.

3.2 Ausdifferenzierung der analytischen Phase und neue Diagnose-Methode

Die Unterteilung des Hilfeprozesses in Teilschritte und einen vorgegebenen Ablauf ist eine rein analytische und idealtypische Vorgehensweise. In der Praxis sind die Übergänge fliessend und die Reihenfolge variabel. Doch gerade die exakte Unterscheidung der einzelnen Schritte macht eine besondere Qualität von KPG aus. V. a. bei den ersten drei Prozessschritten (Situationserfassung, Analyse, Diagnose) werden die Begrifflichkeiten in der Literatur sehr uneinheitlich verwendet und z.T. in wenigen Schritten zusammengefasst (vgl. Hochuli Freund/Stotz 2015:177f.). Gemäss KPG geht es bei der Situationserfassung darum, keinerlei Bewertung vorzunehmen und Informationen neutral zu erfassen. Die Analyse ist anschliessend dafür notwendig, die Daten zu bewerten und zu gewichten, jedoch ohne etwas hineinzuinterpretieren. Erst bei der Diagnose geht es darum, den Sachverhalt besser zu verstehen und Erklärungsversuche anzustellen.

Die bei KPG vorgenommene Aufteilung schafft begriffliche Klarheit und arbeitet wichtige inhaltliche Unterschiede heraus. Sie ermöglicht es, die Bereiche eindeutig voneinander abzugrenzen, und stellt für jeden der Schritte Qualitätsmerkmale auf (siehe Abb. 10). Eine solche schrittweise Trennung ist von grosser Bedeutung für das professionelle Handeln, um zu gewährleisten, dass nicht einzelne Schritte, z.B. das Verstehen, versehentlich ausgelassen werden. In der Praxis wird in der Regel direkt oder mit nur wenig analytischem Vorlauf agiert und es sind weitaus mehr Interventions-Kompetenzen vorhanden (vgl. ebd.:325). Dies zeigt sich auch in den typischen Handlungsproblemen von Studierenden bei der Auftrags- und Zuständigkeitsklärung, die bei der Situationserfassung erfolgen sollte, und bei diagnostischem Vorgehen, bei dem es z.T. schon am Verständnis für dessen Notwendigkeit scheitert (vgl. Becker-Lenz/Müller 2009:324f.). Der altbekannte Spruch, dass man erst denken soll, bevor man handelt, scheint in der Sozialen Arbeit allzu oft keine Beachtung zu finden. Im Grundverständnis des Konzepts KPG ist das Prinzip, erst zu verstehen und dann zu handeln, fest verankert. Die klare Trennung der Schritte erleichtert dies und hilft dabei sich zu orientieren, die aktuelle Position im Prozess zu verorten und prozessschrittbezogene Aufgaben zu eruieren (vgl. Hochuli Freund/Stotz 2015:229, 326).

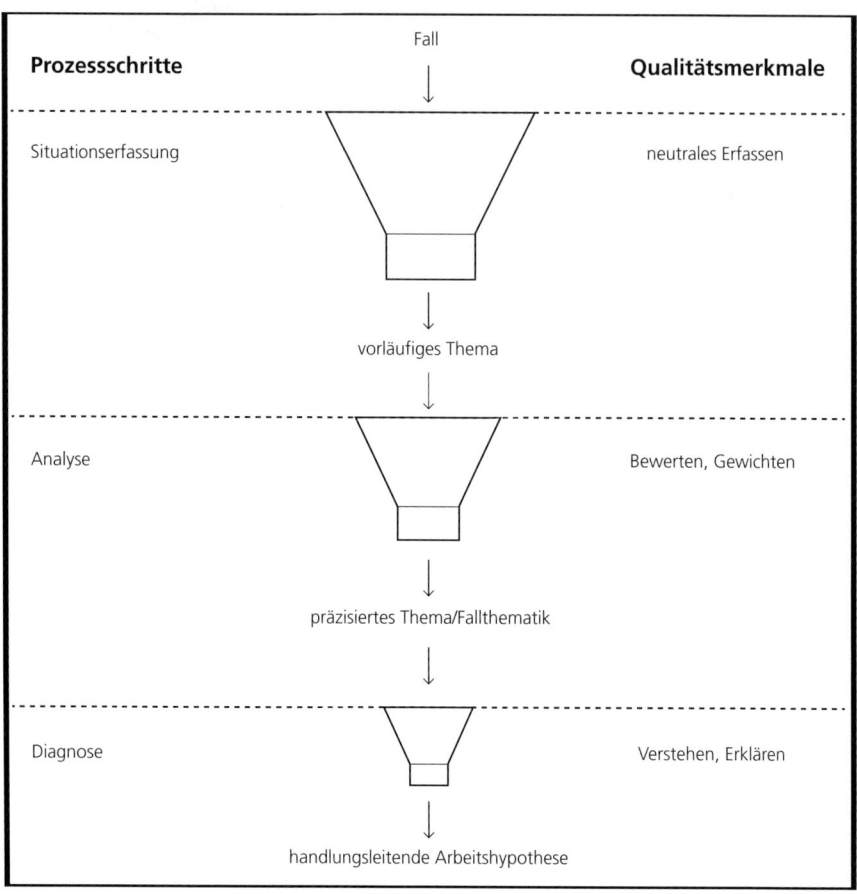

Abb. 10: Qualitätsmerkmale der ersten drei Prozessschritte

Die Unterteilung der Schritte hat zudem den Zweck, die vorhandenen Informationen immer stärker zu reduzieren. Zunächst wird die gesamte Situation erfasst, durch die Analyse wird herausgearbeitet um welche Aspekte des Falls es geht und bei der Diagnose werden mit der handlungsleitenden Arbeitshypothese schlussendlich die zu bearbeitenden Inhalte festgelegt. Diese notwendige Komplexitätsreduktion findet bei anderen Modellen in der Regel gar nicht statt oder ist nicht explizit und nachvollziehbar. Gerade die Auswertung der Analyse wird in der Literatur meistens gar nicht aufgegriffen (vgl. ebd.:180). Indem an diesen entscheidenden Stellen von Analyse und Diagnose auf das methodische Hilfsmittel von Hypothesen zurückgegriffen wird, wird kein Anspruch auf Absolutheit und Richtigkeit der Bewertungen und Erklärungen erhoben (vgl. ebd.:180, 218, 225). Gleichzeitig sind die Schlüsse nicht willkürlich, sondern erfolgen durch das methodisch geleitete Vorgehen sehr fundiert, gut begründet und theoretisch eingebettet. Auf Grund ihrer Explikation sind sie nachvollziehbar sowie intersubjektiv überprüfbar.

Insgesamt wird durch KPG der Schwerpunkt stärker auf die analytische Phase gelegt. Die Methodik trägt durch die Trennung in Situationserfassung, Analyse und Diagnose zu mehr Klarheit bei. Die Sensibilisierung auf die Unterschiede und jeweiligen Aufgaben der verschiedenen Prozessschritte bewirkt letztendlich ein differenzierteres Vorgehen. Ziel ist es, das Modell als Denkstruktur des eigenen Handelns zu verinnerlichen, um es auch im Alltag routiniert anwenden zu können. Dadurch wird ein ständiger Wechsel zwischen der analytischen Ebene und der Handlungsebene möglich (vgl. ebd.:229, 326f.).

Theoriegeleitetes Fallverstehen – eine neue Diagnose-Methode für die Praxis

Diagnostik und Fallverstehen ist in der Sozialen Arbeit ein viel und kontrovers diskutiertes Thema. Die Auseinandersetzung damit hat in der Vergangenheit stark zugenommen. Diagnose ist eine der zentralen Fachkompetenzen Sozialer Arbeit (vgl. Schrapper 2004:40). Für die Diagnose gibt es nur eine Handvoll, in der Praxis eher weniger bewährte Vorgehensweisen. In der Regel werden in der Literatur verschiedene diagnostische Verfahren angeführt, die im Verständnis von KPG entweder der Analyse zuzuordnen sind oder bei der Diagnose zur Kategorie der rekonstruktiven Methoden zählen. Bei diesen geht es darum, die »subjektiven Prozesse und Muster zu rekonstruieren, die im Verlauf der Lebensgeschichte eines Menschen seine Wahrnehmungen, Deutungen und Handlungsorientierungen geprägt haben« (ebd.:47). Die rekonstruktiven Verfahren sehen sich häufig mit der Herausforderung der Anwendbarkeit in der Praxis konfrontiert, da sie einem disziplinären Hintergrund entstammen. Beispielsweise wird beim biografischen Fallverstehen die Frage gestellt, »wieweit sich ein optimal geeignetes sozialwissenschaftliches Forschungsinstrument für Kontexte der Sozialen Arbeit eignet« (Meinhold 2006:59). Wird, wie bei Jakob, von einem Nutzen ausgegangen, steht im Vordergrund, »inwieweit es gelingt, die berufliche Praxis und (potenzielle) Praktiker/innen für den Einsatz ausgearbeiteter rekonstruktiver Verfahren zu gewinnen« (2002:119). Zudem braucht es ihrer Meinung nach mehr und bessere praxistaugliche Zugänge für das Fallverstehen (vgl. ebd.). KPG kann diesen Forderungen insofern genügen, dass sie ein Bewusstsein für die Notwendigkeit von Diagnose schafft – wodurch rekonstruktive Methoden zu mehr Zuspruch und Anwendung kommen können – und ein eigenes neues Verfahren für die Diagnose bietet, welches in der Praxis angewendet werden kann.

Das Theoriegeleitete Fallverstehen (dazu ausführlich Hochuli Freund/Stotz 2015:220–236) stellt eine bedeutende Errungenschaft innerhalb des Konzepts KPG dar. Dabei soll es gelingen, eine eigenständige Expertise aufzubauen, die zugleich die Aushandlung und Vermittlung mit den Klientinnen und Klienten im Blick hat (vgl. Schrapper 2004:49). Der postulierte Hypothesencharakter der Diagnose will eine Anmassung auf objektive Gültigkeit vermeiden. Durch das klar strukturierte Vorgehen wird dem Anspruch Rechnung getragen, die »unvermeidliche Reduktion so begründet zu gestalten und zu dokumentieren, dass es weder zu unangemessen Vereinfachungen noch zu nicht überprüfbaren Schlussfolgerungen kommt« (ebd.:45). Ausserdem liefert die Diagnosemethode ein Beispiel für die gelingende Vermittlung zwischen Theorie und Praxis, wodurch sie nicht nur im wissenschaftlichen Kontext Verwendung findet, sondern auch bei der berufspraktischen Arbeit zum Einsatz kommen kann. Als Nebeneffekt leistet die Weiterentwicklung Sozialer Diagnostik im Rahmen des Konzepts KPG einen Beitrag zur Professionalisierung der Sozialen Arbeit. Denn Diagnose stellt seit je her auch ein Mittel zur Professionalisierung dar (vgl. Hochuli Freund/Stotz 2015:216).

3.4 Besonderer Stellenwert der Kooperation

Im Konzept KPG wird ein gesteigerter Wert auf Kooperation gelegt. Bereits in der Bezeichnung ist die Vorgabe verankert, dass es sich um eine Prozessgestaltung handelt, die Kooperation an oberste Stelle setzt. Darin ist die Kooperation auf der Fachebene und mit den Klientinnen und Klienten enthalten. Letzterer kommt die grössere Bedeutung zu, da Klientinnen und Klienten im Zentrum der Arbeit stehen. Die Arbeitsbeziehung wird in der Sozialen Arbeit zwar durchgehend als notwendige Grundvoraussetzung erachtet, jedoch selten ausführlich dargelegt. Zudem wird die Gestaltung der Beziehung meist als schwer greifbar und nicht planbar eingeschätzt (vgl. ebd.:87f.). Dies zeigt sich auch in den bisherigen Modellen, in denen die Kooperation meist kaum oder nur oberflächlich berücksichtigt wird. Die Methodik KPG stützt sich auf das Verständnis der Koproduktion, d.h. nur gemeinsam mit den Klientinnen und Klienten kann etwas erreicht werden, und auf drei grundlegende Haltungen als Leitlinie für das Handeln (vgl. ebd.:56). Es bedarf der Aufmerksamkeit, »die einerseits die Bedürftigkeit und Verletzlichkeit der Klientin beachtet, sie aber auch in ihrer Andersartigkeit und ihrem Anderssein respektiert« (ebd.:74), der Achtsamkeit, die Ressourcen und individuelle Lösungsstrategien ernst nimmt und sich durch Empathie auszeichnet, und der Anwaltlichkeit, Menschen trotz Autonomieverlust bewusst einzubeziehen und unter Berücksichtigung ihrer Interessen zu vertreten (vgl. ebd.:74f.).

In der Ausgestaltung des Konzepts wird Kooperation institutionalisiert und an vielen Stellen planbar gemacht. Bei jedem Prozessschritt wird auf Aufgaben in Bezug auf die Kooperation verwiesen. In der Methodenreflexion wird jede Vorgehensweise dahingehend überprüft, ob Klientinnen und Klienten involviert sind. Zudem sind Evaluationsfragen festgelegt, die immer auch auf die Berücksichtigung und das Gelingen der Kooperation abzielen. Auf diese Weise kann ein hohes Mass an Kooperation gewährleistet werden. Die kooperative Grundhaltung fliesst in Standards und praktische Hilfen ein, beispielsweise, wenn bei Formulierung von Zielen zwischen Unterstützungs- und Bildungszielen unterschieden wird. Dadurch wird darauf verwiesen, dass auch Zielfindung als Aushandlungsprozess verstanden werden muss und nur gemeinsam mit den Betroffenen ihre (Bildungs-)Ziele gesetzt und verfolgt werden können (vgl. ebd.:261). In der Praxis sind auch andere Verhältnisse vorzufinden, Klientinnen und

Klienten werden z. T. übergangen und bevormundet. Dahinter steckt nicht zwingend böse Absicht und Mutwilligkeit, solche Verhaltensweisen lassen sich nicht immer vermeiden und sind zu grossen Teilen den Spannungsfeldern Sozialer Arbeit geschuldet. Es besteht eine strukturelle Asymmetrie zwischen der hilfesuchenden Person und der Fachkraft, die Machtausübung beinhaltet und zu negativen Folgen führen kann (vgl. ebd.:58f.). Umso wichtiger ist deshalb eine beständige Reflexion von Kooperation und Arbeitsbeziehung. Mit KPG wird der Blick ausdrücklich darauf gerichtet und so können eigene Verwicklungen aufgedeckt und das Handeln sowie die eigene Haltung verändert werden. KPG kann damit auch eine Kontroll- und Schutzfunktion für die Klientinnen und Klienten übernehmen. Sie ermöglicht den Professionellen sich über die Asymmetrie im Klaren zu sein und Klientinnen und Klienten daher bewusst einzubeziehen.

4 Fazit

Professionelles Handeln bezeichnet qualitativ hochwertiges, bewusstes Handeln im beruflichen Kontext. Der Vergleich verschiedener Publikationen zeigt, dass die Qualität und die konkreten Anforderungen an professionelles Handeln in der Sozialen Arbeit darin bestehen, die dort inhärenten Spannungsfeldern auszuhalten und einen angemessenen Umgang mit diesen strukturellen Besonderheiten zu finden sowie über verschiedene zentrale Kompetenzen und eine Grundhaltung zu verfügen. Zudem bedarf es einer Systematik, die hilft, das methodische Handeln zu strukturieren. Das Konzept KPG stellt einen Professionalitätsentwurf für die Praxis dar, der all diese Voraussetzungen erfüllt. Es baut auf die strukturellen Bedingungen auf, ist generalistisch angelegt und damit für das gesamte Tätigkeitsfeld der Sozialen Arbeit geeignet. Es werden klare Voraussetzungen für professionelles Handeln definiert, wodurch ein Massstab gesetzt wird, über welche Kompetenzen Professionelle grundsätzlich verfügen müssen. Gleichzeitig wird auch das praktische Handwerkszeug geliefert, um diese Kompetenzen erwerben zu können. Unter professionellem Handeln wird dabei der gesamte Prozess einer Fallbearbeitung in Zusammenarbeit mit den Klienten und Klientinnen verstanden. Das Konzept unterstützt die Professionellen dabei, das eigene Handeln zu strukturieren und hinsichtlich der Anforderungen zu überprüfen. Verschiedene Aspekte, allen voran Kooperation und Reflexion – deren Notwendigkeit zwar durchgehend unbestritten ist, die aber meist vernachlässigt werden – erhalten eine feste Struktur und werden institutionalisiert. Ihre Berücksichtigung soll dadurch dauerhaft gewährleistet werden. Die einzelnen Prozessschritte werden analytisch klar voneinander abgegrenzt. Zu Beginn eines Prozesses erfolgt eine Trennung in einen Dreischritt von Erfassen – Bewerten – Erklären. Dabei wird der Schritt der Diagnose revolutioniert: Mit dem Theoriegeleiteten Fallverstehen ist eine neue Diagnosemethode vorhanden, die im Gegensatz zu rekonstruktiven Verfahren, die wesentlich mehr Erfahrung und Vorkenntnisse erfordern, auch in der breiten Masse ihre Anwendung finden kann. Die Methodik KPG stellt vor diesem Hintergrund das erste angemessene Konzept von Professionalität für die Praxis dar und leistet damit einen wichtigen Beitrag für den Professionalisierungsdiskurs in der Sozialen Arbeit.

Eingangs wurde darauf hingewiesen, dass in der Sozialen Arbeit bisher keine einheitlichen, fachlichen Standards bestehen und es deshalb notwendig ist, diese einerseits theoretisch zu entwickeln und sie andererseits in der Praxis zu etablieren. In diesem Beitrag wurde aufgezeigt, dass sich über die verschiedenen theoretischen Positionen hinweg ein grösstenteils sehr ähnliches Verständnis finden lässt, was ›gutes‹ Handeln ausmacht. Wie diese Auseinandersetzung zeigt, lassen sich die wichtigsten Merkmale, Kompetenzkategorien und Anforderungen professionellen Handelns durchaus benennen, und auch Prozessmodelle gibt es seit geraumer Zeit. Trotzdem ist es bisher nicht gelungen einen einheitlichen Qualitätsstandard bzw. zumindest eine Handvoll konkurrierender Entwürfe für Ausbildung und Praxis festzulegen (vgl. Becker-Lenz/Müller:9). Da es genügend Gemeinsamkeiten gibt, sollte angestrebt werden, die Anforderungen an professionelles Handeln als verbindliche Standards für Studium und Arbeitspraxis festzulegen und laufend im Fachdiskurs weiterzuentwickeln. Damit kann das Profil der Sozialen Arbeit geschärft und die Standards dafür herangezogen werden, die Qualität professionellen Vorgehens zu beurteilen und besser zwischen ›gutem‹ und ›schlechtem‹ Handeln und zwischen Profis und Laien zu unterscheiden (vgl. Maus et al. 2008:7–9). Da sich die Anforderungen an professionelles Handeln grundsätzlich beschreiben lassen, besteht die Herausforderung aktuell v. a. darin, diese in die Praxis zu implementieren. Dazu braucht es Konzeptionen und Modelle wie KPG, die eine inhaltliche Konkretisierung der Anforderungen vornehmen, diese für die praktische Umsetzung noch weiter herunterbrechen und dadurch umsetzbar machen.

Literatur

Becker-Lenz, Roland/Müller, Silke (2009). Der Professionelle Habitus in der Sozialen Arbeit. Grundlagen eines Professionsideals. Bern: Peter Lang.

Becker-Lenz, Roland/Busse, Stefan/Ehlert, Gudrun/Müller-Hermann, Silke (2012). Einleitung: Wissen, Kompetenz, Habitus und Identität als Elemente von Professionalität im Studium Sozialer Arbeit. In: Becker-Lenz, Roland/Busse, Stefan/Ehlert, Gudrun/Müller-Hermann, Silke (Hrsg.). Professionalität Sozialer Arbeit und Hochschule. Wissen, Kompetenz, Habitus und Identität im Studium Sozialer Arbeit. Wiesbaden: VS Verlag. S. 9–31.

Busse, Stefan/Ehlert, Gudrun (2012). Die allmähliche Heraus-Bildung von Professionalität im Studium. In: Becker-Lenz, Roland/Busse, Stefan/Ehlert, Gudrun/Müller-Hermann, Silke (Hrsg.). Professionalität Sozialer Arbeit und Hochschule. Wissen, Kompetenz, Habitus und Identität im Studium Sozialer Arbeit. Wiesbaden: VS Verlag. S. 85–110.

Callo, Christian (2005). Handlungstheorie in der Sozialen Arbeit. München/Wien: Oldenbourg Verlag.
Cassée, Kitty (2010). Kompetenzorientierung: Eine Methodik für die Kinder- und Jugendhilfe. Ein Praxisbuch mit Grundlagen, Instrumenten und Anwendungen. 2. Aufl. Bern: Haupt Verlag.
Dewe, Bernd/Ferchhoff, Wilfried/Scherr, Albert/Stüwe, Gerd (2011). Professionelles soziales Handeln. Soziale Arbeit im Spannungsfeld zwischen Theorie und Praxis. 4. Aufl. Weinheim/München: Juventa Verlag.
Duden (Hrsg.) (o. J.a). URL: http://www.duden.de/rechtschreibung/professionell/ (Zugriff am 20.07.2016).
Duden (Hrsg.) (o. J.b). URL: http://www.duden.de/rechtschreibung/handeln_arbeiten_Handwerk/ (Zugriff am 20.07.2016).
Erler, Michael (2012). Soziale Arbeit. Ein Lehr- und Arbeitsbuch zu Geschichte, Aufgaben und Theorien. 8. Aufl. Weinheim/Basel: Beltz Juventa.
Galuske, Michael (2013). Methoden der Sozialen Arbeit. Eine Einführung. 10. Aufl. Weinheim/Basel: Beltz Juventa.
Gromann, Petra (2010). Koordinierende Prozessbegleitung in der Sozialen Arbeit. München/Basel: Reinhardt.
Heiner, Maja (2004). Professionalität in der Sozialen Arbeit. Theoretische Konzepte, Modelle und empirische Perspektiven. Stuttgart: Kohlhammer.
Heiner, Maja (2010). Kompetent handeln in der Sozialen Arbeit. München/Basel: Reinhardt.
Hochuli Freund, Ursula (2017). Kooperative Prozessgestaltung. Ein methodenintegratives Handlungskonzept für gute Soziale Arbeit im Kinderschutz. In: Böwer, Michael/Kotthaus, Jochem (Hrsg.). Praxisbuch Kinderschutz. Professionelle Herausforderungen bewältigen. Weinheim: Beltz-Juventa (im Erscheinen).
Hochuli Freund, Ursula/Stotz, Walter (2015). Kooperative Prozessgestaltung in der Sozialen Arbeit. Ein methodenintegratives Lehrbuch. 3., überarbeitete und erweiterte Aufl. Stuttgart: Kohlhammer.
Jakob, Gisela (2002). Fallverstehen und Deutungsprozesse in der sozialpädagogischen Praxis. In: Peter, Friedhelm (Hrsg.). Diagnosen – Gutachten – hermeneutisches Fallverstehen. Rekonstruktive Verfahren zur Qualifizierung individueller Hilfeplanung. 2. Aufl. Regensburg: Walhalla Fachverlag. S. 99–125.
Knoll, Andreas (2010). Professionelle Soziale Arbeit. Professionstheorie zur Einführung und Auffrischung. 3. Aufl. Freiburg i. Br.: Lambertus.
Kreft, Dieter (2010). Handlungskompetenz in der Sozialen Arbeit. In: Kreft, Dieter/Müller, C. Wolfgang (Hrsg.). Methodenlehre in der Sozialen Arbeit. München: Reinhardt. S. 49–59.
Kreft, Dieter/Müller, C. Wolfgang (2010). Konzepte, Methoden, Verfahren und Techniken in der Sozialen Arbeit. In: Kreft, Dieter/Müller, C. Wolfgang (Hrsg.). Methodenlehre in der Sozialen Arbeit. München: Reinhardt. S. 12–25.
Martin, Ernst (2005). Didaktik der sozialpädagogischen Arbeit. Probleme, Möglichkeiten und Qualität sozialpädagogischen Handelns. 6. Aufl. Weinheim: Juventa.
Maus, Friedrich/Nodes, Wilfried/Röh, Dieter (2008). Schlüsselkompetenzen der Sozialen Arbeit. für die Tätigkeitsfelder Sozialarbeit und Sozialpädagogik. Schwalbach am Taunus: Wochenschauverlag.
Meinhold, Marianne (2006). Biografisches Fallverstehen. In: Galuske, Michael/Thole, Werner (Hrsg.). Vom Fall zum Management. Neue Methoden der Sozialen Arbeit. Wiesbaden: VS Verlag. S. 55–69.
Michel-Schwartze, Brigitta (2009). Fallarbeit: ein theoretischer und methodischer Zugang. In: Michel-Schwartze, Brigitta (Hrsg.). Methodenbuch Soziale Arbeit. Basiswissen für die Praxis. 2. Aufl. Wiesbaden: VS Verlag. S. 121–154.
Michel-Schwartze, Brigitta (2016). Sozialarbeitswissenschaftliche Fallarbeit: Zugänge unter Einbeziehung bezugswissenschaftlichen Wissens. In: Michel-Schwartze, Brigitta (Hrsg.). Der Zugang zum Fall. Beobachtungen, Deutungen, Interventionsansätze. Wiesbaden: VS Verlag. S. 243–286.

Müller, Burkhard (2012). Sozialpädagogisches Können. Ein Lehrbuch zur multiperspektivischen Fallarbeit. 7. Aufl. Freiburg i. Br.: Lambertus.
Possehl, Kurt (2009). Theorie und Methodik systematischer Fallsteuerung in der Sozialen Arbeit. Einführung in den Heurismus. »Beurteilung der Situation mit Entschluss« (BSE). Luzern: Verlag interact.
Schrapper, Christian (2004). Sozialpädagogische Diagnostik zwischen Durchblick und Verständigung. In: Heiner, Maja (Hrsg.). Diagnostik und Diagnosen in der Sozialen Arbeit – Ein Handbuch. Berlin: Eigenverlag des Deutschen Vereins für öffentliche und private Fürsorge. S. 40–54.
Schütze, Fritz (1992). Sozialarbeit als »bescheidene« Profession. In: Dewe, Berndt/Ferchoff, Wilfried/Olaf-Radtke, Frank (Hrsg.). Erziehen als Profession. Zur Logik professionellen Handelns in pädagogischen Feldern. Opladen: Leske und Budrich. S. 132–147.
Simmen, René/Buss, Gabriele/Hassler, Astrid/Immoos, Stephan (2010). Systemorientierte Sozialpädagogik. 3. Aufl. Bern/Stuttgart/Wien: Haupt Verlag.
Staub-Bernasconi, Silvia (2007). Soziale Arbeit als Handlungswissenschaft. Systemtheoretische Grundlagen und professionelle Praxis – Ein Lehrbuch. Bern: Haupt Verlag.
Stimmer, Franz (2012). Grundlagen des Methodischen Handelns in der Sozialen Arbeit. 3. Aufl. Stuttgart: Kohlhammer.
Von Spiegel, Hiltrud (2011). Methodisches Handeln in der Sozialen Arbeit. 4. Aufl. München/Basel: Reinhardt.
Von Spiegel, Hiltrud (2013). Methodisches Handeln in der Sozialen Arbeit. 5. Aufl. München: Reinhardt.
Widulle, Wolfgang (2011). Gesprächsführung in der Sozialen Arbeit. Grundlagen und Gestaltungshilfen. Wiesbaden: VS Verlag.

Denken und Handeln
Eine transdisziplinäre Auseinandersetzung mit dem Konzept Kooperative Prozessgestaltung

Ursula Hochuli Freund

Das Konzept Kooperative Prozessgestaltung (KPG) will einen Orientierungsrahmen zur Strukturierung des professionellen Handelns in der Sozialen Arbeit bieten. Dabei wird postuliert, dass professionelles *Handeln* in Phasen des *Denkens* eingebettet ist. Dem Handeln soll ein vorausschauendes Denken vorangehen und eine nachträgliche Reflexion folgen. Als Ko-Autorin des Konzepts KPG will ich diesen Anspruch im Folgenden kritisch hinterfragen.

Professionalität zeigt sich darin, dass Denken und Handeln in irgendeiner Weise miteinander verbunden, ineinander verzahnt sind. Jede ›berufliche Methodenlehre‹ müsse nicht nur Ziel-Mittel-Technologien enthalten – d. h. Interventionsmethoden, um zielgerichtet Veränderungen zu befördern –, sondern auch »Denkmethoden zur Organisation und Ordnung der eigenen Denkprozesse vor dem Handeln, während des Handelns und nach dem Handeln«, hat Possehl (2002:4) festgehalten. Mich interessiert, wie der Zusammenhang von Denken und Handeln in anderen Entwürfen für professionelles Handeln konzipiert ist: Wird ein Nachdenken *vor* dem Handeln – *während* des Handelns – oder *nach* dem Handeln postuliert? Für diese Reflexion der Methodik KPG möchte ich drei Konzepte aus Nachbardisziplinen der Sozialen Arbeit nutzen, die das Verhältnis von Denken und Handeln je unterschiedlich fassen. Dies sind einerseits zwei kontroverse kognitionspsychologische Zugänge, das Konzept intuitiver Intelligenz von Gigerenzer sowie das Postulat ›langsamen Denkens‹ von Kahneman und andererseits die Praxis-Epistemologie ›reflection-in-action‹ von Schön.

1 Vorausschauendes Denken und Planen – Intuition – nachträgliche Reflexion: Zur Auswahl der Vergleichskonzepte

Professionelles Handeln basiert auf Denkprozessen. Das Konzept KPG will eine bewusste, reflektierte Gestaltung des professionellen Handelns ermöglichen und nutzt als Strukturierungshilfe für das Denken und Handeln von Professionellen ein Prozessgestaltungsmodell (vgl. Hochuli Freund/Stotz 2015:136). Das Modell verdeutlicht, dass es zunächst darum geht, die Komplexität von Lebenssituation, Problemstellung und Unterstützungsbedarf in einem Fall in angemessener Weise zu erfassen und zu verstehen und zugleich eine Arbeitsbeziehung mit den Klientinnen in diesem Fall aufzubauen (analytische Phase). Dies schafft eine Basis, um dann gemeinsam Ziele festzulegen, anschlussfähige Interventionen auszuloten und diese umzusetzen (Handlungsphase) – und unterwegs den Unterstützungsprozess immer wieder zu evaluieren.

Es wäre naheliegend, die analytische Phase als die ›Phase des Denkens‹ zu bezeichnen, und der Begriff ›Handlungsphase‹ bringt bereits den Fokus auf das Handeln zum Ausdruck. Eine Dichotomisierung greift allerdings zu kurz. Auch der Prozess des gemeinsamen Erfassens, Analysierens und Verstehens beinhaltet schon Handlungen, und umgekehrt erfordert der Prozess des gemeinsamen Handelns auch Denkleistungen. Treffender ist es deshalb, die analytische Phase mit ›Denken und Handeln‹ zu kennzeichnen, und die Handlungsphase mit ›Handeln und Denken‹. Von Professionellen der Sozialen Arbeit wird im Konzept KPG also ein *Denken im Voraus* gefordert. Damit verbunden ist auch eine Planungsleistung, zunächst die Planung einer analytischen Phase sowie einer darauf aufbauenden Handlungsphase.

Aus der Praxis allerdings gibt es einen grossen Einwand gegen ein solch strukturiert-vorausschauend-planendes Vorgehen, wie es das Konzept KPG vorsieht. Er ist weniger fachlich-inhaltlicher, sondern ökonomischer Art (z. B.: ›Dafür haben wir im Alltag nicht die nötige Zeit‹, ›Ein Vorgehen nach KPG ist viel zu aufwändig‹). Tatsächlich erfordert die Planung und Realisierung einer analytischen Phase wahrscheinlich zunächst einen höheren Zeitaufwand. Allerdings spricht einiges dafür, dass diese Zeit in der Handlungsphase wieder ›eingespart‹ wird, weil es nun eine gemeinsame Basis für gemeinsames Handeln gibt und die auf Verstehen basierenden, ziel- und ressourcenorientierten Interventionen auf die spezifische Situation ausgerichtet und für die Klienten anschlussfähig sind.[1] Dennoch gilt es zu berücksichtigen, dass es für vorausschauendes Denken und Planen zwei Dinge braucht: V. a. eine fachliche Grundhaltung (»zunächst denken, dann handeln«, vgl. u. a. Hochuli Freund/Sprenger 2016:55), aber eben auch zeitliche Ressourcen.

Es gibt auch einen Zugang zu professionellem Handeln, der dem vorausschauenden Denken und Planen einen deutlich geringeren Stellenwert zuweist. Gerd Gigerenzer, Psychologe und Risikoforscher, plädiert nicht nur in wissenschaftlichen Arbeiten (z. B. Gigerenzer/Hertwig/Patchur 2011), sondern auch in populärwissenschaftlichen Streitschriften (z. B. Gigerenzer 2007, 2014) vehement für ein auf intuitiver Intelligenz statt auf aufwändiger Risikoanalyse beruhendes Vorgehen. Wenngleich sich Gigerenzer v. a. auf Medizin und Finanzwesen bezieht, lohnt sich meines Erachtens eine Auseinandersetzung mit seinen Thesen in Hinblick auch auf die Soziale Arbeit für den Vergleich mit dem Konzept KPG. Gigerenzer grenzt sich immer wieder vehement vom Kognitionspsy-

---

[1] In einem seit Anfang 2016 laufenden Forschungsprojekt ›Kooperative Instrumente-Entwicklung zur Förderung von Qualität und Effizienz in der Sozialen Arbeit‹ untersuchen wir gegenwärtig gemeinsam mit mehreren Praxisorganisationen u. a. diese Effizienz-Hypothese.

chologen Daniel Kahneman ab, denn dieser weist auf die Gefahr unzulässiger Vereinfachungen bei solch schnellem, intuitivem Denken hin und plädiert für ein bewusst ›langsames Denken‹ (Kahneman 2011). Innehalten und explizites, vorausschauendes Denken sei beste Garantie für ›gutes Handeln‹ und das Vermeiden von Fehlentscheidungen. Auch dieses, Gigerenzer gegenüber konträre Konzept erscheint vielversprechend für die kritische Reflexion des Konzepts KPG.

Mit Blick auf den erwähnten Zeitmangel im berufspraktischen Alltag lässt sich ebenfalls die Frage stellen, ob angesichts des Handlungsdrucks eher ein Denken im Nachhinein – als *nachträgliche Reflexion* über das Fallgeschehen – wichtig ist, um die Qualität professionellen Handelns zu gewährleisten. Dann würden Professionelle im Alltag zwar situationsbezogen intuitiv handeln, jedoch in der Lage sein, ihr Handeln im Nachhinein zu explizieren. Begründbarkeit professionellen Handelns meint bei diesem Zugang also ›Begründung im Nachhinein‹. Im Diskurs zu methodisch-professionellem Handeln in der Sozialen Arbeit besteht Konsens dahingehend, dass die Fähigkeit zur Reflexion ein zentrales Merkmal von Professionalität ist (siehe auch den Beitrag von Gebert in diesem Band). Dazu gehört Selbstreflexion – das Nachdenken über die eigene Person, eigene Gefühle, allfällige Verstrickungen – ebenso wie die fallbezogene Reflexion, das ›Revue-passieren-Lassen‹ des Fallgeschehens und des eigenen Handelns (vgl. Hochuli Freund 2015:300f., 312). Dieser rückwärtsgewandte Blick dient zum ›Verdauen‹, zum kritischen Hinterfragen, zum evaluierenden Beurteilen oder zur nachträglichen Begründung des Handelns. Vereinzelt fokussieren theoretische Konzepte auch diese nachträgliche Reflexion (so etwa das Konzept ›Schlüsselsituationen‹, vgl. Kunz et al. 2016) und beziehen sich dabei vor allem auf Donald A. Schön.

Schön (1983, 1987) hat eine Praxis-Epistemologie (epistemology of practice) entwickelt, die um den Begriff *Reflexion* kreist. Er war Professor für ›Urban Studies und Education‹ in Massachusetts. In Auseinandersetzung mit unterschiedlichsten Professionen (Design, Psychotherapie, Stadtplanung, Management, Soziale Arbeit) hat er sich mit der Frage befasst ›How Professionals Think in Action‹ (so der Untertitel des Buchs von 1983). Sein Ziel war beschreiben zu können, welche allgemeine Struktur den intuitiv wirkenden, kaum in Sprache zu fassenden Handlungsentscheidungen von Praktikern zu Grunde liegt. Schön hat mit dieser Praxis-Epistemologie den Diskurs über Professionalität in der Sozialen Arbeit entscheidend beeinflusst und bereichert. Eine vergleichende Auseinandersetzung mit seinem Konzept ist deshalb vielversprechend.

Im Folgenden werde ich jedes dieser drei Konzepte skizzieren und jeweils kritische Fragen und mögliche Folgerungen für das Konzept KPG daraus ableiten.

2 In Sekundenschnelle handlungsfähig werden dank ›intelligenter Vermutungen‹ (Gigerenzer)

In einer Zeit, die geprägt ist von Krisen unterschiedlichster Art und grosser Ungewissheit, gelten Risikokalkulationen als das Mittel der Wahl, um angesichts komplexer Probleme begründete Entscheidungen treffen zu können, konstatiert Gerd Gigerenzer, mit Blick insbesondere auf Medizin und Bankenwesen. Dies führe häufig zu defensivem Entscheiden, zu mehr Regeln und Gesetzen, zu grösserer Bürokratie (vgl. Gigerenzer 2014:11, 61). Er plädiert demgegenüber für ›einfache Lösungen‹ und unterscheidet zwischen Risiko und Ungewissheit. *Risiken* seien auf Vergangenheit bezogen, es handle sich um bekannte Gefahren, deren Einfluss und Wahrscheinlichkeit mit Hilfe von Statistik berechnet und zu komplexen Risikomodellen verdichtet würden, die dann als Basis für Entscheidungen dienen können. Auf die Zukunft bezogen hingegen herrsche *Ungewissheit*, manche Risiken seien unbekannt; Wahrscheinlichkeitsberechnungen würden hier zu kurz greifen, gute Entscheidungen verlangten vielmehr nach Intuition und klugen Faustregeln. Auch bräuchten komplexe Probleme nicht per se komplexe Lösungen, vielmehr gelte es zunächst, nach einfachen Lösungen zu suchen (vgl. ebd.:38f., 59).

Eine ›heuristische Strategie‹ ist die Suche nach einer möglichst einfachen Lösung für ein komplexes Problem (vgl. ebd.: 47, 380). In einem Forschungsprogramm über ›simple heuristics‹ oder ›fast-and-frugal-heuristics‹ (also: einfache, schnelle, sparsame Lösungsfindung) hat eine Gruppe um Gigerenzer diesen Zugang seit den 1990er Jahren empirisch fundiert (vgl. Gigerenzer et al. 2011: xvii). Die Forschungsgruppe geht davon aus, dass das kognitive System eines Menschen auf einer ›adaptive toolbox‹, einem anpassungsfähigen Werkzeugkasten beruht (Gigerenzer/Brighton 2011:2). Dieser Werkzeugkasten enthält verschiedene einfache Entscheidungsfindungsstrategien – Heuristiken, Faustregeln –, mit denen schnelle Lösungen gefunden werden können. »Eine Faustregel oder Heuristik ermöglicht uns, eine Entscheidung schnell zu treffen, ohne viel Informationssuche und doch mit einem hohen Mass an Genauigkeit« (ebd.:44). Faustregeln basieren auf ›intelligenten Vermutungen‹, ›unbewussten Schlussfolgerungen‹, ›intelligenten Schätzungen‹ (vgl. ebd.:64). Faustregeln können sowohl bewusst als auch unbewusst verwendet werden. Letzteres bezeichnet Gigerenzer als ›intuitives Urteilen‹ und definiert:

> »Eine Intuition oder ein Bauchgefühl ist ein Urteil, das 1. unvermittelt im Bewusstsein auftaucht, 2. dessen tiefere Gründe uns nicht ganz bewusst sind, 3. das stark genug ist, um danach zu handeln.« (Ebd.:46)

Es handle sich um eine Form unbewusster Intelligenz: »Ein Bauchgefühl zu haben heisst, dass man spürt, was man tun sollte, ohne erklären zu können, warum« (ebd.:143).

Ein wesentlicher Aspekt einer heuristischen Strategie ist die Fokussierung auf ausgewählte Aspekte und die Ausblendung alle anderen Informationen. Dies führe zu besseren, schnelleren und sichereren Entscheidungen (vgl. Gigerenzer

2014:47, 380). Jede Heuristik enthalte Such-, Stop- und Entscheidungsregeln (vgl. Gigerenzer et al. 2011:xix). In einer Übersicht bei Gigerenzer/Brighton (2011:16) sind insgesamt zehn Heuristiken zusammengestellt, die zur adaptiven Toolbox von Menschen gehören. Sie unterscheiden sich hinsichtlich der Informationen, die verwendet werden. Wiedererkennungs- und Geläufigkeitsheuristiken (recognition heuristic, fluency heuristic) basieren auf Gedächtnisleistungen. Hier werden jene Informationen genutzt, die am schnellsten erinnert werden. Bei einem anderen Heuristik-Typus wird neben den am leichtesten erinnerten Informationen auch Wissen über die Wertigkeit von Informationen beigezogen (z. B. ›One-Reason-Decision-Making‹ oder ›Take-the-Best‹). Können weder Erinnerungen noch Wissen abgerufen werden, werden ›social heuristics‹ genutzt, d. h. es wird auf soziale Information rekurriert (z. T. ›das machen, was Freunde machen‹, ›imitate the successfull‹, ›imitate the mayority‹; vgl. ebd.:16, 21f., Gigerenzer 2014:380).

Sich auf wenige Informationen zu konzentrieren, sei ein Ausdruck von Expertise, betont Gigerenzer (2014:47): »Experten suchen oft nach weniger Informationen als Neulinge und begnügen sich mit Heuristiken«.[2] Auf welche Heuristiken Expertinnen eines bestimmten Fachs zurückgreifen, sei derzeit allerdings noch nicht erforscht. Gemäss dem Albert Einstein zugeschriebenen Motto »Es geht darum, alles so einfach wie möglich zu machen, aber nicht einfacher« (ebd.:117, 130), mit dem eine sinnvolle Reduktion von Komplexität postuliert wird, plädiert Gigerenzer für Vereinfachung v. a. in Situationen von grosser Ungewissheit, in denen es viele Handlungsalternativen gibt (vgl. ebd.:130). Er stellt folgende ›Sicherheitsregeln‹ auf: In einer stabilen und vorhersagbaren Welt, wenn es wenig Risikofaktoren sowie grosse Datenmengen gebe, seien komplexe Risikomodelle hilfreich. In einer instabilen, global vernetzten Welt hingegen – bei vielen Risikofaktoren und kleinen Datenmengen – brauche es einfache Faustregeln (vgl. ebd.:293).

Vergleich mit KPG und Folgerungen

Die Soziale Arbeit, die es zumeist mit komplexen Situationen von grosser Ungewissheit und einer Vielzahl von Handlungsalternativen zu tun hat, sollte sich gemäss Gigerenzer also a) auf die Suche nach einfachen Lösungen konzentrieren und b) dabei einfache Heuristiken – Faustregeln – verwenden.

Das Postulat a) scheint auf den ersten Blick im Gegensatz zum Konzept KPG zu stehen und die eingangs erwähnte Kritik aus der Praxis aufzunehmen, ein Vorgehen gemäss KPG sei zu kompliziert und aufwändig. Bei Postulat b) hingegen lässt sich sehr gut eine Verbindung zum Konzept KPG herstellen. Weil es derzeit noch keine empirischen Hinweise gibt, welche Heuristiken sich für psychosoziale Professionen als besonders geeignet erwiesen haben, gehe ich davon

---

2 Oder an anderer Stelle, Forschungsergebnisse zusammenfassend: »experienced burglars and policemen follow the take-the-best heuristic, whereas inexperienced students in the laboratory apper to weight and add cues the ›rational‹ way«(Gigerenzer et al. 2011:xxii).

aus, dass Heuristiken auch theoriebasiert und professionsspezifisch entwickelt werden können.

Das Konzept KPG betrachte ich als theoretischen Bezugsrahmen für die Herleitung solcher Faustregeln (was an anderer Stelle auch explizit als eine Funktion des Prozessgestaltungsmodells im beruflichen Alltag bezeichnet wird; vgl. Hochuli Freund/Stotz 2015:45). So könnte eine KPG-basierte Faustregel für professionelles Handeln in kritischen Situationen mit hohem Handlungsdruck lauten: ›Worum genau geht es hier und wie erkläre ich es mir? Was ist mein Ziel, was will ich erreichen?‹ Was damit gemeint ist, soll an einem Fallbeispiel erläutert werden.

Es gibt Streit zwischen zwei Jungs am Mittagstisch: Nach einigen Argumenten, die hin und her fliegen, stehen beide auf, rangeln mit den Armen und die Lautstärke und Heftigkeit der gegenseitigen Beschimpfungen nehmen zu. Es ist eindeutig: Eine Reaktion von Ihnen als Sozialpädagogin muss schnell erfolgen. Sie fragen sich (Faustregel): ›*Worum genau geht es hier, und wie erkläre ich es mir? Was ist mein Ziel, was will ich erreichen?*‹

Variante 1: Sie beurteilen das Scharmützel als spielerischen Wettbewerb zwischen den beiden und wollen erreichen, dass die beiden eine andere als die Mittagstisch-Situation dafür nutzen. Intervention: Sie schütteln den Kopf, sagen noch lauter als die beiden, in sehr bestimmtem, aber freundlichem Ton: »Aufhören, ihr beiden! Nach dem Essen dann und draussen bitte.«

Variante 2: Sie wissen, dass zwischen den beiden ein aktueller Konflikt schwelt und immer wieder ausbricht. Sie ordnen den Kampf am Mittagstisch als nächste Eskalationsstufe ein und befürchten v.a. bei einem der beiden Jungs einen völligen Verlust der Impulskontrolle. Ihr Ziel ist nicht nur der sofortige Unterbruch, sondern auch, dass Sie selber die Kontrolle über die Situation erlangen. Intervention: Sie stehen auf, gehen nah zu den beiden hin, sagen/schreien mit grösstmöglicher Lautstärke und tiefster Stimme: »Stop – Bastian, Cuno – aufhören! Bastian, da raus! Cuno, dort raus! – Du kommst wieder, wenn du dich wieder im Griff hast. Du auch.«

Variante 3: Sie deuten das Gerangel als Provokation und Machtdemonstration Ihnen gegenüber. Es geht den beiden darum zu testen, wer hier den Ton angibt. Ihr Ziel ist deutlich zu machen, dass Sie die beiden durchschaut haben, sich nicht provozieren lassen und selbstverständlich in der Lage sind, die Regeln am Mittagstisch zu wahren – ohne dass Sie oder die beiden das Gesicht verlieren. Sie tun etwas Unerwartetes (Paradoxes): Sie werfen ein Kissen zwischen die beiden und sagen lachend: »Spannend – aber hier ist nicht der richtige Ort dafür. Fortsetzung nachher, ja? Ich schaue auch wirklich zu, garantiert. Aber jetzt kommt die Pizza!«

Selbstverständlich gäbe es noch weitere Deutungsvarianten und Interventionsmöglichkeiten. Falls die Intervention nicht erfolgreich war und zum angestrebten Ziel geführt hat, beginnt die Arbeit mit der Faustregel aufs Neue (›Was hatte ich nicht beachtet/übersehen? Worum geht es denn eigentlich? Welche Erklärung gibt es noch?‹).

Die einfache Faustregel ›*Worum genau geht es hier und wie erkläre ich es mir? Was ist mein Ziel, was will ich erreichen?*‹ organisiert das Denken in der angespannten Situation. Der Praktiker folgt dabei in Sekundenschnelle den ersten Schritten des Prozessgestaltungsmodells: Situation und Verhalten erfassen (Situationserfassung) – beurteilen, einordnen, die erste auftauchende Erklärung beiziehen (Analyse & Diagnose) – Ziel bestimmen – Intervention. In der kritischen Handlungssituation reduziert er die Komplexität auf einen wichtigen Aspekt und lässt alle anderen möglichen aussen vor. In der Logik des Denkens besteht kein grundlegender Unterschied gegenüber dem strukturiert-planenden Vorgehen. Lediglich das Tempo ist grösser, der Umgang mit Komplexität ist weniger differenziert. In der nachträglichen Reflexion – entlastet vom Handlungsdruck – können alle weiteren möglichen Aspekte (worum es noch gegangen sein könnte, welches weitere Einflussfaktoren waren, welche anderen Erklärungen möglich gewesen wären) einbezogen werden. Die Forderung nach möglichst einfachen Lösungen ist meines Erachtens also angebracht für kritische Situationen mit grossem Handlungsdruck. Ansonsten aber gilt der professionelle Standard einer differenzierten, analytisch-diagnostischen Phase als Basis für fallangemessenes Handeln. Aber auch hier finden sich Gemeinsamkeiten zu Gigerenzers Postulaten, denn bei diesem KPG-basierten vorausschauend-planenden Vorgehen gilt: Komplexitätsreduktion ist immer nötig, in fast allen Phasen des Prozessmodells. Allerdings soll sie bewusst erfolgen, begründbar und nachvollziehbar sein. Erkenntnisse haben stets Hypothesencharakter (im Gegensatz zur ›Gewissheitsillusion‹ der von Gigerenzer kritisierten Risikomodelle).

Ein KPG-Grundsatz lautet ›so einfach wie möglich, so umfassend wie nötig‹– und vielleicht sollte tatsächlich der erste Teil des Mottos noch stärker betont werden.

3 Die Anstrengungen ›langsamen Denkens‹ auf sich nehmen (Kahneman)

Daniel Kahneman, ein israelisch-amerikaner Kognitionspsychologe, erhielt 2002 den Wirtschafts-Nobelpreis für die sog. Prospect Theory (Neue Erwartungstheorie), die er gemeinsam mit seinem früh verstorbenen Kollegen Amos Tversky entwickelt hatte. Während die wirtschaftswissenschaftliche Theoriebildung davor vom Bild eines rationalen Menschen ausgegangen war, der seine Entscheidungen auf der Grundlage von Informationen so trifft, dass Kosten minimiert und persönliche Nutzen maximiert werden, berücksichtigt die Prospect Theory darüber hinaus auch psychologische Verhaltensaspekte und kognitive Verzerrungen. Die Theorie will Beschreibungen zur Entscheidungsfindung in Situationen von Unsicherheit und risikobehafteter Ungewissheit liefern. In seinem

2011 erschienen Buch ›Thinking. Fast and Slow‹ fasst Kahneman die wichtigsten Erkenntnisse aus seiner Forschung aus mehreren Jahrzehnten allgemeinverständlich zusammen und illustriert sie mit vielen Beispielen. Kahnemans Thema ist die menschliche Neigung zu fehlerbehafteten Urteilen und Entscheidungen, sein Anliegen ist dazu beizutragen, dass Menschen Fehlurteile besser erkennen lernen (vgl. 2011:4).

3.1 Zwei Modi des Denkens

Interessant für unser Thema ist insbesondere der erste Teil des Buches, in dem Kahneman seine zentrale These von zwei Arten des Denkens erläutert. Er nutzt für diese Unterscheidung der beiden Modi die Metaphern ›System 1‹ und ›System 2‹. System 1 funktioniert spontan, schnell, automatisch. Es ist immer aktiv, reagiert impulsiv, intuitiv, unbewusst, arbeitet assoziativ, stereotypisierend und emotional. System 2 hingegen arbeitet langsam, dafür aber logisch und präzise, das Denken erfolgt bewusst, erfordert Aufmerksamkeit, Anstrengung und mentale Energie. Die Aktivierung von System 2 ist ein Akt bewusster Selbstkontrolle (vgl. ebd.:19ff.; 105). System 2 hat an sich die Möglichkeit, die unüberlegtschnellen Denkvorgänge von System 1 bei Bedarf zu unterbrechen und zu ersetzen. Weil bewusstes, präzises Denken aber anstrengend ist, neigt System 2 dazu, dem schnell und automatisch funktionierenden System 1 so bald wie möglich wieder das Denken zu überlassen. Kahneman bezeichnet System 2 deshalb als ›lazy controller‹ von System 1 (vgl. ebd.:38).

Automatismus und Schnelligkeit von System 1 erleichtern das alltägliche Leben ausgesprochen, können allerdings zu voreiligen, falschen Schlussfolgerungen führen.

> »Jumping to conclusions is efficient if the conclusions are likely to be correct and the costs of an occasionable mistake acceptable, and if the jump saves much time and effort. Jumping to conclusions is risky when the situation is unfamiliar, the stakes are high, and there is no time to collect more information. These are the circumstances in which intuitive errors are probable, which may be prevented by a deliberate intervention of System 2.« (Ebd.:79)

Situationen von Ungewissheit und Zweifel gehören in die Domäne von System 2, sich mit ihnen auseinanderzusetzen erfordert Zeit und Anstrengung.

System 1 produziert manchmal also unzulässige Vereinfachungen. Einige dieser unbewusst erfolgenden kognitiven Verzerrungen, die auch in Zusammenhang mit professionellem Handeln in der Sozialen Arbeit von Bedeutung sind, seien hier skizziert:

- *Assoziative Kohärenz*: System 1 generiert auf Grund weniger Informationen ein vereinfachtes, aber in sich (übertrieben) konsistentes Bild der Wirklichkeit (vgl. ebd.:50ff., 82ff.). Ein Beispiel für diesen als ›Halo-Effekt‹ bekannten Vorgang: Eine Person wirkt extravertiert-fröhlich und sympathisch – also gehen wir davon aus, dass sie sicherlich auch grosszügig und sozial gut eingebettet ist.

- *Verfügbarkeit*: Zufällig verfügbare, aber unvollständige Informationen werden überbewertet. System 1 funktioniere nach dem Motto ›What you see is all there is‹, so Kahneman (vgl. ebd.:85). Für System 1 ist es wichtig, das eine Geschichte in sich stimmig ist, Quantität und Qualität der zugrundeliegenden Informationen sind dabei irrelevant. Z. B.: Eine Sozialarbeiterin begrüsst zwei Klienten freundlich und zugleich bestimmt – sie ist sicherlich eine gute Sozialarbeiterin.
- *Substitution* (vgl. ebd.:97ff.): Eine schwierig zu beantwortende Frage wird automatisch durch eine leichtere Frage ersetzt – wenn beispielsweise die Frage nach der Zufriedenheit mit dem eigenen Leben durch die heuristische Frage nach der Stimmung im Moment ersetzt und beantwortet wird (vgl. ebd.:98). Eine Substitutionsvariante ist die sog. Affekt-Heuristik. Demnach fällen Menschen Urteile und Entscheidungen auf Grund ihrer Gefühle: »The answer to an easy question (How do I feel about it?) serves as an answer to a much harder question (What do I think about it?)« (ebd.:139).

Auf Kahnemans – für ökonomische Fragestellungen sehr wichtige – Auseinandersetzung mit ›statistischer Intelligenz‹ sei hier nur kurz verwiesen. Er erläutert, wie schwer es für Menschen sei, statistisch, also auf Grund von Mengen, richtig zu denken (und verneint seine eingangs gestellt Frage, ob es so etwas wie ›intuitives statisches Denken‹ gebe). Im Gegensatz zu System 1 wäre System 2 jedoch durchaus in der Lage, statistisch denken zu lernen und rationale Risiko- und Wirkungseinschätzungen vorzunehmen (vgl. ebd.:77). Kahnemans Festellung, »our mind is strongly biases toward causal explanations and does not deal well with ›mere statistics‹« (ebd.:182) ist auch für die Soziale Arbeit relevant. Weil es so anstrengend ist, Schlüsse aus Häufigkeiten zu ziehen, erfinden Menschen lieber kausale Zusammenhänge zwischen zwei Ereignissen, die vielleicht gar nicht zusammenhängen.

3.2 Intuition und Expertise

Für alle Menschen ist es naheliegend, der eigenen Intuition – im automatischen Modus von System 1– zu folgen. »Following our intuitions is more natural, and somehow more pleasant, than acting against them« (ebd.:194). Neben diesen automatisch-schnellen, möglicherweise fehlerbehafteten Intuitionen gibt es gemäss Kahnemann aber auch erfahrungs- und wissensbasierte Intuitionen. »Some intuitions draw primarily on skill and expertise acquired by repeated experience« (vgl. ebd.:185). Diese ebenfalls äusserst schnell gefällten Urteile und Entscheidungen (z. B. von Schachweltmeistern, Feuerwehrkommandanten, Medizinerinnen), die auf einer Kombination aus Analyse und Intuition beruhen würden, nennt er »*skilled intuitions*, in which a solution to the current problem comes to mind quickly because familiar cues are recognized« (ebd.:185, Hervorhebung uh). Subjektiv allerdings unterscheiden sich diese wissens- und erfahrungsbasierten Intuitionen leider nicht von den auf vereinfachenden, fehlerbehafteten Heuristiken von System 1 beruhenden Intuitionen.[3]

Fehlbeurteilungen könnten laut Kahneman vermieden werden, wenn Menschen lernen, die Intuitionen von System 1 zu ›disziplinieren‹ und die automatischen, manchmal falschen intuitiven Vorschläge von System 1 zu überprüfen (vgl. ebd.:152–154). Allerdings erfordere dies eine bewusste Entscheidung und koste Anstrengung, den Automatismus intuitiven Urteilens von System 1 zu unterbrechen. Nötig sei ein kurzes Innehalten, ein Verlangsamen: Bewusstes Denken brauche etwas Zeit! In einer Umgebung, die angemessene Möglichkeiten biete, dieses kurze Innehalten zu praktizieren, und die schnelle Rückmeldungen zur Angemessenheit von Gedanken und Handlungen gewährleiste, bestehe die Chance, wissens- und erfahrungsbasierte Intuition zu entwickeln (»skill eventually develops«, so Kahneman zurückhaltend; ebd.:416). Andernfalls würden vereinfachte Heuristiken gewählt, zufällig und unbewusst – und manchmal seien diese richtig, manchmal aber eben auch nicht. Wie aber können Menschen, wie können Professionelle solchen auf kognitiven Verzerrungen basierenden Fehlschlüssen vorbeugen? »There is no simple way for System 2 to distinguish between a skilled and a heuristic response. Its only recourse is to slow down and attempt to construct an answer on its own« (ebd.:416f.) Die Anzeichen von automatischen Fehlurteilen erkennen lernen – verlangsamen –, System 2 einschalten und aktiv denken, so lautet also Kahnemans Gegenmittel für den einzelnen Menschen (vgl. ebd.:417). Auf der organisationalen Ebene würden sich deutlich bessere Möglichkeiten bieten, denn hier könnten bestimmte Vorgehensweisen institutionalisiert werden. »Organizations can institute and enforce the application of useful checklists, as well as more elaborate exercises [...] also encourage a culture in which people watch out for one another as they approach minefields« (ebd.: 418) [4] Es müssten drei Stufen für Entscheidungsfindung etabliert werden: »the framing of the problem that is to be solved, the collection of relevant information leading to a decision, and reflection and review« (ebd.:418).

3.3 Vergleich mit Gigerenzer, KPG und Folgerungen

Gigerenzer propagiert, dass dank Faustregeln (einfachen Heuristiken) ohne lange Informationssuche schnelle, genaue und gute Entscheidungen getroffen werden können. Demgegenüber thematisiert Kahneman Heuristiken im Kontext von kognitiven Verzerrungen. Der Unterschied zeigt sich schon in der Definition. »The technical definition of *heuristic* is a simple procedure that helps find

---

3 Insbesondere Novizen in einem Fach würden anstelle von wissens- und erfahrungsbasierten Intuitionen unbemerkt oft vereinfachende Heuristiken von System 1 nutzen (z. B. Verfügbarkeits-Heuristiken, also jene Informationen verwenden, die leicht zugänglich sind, einem sofort in den Sinn kommen, oder Substitutions-Heuristiken, bei der eine schwierige durch eine einfache Frage ersetzt wird). Darin bestehe der entscheidende Unterschied zu wirklichen Experten (vgl. Kahneman 2011:135).
4 Fehlbeurteilungen und Kurzschlüsse seien bei anderen viel einfacher zu erkennen als bei sich selber, so Kahnemans eher resignatives Fazit hinsichtlich der Möglichkeit, Fehlurteile zu vermeiden und zu guten Entscheidungen zu kommen.

adequate, though often imperfect, answers to difficult question«, so Kahneman (2011:98, Hervorhebung im Original). Die einfache Lösung ist bei ihm ›oft nicht perfekt‹, bei Gigerenzer hingegen ist sie stets die beste, insbesondere bei komplexen Problemen und in Situationen von Ungewissheit.[5] Auch Kahneman bezeichnet eine Heuristik als eine grundsätzlich gute Strategie, um ein schwieriges Problem zu lösen – allerdings unter der entscheidenden Voraussetzung, dass sie *bewusst* gewählt wird, also ein Ergebnis von System 2 ist. Die automatisierten Heuristiken von System 1 hingegen können für ihn sowohl zu erfolgreichen Lösungen führen, aber eben auch zu unbemerkten mentalen Kurzschlüssen und Fehlurteilen.

Während Gigerenzer verschiedene Typen von Heuristiken kategorisiert und erläutert, sich aber nicht für die Frage interessiert, wie professionsbezogene Faustregeln entstehen, wie sie hergeleitet und erworben werden, so ist Kahnemans Antwort eindeutig: Professionelle Heuristiken basieren auf bewusstem Denken, sie werden eingeübt – bis sie irgendwann als ›skilled intuitions‹ in den Automatismus von System 1 übergehen. Das gilt auch für in Kapitel 2 entwickelte KPG-Faustregel (›Worum genau geht es hier und wie erkläre ich es mir? Was ist mein Ziel, was will ich erreiche?‹).

Kahnemans Empfehlung zur Vermeidung von Fehlurteilen und zur Einübung von ›skilled intuitions‹ lautet: Innehalten – bewusst Denken – Üben. Das lässt sich als Plädoyer für das Konzept KPG lesen, zielt dieses doch darauf ab, das Denken vor dem Handeln zu habitualisieren (vgl. Hochuli Freund/Stotz 2015:325ff., Hochuli Freund/Sprenger-Ursprung 2016:55). Wenn für den Prozessschritt von Situationserfassung eine Haltung von Offenheit und Neugier verlangt wird, wenn vorschnelle, automatisierte eigene Bewertungen zurückgestellt oder zumindest als solche deklariert werden sollen (vgl. Hochuli Freund/Stotz 2015:154f.), dann geht es genau darum, Kurzschlüsse von System 1 gemäss Kahneman zu verhindern. Eine explizite Auslegeordnung (Analyse) vorzunehmen und nachvollziehbar herauszuarbeiten, worum genau es in einem Fall geht, dient ebenfalls dazu, eine automatisierte Typisierung (z. B. ›das ist wieder ein Fall von Arbeitsunwilligkeit‹) zu überprüfen und der Tendenz, ›immer sofort zu wissen, worum es hier geht‹, vorzubeugen. Wenn Kahneman auf die menschliche Vorliebe verweist, kausale Zusammenhänge zu konstruieren anstatt nachvollziehbare Schlüsse aus Mengen zu ziehen, entspricht dies der Forderung nach einer fachlichen sozialen Diagnose bei KPG (auch wenn es hier zumeist um qualitative und nur selten um quantitative Beurteilungsaspekte geht). Zu den Aufgaben im Prozessschritt Diagnose gehört es, implizite Erklärungen und für selbstverständlich gehaltene Kausalzusammenhänge zu explizieren. Damit werden sie diskutierbar und können durch bewusste, theoriebasierte Erklärungen ergänzt oder allenfalls ersetzt werden. Auch die für die Interventionsplanung vorgesehenen fünf Planungs-Schritte (vgl. ebd.:284ff.) sollen verhindern, dass vorschnell das umgesetzt wird, was einer Sozialarbeiterin sofort in den

---

5 Siehe die in Kapitel 2 erwähnte Definition, oder auch: »Eine Faustregel oder Heuristik ermöglicht uns, eine Entscheidung schnell zu treffen, ohne viel Informationssuche und doch mit einem hohen Mass an Genauigkeit«(Gigerenzer 2014:44).

Sinn kommt, und dazu beitragen, dass die bis dahin gewonnenen fallbezogenen Erkenntnisse tatsächlich genutzt und möglichst hilfreiche Interventionen entwickelt werden können. Und schliesslich wird vor dem Hintergrund von Kahnemans Überlegungen deutlich, dass die Unterscheidung von analytischer und Handlungsphase im Konzept KPG ein Entscheidungsfindungsmodell beinhaltet.

Das Konzept KPG ist zunächst im Kontext der Lehre entstanden, um Studierenden Wissen über professionelles, methodisch-strukturiertes Handeln zu vermitteln und ihren Kompetenzerwerb zu unterstützen. Ab und an staune ich, mit wie wenig Fragen manche Studierende ihr Studium beginnen. V. a., wenn sie schon länger in der Berufspraxis Sozialer Arbeit tätig waren, organisationsbezogene Praktiken und eine bürokratische Logik internalisiert haben, scheint für sie vieles schon klar zu sein. Gemäss Kahneman entspricht dies einer grundlegenden menschlichen Haltung.

> »A remarkable aspect of your mental life is that you are rarely stumped. [...] The normal state of your mind is that you have intuitive feelings and opinions about almost everything that comes your way.« (Kahneman 2011:97)

Vielleicht besteht die erste Etappe des Wegs zu professioneller Kompetenz zunächst darin, das ›Nichtwissen‹ und Staunen wieder zu lernen. Auf dem weiteren Weg geht es immer und immer wieder um bewusstes Innehalten und Denken im Modus von System 2.

4 ›Reflection-in-action‹: Einheit von Denken und Handeln (Schön)

Auch die von Donald A. Schön in den 1980er Jahren konzipierte ›Epistemology of Practice‹ war ein Gegenentwurf, eine Antwort auf das aus seiner Sicht unzureichende traditionelle Paradigma technischer Rationalität und auf die Legitimationskrise der sich an diesem Modell orientierenden Professionen. Situationen in der Praxis seien charakterisiert durch eine hohe Komplexität der Problemstellungen, durch Ungewissheit und Instabilität (der Problemstellungen, der gesellschaftlichen Erwartungen, der professionellen Wissensbestände), durch die Einzigartigkeit der Situationen/Ereignisse/Fälle sowie durch Wertekonflikte (z. B. in der Sozialen Arbeit zwischen anwaltschaftlicher Verpflichtung für die Klientinnen und bürokratischem Effizienzdruck, vgl. Schön 1983:17). Gemäss dem traditionellen Modell technischer Rationalität bestehe professionelles Handeln in der Lösung von Problemen durch rigoroses Anwenden wissenschaftsbasierter, standardisierter Techniken (vgl. ebd.:21). Schön aber konstatiert: »Complexity, instability and uncertainty are not removed or resolved by applying specialized knowledge to well-defined tasks« (ebd.:19) und deshalb wollte er den Zugang untersuchen, mit dem es versierten Praktikern unterschiedlichster Professionszugehörigkeit gelingt, in Situationen von

Ungewissheit, Instabilität, Einzigartigkeit und Wertekonflikten gute Lösungen zu finden – auch wenn sie selber diesen Zugang kaum beschreiben können. Die alltägliche Berufspraxis eines Praktikers beruhe auf implizitem Wissen, so Schön, den Begriff ›tacit knowledge‹ von Polanyi 1967 übernehmend.

> »In his day-to-day practice he makes innumerable judgements of quality for which he cannot state adequate criteria, and he displays skills for which he cannot state the rules and procedures. Even when he makes conscious use of research-based theories and techniques, he is dependent on tacit recognitions, judgments, and skillfull performances.« (Ebd.:49f.)

Dieses Vorgehen bezeichnet Schön als ›*reflection-in-action*‹, als ›Nachdenken im Tun‹. Es ist der Angelpunkt, das Zentrum seiner Praxis-Epistemologie.

4.1 Struktur von ›reflection-in-action‹

Professionsübergreifend zeigte sich die folgende Struktur bei diesem ›Nachdenken im Tun‹:

- *Problembestimmung*: Eine Praktikerin wird mit einem Problem bzw. einer schwierigen Situation konfrontiert. Die Situation wird genau betrachtet, aus dem (Daten-)Material heraus wird das Problem neu formuliert (bzw. konstruiert) und neu gerahmt: »Problem setting is a process in which, interactively, we *name* the things to which we will attend and *frame* the context in which we will attend to them« (ebd.:40, Hervorhebung im Original).
- *Untersuchung*: In einem experimentierenden Zugang erforscht die Praktikerin nun dieses Problem. Sie folgt den Möglichkeiten und Implikationen, die sich aus dem gewählten Rahmen ergeben, entwirft und testet fortlaufend Hypothesen, und ist zugleich offen für unerwartete Nebeneffekte (die auf andere Möglichkeiten verweisen): »Their hypothesis-testing-experiment is a game with the situation. They seek to make the situation conform to their hypothesis but remain open to the possibility that it will not« (ebd.:150). Diesen Prozess forschenden, experimentierenden Untersuchens bezeichnet Schön auch als Reflexionsgespräch mit einer Situation: »The situation talks back, the practitioner listens, and as he appreciates what he hears, he reframes the situation once again« (ebd.:131f.).
- *Problemlösungsvorschläge*: Fallverstehen und Problemlösung sind nach Schön ineinander verwoben. »The unique and uncertain situation comes to be understood through the attempt to change it, and changed through the attempt to understand it« (ebd.:132). Der Untersuchungsprozess dauert so lange, bis ein kohärentes Bild entstanden ist, das auch eine Lösung enthält. Die Lösungsfindung begrenzt und beendet das Untersuchungsexperiment.

Eine erfahrene Praktikerin nutzt bei dieser ›reflection-in-action‹ unterschiedliche Arten von *Wissen*.

Um ein Gefühl für eine neue Fallsituation und eine erste Orientierung zu bekommen, sucht sie zunächst in ihrem Repertoire an Beispielen, Bildern, Bedeutungssystemen, erfolgreiche Handlungen – in ihrem *Erfahrungswissen* also – nach irgendetwas Ähnlichem. Schön will das nicht als Subsumption missverstanden wissen. Ein Fall werde dabei nicht in Standard-Kategorien eingeordnet und darauf reduziert, vielmehr gehe es darum »to see the unfamiliar, unique situation as both similar to and different from the familiar one« (ebd.:138). Auf Grund dieser Ähnlichkeit gelte es, eine allgemeine Metapher für den Fall zu finden und von hier aus ein Untersuchungsexperiment zu beginnen. »It is our capacity to see-as and do-as that allows us to have a feel for problems that do not fit existing rules« (ebd.:140).

Wenn ein Praktiker daraufhin ein ›frame experiment‹ durchführt, lässt er sich leiten von seinem professionsbezogenen *Bedeutungssystem* und seiner theoretischen Orientierung. Die *Theorie* stellt Begriffe zur Verfügung, um eine Situation rahmen und eine Untersuchung entwickeln zu können (in der Psychotherapie z. B. die psychoanalytische Theorie). Nur mit solchen Wissenssystemen lasse sich die Untersuchung entlang eines roten Fadens entwickeln, nur so könne sie den Charakter einer reflexiven Konversation mit der Situation bekommen (ansonsten wäre es nur eine Serie unverbundener Episoden, vgl. ebd.:272). In jeder Profession gebe es konkurrierende Theorien und Orientierungssysteme (im Beispiel neben Psychoanalyse auch Gestalttherapie, Verhaltenstherapie etc.); eine Praktikerin müsse in der Lage sein, hier – grundsätzlich für sich oder aber fallbezogen – eine Wahl zu treffen (vgl. ebd.:19, 108).

> »An overarching theory does not give a rule that can be applied to predict or control a particular event, but it supplies language from which to construct particular descriptions and themes from which to develop particular interpretations. […] If a practitioner has such a theory, he uses it to guide his reflection-in-action. The nature of the reflective conversation varies, from profession to profession and from practitioner to practitioner, depending on the presence or absence, and on the content, of overarching theory.« (Ebd.:273f.)

Ein guter Praktiker braucht nach Schön also ein Repertoire an Erfahrungen, ein professions-bezogenes, wertebasiertes Bedeutungssystem und eine theoretische Orientierung. Grundlegend ist ausserdem eine bestimmte Haltung des fortwährenden Reflektierens (vgl. ebd.:164). Diese *Haltung* wird sichtbar, indem sich eine Praktikerin einer problematischen Situation als einzigartigem Fall nähert und bereit ist, in diese Fallsituation einzutauchen. Sie ist fähig, zunächst einen bestimmten Fokus und Rahmen zu setzen. Wenn sie die Implikationen erforscht, die sich aus ihrem Ordnungssystem ergeben, nutzt sie ihren Erfahrungsschatz ebenso wie disziplinäres Wissen. Sie arbeitet mit einer doppelten Brille (double vision), denn sie entwickelt kontinuierlich einen bestimmten Untersuchungs- und Verstehensweg, bleibt zugleich aber offen für weitere Möglichkeiten. Ihr Experimentieren hat etwas spielerisch Leichtes und ist zugleich eine ernsthafte Auseinandersetzung mit dem Fall, die auf ein vertieftes Verständnis und auf Lösungssuche zielt (vgl. ebd.:163f., 269). Die gute Praktikerin hinterfragt ihr eigenes Vorgehen auch immer wieder kritisch. Ohne eine solche ›reflection-on-action‹ – eine Reflexion also über das eigene Handeln – bliebe ihr Verstehen implizit und begrenzt, und ihr Wissenssystem könnte allenfalls unbemerkt in einer sich selbst verstärkenden Schlaufe hängen bleiben (vgl. ebd.:281–283).

Gemäss Schön ist der *Zeitrahmen* einer solchen ›reflection-in-action‹ sehr verschieden, abhängig von »the period of time in which we remain in the ›same situation‹« (ebd.:278)[6]. Während eines Basketballspiels könne das der Bruchteil eine Sekunde sein, ein Dirigent könne entweder eine einzelne Aufführung oder aber eine Saison als ›Situation‹ sehen. Nicht nur die Dauer von ›reflection-in-action‹ variiere stark von Fall zu Fall. Ebenso gross sei die Bandbreite der Reflexionsgegenstände, also das, was als Situation oder Fall definiert werde (vgl. ebd.). Den Einwand ›Denken behindere Handeln‹ lässt Schön nicht gelten. Es gebe gefährliche Situationen (z. B. im Verkehr), in denen es eine unmittelbare Handlung brauche – aber die allerwenigsten Praxis-Situationen seien von dieser Art. Meist bleibe Zeit »to think what we are doing« (ebd.:279). Man könne auch innerhalb einer Sekunde nachdenken, allerdings brauche das tatsächlich Übung. Auch müssten Praktikerinnen lernen sich Reflexionsmöglichkeiten zu schaffen: »Indeed, our conception of the art of practice ought to give a central place to the ways in which practitioners learn to create opportunities for reflection-in-action« (ebd.:279).

Schön verbindet mit seiner Praxis-Epistemologie den Anspruch, den Gegensatz zwischen wissensbasiertem professionellem Vorgehen und der Geheimnisumwobenen Kunst intuitiven Handelns geübter Praktiker zu überwinden. Er will diese Kunstfertigkeit im Umgang mit Situationen, die geprägt sind von Unsicherheit und Ungewissheit, aus dem Dunstkreis von ›das ist einfach ein Gefühl‹ herausholen (vgl. ebd.:5), sie beschreibbar machen und aufzeigen, wie Denken und Handeln untrennbar ineinander verwoben sind (was aber nicht heisst, dass Professionelle selber stets alles internalisierte Wissen, das sie in ihrem Handeln leitet, artikulieren und explizieren müssen).

4.2   Vergleich mit KPG und Folgerungen

Auf Grund des weiten Fallbegriffs, den Schön verwendet – mit der grossen Bandbreite bei Reflexionsgegenständen und Aktionszeit – ergeben sich viele Bezüge zum Konzept KPG. Auch wir gehen davon aus, dass »Prozessgestaltung unterschiedliche zeitliche Dimensionen aufweist« (Hochuli Freund/Stotz 2015: 144) und die Dauer eines Prozesszyklus variieren kann. Wenn es um länger dauernde Unterstützungsprozesse geht, wird in mittel- und langfristigen Prozesszyklen von Monaten bis zu ein, zwei Jahren gedacht. In Bezug auf Belange des Alltags hingegen gibt es wöchentliche, tägliche, stündliche oder minütliche Prozesszyklen (vgl. ebd.:145). Auf letztere, die kurzen Prozesszyklen bin ich bereits bei der Diskussion des Heuristik-Konzepts von Gigerenzer eingegangen. Beim Konzept ›reflection-in-action‹ erstaunt zunächst die Tatsache, dass sich die Aktionszeit ebenfalls über einen längeren Zeitraum erstrecken kann (Schön

---

[6] An anderer Stelle schreibt er, es gehe um »the zone of time in which action can still make a difference to the situation« (Schön 1983:62).

nennt als Beispiele etwa die Behandlung einer Krankheit, oder die ein Semester dauernde Auseinandersetzung mit einem als schwierig erlebten Studierenden, vgl. 1983:278). Der Reflexionsbegriff wird von Schön neu gerahmt. Wenn seine Praxis-Epistemologie ›Nachdenken *während* des Handelns‹ nicht auf kurze Aktionszeiten (z. B. von Minuten) beschränkt ist, löst sich ein vermeintlich grosser Unterschied zum Konzept KPG auf, welches einen Rahmen zur strukturierten, planenden Gestaltung des Denkens und Handelns *im Voraus* bietet. Reflexion ist bei Schön auch keineswegs auf nachträgliche Reflexion beschränkt.[7]

Die drei Vorgehensschritte im Umgang mit ungewissen, problematischen Situationen nach Schön – Problembestimmung, Untersuchung, Problemlösungsvorschläge – entsprechen der analytisch-diagnostischen Prozessphase bei KPG. Auch dort wird ein präsentiertes Problem nicht einfach als gegeben hingenommen und man beginnt nicht sofort mit der Problemlösung. Weil wir wie Schön davon ausgehen: »The situation is complex and uncertain, and there is a problem in finding the problem« (ebd.:129), sehen wir eine sorgfältige Situationserfassung und Analyse vor, um herausarbeiten zu können, worum genau es in einem besonderen Fall geht. Die Fallthematik bei KPG kann als Entsprechung der Problembestimmung in Schöns Praxis-Epistemologie gesehen werden. Für den Untersuchungsprozess nach Schön sind bei KPG in den Prozessschritten Analyse und Diagnose eine Vielfalt möglicher Methoden enthalten sowie methodische Hilfsmittel der Komplexitätserweiterung und -reduktion. Auch bei KPG ist das ›Versuchen zu Verstehen‹ im Diagnoseschritt nicht Zweck an sich, sondern zielt darauf ab, Erkenntnisse für das weitere Vorgehen zu gewinnen. Schliesslich ist bei beiden die Reflexion über das eigene Vorgehen ein Bestandteil bzw. ein Kennzeichen professionellen Handelns.

KPG ist – nach dem Konzept von Schön – ein theoretischer Bezugsrahmen (overarching theory) für den Prozess von Problembestimmung, Untersuchung und Lösungsfindung. Wenn wir wiederum das Konzept ›reflecting-in-action‹ als theoretischen Rahmen für die Methodik KPG heranziehen, können die Ausführungen von Schön zu Untersuchungsprozess und professioneller Haltung dazu beitragen, einige Missverständnisse hinsichtlich der Methodik zu klären, denen wir ab und zu begegnen. Sie können uns als Autor und Autorin auf Aspekte hinweisen, die wir bislang wahrscheinlich zu wenig betont haben. So geht bei KPG vielleicht auf Grund der vielen methodischen Hinweise und Hilfsmittel – z. B. zur Komplexitätsreduktion bei Analyse und Diagnose, zur Bildung von Fallthematik bzw. Arbeitshypothese – tendenziell das Experimentierende des Zugangs verloren. Es wird zu wenig deutlich, dass Prozessgestaltung stets ein Prozess voller Überraschungen ist, und es Raum für das Überraschende, Neue, oder Verunsichernde während der Exploration braucht (das, was Schön als ›listen to the situation's talks back‹ bezeichnet). Bei den methodischen Ausführungen und Regeln zum theoriegeleiteten Fallverstehen sollte noch stärker betont werden, dass der diagnostische Prozess dann beendet wird, wenn eine Fallsitua-

---

7 Das ist in Kapitel 1 erwähnte Konzept ›Schlüsselsituationen‹ (Kunz et al. 2016), das auf nachträgliche Reflexion fokussiert ist und sich dabei auf Schön bezieht, legt die Praxis-Epistemologie von Schön allzu einseitig aus.

tion ausreichend verstanden erscheint, klar ist, was als Intervention ausprobiert werden soll. Wie eng Denken und Handeln verschränkt sind, wird bei Schön deutlicher als bei KPG. Andererseits bietet aber auch die KPG als ›overarching theory‹ mehr. Dies nicht nur in Bezug auf die Gestaltung des methodischen Vorgehens, sondern insbesondere auch in Bezug auf die Gestaltung des Einbezugs von Klientinnen und Klienten bei dieser Experimentier- und Suchbewegung hin zu Fallverstehen und Lösungsfindung.

5 Denken, Planen, Handeln, Reflektieren

Schön hat nicht nur die Bedeutung der Reflexion über das eigene Vorgehen betont, sondern auch eine Reflexion innerhalb von Professionen, über die Grenzen von Professionen und über die Grenzen paradigmatischer Zugänge hinweg angeregt. Es sei wichtig, »to enter into one another's appreciative systems and to make reciprocal translations from one to the other« (Schön 1983:273). In diesem Sinne habe ich mich in diesem Artikel mit anderen Zugängen auseinandergesetzt und versucht, das Konzept KPG in deren Lichte kritisch zu betrachten. Dabei habe ich nicht (wie Gebert in seinem Beitrag in diesem Band) den Vergleich mit ähnlichen professionseigenen Konzepten gesucht, sondern den Blick nach aussen gewendet, zu Gigerenzers und Kahnemans professionsfremden, kognitionstheoretischen Zugängen und zu Schöns professionsübergreifendem Konzept.

All diese Konzepte beziehen sich auf die gleiche Ausgangssituation. Es geht um einen angemessenen Umgang mit schwierigen, komplexen Situationen, die geprägt sind von Ungewissheit und Instabilität. Sie erheben alle den Anspruch, einen Weg aufzeigen zu können, wie möglichst gute Lösungen für solch einzigartige (Fall-)Situationen gefunden werden können. Wenngleich mit unterschiedlicher Akzentuierung gehen alle vier ebenfalls davon aus, dass es für solche Situationen keine Technologien gibt bzw. Technologien unzureichend sind, um Lösungen nach einem wissensbasierten ›Schema F‹ herstellen zu können. Schliesslich enthalten sie alle den Versuch darzulegen, wie Denken und Handeln beim Umgang mit komplexen, schwierigen Situationen miteinander verbunden sind. Der Zugang hingegen ist verschieden. Während *Gigerenzer* die Wichtigkeit einfacher Heuristiken (Faustregeln) und die Suche nach möglichst einfachen Lösungen propagiert, führt *Kahneman* eine grundlegende Unterscheidung ein: zwischen unbewusst-automatisierten Heuristiken einerseits – die möglicherweise auf kognitiven Verzerrungen beruhen und zu mentalen Kurzschlüssen und Fehlentscheidungen führen könnten – und bewusst getroffenen Entscheidungen für wissensbasierte, reflektierte Heuristiken – die ein Innehalten und bewusstes Nachdenken erfordern – andererseits. Im *Konzept KPG* schlagen wir einen Rahmen für die Strukturierung von Denk- und Handlungsprozessen vor und stellen hierfür eine Vielfalt von Methoden und methodischen

Hilfsmitteln zur Verfügung. *Schöns* Praxis-Epistemologie wiederum zeigt eine Struktur des Vorgehens auf, die gute Praktikerinnen ganz intuitiv nutzen, indem sie schwierige Situationen neu rahmen, sie experimentierend untersuchen und auf diese Weise Lösungen entwickeln.

Gleichwohl sind gemäss allen Konzepten Denken und Handeln aufs engste miteinander verschränkt. Sowohl Reflexion (im Sinne von Schön) wie auch Planung sind als Aspekte von Denken zu verstehen, die der Vorbereitung von Handlungen dienen, wobei insbesondere Planung direkt zum Handeln überleitet. ›Um planen zu können, braucht man eine Vorstellung über die Zukunft‹, heisst es sinngemäss in einem Magazin-Artikel (über die schier unglaublichen Fähigkeiten von Oktopussen, vgl. Plüss 2015:10). Planung einer Handlung setzt Denken voraus. Das Ziel von (Nach-)Denken, von Reflexion wiederum ist es, Handlungsoptionen zu entdecken und Entscheidungen vorzubereiten.

Aus dem transdisziplinären Vergleich lassen sich mehrere Folgerungen für das Konzept KPG ableiten, die ich abschliessend skizzieren möchte.

- Für das Konzept KPG scheint es wichtig, noch viel deutlicher herauszustreichen, dass von einem *komplexen Planungsverständnis* ausgegangen wird. Es geht um Denken, Planen, Handeln und Reflexion innerhalb jedes Prozessschritts und zugleich innerhalb eines grösseren Prozesszyklus (siehe den Beitrag von Hochuli Freund/Sprenger-Ursprung in diesem Band). Ersteres verlangt nach einer KPG-basierten Grundhaltung, letzteres basiert auf einem in einer Organisation implementierten strukturierten Prozess, an dem unterschiedliche Akteure beteiligt sind. Auch diese organisationsbezogenen Voraussetzungen könnten noch stärker betont werden.
- Das Konzept von Gigerenzer verweist auf einen manchmal übersehenen Nutzen des Konzepts KPG für Alltagssituationen. In einer kritischen Situation mit grossem Handlungsdruck muss Komplexität reduziert werden. Dabei können Faustregeln genutzt werden, die sich aus dem Konzept KPG ableiten lassen. Kahneman allerdings betont zu Recht, dass solche Heuristiken wissensbasiert sein müssen, dass es professionelles Wissen und Können braucht, um zu guten Urteilen zu kommen. Es braucht nicht nur Intuition, sondern ›skilled intuition‹! Geübte Praktikerinnen sind in der Lage, in Situationen von grossem Handlungsdruck zu verlangsamen, innezuhalten und bewusst nachzudenken und vermeiden auf diese Weise automatisierte mentale Kurzschlüsse und Fehlbeurteilungen. KPG als Handlungskonzept für die Soziale Arbeit präformiert diese *Kompetenz*, die sowohl eine bestimmte Grundhaltung, einen professionellen Umgang mit Alltagssituationen mit Hilfe von Faustregeln als auch einen wissensbasierten, methodisch strukturierten Umgang mit schwierigen Situationen umfasst.
- Anhand der Praxis-Epistemologie von Schön wie auch dem kognitionspsychologischen Zugang von Kahnemann lässt sich aufzeigen, dass KPG einen Prozess des Denkens beinhaltet, der Entscheidungen vorbereitet und auf Handeln hinführt. Das Konzept KPG beinhaltet also implizit ein *Entscheidungsfindungsmodell*, das durchaus auch explizit gemacht werden könnte.

- Ein professioneller Umgang mit komplexen Situationen basiert gemäss Schön auf einem Prozess der Problembestimmung und dann der Problemuntersuchung. Dieser Problembestimmungs- und -untersuchungsprozess braucht einen *theoretischen Bezugsrahmen* – das Konzept KPG bietet diesen Rahmen!
- Auch für diesen experimentierenden Untersuchungsprozess kann Gigerenzers Postulat hilfreich sein, nach möglichst einfachen Lösungen zu suchen. In die gleiche Richtung geht die Struktur von ›reflection-in-action‹ gemäss Schön. Der Untersuchungsprozess ist dann beendet, wenn der Fall genug verstanden ist und sich neue Interventionsmöglichkeiten zeigen. Das Prozessgestaltungsmodell im Konzept KPG ist keine starre Vorgabe, sondern eine Orientierungshilfe (siehe wiederum den Beitrag von Hochuli Freund/Sprenger-Ursprung in diesem Band).
- Bei jeder Fallbearbeitung handelt es sich um einen einzigartigen, experimentellen Prozess, bei dem unterwegs stets Überraschungen auftauchen können. Dass Fallbearbeitung eine gemeinsame *Abenteuerreise aller Fallbeteiligten* ist – an der manchmal die Klientin, manchmal der Sozialpädagoge am Steuerrad ist –, das möchten wir in Zukunft noch stärker betonen.

Literatur

Gigerenzer, Gerd (2014). Risiko. Wie man die richtigen Entscheidungen trifft. 2. Aufl. München: bbt.

Gigerenzer, Gerd/Brighton, Henry (2011). Homo heuristicus. Why Biased Minds Make Better Inferences. In: Gigerenzer, Gerd/Hertwig, Ralph/Patchur, Thorsten (Hrsg.). Heuristics. The Foundation of Adaptive Behavior. New York: Oxford University Press. S. 2–27.

Gigerenzer, Gerd/Hertwig, Ralph/Patchur, Thorsten (2011). Introduction. In: Dies. (Hrsg.). Heuristics. The Foundation of Adaptive Behavior. New York: Oxford University Press. S. xvii–xxiii.

Hochuli Freund, Ursula/Sprenger-Ursprung, Raphaela (2016). Kooperative Prozessgestaltung. Mit Klient/-innen gemeinsam handeln. sozialmagazin 9–10. S. 48–56.

Hochuli Freund, Ursula/Stotz, Walter (2015). Kooperative Prozessgestaltung in der Sozialen Arbeit. Ein methodenintegratives Lehrbuch. 3., überarbeitete und erweiterte Aufl. Stuttgart: Kohlhammer.

Kahneman, Daniel (2011). ›Thinking. Fast and Slow‹. UK: Penguin Books.

Kunz, Regula/Merten, Gaby/Roller, Claudia (2016). Schlüsselsituationen der Sozialen Arbeit – ein Reflexions- und Diskursmodell. sozialmagazin 9–10. S. 66–73.

Plüss, Mathias (2015). Der Fintenfisch. Oktopusse sind wie Menschen – schlau, verspielt und schnell beleidigt. Haben sie sogar eine Seele? In: Das Magazin, Nr. 42, 17.10.2015. S. 10–15.

Polanyi, Michael (1967). The Tacit Dimension. New York: Doubleday and Co.

Possehl, Kurt (2002). Ausgewählte Aspekte einer handlungstheoretischen Konzeption der Methodenlehre der Sozialen Arbeit und ihre didaktische Umsetzung. In: Archiv für Wissenschaft und Praxis der Sozialen Arbeit. S. 4–41.

Schön, Donald A. (1983). The Reflective Practitioner. How Professionals Think in Action. London: Temple Smith.

Schön, Donald A. (1987). Educating the Reflective Practitioner. San Francisco: Jossey-Bass.

Kooperative Prozessgestaltung als Beitrag zum ethischen Handeln in der Sozialen Arbeit

Kathrin Schreiber

Ziel dieses Beitrages ist es, eine Brücke zu schlagen zwischen Ethik, Moral und Professionalität in der Sozialen Arbeit und aufzuzeigen, inwiefern das Konzept Kooperative Prozessgestaltung (KPG) diesen Brückenschlag in der Praxis der Sozialen Arbeit unterstützt.

Obwohl das Verhältnis Sozialer Arbeit zu Moral und Ethik in der Vergangenheit von unterschiedlichen Seiten problematisiert, hinterfragt und neu gedacht wurde,[1] besteht offenbar nach wie vor Diskussionsbedarf bezüglich der ethisch-moralischen Legitimation Sozialer Arbeit. »Nur moralisch – oder auch noch ethisch?«, titelt beispielsweise Andreas Lob-Hüdepohl (2011) und sensibilisiert in seinem Artikel Praktikerinnen und Praktiker für die Bedeutung von Moral und die Notwendigkeit ethischer Reflexion in der Soziale Arbeit. Unter welchen Voraussetzungen aber gelingt die Umsetzung einer ethisch-moralischen Orientierung im professionellen Alltagshandeln? Wie kann der Weg von der (gut gemeinten) Reflexion zur konkreten, ethisch reflektierten Handlung tatsächlich gestaltet und realisiert werden?

Um dieser Frage nachzugehen, wird in einem ersten Teil des Beitrags kurz in die Begriffe Ethik und Moral eingeführt und dargelegt, inwiefern professionelle Soziale Arbeit auf eine ethische Reflexion moralischer Begründungen angewiesen ist. Im zweiten Teil soll aufgezeigt werden, inwiefern verschiedene Elemente des Konzepts KPG Professionelle der Sozialen Arbeit in der ethischen Reflexion und im darauf basierenden, ethisch reflektierten Handeln unterstützen, um dann im Schlussteil zusammenfassend darzulegen, welche Wirkungen eine Orientierung am Konzept KPG auf die Professionalität und damit auf die ethisch-moralische Qualität konkreter Handlungsvollzüge in der Sozialen Arbeit hat.

---

1 Soziale Arbeit wurzelt geschichtlich sowohl in der christlich-caritativen als auch in der bürgerlich disziplinierenden Tradition und ist somit seit jeher moralischen Erwartungen verpflichtet. Dementsprechend wurde die Soziale Arbeit auch schon als »Moralische Profession« bezeichnet (Pantuček/Vyslouzil 1999). Moralische Überheblichkeit und damit einhergehender Machtmissbrauch gegenüber Adressatinnen und Adressaten Sozialer Arbeit wurden in der Folge aber auch kritisiert (z. B. Thiersch 1987). Aus systemtheoretischer Sicht ist eine Orientierung an moralischen Prämissen sogar absolut unvereinbar mit Professionalität (Fuchs 2004).

1 Ethik, Moral und Professionalität

Moral und Ethik sind heute in den Medien und in der öffentlichen Diskussion fast allgegenwärtig. Kaum eine öffentliche Debatte kommt ohne die beiden Begriffe aus. In sozialen Netzwerken wird die persönliche moralische Empörung kampfeslustig in eine oft überaus unmoralische – weil nicht ethisch reflektierte – Schlacht geführt (vgl. z. B. Grau 2013). Organisationen und Unternehmen, deren Organisationspraktiken dem moralischen Empfinden der Öffentlichkeit diametral widersprechen, brüsten sich mit ethischen Leitlinien oder Ethik-Gremien. Die allgegenwärtige Thematisierung verweist auf eine grosse Verunsicherung bezüglich ethisch-moralischer Orientierung, die sich auch in Fallbesprechungen der Sozialen Arbeit niederschlägt:

- »Wie handle ich moralisch richtig?«
- »Wie kann ich damit umgehen, wenn meine Organisation ethische Argumente nicht ernst nimmt?«
- »Welchen Einfluss hat die (moralisch aufgeladene und durchaus wechselhafte) öffentliche Wahrnehmung der Sozialen Arbeit auf die Professionalität meines Handelns?«

Viele dieser Fragen verweisen auf einen Zusammenhang zwischen der angestrebten professionellen Qualität von Handlungsvollzügen und der schwierigen Orientierung in einem heterogen und unübersichtlich gewordenen Feld ethischer und moralischer Erwartungen.

1.1 Ethik und Moral – begriffliche Präzisierung

Eine fachliche Auseinandersetzung mit ethisch-moralischen Fragestellungen bedingt zuerst einmal Genauigkeit in der Verwendung von Begriffen. Nachdem ›Moral‹ und ›Ethik‹ bis hierher alltagssprachlich verwendet wurden, soll daher zunächst eine Differenzierung zwischen diesen beiden Begriffen erfolgen. Ethik und Moral sind dialektisch aufeinander bezogen und unterschiedliche Autorinnen und Autoren haben sich der Abgrenzung zwischen den Begriffen gewidmet (empfehlenswert: Schmid Noerr 2012:34-57), daher soll hier nur eine Zusammenfassung der wichtigsten Unterscheidungsmerkmale erfolgen:
Moral ist die gelebte Umsetzung gewachsener Normen und Werte hinsichtlich des Zusammenlebens in Gemeinschaften. Es geht darum, was – welches Verhalten – wir uns gegenseitig als Angehörige einer Gemeinschaft und als Menschen schulden. Moralisches Abwägen geschieht immer dann, wenn wir unser Handeln davon abhängig machen, welche Folgen dieses Handeln für davon betroffene Andere haben könnte. Die Kriterien dieses Abwägens bestehen oft informell als ungeschriebene Gesetze einer bestimmten Gemeinschaft und werden im Lauf der Sozialisation erlernt (vgl. ebd.:47). Was als moralisch richtiges Handeln angesehen wird, kann also von Familie zu Familie, in unter-

schiedlichen ethnischen oder religiösen Gemeinschaften oder auf Grund persönlicher Erfahrungen stark differieren. Moral hat somit keinen wissenschaftlichen Hintergrund oder Anspruch.

Ethik ist die wissenschaftliche Reflexion von Moral. Sie beschäftigt sich damit, die gewachsenen Normen und Werte auf der Basis allgemeingültiger, wissenschaftlicher Kriterien zu beleuchten und zu hinterfragen. Solche wissenschaftlichen Kriterien müssen aber erst erarbeitet und definiert werden. Hierzu sucht die normative Ethik *nach allgemeingültigen Kriterien und Argumenten, die dazu beitragen, Fragen* nach dem *guten Leben* über historische, kulturelle, religiöse oder soziale Grenzen hinweg zu beantworten. Normative Ethik ist somit die wissenschaftliche Auseinandersetzung mit dem *guten Leben* (vgl. ebd.:34). Die Grundfrage »wie sollen wir leben?« (ebd.) wird in der Ethik sowohl hinsichtlich persönlicher Lebensentscheidungen und Denkmuster als auch hinsichtlich des gelingenden sozialen Miteinanders diskutiert. Ethische Überlegungen zu persönlichen Lebensentscheidungen drehen sich um Fragen wie:

- »Was für ein Mensch will ich sein?«
- »Inwiefern stimmt mein Handeln mit dem Menschen überein, der ich sein will?« (vgl. Dallmann/Volz 2013:13)

Ethische Abwägungen zu einem gelingenden sozialen Miteinander müssen über diese persönlichen ethischen Fragen hinaus auch moralische Aspekte reflektieren (vgl. ebd.).

Zusammengefasst kann – etwas vereinfacht – gesagt werden: Ethik denkt einerseits darüber nach, was für den einzelnen Menschen als *gutes Leben* gelten kann, andererseits reflektiert sie Moral, indem sie fragt, ob die unterschiedlich gewachsenen moralischen Normen unter allgemeingültigen Kriterien tatsächlich zum *guten Leben aller* beitragen. Übertragen auf die Soziale Arbeit heisst das: Professionsethik denkt darüber nach, was denn ›*gute Soziale Arbeit*‹ ist, und sie reflektiert die Werte und Normen, die den praktischen Handlungsvollzügen der Sozialen Arbeit zugrunde liegen daraufhin, ob sie nach wissenschaftlichen Kriterien tatsächlich zu ›*guter Sozialer Arbeit*‹ beitragen.

1.2 Das Verhältnis von Ethik, Moral und Professionalität

Thiersch kritisiert 1987 (19ff.), dass Professionen im Namen von Moral »gesellschaftliche Chancen, Arbeits- und Lebensrollen« verteilen. Auf Grund dieser strukturellen Machtposition dürfen sich Professionelle der Sozialen Arbeit nicht an subjektiven, unterschiedlich gewachsenen moralischen Vorstellungen orientieren, denn moralische Orientierungen beinhalten immer auch die Abgrenzung gegenüber Andersdenkenden – allenfalls sogar deren Abwertung. Wenn Soziale Arbeit den professionellen Auftrag der Exklusionsvermeidung und Inklusionsvermittlung (Bommes/Scherr 2000:36ff.) erfüllen will, dann muss sie selbst sich moralischer Wertungen und Zuschreibungen gegenüber ihren Klientinnen und Klienten enthalten, weil sie sonst zu deren sozialer Ausgrenzung beiträgt. Ganz so einfach ist dieser Anspruch in der Realität aber nicht umzusetzen. Es stehen ihm mindestens drei Widerstände gegenüber:

Erstens sind wir alle in einem bestimmten moralischen Klima aufgewachsen und sozialisiert, und wir können uns der Wirkungen unserer subjektiven moralischen Verfasstheit und unserer Sollens-Ansprüche gegenüber anderen nicht ohne Weiteres entziehen. Es gibt keinen Schalter, an dem wir unser moralisches Empfinden ausschalten können, denn es macht uns als Individuen ganz massgeblich aus (vgl. Habermas 2015:104, Geulen 2010).

Zweitens geschah und geschieht die Definition derjenigen sozialen Probleme, mit denen sich Soziale Arbeit beschäftigen soll, oft auf Grund diffuser gesellschaftlicher Moralvorstellungen. So wurde die Frage nach akzeptierbaren Sozialisationsbedingungen für Kinder vor fünfzig Jahren noch ganz anders beantwortet als heute. Damals landeten Kinder lediger Mütter unabhängig von deren erzieherischer Kompetenz in sozialpädagogischer Obhut, während Gewalt und Schläge in sog. ›kompletten‹ Familien als normal galten. Welche Moralvorstellungen die Definition Sozialer Probleme heute beeinflussen, werden wir wahrscheinlich erst in einigen Jahren erkennen.

Drittens haben Professionelle der Sozialen Arbeit mit der Exklusionsvermeidung und Inklusionsvermittlung den professionellen Auftrag, ihre Klientinnen und Klienten auch mit den moralischen Gepflogenheiten derjenigen Systeme, in die sie inkludiert werden wollen oder sollen, vertraut zu machen. Moral soll vorgelebt und eingefordert werden, Klientinnen und Klienten sollen mit den Wirkungen ihres »unmoralischen« Verhaltens konfrontiert und zur ›moralischen Einsicht‹ bewegt werden, sodass sie sich in Zukunft unauffällig und kompetent in gesellschaftlichen Funktionssystemen bewegen.

Professionelle der Sozialen Arbeit sind also aufgefordert, angesichts eines professionellen Auftrags, der u.a. durch die moralische Verfasstheit unserer kulturellen Gemeinschaft geprägt ist und auch die moralische Erziehung von Klientinnen und Klienten beinhaltet, ihre eigenen internalisierten moralischen Vorstellungen aussen vor zu lassen – deren Existenz und Qualität sie im Alltag kaum bewusst wahrnehmen. Eine kleine Entlastung bietet uns hier Jürgen Habermas mit seinem Hinweis darauf, dass nicht alle Handlungen und Handlungsentscheidungen eine moralische Qualität aufweisen. Habermas unterscheidet zwischen drei Formen der Entscheidungsfindung, denen ganz unterschiedliche Problemstellungen zugrunde liegen (vgl. Habermas 2015:100ff.):

Pragmatische Entscheidungen sind dann zu treffen, wenn das Ziel einer Handlung bekannt ist und es nur noch darum geht, denjenigen Lösungsweg auszuwählen, der am effizientesten, einfachsten oder nachhaltigsten zur Erreichung dieses Ziels führt. Zentrales Kriterium pragmatischer Entscheidungen ist die *Zweckmässigkeit* (vgl. ebd.:101).

So ist die Frage, ob in einer betreuten Wohngruppe die zerschlagene Salatschüssel durch eine Schüssel aus Chromstahl oder aus Plastik ersetzt wird, eine pragmatische, wenn das Ziel – Salat zu essen – gesetzt ist. Fraglich ist einzig die technische Erreichung dieses Ziels.

Als *ethische Entscheidungen* bezeichnet Habermas diejenigen Problemstellungen, bei denen über das Ziel einer Handlung entschieden werden muss. Denn beim Abwägen unterschiedlicher Ziele schwingen Fragen mit wie:

- »Wer und wie bin ich?«
- »Was für ein Leben will ich führen?«

Ethische Entscheidungen orientieren sich an Werten, und ihr zentrales Kriterium ist die Frage nach dem *Guten* (vgl. ebd.:101).

Eine ethische Qualität erhält die Diskussion in der Wohngruppe, wenn die Frage aufgeworfen wird, ob denn gesundes Essen tatsächlich ein erstrebenswertes Ziel sei oder ob nicht lieber die Bequemlichkeit als Zielsetzung im Vordergrund stehen sollte, sodass Fast-Food als pragmatische Erfüllung dieses Ziels dienen könnte.

Schliesslich kommt Habermas als drittes zu den *moralischen Entscheidungen*, die immer dann zu treffen sind, wenn Handlungen die legitimen Interessen anderer tangieren. Bei moralischen Fragen geht es um die Symmetrie in menschlichen Beziehungen, in denen alle Beteiligten denselben Anspruch auf Achtung ihrer Würde und Integrität haben (vgl. ebd.:106). Da jeder Mensch auf Grund seiner Sozialisation eine einzigartige moralische Prägung aufweist, kann eine Entscheidung, die auf subjektivem Moralempfinden Einzelner basiert, den potenziellen zwischenmenschlichen Konflikt nicht verhindern. Notwendig ist stattdessen, die Berufung auf allgemeingültige moralische Maximen, mit denen sich alle Beteiligten einverstanden erklären können (vgl. Kant 2016:61). Die Frage danach, was zu tun sei, verwandelt sich in die Frage danach, was *man* in dieser Situation tut (vgl. Habermas 2015:107f.). Als zentrales Kriterium moralischer Entscheidungen bezeichnet Habermas die Frage nach dem *Gerechten* (vgl. ebd.:101).

Wenn sich also auf unserer betreuten Wohngruppe eine Person vegetarisch ernährt, dann muss in die Entscheidung für oder gegen Fast-Food die Überlegung einfliessen, was denn für *alle* Anwesenden *gut und gerecht* ist. Die Entscheidungsfreiheit der Gruppe ist auf Grund des Anspruchs auf Achtung der Integrität aller Beteiligter eingeschränkt auf das *moralisch Richtige*.

Aus den Ausführungen von Habermas wird deutlich: in der Sozialen Arbeit sind wir mit allen drei Entscheidungssituationen konfrontiert. Allerdings befasst sich Soziale Arbeit qua Professionsauftrag ganz zentral mit dem Wohlergehen und der Lebensqualität anderer. In der Fall- oder Klientenarbeit geht es daher *immer* um die Interessen anderer und damit um moralische Entscheidungen. Und so schliesst sich auch der Kreis hinsichtlich der Frage danach, was denn Moral, Ethik und Professionalität miteinander zu tun haben: Professionen beschäftigen sich gemäss der Mehrzahl der wissenschaftlichen Konzeptionen immer mit existenziellen Problemen einzelner, die gleichzeitig fundamentale

Probleme der Gesellschaft darstellen (vgl. z. B. Oevermann 2011:88). Professionelles Handeln hat also immer eine moralische Qualität.

Das Auffinden des moralisch Richtigen unter all den unterschiedlichen Moralen, die in den komplexen Problemsituationen Sozialer Arbeit aufeinanderprallen, ist anspruchsvoll. Es bedingt ethische Reflexion – also das kritische Nachdenken darüber, was denn über historische, kulturelle, religiöse und soziale Grenzen hinweg als *das Allgemein Gute* oder *das Allgemein Richtige* betrachtet werden kann. Es gilt, sich einen Moment Zeit zu nehmen, sich hinzusetzen und zu überlegen:

- »Wie wollen wir miteinander umgehen?«
- »Wie sollte *man* in dieser Situation handeln, sodass dieses Handeln dem *guten Leben* aller Beteiligter dient?«

Das Ergebnis dieser ethischen Reflexion kann dann als Folie für die Reflexion und Überprüfung der unterschiedlichen aufeinanderprallenden Moralen genutzt werden.

Als Fazit hinsichtlich des Zusammenhangs von Ethik, Moral und Professionalität lässt sich konstatieren: Moral steht nicht im Widerspruch zu Professionalität, sondern ist ihr konstitutiver Bestandteil. Der Professionsauftrag Sozialer Arbeit, bedingt moralische Entscheidungen und moralisches Handeln, da sich die Funktion von Professionen immer auf das Wohlergehen anderer bezieht. Allerdings kann von einer professionellen Qualität von Handlungsentscheiden und -vollzügen erst dann gesprochen werden, wenn die ihnen innewohnenden moralischen Begründungen auf der Basis professionsethischer Kriterien ethisch reflektiert wurden.

2 Kooperative Prozessgestaltung als Unterstützung ethischer Reflexion

Im Konzept KPG formulieren Ursula Hochuli Freund und Walter Stotz hohe ethische Ansprüche an die sozialarbeiterische und sozialpädagogische Arbeit. Konzept und Modell KPG verstehen sich als »Antwort auf die speziellen Anforderungen in der Sozialen Arbeit, die durch die konstitutiven Rahmenbedingungen professionellen Handelns charakterisiert sind« (Hochuli Freund/Stotz 2015:17). Damit ist zwingend auch die ethische Reflexion als konstitutiver Bestandteil professionellen Handelns gemeint. Die Kriterien dieser ethischen Reflexion sind aber nicht beliebig, sondern werden im Konzept klar definiert (vgl. ebd.:68ff.). Dabei berufen sich die Autoren auf anerkannte ethische Normen in der Sozialen Arbeit wie z.B. die Menschenwürde, Menschenrechte und Solidarität. In den folgenden Kapiteln soll nun überprüft werden, inwiefern unterschiedliche Elemente des Konzepts KPG darüber hinaus ethische Reflexion und ethisch reflektiertes Handeln ganz konkret anregen und unterstützen. Die Grenzen des Konzepts werden bewusst mit in den Blick genommen: Welchen Anteil hat z. B. die soziale Organisation, innerhalb deren Rahmen sich die Fallarbeit abspielt, und welche ethische Verantwortung bleibt immer und in jedem Einzelfall bei der Professionellen der Sozialen Arbeit?

Die drei Elemente *Umgang mit Nicht-Standardisierbarkeit*, *Soziale Diagnostik* und *Kooperation* werden von den Autoren in der Einleitung zum Lehrbuch ›Kooperative Prozessgestaltung‹ besonders hervorgehoben (vgl. ebd.:15ff.) – diese drei Elemente sind es daher auch, die hier hinsichtlich ihres Bezugs zu ethischer Reflexion genauer untersucht werden sollen.

2.1 Ein Prozessmodell zur professionellen Bewältigung von Nicht-Standardisierbarkeit

Die zentrale Thematisierung des Strukturelements der Nicht-Standardisierbarkeit in einem Konzept, das ein Modell zur Strukturierung professioneller Handlungsprozesse vorschlägt, irritiert zuerst einmal. Macht man sich bewusst, dass Standardisierung und Strukturierung ganz unterschiedliche Phänomene sind, löst sich diese Irritation bereits zu einem gewissen Grad auf. *Struktur* ist zu verstehen als »differenzierter und geordneter Zusammenhang bzw. als Beziehung und Wechselwirken von Elementen einer Entität [...]« (Puntel 2006:36), wohingegen *Standardisierung* gleichgesetzt wird mit Normierung, Typisierung und Vereinheitlichung (vgl. Universität Leipzig o. J.) Besonders hervorzuheben scheint an dieser Stelle der Umstand, dass eine Struktur deskriptiv gelesen werden kann, wohingegen ein Standard gemäss obiger Definition immer schon eine normative Qualität beinhaltet.

Die Nicht-Standardisierbarkeit professioneller Handlungen – sei es in der Sozialen Arbeit oder in anderen Professionen – ist weitgehend unbestritten. Sie erklärt sich u. a. aus der doppelten Kontingenz von sozialen Systemen, in denen alle Beteiligten jederzeit auch ganz anders handeln und kommunizieren könnten, sodass weder der Fortgang der Kommunikation geplant noch ihre Wirkung vorausgesagt werden kann (vgl. Luhmann 1984:152ff.). Daraus lässt sich aber nicht ableiten, dass professionelles Handeln über keine Struktur verfüge. Im Gegenteil, gerade in komplexen Situationen, in denen sich die Standardisierung und Technologisierung von Problemlösungen verbietet, braucht der Mensch Struktur, um überhaupt handlungsfähig zu sein (vgl. Helsper 2008:162ff.). Die Kriterien, nach denen ein Handlungsprozess strukturiert werden kann, sind dabei vielfältig. So müssen sich Professionelle der Sozialen Arbeit meist bis zu einem gewissen Grad einer gegebenen – z. B. organisational vorgeschriebenen – Struktur anpassen. Oft besteht aber auch die Möglichkeit, gemäss persönlicher Vorlieben und momentaner Motivation zu entscheiden, wie vorgegangen werden soll. Professionelle können sich einer ›Lehre‹ anschliessen, die ein bestimmtes Vorgehen vorgibt. Sie können aber auch eine reaktive Struktur wählen, indem sie jeweils erst dann handeln, wenn die Situation eine so hohe Dringlichkeit erreicht hat, dass sich Inhalt und Reihenfolge der notwendigen Handlungen aus dem Handlungsdruck selbst ergeben.

Diese unvollständige Aufzählung möglicher Strukturierungsformen macht bereits deutlich: Nicht jede Struktur-Entscheidung wird der moralischen Qualität der professionellen Handlungsprozesse in der Sozialen Arbeit gerecht.

So berichtete eine Studentin, die ihr Praktikum in einer stationären Organisation für Knaben mit psychosozialen Auffälligkeiten absolvierte, in einer Fallbesprechung von einem neunjährigen Knaben, der während seines einjährigen Aufenthalts in der Organisation auf Grund tätlicher Angriffe gegen andere Kinder bereits mehrmals mit einem jeweils dreiwöchigen ›Time-out‹-Aufenthalt auf einem abgelegenen Bauernhof bestraft worden war. Das Verhalten des Knaben ›besserte‹ sich durch diese Bestrafungen aber nicht – im Gegenteil, es schien, als würden die Abstände zwischen den Vorfällen immer kürzer werden. Auf Grund der organisationalen Vorgaben bestand keine Alternative zur vorgegebenen Handlungsweise: Tätliche Angriffe unter den Kindern mussten immer direkt und ohne Ausnahme mit einem ›Time-out‹-Aufenthalt sanktioniert werden.

Die Handlung der Studentin wird im Beispiel durch eine organisationelle Standardisierung strukturiert, und das betroffene Kind wird einem starren Verfahren ausgeliefert, das ganz offensichtlich nicht dazu geeignet ist, zum *guten Leben* aller Beteiligter beizutragen. Genau hier ist ethische Reflexion notwendig, um die professionelle Qualität der Begleitung (wieder) sicherzustellen. Die Motivation der Organisation, eine derart unflexible Struktur vorzugeben, kann nur interpretiert werden: Sehr oft geht es bei solchen Massnahmen um (vermeintliche) Gerechtigkeit und Gleichbehandlung angesichts individuell unterschiedlicher Fallverläufe, Bedürfnisse und hoch komplexer Problemlagen. Die aus professioneller Sicht unzulässige Standardisierung könnte also als Versuch gelesen werden, die Nicht-Standardisierbarkeit Sozialer Arbeit zu bewältigen. Allerdings gingen diesem Versuch, um mit Habermas zu sprechen, wohl in erster Linie pragmatische Überlegungen voraus.

Mit dem Prozessmodell von KPG steht nun sowohl den Organisationen als auch den Professionellen der Sozialen Arbeit ein Instrument zur Verfügung, mit dessen Hilfe sich Handlungsprozesse reflektieren und überprüfen lassen. Mit dem Modell wurde keine neue Struktur von Handlungen erfunden, sondern es präzisiert lediglich einen idealtypischen Handlungsablauf, wie er in der Literatur schon unzählige Male beschrieben wurde[2] unter Berücksichtigung der spezifischen Anforderungen an professionelles Handeln in der Sozialen Arbeit. Und dieses präzisierte Modell wurde – wie im ersten Teil des Lehrbuchs deutlich wird – bereits durch die Autoren einer intensiven ethischen Reflexion unterzogen. Die wissenschaftliche Herleitung und Begründung des Modells sorgt gemeinsam mit dieser ethischen Reflexion für die – subjektive, kulturelle, religiöse, historische oder soziale Grenzen übergreifende – Gültigkeit des Modells zur professionellen Bewältigung der Nicht-Standardisierbarkeit professionellen Handelns.

---

2 Z. B. bei Burkhard Müller (2012) oder bei Hiltrud von Spiegel (2011).

Eine Handlungslehre aber »setzt keine Normen und sie lehrt nicht tätig zu sein« (Gehlen 1963:196f.). Das Prozessmodell ist somit eben nicht als normativer Standard zu lesen, sondern als *idealtypische Struktur professionellen Handelns*, als Orientierungshilfe und als Hintergrundfolie professioneller Reflexion. In diesem Verständnis kann das Prozessmodell dazu beitragen, Handlungsentscheidungen heuristisch abzuwägen. Wie die einzelnen Handlungsschritte angesichts der Erfordernisse des Einzelfalls modifiziert, gewichtet oder methodisch gefüllt, allenfalls sogar in einer neuen Abfolge bearbeitet werden, bleibt dabei jederzeit in der Verantwortung der professionell Handelnden. In der Verantwortung der Organisationen Sozialer Arbeit liegt es, sinnvolle Handlungsspielräume für eine professionelle Strukturierung des einzelnen Falls zu eröffnen.

Die Orientierung am Modell von KPG, die Reflexion von Handlungen vor dem Hintergrund des Modells, bietet Professionellen der Sozialen Arbeit auf beiden Organisationsebenen eine Chance, die Nicht-Standardisierbarkeit und Komplexität professioneller Fallarbeit unter Berücksichtigung ihrer moralischen Qualität zu reflektieren, zu strukturieren und in der Folge zu bewältigen, ohne auf unzulässige Standardisierungen oder subjektive (moralische) Vorlieben zurückzufallen.

2.2 Soziale Diagnostik zwischen Kunstlehre und Begründungsverpflichtung

Ein Alleinstellungsmerkmal des Konzepts KPG liegt in der Gewichtung und der ganz konkreten methodischen Beschreibung der diagnostischen Phase einer Fallbearbeitung. Hermeneutisches Fallverstehen unter Berücksichtigung wissenschaftlicher Wissensbestände wird in der KPG als unabdingbarer Bestandteil professioneller Praxis bezeichnet (vgl. Hochuli Freund/Stotz 2015:216). Jedem menschlichen Handeln geht die Wahrnehmung, Interpretation und Bewertung der jeweiligen Ausgangslage voraus – meist spielen sich diese ›diagnostischen‹ Prozesse innert weniger Augenblicke ab und entziehen sich dem Bewusstsein der Handelnden (vgl. Heckhausen/Heckhausen 2010:1ff.). Eine *professionelle Diagnostik* jedoch beruht auf der bewussten, mehrperspektivischen Reflexion einer möglichst umfassend und differenziert wahrgenommenen Ausgangslage vor dem Hintergrund wissenschaftlichen und empirischen Wissens, Erfahrung sowie allgemeingültiger ethischer Maximen (vgl. Hochuli Freund/Stotz 2015:215). Somit muss sich eine professionelle soziale Diagnostik immer auch mit dem Verhältnis von Theorie und Praxis beschäftigen.

Obwohl zur Theorie-Praxis-Relationierung in der Sozialen Arbeit viel geforscht und publiziert wird (vgl. z. B. Dewe et al. 2001, May 2010, Otto et al. 2010 und viele weitere), stellt das ganz konkrete methodische Vorgehen zu einem hermeneutischen Fallverstehen eine eigenartige Leerstelle in der theoretischen und methodischen Auseinandersetzung dar. Oevermann (2011:125) und viele nach ihm bezeichnen diesen Verstehensprozess als *Kunstlehre*. Dieser Begriff vermag die methodische Leerstelle zwar zu überbrücken, aber letztlich nicht inhaltlich zu füllen. Hermeneutisches Fallverstehen, als Kunstlehre verstanden, wird von den Professionellen der Sozialen Arbeit in ihrer berufspraktischen Sozialisation auf Grund des Vorbilds ihrer Ausbilder und Ausbildnerinnen bzw. im Modus des ›Learning by Doing‹ erworben. Mit dem Begriff der Kunstlehre wird zudem impliziert, dass die Verknüpfung von Theorie und Praxis mit dem Ziel des Fallverstehens eine Kompetenz sei, die nur begrenzt begrifflich vermittelt werden kann. Durch Übung und Erfahrung erreichen die Praktikerinnen und Praktiker aber in einem längeren Prozess Kunstfertigkeit in dieser Kompetenz. Wie diese Kunstfertigkeit zu Stande kommt, erläutern Gredig und Sommerfeld (2010:83ff.). Sie sprechen von einer *Hybridisierung* unterschiedlicher Wissensformen und der Bildung kognitiver Strukturen, die in einem Lernprozess immer komplexere Zusammenhänge bearbeiten können, indem sie theoretische und praktische Wissensbestände relationieren. Die Autoren zeigen mit ihren Ausführungen auf, welche kognitiven Vorgänge sich bei der Verknüpfung unterschiedlicher Wissensformen abspielen. Aber auch bei Gredig und Sommerfeld bleibt die konkrete methodische Frage unbeantwortet: Was *tun* Professionelle der Sozialen Arbeit, damit sie zu einem fachlich fundierten Verständnis des Falles gelangen?

Die methodische Leerstelle bzw. deren Überbrückung mit dem Begriff der Kunstlehre führt uns unweigerlich zu einem ethischen Problem. Eine Kunstlehre entzieht sich einer breiten intersubjektiven Überprüfung, und auch die kognitiven Vorgänge, die Gredig und Sommerfeld beschreiben, sind von aussen nicht einsehbar. Die ethische Reflexion und die Beurteilung der *Richtigkeit* und *Gerechtheit* eines diagnostischen Verfahrens bleibt mit dem Begriff der Kunstlehre somit allenfalls Expertinnen und Experten der Sozialen Arbeit vorbehalten, die hierzu ihren Berufsethos beiziehen. Klientinnen und Klienten der Sozialen Arbeit bleibt nichts anderes übrig, als den Expertinnen und Experten zu vertrauen. Ein Vertrauen, das zumindest zu Beginn der Fallbearbeitung weitgehend blind erfolgen muss, um dann im Kontext eines Arbeitsbündnisses bestätigt und aufgebaut zu werden (vgl. Wenzel 2005:60f.). Der Wissensvorsprung der Professionellen gegenüber ihren Klientinnen und Klienten bleibt aber bestehen – ein Umstand, in dem bereits Schütze in seiner Aufzählung potenzieller Fehlerquellen professionellen Handelns (1992:146ff.) die Gefahr sah, Klientinnen und Klienten zum passiven Objekt professioneller Tätigkeit zu deklassieren.[3]

Aus ethischer Sicht muss erläutert und begründet werden können, wie eine soziale Diagnose zu Stande kommt. Gerade hier geht es zentral darum, die eigene moralische Verfasstheit sowie diffuse gesellschaftliche Moralvorstellungen und Denkroutinen wenn immer möglich aussen vor zu lassen, um die Chancen der Betroffenen auf Inklusion in gesellschaftliche Systeme nicht zusätzlich zu beschneiden. Erst durch die Offenlegung der allgemeingültigen Maximen, auf denen die Diagnose in ihrer moralischen Qualität beruht, wird die soziale Diagnose der intersubjektiven ethischen Reflexion zugänglich. Alle Beteiligten müs-

---

3 Die sogenannte *Objektformel* besagt, das es die Würde des Menschen verbietet, »ihn einer Behandlung auszusetzen, die seine Subjektqualität prinzipiell in Frage stellt« (Dürig 1991). Menschen als Objekte des (professionellen) Handelns zu behandeln, muss als Verletzung der Menschenwürde und damit als unmoralisch gewertet werden.

sen die ethischen Maximen, die dem diagnostischen Prozess zugrunde liegen, kennen und im Prozess wiederfinden, um sich eine autonome Meinung darüber bilden zu können, ob und inwiefern dieses diagnostische Verfahren zu ihrem *guten Leben* und idealerweise zum *guten Leben aller* beiträgt.

Ursula Hochuli Freund und Walter Stotz gelangen, ausgehend von ihren konzeptuellen Überlegungen zu professionellem Handeln und sozialer Diagnostik, zu einem Prozessmodell, in dem der diagnostische Prozess in vier Handlungsschritte aufgegliedert wird: Situationserfassung, Analyse, Diagnose und Zielfindung (vgl. Hochuli Freund/Stotz 2015:138). Jeder dieser vier Schritte wird theoretisch erläutert – zusätzlich aber auch mit konkreten, methodischen Handlungs- und Reflexionsvorschlägen gefüllt. Die Entscheidung, welche Methoden fallspezifisch angewendet werden, bleibt nach wie vor in der Verantwortung der Professionellen der Sozialen Arbeit. Die Aufgliederung in vier Teilschritte aber fordert zur Reflexion des eigenen Vorgehens auf, und explizite Vorschläge für ›Evaluationsfragen‹ steuern die Qualität dieser Reflexion. So wird zum Schritt Situationserfassung beispielsweise gefragt: »War die Wahl der Erfassungsmethoden den Bedingungen und Erfordernissen des Falles angemessen?« (ebd.:174); hinsichtlich der Analyse sollen die Professionellen u. a. darüber nachdenken, ob die Klientenperspektive angemessen und differenziert berücksichtigt wurde (ebd.:212), um sich dann zum Abschluss des Diagnoseschrittes der Frage zu stellen, ob es gelungen sei, »die diagnostischen Erkenntnisse in angemessener Weise in den dialogischen Verständigungsprozess mit dem Klienten(-system) einzubringen« (ebd.:250).

Diese kleine Auswahl an Evaluationsfragen zeigt: Trotz der durch das Modell vorgegebenen Struktur geht es auch innerhalb der einzelnen Teilschritte nicht um pragmatische, sondern durchwegs um moralische Entscheidungen mit massgeblichem Einfluss auf die Lebensqualität, das Wohlergehen und das *gute Leben* anderer. Und diese Entscheidungen sind von den Professionellen der Sozialen Arbeit in jedem Handlungsprozess und in Bezug auf jeden Fall neu ethisch zu reflektieren – die Kriterien hierzu finden sie im ersten, konzeptuellen Teil des Lehrbuchs. Wer sich ernsthaft am Konzept und am Modell KPG orientiert, kommt um die ethische Reflexion nicht herum, denn jede von den Professionellen zu fällende methodische Entscheidung bedingt ein Abwägen von Zielen und den Einbezug der berechtigten Interessen aller Beteiligten.

> In der oben erwähnten Fallbesprechung an der Hochschule für Soziale Arbeit FHNW zu dem neunjährigen Knaben mit multipler ›Time-out‹-Erfahrung wurden die diagnostischen Prozessschritte Analyse und Diagnose nach KPG erarbeitet. Im Rahmen der Analyse stellte die Studierendengruppe anhand eines Zeitstrahls fest, dass das Kind bis zu jenem Zeitpunkt in fast einem Dutzend unterschiedlicher familiärer Konstellationen bzw. professioneller Einrichtungen gelebt hatte. Sehr schnell wurde auf Grund der theoriegeleiteten Diagnose deutlich, dass eine handlungsleitende Arbeitshypothese in die Richtung gehen müsste, dem Knaben Kontinuität in einem verlässlichen und vertrauensvollen Umfeld zu bieten, in dem er so anerkannt und gewollt ist, wie er ist. Die Diskrepanz der Ergebnisse des diagnostischen Prozesses zum oben

dargelegten standardisierten Verfahren der Organisation könnte grösser kaum sein, und der Fallverlauf mit seinen immer kürzeren Abständen zwischen den Gewalt-Vorfällen überraschte nun auch die falleinbringende Studentin nicht mehr.

Das differenzierte und konkret beschriebene diagnostische Vorgehen nach KPG hat in diesem – und in vielen weiteren Fällen – ethische Reflexionen beinhaltet und ausgelöst, die dazu beigetragen haben, willkürliche, subjektive oder (fälschlicherweise) pragmatische Handlungsentscheidungen als solche zu entlarven, unreflektiert standardisierte Verfahren der Fallbearbeitung als dysfunktional zu erkennen, eigene und organisationale ›blinde Flecken‹ aufzudecken, die Lebensrealität Betroffener aus deren Perspektive (ansatzweise) zu verstehen, die subjektive Sinnhaftigkeit gesellschaftlich problematischen Verhaltens zu erkennen und – auf Basis all dieser Erkenntnisse – ethisch reflektierte, prozessbezogene soziale Diagnosen zu erstellen, die tendenziell zum *guten Leben* der Betroffenen und aller Beteiligter beitrugen.

Die Gliederung der diagnostischen Phase in vier Teilschritte, die Notwendigkeit der ethischen Reflexion der zu treffenden methodischen Entscheidungen in jedem der vier Schritte sowie das ganz konkret beschriebene Vorgehen zum Theoriegeleiteten Fallverstehen (Hochuli Freund/Stotz 2015:220ff.) leisten aber aus professionsethischer Sicht noch mehr: Der diagnostische Prozess wird zu einem deutlich höheren Grad als bisher begrifflich vermittelbar. Damit werden professionelle diagnostische Überlegungen und Entscheidungen bis zu einem gewissen Grad ›entzaubert‹ – ja, vielleicht wird die eine oder andere Überlegung sogar als profan entlarvt – aus ethischer Sicht ist dieser Effekt aber als grosser Schritt zur Legitimation professionellen Handelns im Sinn der Gleichwertigkeit aller Beteiligter zu verstehen.

Soziale Diagnostik, die sich am Konzept und Modell KPG orientiert, hat also aus ethischer Sicht grosse Vorteile – sie verlangt den Professionellen der Sozialen Arbeit aber auch viel ab: Ein einfaches Abarbeiten von Routineabläufen verbietet sich, ein bequemes Verweisen auf die Vorgaben der Organisation ebenso. Die eigene Machtposition wird durch die Reflexions- und Begründungsverpflichtung jedes einzelnen diagnostischen Schrittes relativiert, und persönliche Grenzen werden offensichtlich. Jeden Fall neu denken, beurteilen und verstehen zu müssen ist unbequem, arbeitsaufwändig und sowohl kognitiv als auch emotional anforderungsreich. Die KPG entlastet die Professionellen der Sozialen Arbeit nicht von ihrer professionellen und moralischen Verantwortung, sondern fordert sie im Gegenteil dazu auf, diese Verantwortung in aller Konsequenz zu übernehmen.

Natürlich bleibt ein oberflächliches Abarbeiten der Schritte immer möglich. Gerade bei Studierenden ist oft zu beobachten, dass das isoliert verwendete Prozessmodell als rezeptartige Handlungsanleitung missverstanden wird und keine vertiefte ethische und fachliche Reflexion des eigenen Handelns stattfindet. Ein solches Vorgehen kann aber nicht als Orientierung am Konzept KPG bezeichnet werden, denn es lässt die wesentlichen konzeptuellen Aspekte des Ansatzes ausser Acht. Von Professionellen der Sozialen Arbeit wird an dieser

Stelle oft moniert, dass ihnen im organisationalen Alltag gar keine Zeit zur Verfügung stehe für eine fundierte Diagnostik und dass dieser konstitutive Teil professioneller Tätigkeit von ihren Organisationen weder gewünscht noch gefördert werde. Es reicht daher nicht aus, wenn einzelne Professionelle sich dafür entscheiden, professionelle Arbeit zu leisten – auch die *Organisationen* müssen den Stellenwert diagnostischer Verfahren und ethischer Reflexion als funktional erkennen und entsprechende Rahmenbedingungen schaffen.

2.3 Kooperatives Denken und Handeln

Das hervorstechendste Merkmal des Konzepts KPG ist der konsequente Blick auf Kooperation mit Akteurinnen und Akteuren auf unterschiedlichen Interaktionsebenen. Mit dem Begriff der *Koproduktion* sozialer Dienstleistungen wird von verschiedenen Autorinnen und Autoren (z. B. Schaarschuch/Schnurr 2004: 317 oder Galuske 2013:51f.) darauf hingewiesen, dass die Wirkung Sozialer Arbeit nie die alleinige Leistung der Professionellen der Sozialen Arbeit ist, sondern immer gemeinsam mit den Klientinnen und Klienten erarbeitet werden muss. Das Strukturmerkmal der Koproduktion verlangt von den Professionellen unabdingbar die Bereitschaft und die Fähigkeit zu Kooperation im Sinn der Ausrichtung der Handlungen verschiedener Akteurinnen und Akteure auf ein gemeinsames Ziel (vgl. Hochuli Freund/Stotz 2015:56).

Obwohl diese Aussage längst bekannt und kaum bestritten ist, scheint die Realisierung einer kooperativen Haltung und kooperativer Handlungsvollzüge in der Praxis der Sozialen Arbeit nicht selbstverständlich zu sein – warum sonst müsste ein Konzept wie KPG sie explizit einfordern? Schütze umriss die Antwort auf diese Frage bereits vor über 25 Jahren (Schütze 1992:146ff.). Eine der von ihm beschriebenen Fehlerquellen professionellen Handelns liegt darin, dass die Problemlagen von Klientinnen und Klienten oft komplex und diffus sind und dass deren Lebenssituation und Werteorientierung sich oft stark von derjenigen der Professionellen der Sozialen Arbeit unterscheidet. Ein echtes Eingehen auf die Lebensrealität von Klientinnen und Klienten beansprucht Zeit und materielle Ressourcen – die aus echter Kooperation möglicherweise hervorgehenden ›unvernünftigen‹ Entscheidungen oder ›unrealistischen‹ Wünsche der Klientinnen und Klienten würden die Fallbearbeitung zusätzlich komplizieren. Die Perspektiven der Betroffenen »geraten [daher] in den Blickwinkel der Sozialarbeiter sehr häufig nur als Unordnung stiftende Störfaktoren, die nach Möglichkeit nicht zu fördern, sondern im Gegenteil zu verhindern oder zumindest doch zu behindern sind« (ebd.:157).

Regine Gildemeister und Robert Günter bezeichnen Berufe, in denen die von Schütze beschriebenen Fehlerquellen auftreten, als »dirty jobs« (Gildemeister/Günther 2000:316 in Anlehnung an Hughes:1984). Damit sind die zuarbeitenden Berufe gemeint, die im Rahmen der Etablierung der klassischen Professionen entstanden sind. Die Aufgabe der Angehörigen von »dirty jobs« besteht in der Steigerung des Status und des Wohlbefindens Anderer (vgl. Hochschild 1990:135), indem sie im professionalisierten Umfeld den alltags- und lebensweltnahen konkreten Fallbezug und die Beziehungsarbeit leisten. Während Ärzte und Ärztinnen, Anwälte und Anwältinnen nach der Visite oder der Verhandlung wieder an ihre Schreibtische zurückkehren, bleiben die Angehörigen von »dirty jobs« am Bett sitzen, halten Ungerechtigkeit, Schmerz und Verzweiflung gemeinsam mit den Betroffenen aus oder kümmern sich um deren körperliche Bedürfnisse. Die Erfüllung dieser Aufgaben beinhaltet immer diffuse Anteile einer Mischung aus Orientierung am Auftrag der Organisation und »Primärbeziehungshaftigkeit« im Sinn der Orientierung am ganzen Menschen (vgl. Gildemeister/Günther 2009:57ff.) und sie konfrontiert die Berufsleute unweigerlich mit den Bedürfnissen, Wünschen und Zielen der Betroffenen. Eine Gefahr bei der Erfüllung von »dirty jobs« liegt darin, dass diese Tätigkeiten sehr schnell in ein Für-Sorgen und Mit-Leiden kippen oder von den subjektiven persönlichen Moralvorstellungen der Professionellen überlagert werden, sodass sie letztlich v. a. der Bestätigung des Status und des Selbstbilds der Handelnden dienen. Nur wenn die Bedürfnisse und Ziele der Beteiligten konsequent in fallrelevante Entscheidungen mit einbezogen werden, kann dieser Gefahr nachhaltig begegnet werden.

Die Notwendigkeit von Kooperation in der Sozialen Arbeit ist aus ethischer Sicht also offensichtlich: Um das professionelle Handeln an Prinzipien auszurichten, die zum *guten Leben* aller Beteiligter beitragen, muss die Lebensrealität der Betroffenen wahr- und ernstgenommen werden. Und dieses Wahr- und Ernstnehmen kann nicht still am Schreibtisch stattfinden, sondern es bedingt die tatsächliche Auseinandersetzung mit den Betroffenen und das Eingehen professioneller Beziehungen. Im Konzept KPG werden unterschiedliche theoretische Konzepte und Modelle professioneller bzw. pädagogischer Beziehung und Kooperation vorgestellt und diskutiert (vgl. Hochuli Freund/Stotz 2015:87ff.) Würden die Autoren es bei diesen theoretischen Hinweisen belassen, wäre der von Schütze beschriebenen Fehlerquelle nicht viel entgegengesetzt. Trotz allem guten Willen verschwindet die oberflächliche Zustimmung zu einer kooperativen Haltung viel zu schnell unter organisationalen Routinen, mangelnden Ressourcen und dem allgegenwärtigen Handlungsdruck. Dies insbesondere in Arbeitsfeldern, in denen die Betroffenen nicht in der Lage sind, ihre Rechte und Bedürfnisse aktiv einzufordern. Das ethische Reflektieren und ›Kooperative Denken‹ allein genügt nicht. Es muss sich zwingend in ›Kooperatives Handeln‹ übersetzen, um wirksam zu sein.

An dieser Stelle leistet das Konzept KPG deutlich mehr als die Unterstützung ethischer Reflexion. Mit der Konkretisierung der konzeptuellen Überlegungen in einem Handlungsmodell wird der Schritt von der Abstraktion in die Praxis verkürzt und die prominente Verwendung des Kooperationsbegriffes dient der Vergegenwärtigung seiner Bedeutung in der täglichen Arbeit.

Wer nach KPG arbeitet, muss sich mit einer kooperativen Haltung auseinandersetzen und sie in Beziehung setzen zum eigenen Handeln. Mit der Orientierung an KPG wird ein qualitativer und ethisch-moralischer Anspruch an die eigene Arbeitsweise deklariert und nach aussen – auch gegenüber allfälligen Kooperationspartnern und -partnerinnen – kommuniziert.[4]

Ein weiterer Schritt zur Vergegenwärtigung der Notwendigkeit zur Kooperation im Alltag Sozialer Arbeit liegt in der konsequenten Aufforderung zum kooperativen Handeln innerhalb des Prozessmodells. In jedem einzelnen Prozessschritt von KPG wird die Notwendigkeit von Kooperation thematisiert, die Vorschläge zur methodischen Gestaltung werden konsequent hinsichtlich ihres kooperativen Potenzials analysiert, und die Evaluation jedes einzelnen Handlungsschritts beinhaltet Fragen zu Gestaltung und Qualität des Kooperationsprozesses. Kooperation ist in diesem Konzept und Modell kein sozial erwünschtes Etikett, sondern eine Denk- und v. a. Handlungsweise, die konsequent eingefordert wird.

Damit erinnert KPG nicht nur theoretisch und argumentativ an die Notwendigkeit zur Kooperation – sie belässt es nicht bei Worthülsen und beim Abnicken des ethisch und moralisch Sinnvollen. Eine Orientierung am Konzept und am Modell KPG bedingt die *Übersetzung des Kooperativen Denkens in Kooperatives Handeln* und entfaltet dann eine ethisch-moralische Wirkung in den konkreten Handlungsvollzügen Sozialer Arbeit.

3 Kooperative Prozessgestaltung als Beitrag zum ethischen Handeln

Im Rahmen der drei untersuchten Elemente »Umgang mit Nicht-Standardisierbarkeit«, »Soziale Diagnostik« und »Kooperation« wird also die ethische Reflexion professionellen Handelns in der Sozialen Arbeit in unterschiedlicher Art und Weise eingefordert und unterstützt. Die Frage, ob KPG einen Beitrag zum ethischen Handeln leistet, scheint damit bereits beantwortet. Dieses ›Ja‹ muss aber differenzierter betrachtet werden.

Die Wirkungsmöglichkeiten eines theoretischen Konzepts sind naturgemäss begrenzt – es muss sich der Realität der Handlungspraxis sozialer Organisationen stellen und sich dort bewähren. Die KPG fordert zwar ethische Reflexion ein – wie differenziert und vertieft diese Reflexion erfolgt und inwiefern sie in konkretes Handeln übersetzt wird, liegt aber ausserhalb ihres Einflussbereichs. Einiges steht der Realisierung ethisch reflektierter Handlungen in der Sozialen Arbeit entgegen: Die Reflexion ganz unterschiedlicher und hochkomplexer Problemlagen fordert hohe kognitive, fachliche und methodische Kompetenzen von den Professionellen, und nach wie vor setzen organisationale Rahmenbedingungen den Handlungsmöglichkeiten z. T. enge Grenzen. Ganz besonders hervorzuheben scheint aber angesichts der obigen Ausführungen, dass eine

---

4 Einige Praxisorganisationen orientieren sich zwar offiziell am Konzept der KPG, verwenden intern aber Bezeichnungen wie »Professionelle Prozessgestaltung« oder »Sozialpädagogische Prozessgestaltung«. Damit geht eine deutliche Schwächung des im Konzept verankerten *kooperativen* Denkens und Handelns einher.

Orientierung am Konzept KPG für die meisten Professionellen und Organisationen der Sozialen Arbeit primär keine Vereinfachung, keine Effizienzsteigerung oder Standardisierung ihrer Arbeit bedeutet, sondern das Gegenteil: Die zentrale Thematisierung der Kooperation kennzeichnet professionelles Handeln im Rahmen KPG als moralisches Handeln, das sich auf *das gute Leben anderer* bezieht.

Das Arbeiten nach Konzept und Modell KPG bedingt daher die persönliche Auseinandersetzung mit jedem Einzelfall, die kritische Überprüfung subjektiver Vorstellungen von *richtig* und *gut*, es bedingt ein ›Nichts-für-Selbstverständlich-Nehmen‹. KPG erlaubt kein Ausruhen auf Routinen und keine Abkürzungen via pragmatisches oder standardisierendes Handeln ohne stichhaltige, fachliche Begründung. KPG entbindet die Akteurinnen und Akteure der Sozialen Arbeit auf unterschiedlichen organisationalen Ebenen zu keiner Zeit von ihrer professionellen Verantwortung und der damit einhergehenden Begründungsverpflichtung (vgl. Schmid Noerr 2013:84f.).

In diesem Sinn muss zuvorderst die bewusste Entscheidung der Akteurinnen und Akteure der Sozialen Arbeit stehen, ihr berufliches Handeln so professionell zu gestalten, dass es dem moralischen Anspruch der zu bewältigenden Aufgaben gerecht wird. Wo der Wille zum ethischen Handeln nicht oder nur als Lippenbekenntnis besteht, wo das Prozessmodell als leere Hülle ›angewendet‹ wird, kann KPG keinen Beitrag zu ethischerem Handeln leisten.

Professionellen, die sich auf den »dirty job« einlassen, die dazu bereit sind, echte Kooperation mit Klientinnen und Klienten zuzulassen und sich der Komplexität und Einzigartigkeit des Falles zu stellen, bietet KPG aber eine Orientierungs- und Strukturierungshilfe, die es ihnen überhaupt erst ermöglicht, diese Aufgaben in einer angemessenen professionellen und ethischen Qualität zu erfüllen, ohne sich in den komplexen Anforderungen der Fallarbeit zu verlieren. Konzept und Modell KPG tragen dann zum ethischen Handeln in der Sozialen Arbeit insofern bei, als sie Professionellen einen Reflexions- und Argumentationspfad eröffnen, der sie in der Wahrnehmung ihrer professionellen Verantwortung begleitet und unterstützt.

Literatur

Bommes, Michael/Scherr, Albert (2000). Soziologie der Sozialen Arbeit. Eine Einführung in Funktionen und Formen organisierter Hilfe. Weinheim/München: Juventa.
Dallmann, Hans-Ulrich/Volz, Fritz Rüdiger (2013). Ethik in der Sozialen Arbeit. Schwalbach: Wochenschauverlag.
Dewe et al. (Hrsg.) (2001) Professionelles Soziales Handeln. Soziale Arbeit im Spannungsfeld zwischen Theorie und Praxis. Weinheim: Juventa.
Dürig, Günter (1991). in: Maunz/Dürig u. a.: Grundgesetz – Kommentar, Art. 1 Abs. 1 Rn. 9.

Fuchs, Peter (2004). Die Moral des Systems Sozialer Arbeit – systematisch. In: Merten, Roland/Scherr, Albert (Hrsg.). Inklusion und Exklusion in der Sozialen Arbeit. Wiesbaden: VS Verlag. S. 17–32.
Galuske, Michael (2013). Methoden der Sozialen Arbeit. Eine Einführung. 10. Aufl. Weinheim/München: Beltz.
Gehlen, Arnold (1963). Studien zu Anthropologie und Soziologie. Berlin: Neuwied.
Geulen, Dieter (2010). Jürgen Habermas: Identität, Kommunikation und Moral. In: Jörissen, Benjamin/Zirfas, Jörg (Hrsg.). Schlüsselwerke der Identitätsforschung. Wiesbaden: VS Verlag. S. 161–178.
Gildemeister, Regine/Robert, Günter (2000). Teilung der Arbeit und Teilung der Geschlechter: Professionalisierung und Substitution in der Sozialen Arbeit und Pädagogik. In: Böllert, Karin et al. (Hrsg.). Soziale Arbeit. Gesellschaftliche Bedingungen und professionelle Perspektiven. Darmstadt/Neuwied: Luchterhand. S. 315–336.
Gildemeister, Regine/Robert, Günter (2009). Die Macht der Verhältnisse. Professionelle Berufe und private Lebensformen. In: Löw, Martina (Hrsg). Geschlecht und Macht. Analysen zum Spannungsfeld von Arbeit, Bildung und Familie. Wiesbaden: VS Verlag. S. 47–80.
Grau, Alexander (2013). Moral ist unsere neue Religion. URL: http://www.cicero.de/¬salon/moral-ist-unsere-neue-religion/54204 (Zugriff am 01.10.2016).
Gredig, Daniel/Sommerfeld, Peter (2010). Neue Entwürfe zur Erzeugung und Nutzung lösungsorientierten Wissens. In: Otto Hans-Uwe/Polutta, Andreas/Ziegler, Holger (Hrsg.). What works. Welches Wissen braucht die Soziale Arbeit. Zum Konzept evidenzbasierter Praxis. Opladen: Barbara Budrich. S. 83–98.
Habermas, Jürgen (2015). Erläuterungen zur Diskursethik. 6. Aufl. Frankfurt a. M.: Suhrkamp.
Heckhausen, Heinz/Heckhausen, Jutta (2010). Motivation und Handeln. 4. Aufl. Berlin, Heidelberg: Springer.
Helsper, Werner (2008). Ungewissheit und pädagogische Professionalität. In: Bielefelder Arbeitsgruppe 8 (Hrsg.). Soziale Arbeit in Gesellschaft. Wiesbaden: VS Verlag. S. 162–168.
Hochuli Freund, Ursula/Stotz, Walter (2015). Kooperative Prozessgestaltung in der Sozialen Arbeit. Ein methodenintegratives Lehrbuch. 3., überarbeitete und erweiterte Aufl. Stuttgart: Kohlhammer.
Hochschild, Arlie (1990). Das gekaufte Herz. Zur Kommerzialisierung der Gefühle. Frankfurt a. M.: Campus-Verlag.
Hughes, Everett Cherrington (1984). The Sociological Eye. Selected Papers. New Brunswick: Social Science Classics.
Kant, Immanuel (2016). Kritik der praktischen Vernunft. Berlin: Hofenberg/Contumax.
Lob-Hüdepohl, Andreas (2011). Nur moralisch oder auch noch ethisch? Ethische Reflexionskompetenz als unabdingbares professionelles Werkzeug in der Sozialen Arbeit. In: Sozial aktuell 3. S. 18–21.
Luhmann, Niklas (1984). Soziale Systeme. Grundriss einer allgemeinen Theorie. Frankfurt a. M.: Suhrkamp.
May, Michael (2010). Aktuelle Theoriediskurse Sozialer Arbeit. Eine Einführung. 3. Aufl. Wiesbaden: VS Verlag.
Müller, Burkhard (2012). Sozialpädagogisches Können. Ein Lehrbuch zur multiperspektivischen Fallarbeit. 7. Aufl. Freiburg i. Br.: Lambertus.
Oevermann, Ulrich (2011). Theoretische Skizze einer revidierten Theorie professionalisierten Handelns. In: Combe, Arno/Helsper, Werner. Pädagogische Professionalität. Untersuchungen zum Typus pädagogischen Handelns. 7. Aufl. Frankfurt a. M.: Suhrkamp. S. 70–182.
Otto, Hans-Uwe et al. (Hrsg.) (2010). What works? Welches Wissen braucht Soziale Arbeit. Zum Konzept evidenzbasierter Praxis. Opladen: Barbara Budrich.
Pantuček, Peter/Vyslouzil, Monika (Hrsg.) (1999). Die moralische Profession. Menschenrechte und Ethik in der Sozialarbeit. St. Pölten: Sozaktiv.

Puntel, Lorenz B. (2006). Struktur und Sein. Ein Theorierahmen für eine systematische Philosophie. Tübingen: Mohr-Siebeck.
Schaarschuch, Andreas/Schnurr, Stefan (2004). Konflikte um Qualität. Konturen eines relationalen Qualitätsbegriffs. In: Beckmann, Christof et al. (Hrsg.). Qualität in der Sozialen Arbeit. Wiesbaden: VS Verlag. S. 309–323.
Schmid Noerr, Gunzelin (2012). Ethik in der Sozialen Arbeit. Stuttgart: Kohlhammer.
Schütze, Fritz (1992). Sozialarbeit als »bescheidene« Profession. In: Dewe, Bernd et al. (Hrsg.). Erziehen als Profession. Zur Logik professionellen Handelns in pädagogischen Feldern. Opladen: Leske und Budrich. S. 132–170.
Spiegel, Hiltrud von (2011). Methodisches Handeln in der Sozialen Arbeit. 4. Aufl. München: Reinhardt.
Thiersch, Hans (1987). Schwierigkeiten im Umgang mit Moral. In: Rauschenbach, Thomas/Thiersch, Hans (Hrsg.). Die herausgeforderte Moral. Lebensbewältigung in Erziehung und sozialer Arbeit. Bielefeld. S. 15–34.
Universität Leipzig (Hrsg.) (o. J.). Stichwort »Standardisierung«. URL: http://wortschatz.uni-leipzig.de/cgi-bin/wort_www.exe?site=1&Wort=Standardisierung (Zugriff am 05.10.2016).
Wenzel, Harald (2005). Dimensionen der Wissensgesellschaft bei Talcott Parsons. In: Klatetzki, Thomas/Tacke, Veronika (Hrsg.). Organisation und Profession. Wiesbaden: VS Verlag. S. 45–71

Kooperation und Multiperspektivität

Ursula Hochuli Freund

Soziale Arbeit befasst sich mit komplexen Problemstellungen, an der stets unterschiedliche Akteurinnen beteiligt sind. Für jeden steht etwas anderes im Fokus, er sieht und bewertet eine Situation vor seinem eigenen Hintergrund, der geprägt ist von persönlich-biografischen Erfahrungen, bei Fachleuten auch von professionsspezifischem Wissen. Bei der Gestaltung von Unterstützungsprozessen in der Sozialen Arbeit ist es elementar, die Sichtweisen aller beteiligten Akteurinnen zu unterscheiden, zu erfassen und im Verlauf eines Arbeitsprozesses zu verschränken.[1]

Nachfolgend wird zunächst das Prinzip von Multiperspektivität erläutert. Es werden verschiedene Konzeptionen der fallbezogenen Verknüpfung der Perspektiven verschiedener Professionen dargelegt sowie methodische Möglichkeiten des aktiven Einbezugs der Perspektive von Klienten. Die Verschränkung all dieser unterschiedlichen Perspektiven in der Kooperation wird als spezifische Aufgabe und Leistung der Sozialen Arbeit beschrieben.

1 Multiperspektivität

Die Bedeutung von unterschiedlichen Perspektiven wird anhand von zwei Beispielen aus Kunst und Literatur illustriert, bevor Multiperspektivität als Fachbegriff der Sozialen Arbeit eingeführt wird.

1.1 »Was siehst du, wenn du schaust?«

Die eine Betrachterin sieht in Hollars Zeichnung einen Landvorsprung (siehe Abb. 11), die andere ein Männergesicht. Tauschen sich die beiden nicht über ihre Sicht auf das Bild aus, bleibt ihnen möglicherweise verborgen, dass sie etwas völlig Unterschiedliches sehen; wir können uns ein interessantes Streitgespräch vorstellen, das wahrscheinlich in beidseitigem Kopfschütteln und Unverständnis mündet.

---

1 Dieser Beitrag ist unter dem Titel *Multiperspektivität in der Kooperation* zunächst erschienen in Merten/Kägi (2015). Der Abdruck dieser leicht gekürzten Fassung erfolgt mit freundlicher Genehmigung der beiden Herausgeber sowie des Verlags Barbara Budrich.

Teil 1 Konzeptionelle Grundlagen

Abb. 11: Wenceslaus Hollar, Landscape shaped like a face

Als zweites Beispiel soll der 1813 erschienene Roman ›Pride and Prejudice‹ von Jane Austen dienen. Erst kürzlich wieder neu verfilmt bietet der Roman auch heute noch eine vergnügliche Lektüre. Er lässt sich lesen als historische Gesellschaftsstudie über Milieus und Gender, als Entwicklungsroman der beiden Hauptfiguren oder auch als spannende schriftstellerische Komposition, wobei ein Perspektivenwechsel am Kulminationspunkt eine Wende im Fortgang der Handlung einleitet.

> Elizabeth Bennet – eine von fünf Töchtern der auf Grund der damals geltenden männlichen Erbfolge finanziell schlecht abgesicherten Familie Bennet – bekommt überraschend einen Heiratsantrag von dem von ihr verabscheuten reichen Landadligen Mr. Darcy. Empört weist sie Darcy ab mit der Begründung, er habe sich ihr gegenüber unhöflich verhalten, habe den sympathischen Mr. Wickham um sein Erbe betrogen, und v. a. habe er ihre geliebte Schwester Jane ins Unglück gestürzt, weil er deren Heirat mit seinem Freund Bingley verhindert habe. In einem langen Brief erläutert ihr Darcy daraufhin seine Sicht der Dinge: Er schildert die Vereinbarung mit Wickham, die es zu diesem Erbe gegeben habe, und seine Beobachtungen, dass die anmutige, aber stoisch wirkende Jane keinerlei Gefühle gegenüber Bingley gezeigt habe, die ganze Familie Bennet hingegen auf diese Heirat gegiert habe, woraufhin er seinen Freund vor einer Heirat, bei der er nur ausgenutzt worden wäre, zu bewahren versucht habe. Elizabeth ist erschüttert. Allmählich kann sie die im Brief geschilderte Sicht auf die Dinge anerkennen, und indem sie Mr. Darcys weitere Handlungen mit verändertem Blick beobachtet, kommt sie

zu einer anderen Einschätzung seiner moralischen Integrität. So wird ein mehrfaches Happy End möglich.

Die Protagonistin hat erkannt, dass ›Wirklichkeit‹ je nach Perspektive etwas völlig anderes sein kann, dass die Schilderung einer Perspektive nicht ›wahr‹ sein muss und dass Beobachtungen stets interpretiert werden.[2] Indem sie die Sichtweise des anderen zunehmend als durchaus *auch* schlüssige Konstruktion von Wirklichkeit anerkennen kann, eröffnen sich neue Handlungsmöglichkeiten.

Hollars Zeichnung und Austens Roman mögen als Illustrationen dienen für eine der grundlegenden Strukturbedingungen professionellen Handelns in der Sozialen Arbeit: für die Tatsache, dass Wirklichkeit stets subjektiv konstruiert wird und es ›die Wirklichkeit‹ nicht gibt (vgl. u. a. von Spiegel 2013:110f., 258; Galuske 2011:51). Professionelles Handeln impliziert deshalb, sich der eigenen Wirklichkeitskonstruktion bewusst zu sein und sie zu reflektieren – sowie anzuerkennen, dass Klienten, deren Bezugspersonen und auch alle anderen Fachpersonen ebenfalls in einer individuell geprägten, subjektiven Wirklichkeit leben.

1.2 Multiperspektivität als Fachbegriff der Sozialen Arbeit

Den Begriff ›Multiperspektivität‹ hat Müller mit seinem 1993 erstmals publizierten Buch ›Sozialpädagogisches Können. Ein Lehrbuch zur multiperspektivischen Fallarbeit‹ in den Fachdiskurs der Sozialen Arbeit eingeführt. Unter multiperspektivischem Vorgehen versteht Müller, dass sozialpädagogisches Handeln einen bewussten Perspektivenwechsel zwischen unterschiedlichen Bezugsrahmen erfordert, z. B. einem verfahrensrechtlichen, pädagogischen, medizinischen oder fiskalischen (vgl. Müller 2017:23). Sozialpädagogische und sozialarbeiterische Fälle sollten immer auf unterschiedlichen Ebenen betrachtet und »aus mehreren praktisch standortgebundenen Perspektiven befragt werden« (ebd.:71). Fallarbeit erfordere prinzipiell die Erweiterung durch andere Sichtweisen und den Einbezug von unterschiedlichem theoretischem Wissen, das neue Perspektiven anregen könne (vgl. ebd.:175, 198f.). Multiperspektivität bedeutet in Müllers Konzept demnach die Nutzung unterschiedlicher Bezugsrahmen, verschiedener Wissensformen und Wissensbestände sowie den Einbezug der Sichtweisen unterschiedlicher Beteiligter. Müller selbst bezeichnet Multiperspektivität abschliessend als einen »Betrachtungsstandpunkt Sozialer Arbeit und eine entsprechende professionelle Haltung«, die er als »offen« charakterisiert, als »Fähigkeit zum Perspektivenwechsel zwischen unterschiedlichen Arten von Wissen« (ebd.:199).

---

2 Das heisst, man kann Tatsachen in der Rede auch verdrehen durch Weglassen entscheidender Aspekte und Erfinden von anderen (wie Mr. Wickham das getan hat). Mr. Darcys Beobachtungen sind nicht ›richtig‹ oder ›falsch‹: Darcys Interpretation von Jane Bennets Verhalten ist durchaus schlüssig, auch wenn sie von derjenigen ihrer Schwester Elizabeth abweicht.

Bei Heiner (2010, 2013) gilt eine »mehrperspektivische Orientierung« als eines von vier Grundprinzipien diagnostischen Fallverstehens. Das Prinzip »zielt auf eine möglichst komplexe Abbildung des Problems aus der Sicht der verschiedenen Beteiligten« (Heiner 2013:30) und soll eine multidimensionale Analyse von aktuellen Problemen gewährleisten.

Auch in der Praxis- und Wirkungsforschung der Sozialen Arbeit hat sich der Begriff ›Multiperspektivität‹ mittlerweile etabliert. In den letzten Jahren habe sich ein breiter Konsens darüber entwickelt, dass nur ein *multiperspektivischer* Ansatz der Komplexität des sozialen Feldes annähernd gerecht werden könne, halten Koch und Fertsch-Röver fest (vgl. 2010:123). Es gelte zu berücksichtigen, dass »die verschiedenen Beteiligten(-gruppen) und Interessenten von unterschiedlichen Situationsdefinitionen ausgehen und sich danach in ihrem Handeln ausrichten. Man hat es somit grundsätzlich mit multiplen Realitäten zu tun« (Wolff/Scheffer 2003:332). Dem gilt es mit einer Methodenvielfalt auch im Forschungszugang Rechnung zu tragen.

Multiperspektivität ist zu einem Fachbegriff in der Sozialen Arbeit geworden: Er bezeichnet ein fachliches Konzept und eine Grundhaltung professionellen Handelns von Praktikerinnen ebenso wie ein Grundprinzip in der Forschung zur Praxis Sozialer Arbeit. Gemeinsamer Fokus ist die Berücksichtigung der subjektiven Wirklichkeitskonstruktionen und Sichtweisen *unterschiedlicher Beteiligter* und die Nutzung *unterschiedlicher Zugänge*, Bezugsrahmen, Wissensbestände und Methoden. Diese Tatsache der Mehrperspektivität ist gerade auch in Zusammenhang mit Kooperation von Bedeutung, wenn es um aufgabenbezogene, zielgerichtete Ausrichtung von Handlungen in der Sozialen Arbeit geht (vgl. Merten 2015:23). Die Definition von »Kooperation im weiten Sinne« von Schweitzer geht davon aus, dass sowohl das »Problem« von den verschiedenen »Parteien« unterschiedlich definiert werden kann als auch bezüglich des Arbeitsergebnisses keine Einigung bestehen muss (vgl. Schweitzer 1998:26). Hier ist unmittelbar ersichtlich, dass die Unterschiedlichkeit von Perspektiven und deren Unterscheidung relevant sind bei Fragen der Kooperation.

2 Perspektiven verschiedener Professionen

Zunächst wird dargelegt, welche grundlegende Bedeutung der Kooperation mit anderen Professionen in der Soziale Arbeit zukommt. Es werden Modelle vorgestellt, wie interprofessionelle Kooperation institutionalisiert ist und wie sie konzipiert werden kann. Dabei wird jeweils erörtert, wie die Multiperspektivität methodisch genutzt wird, worin die Herausforderungen bestehen und welcher Mehrwert generiert werden kann.

2.1 Komplexe Problemstellung

Soziale Arbeit ist gekennzeichnet durch die Zuständigkeit für unterschiedlichste, komplexe, oft auch unklare Probleme von Menschen. Diese sog. »diffuse Allzuständigkeit« (vgl. u. a. Galuske 2011:36ff.) bedeutet nicht nur, dass immer wieder die eigene Zuständigkeit überprüft und der Auftrag geklärt werden muss, es ergibt sich daraus auch die Notwendigkeit der Kooperation mit anderen Berufsgruppen: Soziale Arbeit vollzieht sich zumeist in interprofessionellen Kontexten (vgl. Hochuli Freund/Stotz 2015:48f., van Santen/Seckinger 2004:210).

Problemstellungen von Klientinnen und Klientensystemen oder -gruppen sind oft so komplex, dass ihnen einzig mit einem ganzheitlichen Zugang und Fachwissen aus verschiedenen Disziplinen begegnet werden kann. In vielen sozialen Einrichtungen – z. B. Sonderschulheim, Suchtrehabilitationsklinik, Wohnheim für Menschen mit Mehrfachbeeinträchtigungen – sind deshalb Fachleute mehrerer Professionen tätig: aus der Sozialen Arbeit, der Medizin/Psychiatrie, der Pflege, der Psychologie, der Schul- und der Heilpädagogik und weitere. Hier liegt die *Notwendigkeit der interprofessionellen Kooperation* auf der Hand: Die Arbeit der verschiedenen Fachleute innerhalb der Einrichtung muss koordiniert werden, wenn Hilfe zielgerichtet erfolgen und wirksam werden soll (sog. *intraorganisationale und interprofessionelle Kooperation*). Aber auch da, wo die Soziale Arbeit innerhalb einer Einrichtung alleine tätig ist – in vielen Beratungsstellen, beispielsweise der Sozialberatung eines polyvalenten Sozialdienstes – sind in zahlreichen Fällen noch weitere Hilfesysteme involviert. Auch hier braucht es eine Koordination der Hilfe, damit die verschiedenen Unterstützungsleistungen sich gegenseitig verstärken und nicht unterlaufen (sog. *extrainstitutionelle interprofessionelle Kooperation*; vgl. Heiner 2010:472f., Hochuli Freund/Stotz 2015:111f.). Nur mit einem vielseitigen Zugang und einem zugleich ganzheitlichen Anspruch kann eine angemessene Unterstützung realisiert werden.

2.2 Beiträge verschiedener Professionen

Fachleute einer Profession haben einen eigenen, spezifischen Blick auf einen ›Fall‹, der geprägt ist von ihrer disziplinären Sozialisation: Sie fokussieren denjenigen Realitätsausschnitt, mit dem sich die jeweilige Profession befasst. Auch wenn die psychosozialen Professionen inzwischen überwiegend ein ›bio-psychosoziales Verständnis‹ von Gesundheit und damit vom Menschen teilen, so untersuchen, erfragen, testen, beobachten, analysieren und beurteilen sie dennoch überwiegend jene Aspekte, die zum eigenen Kompetenzschwerpunkt gehören: Die Ärztin bzw. der Arzt fokussiert wahrscheinlich auf körperliche, psychosomatische und psychische Beschwerden sowie die Krankheitsgeschichte – der Psychologe bzw. die Psychologin eher auf Aspekte von Persönlichkeit und (psychosozialer, kognitiver und affektiver) Entwicklung – die Case-Managerin erfasst Daten zur schulischen Laufbahn, zu beruflichen und ausserberuflichen Qualifikationen, Interessen sowie die Chancen in der gegenwärtigen Arbeitsmarktsituation – den Sozialarbeiter interessiert insbesondere die soziale Einbettung, das familiäre und nachbarschaftliche Netz, die Ausstattung des Stadtteils usw. Indem sie Unterschiedliches erfassen und analysieren, *sehen* sie das Gesamtbild und die Thematik im ›Fall‹ unterschiedlich: eher ein Männergesicht oder eher eine Insel, um das Vexierbild von Hollar wiederaufzunehmen. Sie sehen und beschreiben das Bild entsprechend ihrem professionsspezifischen Fokus, erhellen es mit Hilfe ihres disziplinären Erklärungswissens und kommen so zu Interventionsvorschlägen, die geprägt sind vom Handlungswissen der jeweiligen Profession:[3] medikamentöse Behandlung, themenspezifische Beratung oder Therapie, Coaching am Arbeitsplatz, Aktivierung einer Patenschaft, Begleitung zu einem Selbsthilfegruppentreffen usw. Diese Beispiele stehen für viele andere und mögen deutlich machen, wie sehr sich die psychosozialen Professionen in ihrem Blick auf den ›Fall‹ und damit auch in den Interventionen unterscheiden.

2.3 Nebeneinander oder miteinander?

In der Praxis erfolgt der Prozess der Fallbearbeitung zunächst je innerhalb einer Profession. Alle Fachleute erfassen, analysieren, erklären, skizzieren Ziele und Interventionen auf Grund ihres spezifischen Zugangs, mit Hilfe ihrer je eigenen Methoden und Wissensbestände. Auf diese Weise kann das spezifische Fachwissen fruchtbar gemacht werden kann. An welcher Stelle jedoch setzt die *interprofessionelle Kooperation* ein? Hier gibt es verschiedene Varianten, und gewiss spielt die organisationale Einbettung (intra- oder extraorganisational) eine grosse Rolle dabei.

Bei *additiven Kooperationen* agieren die Kooperationspartner nebeneinander: Die Leistungen der einzelnen Berufsgruppen und Professionen werden unabhängig voneinander erbracht, sie werden aber zeitlich aufeinander abgestimmt (vgl. Wöhrl 1988:233f., zit. in Homfeldt/Sting 2005:205).[4] Der fachliche Austausch beinhaltet die gegenseitige *Information*: vielleicht über diagnostische Einschätzungen und Ziele, sicher jedoch über die geplanten Interventionen. Kern der Kooperation ist die *zeitliche Koordination* der Leistungserbringung.

> *Ein Beispiel*: Zwei Lehrkräfte, der Schulpsychologe und die Schulsozialarbeiterin tauschen sich kurz über ein Kind mit Schulschwierigkeiten aus. Sie diskutieren, wo die Förderschwerpunkte im Unterricht liegen, ob und wie lange es noch in die schulpsychologische Beratung geht, wie die psychiatrische Diagnose der Mutter lautet, ob es für das kommende Theaterprojekt gewonnen werden soll und welcher Probenaufwand damit verbunden ist.

---

3 Und sie nennen diese Interventionsvorschläge – entsprechend der Begrifflichkeit ihrer Profession – ›Angebot‹, ›Behandlung‹ oder ›Lösungsvorschlag‹.

4 Die Positionierungsmöglichkeit der Sozialen Arbeit in solch additiven Kooperationen sieht Heiner im Spannungsfeld u. a. zwischen eigenverantwortlicher Fachlichkeit und abhängiger Zuarbeit, zwischen segmentärer und komplementärer Spezialisierung, zwischen Profilierung und Zurückhaltung (vgl. Heiner 2010:475ff.).

Neben Information und zeitlicher Abstimmung wird bei dieser Form der additiven Kooperation für alle beteiligten Fachleute deutlich, dass es diese unterschiedlichen fachlichen Sichtweisen auf die Schwierigkeiten und den Hilfebedarf gibt. Die Tatsache unterschiedlicher Perspektiven ist transparent.

Bei *integrativen Kooperationen* (vgl. ebd.:233ff.) reicht die Zusammenarbeit weiter. Kern dieser Kooperationsvariante ist der Prozess der fachlichen Verständigung. Ziel ist die »koordinierte, systemische statt sektorielle Bearbeitung praktischer Probleme von Klient/innen« (Obrecht 2005:16). Auch hier findet der analytische Prozess der Fallarbeit zunächst innerhalb der einzelnen Professionen statt (Situationserfassung, Analyse, Diagnose, evtl. auch bereits Überlegungen zu Zielen und möglichen Interventionen). Die Informationen und Erkenntnisse daraus fügen die verschiedenen Fachleute nun mündlich zu einem – zunächst additiven – Gesamtbild zusammen.[5] In einem gemeinsamen Diskussionsprozess wird dieses Bild verändert und weiterentwickelt zu einem integrierten, *transprofessionellen Gesamtbild*. Bestanden in den einzelnen Professionen schon Interventionsideen, werden diese auf der Grundlage der neuen Erkenntnisse modifiziert; wenn nicht, werden nun gemeinsame Ziele formuliert und Interventionen für die einzelnen Professionen skizziert. Die verschiedenen Interventionen werden zeitlich aufeinander abgestimmt und in einen gemeinsamen Interventionsplan integriert (vgl. ebd.:16f.).

> Im Beispiel werden vielleicht die Beobachtungen der Lehrkraft und der Schulsozialarbeiterin zum Rückzugsverhalten des Kindes in Situationen von Meinungsverschiedenheiten/aufkeimenden Konflikten vorgestellt. Es wird gemeinsam nach weiteren Erklärungen über die familiäre und schulische Beziehungs- und die Psychodynamik ausgesucht. Schliesslich wird vereinbart, dass in der schulpsychologischen Beratung und Therapie spielerisch Ängste thematisiert werden sollen, dass der Förderschwerpunkt im mündlichen Selbstausdruck und Auftreten liegt und das Kind im Theaterprojekt zwischen der Rolle einer Schüchternen und der eines Draufgängers wählen soll.

Als Voraussetzungen für diese Form der Kooperation nennt Obrecht geteiltes Wissen und eine gemeinsame Zielsetzung (vgl. ebd.:17). Das impliziert eine gemeinsame Suchbewegung, einen Prozess der fachlichen Auseinandersetzung und Verständigung. In den Beiträgen der verschiedenen Fachpersonen kommt das unterschiedliche disziplinäre Bezugswissen zum Tragen und kann fruchtbar gemacht werden für ein gemeinsames Fallverstehen. Die unterschiedlichen fachlichen Perspektiven – die sich möglicherweise zunächst auch widersprechen (vgl. u. a. Pantuček 2012:174) – werden bei dieser Form der Kooperation nicht nur transparent gemacht, die fachlichen Einschätzungen werden zur Diskussion (und damit potenziell auch zur Disposition) gestellt. Die Sichtweise der beteiligten Fachpersonen wird sich in diesem Prozess möglichweise verändern und

---

5 Bei einer engen (intraorganisationalen) Kooperation kann der Prozess der fachlichen Verständigung im Prinzip nach jedem dieser Prozessschritte erfolgen, idealerweise jedoch nach der Diagnose, aber auch nach ersten Interventionsüberlegungen.

höchstwahrscheinlich werden auf dieser Grundlage des transprofessionellen Gesamtbildes neue Interventionsideen entstehen (vgl. auch Schweitzer 1998:57).

2.4 Hindernisse und Mehrwert

Eine solch integrative interprofessionelle Kooperation ist mit Aufwand und Anstrengung verbunden: Es bedarf zeitlicher Ressourcen für den Verständigungsprozess sowie einer gemeinsamen Anstrengung, die Grenzen zwischen den Fachsprachen zu überwinden, die unterschiedlichen Sichtweisen anzuerkennen und die verschiedenen Handlungslogiken im Diskurs zu berücksichtigen.[6] Der Gewinn aber besteht darin, dass gemeinsam etwas Neues geschaffen wird, ein vertieftes, umfassenderes Verständnis für die Fallproblematik und die daraus folgenden Möglichkeiten der Unterstützung.[7]

Bei einer intraorganisational implementierten interprofessionellen Kooperation ist es sicherlich etwas einfacher, die genannten Hindernisse zu überwinden, sind mit der Implementierung doch Strukturen und Austauschgefässe für die Kooperation geschaffen und Schnittstellen – zumindest im Grundsatz – geregelt; auch Ressourcen für den fachlichen Austausch sind wahrscheinlich vorhanden. Der Mehrwert, der durch einen kontinuierlichen fallbezogenen fachlichen Austausch entsteht, wird hier erlebbar. Fehlen solche Strukturen noch, sind Widerstände oft gross. Noch anspruchsvoller ist es, extraorganisational eine integrative Kooperation zu installieren. Denn Gegenargumente gibt es viele (zu aufwendig, zu anstrengend). Der entscheidende Einwand ist meist die fehlende Zeit: »Kooperation wäre schon sinnvoll – aber dafür ist bei uns leider nicht genügend Zeit vorhanden.« Oder: »Kooperation ist schon recht, aber ich selber bin bislang gut gefahren ohne; alleine kann ich das schneller und besser.«[8]

Damit es gelingt, eine integrative Kooperation auch extrainstitutionell zu installieren, muss der Nutzen für alle Akteurinnen deutlich werden: Dass das Erarbeiten eines transprofessionellen Gesamtbildes und die Abstimmung der einzelnen Interventionen die eigene Arbeit erleichtert und ihre Qualität erhöht, dass die eigenen Interventionen passgenauer und effektiver werden. Das erfor-

---

6 Ein solcher Verständigungsprozess über das, was als Problem gesehen wird, verändere den Problemcharakter einer Situation, schreibt Pantuček (2012:75) und betont: »Ohne dass dadurch Interessensdifferenzen aufgehoben wären, ist doch eine kommunikative Bearbeitung möglich.«

7 Bereits Alice Salomon hat dies als wichtiges Prinzip von sozialer Diagnose gesehen: »[...] denn die soziale und die ärztliche Feststellung ergänzen einander, und Arzt und Fürsorgerin müssen zur Erreichung der Ziele beider zusammenwirken. Die Beobachtungen des einen können die Auffassungen des anderen beeinflussen« (Salomon 1926:30). Und in Bezug auf die Zusammenarbeit zwischen verschiedenen Wohlfahrtseinrichtungen hielt Salomon fest, die ideale Zusammenarbeit beinhalte »ein wirklich gemeinsames Vorgehen«, dies ermögliche »eine tiefere Verständigung« und zeige die besten Ergebnisse (ebd.:38).

8 Das haben unsere telefonischen Abklärungen bei der Vorbereitung eines Input-Referats zum Case-Management Berufsbildung gezeigt (vgl. Hochuli Freund & Stotz 2012).

dert jedoch die Einsicht, dass der eigene Zugang zum Fall – bei allem Bemühen um eine differenzierte Sichtweise – immer ein eingeschränkter ist, sowie die Erkenntnis, dass sich durch das Verknüpfen verschiedener fachlicher Perspektiven neue Handlungsoptionen eröffnen, die über die Möglichkeiten der einzelnen Professionen und Fachpersonen hinausgehen. Hier kommt der alte aristotelische – und neue systemische – Grundsatz zum Tragen: »Das Ganze ist mehr als die Summe seiner Teile.«

Zu den Bedingungen des Gelingens zählen Darius und Hellwig (vgl. 2004: 509ff.) Folgendes:

- Kooperationen erfordern die Anerkennung der Gleichwertigkeit der fachlichen Kooperationspartner;
- Kooperationen beziehen sich auf einen gemeinsamen ›Gegenstand‹ sowie zumindest teilweise übereinstimmende Ziele;
- Kooperation muss sich für alle Beteiligten lohnen;
- Kooperation benötigt eine Basis gegenseitigen Vertrauens;
- Kooperation ist von Personen abhängig – sie braucht aber Strukturen und Verfahren, die Personen schützen.

Als gemeinsame Zielorientierung für eine interprofessionelle Kooperation kann das Bestreben gelten, die bestmögliche Unterstützung für die Klienten zu bieten. Eine erste Voraussetzung jedoch ist die Tatsache, dass die verschiedenen Perspektiven transparent sind – oder, wie es Fegert und Schrapper (2004:5) prägnant formulieren: »Wer zusammenarbeiten will oder soll, muss voneinander wissen.«[9]

3 Perspektive der Klientinnen und Klienten

So wichtig die Kooperation von Fachleuten aus verschiedenem Professionen ist, so sehr wurde Multiperspektivität bislang auf der Basis einer groben Vereinfachung diskutiert: als Austausch fachlicher Einschätzungen und Interventionsideen. Professionelles Handeln erscheint damit als reines Expertenhandeln. Insofern die Soziale Arbeit jedoch personenbezogene soziale Dienstleistungen anbietet,[10] ist sie auf die Mitarbeit von Klientinnen angewiesen: Eine soziale Dienstleistung ist eine koproduktive, gemeinsam erbrachte Leistung von Professionellen und Klienten (vgl. Olk et al. 2003:XIII). Der Kern professionellen

---

9 Und Liebe (2012:11) formuliert: Voraussetzung für eine Multiprofessionalität sei, »dass die jeweiligen professionellen Aufgaben- und Kompetenzprofile gekannt und anerkannt werden«.

10 Ausserdem gehören sozialpolitische Aktivitäten zur Veränderung von Lebensbedingungen und das Bereitstellen sozialräumlicher Angebote zu den Aufgaben der Sozialen Arbeit.

Handelns besteht im Handeln *gemeinsam mit* Klienten. Im Folgenden werden Bedingungen und Möglichkeiten der Gestaltung der Kooperation mit Klientinnen vor dem Hintergrund des Konzepts KPG (Hochuli Freund 2015) thematisiert.

3.1 Koproduktion, Motivation und Arbeitsbeziehung

Die Koproduktion kann unter sehr unterschiedlichen Voraussetzungen erfolgen. Am einfachsten ist die Situation, wenn Klientinnen als eigenständige Nutzerinnen eine Dienstleistung der Sozialen Arbeit nachfragen (z.B. in einem Frauenhaus). Zu den ersten Aufgaben der Sozialpädagogin gehört es, den Auftrag zu klären und eine Arbeitsbeziehung aufzubauen, als Basis für eine aufgabenbezogene, zielorientierte gemeinsame Arbeit (vgl. Hochuli Freund/Stotz 2015:151ff.). Sie wird versuchen, die Sichtweise der Klientinnen aufzunehmen, ihre konkreten Anliegen zu erfahren, die Schwierigkeiten, mit denen sie ringen, die Veränderungswünsche, auf Grund deren sie sich an die Einrichtung gewandt haben.

Die Voraussetzungen von Freiwilligkeit, eigenem Anliegen und intrinsischer Veränderungsmotivation (vgl. Klug/Zobrist 2013:20, 27) sind jedoch längst nicht in allen Praxisfeldern der Sozialen Arbeit gegeben. Oft lassen die Umstände und/oder die eigenen Möglichkeiten der Lebensführung keine andere Wahl, als eine Einrichtung der Sozialen Arbeit aufzusuchen (beispielsweise den Sozialdienst, eine sozialpsychiatrische Klinik). Manchmal werden Menschen von ihrem Umfeld – dem Ehepartner, der Arbeitgeberin – beispielsweise dazu gedrängt, eine Suchtberatungsstelle aufzusuchen, oder sie werden als Kinder in einem Heim oder im Rahmen einer Strafmassnahme in einer Einrichtung des Massnahmenvollzugs platziert. Hier kann nicht davon ausgegangen werden, dass diese Klienten ein eigenes Anliegen an die Professionellen der Sozialen Arbeit haben: »Es gehört zu den Konstitutionsbedingungen Sozialer Arbeit, die Klienten zunächst so zu akzeptieren, wie sie sind, also keine Eingangsmotivation zu erwarten, sondern eine Veränderungsmotivation mit ihnen zu erarbeiten« (ebd.:25).[11] Für die Professionellen gilt es also zunächst, die Klientinnen für die gemeinsame Arbeit zu gewinnen – und sei es mit dem programmatischen Satz, den Conen und Cecchin (2013) als Titel für ihr Buch gewählt haben: »Wie kann ich Ihnen helfen, mich wieder loszuwerden?« Sie müssen zunächst einseitig ihre eigene Zuverlässigkeit und Vertrauenswürdigkeit unter Beweis stellen – ihre »Accountability – Verlässlichkeit«, wie Clark es nennt (1998:49f., zit. in Gehrmann/Müller 2002:22).[12] Ein weiteres wichtiges Element für den Aufbau einer Arbeitsbeziehung ist echtes Interesse an der Person der Klientin,

---

11 Oder, wie es in einem eindringlichen Appell an die Sozialpädagoginnen bei Thiersch (2002:216) heisst: »Es kommt darauf an, Vertrauen zu gewinnen und den Willen zur Veränderung erst zu wecken.«

12 Ausserdem führt Clark (1998) in seinem methodischen ABC für die Arbeit mit »Erwachsenen, die nicht kooperieren wollen« zwei grundlegende Fragen auf, die der Klient beantworten solle: »1. Wie bin ich in die gegenwärtige schwierige Lage hineinge-

Interesse auch daran, wie sie selbst ihre Situation sieht – das heisst Interesse an ihrer Perspektive. [13]

3.2 Kooperative Prozessgestaltung: gemeinsam mit Klientinnen und Klienten

Der Aufbau einer Arbeitsbeziehung mit einer Klientin ist die Basis für die gemeinsame, aufgabenbezogene und zielorientierte Arbeit, für die kooperative Gestaltung eines Unterstützungsprozesses also. Das Prozessgestaltungsmodell des Konzepts KPG (Hochuli Freund 2015:136, abgebildet auch im Aufsatz von Hochuli in diesem Band, Abb. 14) unterscheidet neben verschiedenen Prozessschritten auch zwei Kooperationsebenen: die Kooperation auf der Fachebene (äusserer Kreis im Modell[14]) und die Kooperation mit Klientinnen und ihren Bezugssystemen (innerer Kreis). Dieser innere Kreis des Modells verweist auf die Notwendigkeit des kontinuierlichen Einbezugs von Klienten während aller Phasen einer Prozessgestaltung. In den einzelnen Prozessschritten stehen unterschiedliche methodische Möglichkeiten offen.

Die *Situationserfassung* (vgl. ebd.:151ff.) gemeinsam mit einem Klienten vorzunehmen, bedeutet, Informationen im Gespräch mit ihm direkt einzuholen, *seine* Geschichte zu erfahren: das, was aus seiner Sicht wichtig war und ist (früher, heute). Ob diese Geschichte objektiv ›wahr‹ ist (oder aber Lügen enthält wie bei Wickhams Erzählung gegenüber Elizabeth in ›Pride and Prejudice‹, siehe 1.1), ist zunächst nicht von Bedeutung: Es ist seine Geschichte, so wie er sie der Sozialpädagogin im Moment erzählen will – und die Auswahl und Ausgestaltung der Geschichte ist geprägt von persönlichen Motiven. Ziel einer Situationserfassung ist nicht nur, dass die Professionelle der Sozialen Arbeit einen ersten Eindruck und ein Gesamtbild der Situation erhält, sondern auch der Klient selbst.

Der Prozessschritt *Analyse* (vgl. ebd.:177ff.) beinhaltet, themenbezogene Einschätzungen und Beurteilungen einzuholen, um herauszuarbeiten, worum genau es in einem Fall geht (Fallthematik). Dies kann mit Hilfe von (teil-)standardisierten Instrumenten erfolgen – z.B. zur Einschätzung von Schwierigkeiten/Einschränkungen und Ressourcen/Kompetenzen[15] – oder aber mit offenen Analysefragen, nach Ressourcen und Schwierigkeiten, beispielsweise nach Vordringlichem und Wünschenswertem. Für unser Thema der Multiperspektivität

---

raten? 2. Wie komme ich da wieder heraus?« Diese Fragen lassen sich als Einladung lesen, die eigene Sichtweise zu formulieren.
13 Klienten selber nannten echtes Interesse, Wertschätzung der Person, Betonung der Ressourcen, aktives Zuhören und Ernstnehmen ihrer Anliegen, Bedürfnissen und Wünschen als hilfreich, ebenso das einfühlende Bemühen einer Sozialarbeitern, sie ihn ihrem Eigensinn und ihrer Selbstsicht zu verstehen (Hochuli Freund/Stotz 2006).
14 Dass und wie dieser äussere Kreis für die aufgabenbezogene und zielorientierte Gestaltung der interprofessionellen Kooperation genutzt werden kann, wurde unter 2.3 kurz skizziert.
15 Wie beispielsweise bei der Kompetenzanalyse von Cassée (2010).

ist die Analysemethoden-Kategorie ›Perspektivenanalyse‹ von besonderem Interesse:

> »Gemeinsames Merkmal und Zielsetzung der in dieser Kategorie eingeordneten Analysemethoden ist die Multiperspektivität, es werden die verschiedenen Sichtweisen von beteiligten Personen auf einen Fall erfasst. Dies kann in unterschiedlicher Weise geschehen: indem alle Beteiligten gemeinsam zusammensitzen und ihre Sichtweise darlegen, indem die Sozialarbeiterin die Perspektiven einzelner Beteiligter nacheinander erfasst […] und anschliessend analysiert, oder aber indem ein Fachteam die Perspektiven verschiedener Beteiligter rekonstruiert, indem es sie inszeniert.« (Hochuli Freund/Stotz 2015:182f.)

Dazu können beispielsweise die Fragen von Müller (2017) genutzt werden,[16] oder es kann nach Stärken und Schwächen/Problemen, nach Visionen/Wünschen sowie Befürchtungen/Albträumen gefragt werden (vgl. u. a. Boban /Hinz 2000:136). Entscheidend ist, dass hier immer *auch* die Beurteilung der Klientin selbst erfasst wird. In der Auswertung der Analysedaten – beim Herausarbeiten der Fallthematik – wird diese Perspektive besonders gewichtet (vgl. Hochuli Freund/Stotz 2015:181). Auch bei sog. Notationssystemen[17] wird ausschliesslich die Sichtweise und Einschätzung der Klientin erfasst: bei der Netzwerkkarte ihre Beurteilung der Bedeutung sozialer Beziehungen, beim Genogramm ihre Einschätzung des familiären Beziehungsnetzes, bei der Silhouette ihre eigene Bewertung nach Stärken, Problemen, Wünschen und Befürchtungen.[18] Auf diese Weise die Sichtweise eines Klienten zu erfragen, trägt dazu bei, dass er sich ernst genommen fühlt und damit auch die Arbeitsbeziehung gestärkt wird, dass seine Einschätzung eine der wesentlichen Grundlagen für die gemeinsame zielorientierte Arbeit bildet.

Der Prozessschritt *Diagnose* (vgl. ebd.:215ff.) beinhaltet die Suchbewegung des Fallverstehens: Hier wird nach (wissensbasierten) Erklärungen gesucht für das, was schwierig ist für eine Klientin bzw. in einem System (Fallthematik). Theoretisches und empirisches Wissen zu nutzen, um einen Fall zu verstehen und Ansatzpunkte für eine bestmögliche Unterstützung zu suchen, ist eine Expertentätigkeit. Sie beinhaltet aber auch, die wissensbasierten »erklärenden Hypothesen« (ebd.:225) in geeigneter Form in den Dialog mit dem Klienten einzubringen – und sich damit auf einen gemeinsamen Verstehens- und Verständigungsprozess einzulassen, in dem wiederum die Sichtweise des Klienten wesentlich ist.

Wird der Blick in die Zukunft und damit zunächst auf *Ziele* (vgl. ebd.: 253ff.) gerichtet, kommt der Perspektive der Klientin eine besondere Bedeutung zu. Ziele umschreiben einen wünschenswerten Sollzustand, der angestrebt wer-

---

16 »Was ist für wen ein Problem? Was ist mein Problem? Wer erteilt welches Mandat? Wer hat welche Ressourcen? Was ist am vordinglichsten? Wer ist in der Pflicht? Was kann ich tun?« (Müller 2017:146).
17 Das sind Analysemethoden, bei denen Daten und Einschätzungen in strukturierter Form visualisiert werden (vgl. Hochuli Freund/Stotz 2015:189, Pantuček 2012:155f.). Beispiele finden sich unter Hochuli Freund 2013.
18 Und das Ergebnis (die Netzwerkkarte usw.) gehört der Klientin; für die Akte der Professionellen kann allenfalls ein Foto erbeten werden.

den will, den zu erreichen Mühe und Einsatz wert sind. Sofern die Ziele direkt den Entwicklungsprozess einer Klientin betreffen – sog. Bildungsziele sind –, können sie nur von dieser selber formuliert werden (bzw. brauchen ihre Zustimmung); sie müssen wichtig und motivierend sein.

In der *Interventionsplanung* (vgl. ebd.:271ff.) wird überlegt, mit welchen Mitteln und Vorgehensschritten diese Ziele angestrebt werden könnten, welche Ressourcen genutzt und welche diagnostischen Erkenntnisse berücksichtigt werden sollten. Hier gilt es, den Erfahrungsschatz des Klienten zu nutzen: Was hat er in einer vergleichbaren Situation als hilfreich erlebt, was hat sich bewährt, was würde er gerne machen bzw. wo würde er Anstrengungen unternehmen, wenn er die entsprechende Möglichkeit erhält und Unterstützung bekommt? In der *Interventionsdurchführung* (vgl. ebd.:294ff.) ist die Aktivität des Klienten wie auch der Professionellen gefragt.

Der Prozessschritt *Evaluation* (vgl. ebd.:309ff.) ist für eine Prozessgestaltung unabdingbar, denn nur durch eine strukturierte Auswertung wird Lernen möglich: Nur so lässt sich feststellen, ob die Interventionen zielführend waren und ob deren Grundlage – die in der Analyse und Diagnose formulierten Hypothesen – sich bestätigt. Auch hier ist es entscheidend, die Einschätzung der Klientin einzuholen und dabei mit einer Haltung von Offenheit, Neugier und Wertschätzung die Voraussetzungen dafür zu schaffen, dass eine ehrliche Rückmeldung möglich wird.

Die Perspektive der Klientin und des Klientensystems zu erfragen und zu erfahren, ist während einer gesamten Prozessgestaltung eine wichtige Aufgabe der Professionellen der Sozialen Arbeit.

4 Verschränkung von Perspektiven in der Kooperation

Menschen konstruieren Wirklichkeit auf ihre eigene, subjektive Weise. Die *eine* Wirklichkeit gibt es nicht – der Wirklichkeiten sind viele, und sie alle sind subjektiv konstruiert, geprägt u. a. von Biografie und Lebenslage derjenigen, die sie konstruieren. So sehen Menschen Unterschiedliches, wenn sie beispielsweise das Bild von Hollar anschauen (siehe 1.1. Abb. 14). Bei professionellem Handeln in der Sozialen Arbeit ist davon auszugehen, dass die Wirklichkeitskonstruktion der verschiedenen Beteiligten eine unterschiedliche ist und dass Problemdefinition, Anliegen und Ziele ganz verschieden sein können.

Professionalität bedeutet im Zusammenhang von Multiperspektivität zunächst, sich immer wieder die *eigene Sichtweise* bewusst zu machen. Statt sich distanzlos mit den eigenen Einschätzungen zu identifizieren – zu wissen, wie etwas ist und zu sein hat, was richtig ist und was falsch –, gilt es vielmehr, immer wieder Selbstdistanz zu gewinnen und sich die eigene Perspektive zu vergegenwärtigen, sie zu reflektieren, sich der eigenen Vorannahmen, Einschätzungen und Sicherheiten und damit auch ihrer Begrenzungen bewusst zu werden (so, wie dies Elizabeth Bennet im Roman von Jane Austen getan hat, siehe 1.1). Dieses Innehalten, Distanznehmen und Nachdenken über die eigene Perspektive ist Voraussetzung dafür, dass sich diese Perspektive auch erweitern und verändern kann.

Professionalität heisst des Weiteren, sich bewusst zu sein, dass *der Klient seine eigene, subjektive Sichtweise* hat und dass diese wichtig ist für die gemeinsame Arbeit. Wenn Sozialpädagogen ein echtes Interesse zeigen an der Sichtweise der Klientin, daran, welches Anliegen und welche Wünsche sie hat, wo sie welches Problem sieht und warum das wohl so ist – dann ermöglicht dies Vertrauen und den Aufbau einer Arbeitsbeziehung. So wird eine gemeinsame zielorientierte Arbeit möglich. Dabei kann nicht davon ausgegangen werden, dass die Klientin ›die Wahrheit‹ sagt, sondern – und auch das musste Elizabeth in ›Pride and Prejudice‹ lernen – dass Klienten situations- und interessenbezogen bestimmte Dinge mitteilen und andere bewusst (zunächst) zurückhalten und dass sich ihre Sicht im Verlaufe eines Prozesses manchmal auch ändern kann. Wenn im Verlaufe einer Prozessgestaltung kontinuierlich nach der Sichtweise und Einschätzung von Klienten gefragt wird und wenn dies ernst genommen wird (siehe Kap. 3), dann erhöht sich die Chance, dass die professionelle Unterstützung tatsächlich hilfreich (›erfolgreich‹) ist.

Professionalität bedeutet schliesslich, sich der Tatsache bewusst zu sein, dass viele Probleme von Klienten derart komplex sind, dass nur mehrere psychosoziale Professionen gemeinsam eine gute Unterstützung bieten und gewährleisten können. Auf Grund des Strukturmerkmals diffuser Allzuständigkeit ist die Soziale Arbeit ganz besonders verwiesen auf die Zusammenarbeit mit anderen Professionen und Berufsgruppen (siehe 2.1). Wahrscheinlich ist die Soziale Arbeit deshalb besonders geeignet, die Fallführung – das Case-Management (Neuffer 2013) – zu übernehmen und die verschiedenen Fäden bei der Unterstützung von Klientinnen zusammenzuführen. Dabei hat sie darauf zu achten, die *Perspektive anderer Professionen und ihre fachlichen Einschätzungen* einzuholen. Als Minimalvariante gilt es, eine additive interprofessionelle Kooperation zu gewährleisten, den Informationsfluss untereinander sicherzustellen und für Transparenz zu sorgen hinsichtlich der Tatsache, dass verschiedene Professionen in einem Fall tätig sind, dass es sowohl unterschiedliche fachliche Einschätzungen als auch verschiedene Interventionen gibt. Anzustreben jedoch ist eine integrative interprofessionelle Kooperation, bei der gemeinsam ein inhaltlicher Mehrwert erarbeitet wird: Die verschiedenen fachlichen Perspektiven werden nicht nur (transparent) nebeneinandergelegt, sondern in einem gemeinsamen Such- und Verständigungsprozess verändert, verwoben und weiterentwickelt – idealerweise in einer Art und Weise, dass am Ende gar nicht mehr klar ist, von wem jenes neue Argument oder jene Idee stammte, die den entscheidende Anstoss für die gemeinsame handlungsbezogene Ausrichtung der Unterstützung gab (siehe 2.2). Ein solcher gemeinsamer Prozess setzt im Übrigen voraus, dass die eigene Perspektive prägnant und verständlich dargelegt werden kann – auf eine Weise, dass andere Berufsgruppen und Professionen die Ausführungen nachvollziehen können. Wenn alle beteiligten Fachkräfte unterschiedlicher Professionszugehörigkeit ihren eigenen fachlichen Standpunkt vertreten, für ihn eintreten und kämpfen können, ist dies die beste Grundlage für einen fruchtbaren gemeinsamen aufgaben- und zielbezogenen Verständigungsprozess.

Für die Soziale Arbeit hat die Perspektive der Klientinnen eine besondere Bedeutung. Sozialarbeiterinnen werden deshalb in einem anwaltschaftlichen Selbstverständnis (vgl. Brumlik 2004) stets auch die Sichtweise des Klienten in den Fachdiskurs der interprofessionellen Kooperation einbringen. Wenn sich alle Beteiligten gemeinsam an einem runden Tisch zusammensetzen und beraten, was zu tun ist, werden sie die Klientin dabei unterstützen, ihre Anliegen und Sichtweise zu formulieren und dafür Sorge zu tragen, dass ihre Stimme auch gehört wird. So werden die unterschiedlichen Perspektiven formuliert, nebeneinandergelegt, transparent für alle Beteiligten. Manchmal gelingt es in einem solchen Gespräch am runden Tisch, dass aus diesen unterschiedlichen Perspektiven etwas Neues entstehen kann. Denn: »Was siehst du, wenn du schaust?« (siehe 1.1.) – du siehst nur deine Welt. Wenn aber mehrere gemeinsam schauen, sehen sie eine vielgestaltigere, farbigere Welt, und es zeigen sich weitere Möglichkeiten, wie Unterstützung aussehen und wie eine Veränderung möglich werden kann.

Literatur

Austen, Jane (2008). Pride and Prejudice. Oxford: Oxford University Press (Erstausgabe 1813).
Boban, Ines/Hinz, Andreas (2000). Förderpläne – für integrative Erziehung überflüssig? Aber was dann?? In: Mutzeck, Wolfgang (Hrsg.). Förderplanung. Grundlagen – Methoden – Alternativen. Weinheim: Beltz. S. 131–144.
Brumlik, Micha (2004). Advokatorische Ethik. Zur Legitimation pädagogischer Eingriffe. Berlin/Wien: Philo.
Cassée, Kitty (2010). Kompetenzorientierung. Eine Methodik für die Kinder- und Jugendhilfe. Ein Praxisbuch mit Grundlagen, Instrumenten und Anwendungen. 2. Aufl. Bern: Haupt Verlag.
Clark, Michael D. (1998). Strength-Based Practice: The ABC's of Working with Adolescents Who Don't Want to Work with You. In: Federal Probation 62 (1). S. 4–50.
Conen, Marie-Louise/Cecchin, Gianfranco (2013). Wie kann ich Ihnen helfen, mich wieder loszuwerden? Therapie und Beratung mit unmotivierten Klienten und in Zwangskontexten. 4. Aufl. Heidelberg: Carl Auer.
Darius, Sonja/Hellwig, Ingolf (2004). Zur Kooperation von Jugendhilfe und Jugendpsychiatrie. Befunde und Empfehlungen aus einem Forschungs- und Entwicklungsprojekt in Rheinland-Pfalz. In: Fegert, Jörg M./Schrapper, Christian (Hrsg.). Handbuch Jugendhilfe – Jugendpsychiatrie. Interdisziplinäre Kooperation. Weinheim: Juventa. S. 505–516.
Fegert, Jörg M./Schrapper, Christian (2004). Vorwort. In: dies. (Hrsg.), Handbuch Jugendhilfe – Jugendpsychiatrie. Interdisziplinäre Kooperation. Weinheim: Juventa. S. 5–8.

Galuske, Michael (2011). Methoden der Sozialen Arbeit. Eine Einführung. 9. Aufl. Weinheim: Juventa.
Gehrmann, Gerd /Müller, Klaus D. (2002). Motivierende Sozialarbeit. Ein Konzept für die Arbeit mit nicht motivierten Klienten und Klientinnen. In: Sozialmagazin 27 (10). S. 14–25.
Heiner, Maja (2010). Soziale Arbeit als Beruf. Fälle, Felder, Fähigkeiten. 2., durchgesehene Aufl. München: Reinhardt.
Heiner, Maja (2013). Wege zu einer integrativen Grundlagendiagnostik in der Sozialen Arbeit. In: Gahleitner, Silke B./Hahn, Gernot/Glemser, Rolf (Hrsg.). Psychosoziale Diagnostik Köln: Psychiatrie Verlag. S. 18–34.
Hochuli Freund, Ursula (2013). Analysemethoden. URL: http://www.soziale-diagnostik.¬ch/methoden-und-instrumente/kooperative-prozessgestaltung/KPG_Analysematerialie¬n_Notation_Perspektive.pdf (Zugriff am 15.12.2016).
Hochuli Freund, Ursula/Stotz, Walter (2006). Projekt »Spezialisierung in der Beratung junger Erwachsener« des Sozialdienstes der Stadt Bern. Evaluationsbericht. Olten: Fachhochschule Nordwestschweiz.
Hochuli Freund, Ursula/Stotz, Walter (2012). Kooperationen auf der Fachebene gestalten. Inputreferat. Erfahrungsaustausch BBT für Case Managerinnen und Case Manager. Case Management Berufsbildung. Neuenburg.
Hochuli Freund, Ursula/Stotz, Walter (2015). Kooperative Prozessgestaltung in der Sozialen Arbeit. Ein methodenintegratives Lehrbuch. 3., überarbeitete und erweiterte Aufl. Stuttgart: Kohlhammer.
Homfeldt, Günther/Sting, Stephan (2006). Soziale Arbeit und Gesundheit. Eine Einführung. München: Reinhardt.
Klug, Wolfgang/Zobrist, Patrick (2013). Motivierte Klienten trotz Zwangskontext. Tools für die Soziale Arbeit. München: Reinhardt.
Koch, Günther/Fertsch-Röver, Jörg (2010). Multiperspektivität als methodische Antwort auf die Komplexität Sozialer Arbeit. In: Maykus, Stephan (Hrsg.). Praxisforschung in der Kinder- und Jugendhilfe. Theorie, Beispiele und Entwicklungsoptionen eines Forschungsfeldes. 2., durchgesehene Aufl. Wiesbaden: VS Verlag. S. 123–135.
Liebe, Martina (2012). Multiperspektivität durch Multiprofessionalität. DDS, September. S. 11–13. URL: www.gew-bayern.de/fileadmin/uploads/DDS-hefte/DDS12_09/Seite_¬11-13.pdf (Zugriff am 12.09.2014).
Merten, Ueli (2015). Professionelle Kooperation. Eine Antwort auf die Zersplitterung und Ausdifferenzierung sozialer Dienstleistungen. In: Merten, Ueli/Kägi, Urs (Hrsg.). Kooperation kompakt. Opladen: Barbara Budrich. S. 21–69.
Merten, Ueli/Kägi, Urs (Hrsg.) (2015). Kooperation kompakt. Kooperation als Strukturmerkmal und Handlungsprinzip der Sozialen Arbeit. Opladen: Barbara Budrich.
Müller, Burkhard (2017). Sozialpädagogisches Können. Ein Lehrbuch zur multiperspektivischen Fallarbeit. 8., durch Ursula Hochuli Freund aktualisierte und erweiterte Aufl. Freiburg i. Br.: Lambertus.
Neuffer, Manfred (2013). Case Management. Soziale Arbeit mit Einzelnen und Familien. 5. Aufl. Weinheim: Beltz Juventa.
Obrecht, Werner (2005). Interprofessionelle Kooperation als professionelle Methode. Fachtagung »Soziale Probleme und interprofessionelle Kooperation«, 21./22.10. Zürich: Hochschule für Soziale Arbeit Zürich.
Olk, Thomas/Otto, Hans-Uwe/Backhaus-Maul, Holger (2003). Soziale Arbeit als Dienstleistung. Zur analytischen und empirischen Leistungsfähigkeit eines theoretischen Konzeptes. In: Olk, Thomas/Otto, Hans-Uwe (Hrsg.). Soziale Arbeit als Dienstleistung. Grundlegungen, Entwürfe und Modelle München/Unterschleissheim: Luchterhand. S. IX–LXXII.
Pantuček, Peter (2012). Soziale Diagnostik. Verfahren für die Praxis Sozialer Arbeit. 3., aktualisierte Aufl. Wien: Böhlau.
Salomon, Alice (1926). Soziale Diagnose. Berlin: Carl Heymann.
Santen, Eric van/Seckinger, Mike (2004). Fallstricke im Beziehungsgeflecht: Die Doppelebenen interinstitutioneller Netzwerke. In: Bauer, Petra/Otto, Ulrich (Hrsg.). Mit Netz-

werken professionell zusammenarbeiten. Bd. 2: Interinstitutionelle Netzwerke in Steuerungs- und Kooperationsperspektive. Tübingen: dgvt. S. 201–219.
Schweitzer, Jochen (1998). Gelingende Kooperation. Systemische Weiterbildung in Gesundheits- und Sozialberufen. Weinheim: Juventa.
Spiegel, Hiltrud von (2013). Methodisches Handeln in der Sozialen Arbeit. Grundlagen und Arbeitshilfen für die Praxis. 5., vollständig überarbeitete Aufl. München: Reinhardt (UTB).
Thiersch, Hans (2002). Sozialpädagogik – Handeln in Widersprüchen. In: Otto, Hans-Uwe/Rauschenbach, Thomas/Vogel, Peter (Hrsg.). Erziehungswissenschaft: Professionalität und Kompetenz Opladen: Leske und Budrich. S. 209–222.
Wöhrl, Hans-Georg (1988). Berufsgruppen in der Rehabilitation. In: Koch, Uwe et al. (Hrsg.). Handbuch der Rehabilitationspsychologie Berlin: Springer. S. 212–249.
Wolff, Stephan/Scheffer, Thomas (2003). Begleitende Evaluation in sozialen Einrichtungen. In: Schweppe, Cornelia (Hrsg.). Qualitative Forschung in der Sozialpädagogik. Opladen: Leske und Budrich. S. 331–351.

Bedeutung und Funktion von Hypothesen im Konzept Kooperative Prozessgestaltung
Ein Vergleich zur Hypothesenbildung in der systemischen Arbeit

Raphaela Sprenger-Ursprung

Hypothesen als methodische Hilfsmittel sind in der fallbezogenen Sozialen Arbeit weitgehend unbestritten und ihr Einsatz ist weit verbreitet. In diesem Beitrag werden Funktion und Formen von Hypothesen im Konzept Kooperative Prozessgestaltung (KPG) einerseits und in der systemischen Arbeit andererseits untersucht. Es wird geprüft, ob und wie die im Konzept KPG in den beiden Prozessschritte Analyse und Diagnose genutzten Hypothesen mit Hypothesen der systemischen Arbeit verbunden werden können.

1 Begriffsklärung und Bedeutung von Hypothesen in der Sozialen Arbeit

Die erstmalige Verwendung des Begriffs *Hypothese* geht zeitlich bis in die Antike zurück. Bis heute ist in unterschiedlichsten Disziplinen und Professionen von Hypothesen die Rede. Neben dem Einsatz unterschiedlichster Hypothesen in der Fallarbeit kommen Sozialpädagoginnen und Sozialarbeiter – im Rahmen ihrer Aus- und Weiterbildung – insbesondere in der Wissenschaftstheorie und Statistik mit Hypothesen in Berührung, welche sich vom Hypothesenbegriff in der Fallarbeit wiederum unterscheiden.

1.1 Begriffsklärung und Verortung

Der Begriff Hypothese stammt etymologisch aus dem Griechischen hypothesis *Unterlage* und bedeutet *Grundsatz, Grundgedanke, Voraussetzung*. Hypo bedeutet *unter* und thesis das *Setzen*, was zusammengefügt als *Satz, Lehrsatz* verstanden werden kann (vgl. www.wissen.de./wortherkunft/hypothese). Neudeutsch wird Hypothese auch als Behauptung übersetzt. Bereits Platon legte im Dialog Phaidon (100a) seinen Untersuchungen Behauptungen zugrunde und bezeichnete das damit im Einklang stehende als wahr, das dem Widersprechende als unwahr (vgl. www.anthrowiki.at/Phaidon). In der Wissenschaftstheorie wird eine Hypothese als Annahme über eine Grundgesamtheit verstanden (vgl. Hartmann/Lois 2015:5).

> »In jedem Fall steht am Anfang eine Behauptung (Hypothese) über Eigenschaften einer oder mehrerer Populationen, deren Brauchbarkeit durch empirische Untersuchungen geprüft werden muss.« (Bortz/Schuster 2010:97)

Hypothesen sind also *Behauptungen*, *Annahmen* und *Vermutungen*, die in empirischen Untersuchungen überprüft werden sollen und in der Regel über den Einzelfall hinausgehen (vgl. Beller 2004:11). Formuliert werden allgemeine Behauptungen, die auch als Wenn-dann- oder Je-desto-Sätze bezeichnet werden können (vgl. ebd.:12f.). Ziel einer Untersuchung ist herauszufinden, ob eine Hypothese zutrifft oder nicht. Wie Popper in seinem zentralen Werk *Logik der Forschung* darlegte, kann von den Ergebnissen einzelner Untersuchungen nicht auf deren Gültigkeit für eine Grundgesamtheit geschlossen werden. In diesem Zusammenhang bekannt wurden Beispiele mit Raben oder Schwänen: Um die Behauptung zu untersuchen, dass alle Schwäne weiss sind, müssten konsequenterweise alle Schwäne überhaupt untersucht werden. Da dies jedoch nicht realistisch ist, lassen sich Hypothesen grundsätzlich niemals verifizieren, sondern nur (vorläufig) bestätigen. Damit ist nicht die Verifizierbarkeit, sondern die Falsifizierbarkeit Abgrenzungskriterium: Eine Hypothese muss potenziell widerlegt werden können (vgl. Popper 1935:16f.).

1.2 Bedeutung von Hypothesen in der fallbezogenen Sozialen Arbeit

Sowohl der systemische Ansatz als auch das Konzept KPG geniessen in der Praxis der Sozialen Arbeit eine stetig zunehmende Anerkennung und Verbreitung. In beiden Konzepten hat die Hypothesenbildung einen grossen Stellenwert. Ein Blick in den aktuellen Diskurs zu sozialer Diagnostik und Prozessgestaltung genügt, um festzustellen, dass Hypothesen in der fallbezogenen Sozialen Arbeit allgemein gut etabliert sind. So hält von Spiegel fest, die erkundeten subjektiven Ereignisse oder Problembeschreibungen von Klientinnen und Klienten sowie Anliegen aller Beteiligten seien mit verschiedensten Wissensbeständen zu verbinden und um *fachliche Deutungen* zu erweitern, um Erkenntnisse zu gewinnen (vgl. von Spiegel 2013:133). Dies könne durchaus assoziativ erfolgen, gemäss der Frage: »Welche Theorien und *Hypothesen* fallen mir dazu ein?« (vgl. ebd., Hervorhebung durch die Verfasserin). Müller zeigt neben dem Nutzen von Hypothesen auch gleich deren Grenzen auf, indem er ausführt, dass theoretisches Wissen niemals praktische Entscheidungen vorgeben könne, sondern vielmehr dazu diene, diese durch *neue Perspektiven* anzuregen und in Frage zu stellen (vgl. Müller 2012:187f.). Pantuček schreibt vom Hypothesencharakter einer Diagnose und führt weiter aus, wie Hypothesen überprüft werden können: *diskursiv* im Dialog mit Klientinnen und *praktisch* im Hinblick auf daraus abgeleiteten Interventionen, die sich idealerweise als hilfreich herausstellen (vgl. Pantuček 2012:102). Anhand dieser Ausführungen wird deutlich, Hypothesen dienen häufig einer Diagnose, dem Kernstück von Fallverstehen. Auf Basis von vorhandenen Fallinformationen werden unter Einsatz spezifischer Expertise *Erklärens- und Verstehensversuche* angestellt, die in eine Diagnose münden und damit die *Brücke* zwischen Erkenntnis- und Handlungstheorie bilden (vgl. Hochuli Freund/Stotz 2015:218ff., Sommerfeld et al. 2016:340). Stimmer schliesslich legt u. a. formale Anforderungen an Hypothesen dar, indem er ausführt, dass sinnvollerweise ganz explizit mit *Wahrscheinlichkeitsangaben* gearbeitet wird: »Nicht, wenn A, dann B, sondern wenn A dann ist B wahrscheinlicher« (Stimmer 2012:159). Auch Staub-Bernasconi liefert einen Beitrag zur Klärung des Hypothesenbegriffs. Sie legt im transformativen Dreischritt dar, wie von Beschreibungs- und Erklärungswissen zu Veränderungswissen und konkretem professionellen Handeln gelangt werden kann und unterscheidet dabei in den ersten zwei Schritten zwischen *nomologischen* und *nomopragmatischen* Hypothesen: Erstere beschreiben und erklären ein vorliegendes Problem auf Basis von themenbezogenem, aktuellem wissenschaftlichem Wissen. Letztere sind handlungstheoretische Hypothesen, welche gesetzesmässige Zusammenhänge zwischen Handlungen von Professionellen und den erwartbaren Folgen für das soziale Problem darlegen (vgl. Staub-Bernasconi 2007:252ff.).

2 Die Arbeit mit Hypothesen im Konzept KPG

Im Konzept KPG spielt die Arbeit mit Hypothesen eine zentrale Rolle. So wird in den Prozessschritten Analyse und Diagnose mit unterschiedlichen Hypothesen gearbeitet. Im Prozessschritt Analyse dienen sog. *konstatierende Hypothesen* der systematischen Auswertung der in der Analyse erhobenen Daten. Im Prozessschritt Diagnose werden *erklärenden Hypothesen* sowie *handlungsleitende Arbeitshypothesen* genutzt. Was unter diesen unterschiedlichen Hypothesen-Arten verstanden wird, wird prozessschrittbezogen ausgeführt und an einem Beispiel illustriert.

2.1 Konstatierende Hypothesen in der Analyse

In einer Analyse geht es um eine »systematische Untersuchung eines Sachverhalts, bei der dieser in seine Bestandteile zerlegt wird und diese anschliessend geordnet und untersucht werden […]. Zu einer Analyse gehört abschliessend eine Phase des Zusammenfügens und der Interpretation (Hochuli Freund/Stotz 2015:177). In der Analyse werden also in methodisch strukturierter Weise unterschiedliche Einschätzungen und Bewertungen erhoben, systematisiert und gewichtet, um sie dann zusammenfassend auf den Punkt zu bringen. Ziel des Prozessschritts Analyse ist es, eine Fallthematik herauszuarbeiten und festzustellen, um was es in einem Fall genau geht (vgl. ebd.:178).

In der Arbeit mit dem methodenintegrativen Konzept KPG stehen vielfältigste Methoden und Instrumente zur Verfügung, um eine Analyse durchzuführen. Die Wahl geeigneter Methoden und Instrumente muss fallbezogen sinnvoll erscheinen und den Rahmenbedingungen und Möglichkeiten der Praxisorganisation gerecht werden (vgl. Hochuli Freund/Stotz 2015:179).[1] Das methodische Vorgehen in einer Analyse beginnt stets mit der Wahl von für den konkreten Fall geeigneten Analysemethoden. Daraufhin folgt die Durchführung der Analysen, die sog. Datenerhebung, bei der Komplexität erhöht wird. Erst im letzten Schritt, bei der Auswertung der Analyse, werden dann sog. *konstatierende Hypothesen* gebildet (vgl. ebd.:180f.). An dieser systematischen Auswertung der erhobenen Daten wird der innovative Charakter und Mehrwert des Konzepts KPG deutlich. Andere Methoden-Lehrbücher liefern zwar zahlreiche Methoden und Instrumente, welche für die Analyse genutzt werden können (z. B. Galuske 2013, Stimmer 2012, von Spiegel 2013), Angaben zur Auswertung fehlen jedoch. Im Konzept KPG wird diese Lücke gefüllt, indem auswertend nicht nur konstatierende Hypothesen formuliert, sondern abschliessend die Erkenntnisse in einer *Fallthematik* auf den Punkt gebracht werden.

Speziell an den in der Analyse genutzten Hypothesen ist ihr *feststellender, beschreibender Charakter*. Die in der Analyse erhobenen themenbezogenen Einschätzungen und Bewertungen von Klientin, Professionellen und weiteren Beteiligten werden priorisiert und zusammenfassend dargelegt. Hierbei handelt es sich ausschliesslich um Feststellungen und noch um keine Erklärungen, das heisst, es werden – in der jeweiligen Systematik der Analysemethode – die zentralen Ergebnisse herausgearbeitet. Um solche Hypothesen zu formulieren, ist es hilfreich gedanklich auf eine Metaebene zu gehen und quasi aus der Vogelperspektive, als nüchterne Betrachterin, Zentrales, Auffallendes, sich Widersprechendes, Überraschendes und/oder Irritierendes festzuhalten. Hierbei ist wichtig, die Aufmerksamkeit auch stark auf den Klienten, die Fokusperson, zu richten. Sind verschiedene Personen an der Analyse beteiligt, wurde die Analyse also multiperspektivisch vorgenommen,[2] so ist es wichtig, Gemeinsamkeiten und Unterschiede eben dieser Einschätzungen zusammenfassend festzuhalten (vgl. Hochuli Freund/Sprenger-Ursprung 2016:52). Je Analysemethode werden so viele konstatierende Hypothesen wie nötig formuliert, um die zentralen Erkenntnisse der Einschätzungen zu fassen, es sollten jedoch auch nicht zu viele sein, denn es geht hier um Komplexitätsreduktion und eine Bewegung der Schliessung (siehe Abb. 12).

---

1 So können beispielsweise in der Kinder- und Jugendarbeit visualisierende Notationssysteme wie *Silhouette*, *Netzwerkkarte* oder *Zeitstrahl* eingesetzt werden. In der Behindertenhilfe werden häufig die *ICF-basierte Analyse*, *Silhouetten* und auch *Perspektivenanalysen* genutzt – demgegenüber wird auf einem Sozialdienst eher von *qualitativen und quantitativen Analyserastern* Gebrauch gemacht.

2 Das ist in einer Analyse grundsätzlich zu gewährleisten (siehe den Artikel ›Multiperspektivität und Kooperation‹ von Hochuli Freund in diesem Band).

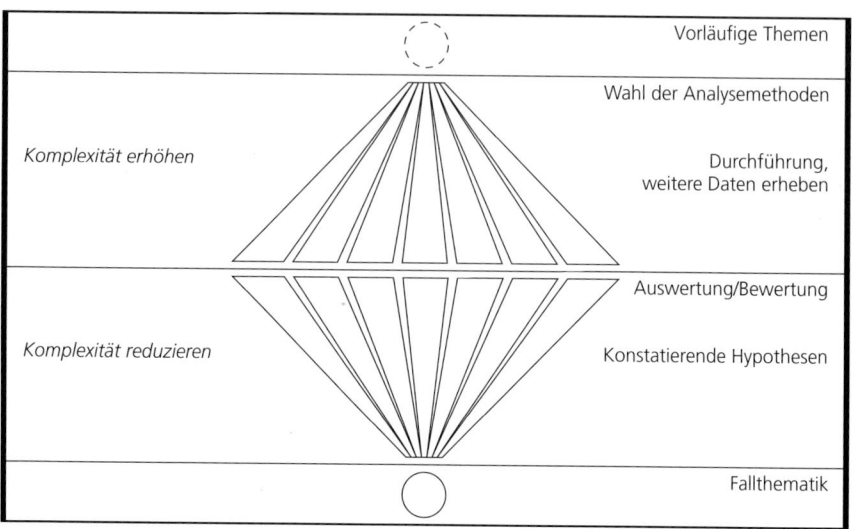

Abb. 12: Vorgehen in der Analyse (Hochuli Freund/Stotz 2015:177, leicht modifizierte Version)

Je nach durchgeführter Analysemethode können zur Auswertung auch Fragen als methodische Hilfsmittel genutzt werden: So ist es bei einer *Netzwerkkarte* sinnvoll festzuhalten, wer der Fokusperson nah und fernsteht, wie viele Bezugspersonen welchem Lebensbereich angehören und ob es auffallende Konstellationen und Beziehungsqualitäten gibt. Beim *Zeitstrahl* wird demgegenüber beispielsweise dargelegt, welche Ereignisse im Leben der Fokusperson zeitlich nahe zusammenliegen, ob es wiederkehrende Elemente gibt und Muster feststellbar sind. Die verschiedenen konstatierenden Hypothesen werden am Schluss der Analyse gesamthaft gesichtet, gewichtet und zu einer Fallthematik verdichtet (vgl. Hochuli Freund/Stotz 2015:181). Diese fasst die wichtigsten Ergebnisse aus Situationserfassung und Analyse zusammen, indem neben Personendaten und zentralen Aussagen wichtigste (auch divergierende) Einschätzungen aus den konstatierenden Hypothesen festgehalten werden. Darin zeigt sich auch der Klärungsbedarf für die Diagnose. Eine Herausforderung in der Auswertung der Analyse besteht darin, die wichtigsten Erkenntnisse in Form von konstatierenden Hypothesen festzuhalten, diese jedoch – zum richtigen Zeitpunkt – in den Dialog mit Klientinnen einzubringen und validieren zu lassen. Damit fluktuieren Professionelle zwischen Expertentätigkeit und Kooperation und sehen während ihrer professionellen Tätigkeit der Hypothesenbildung Momente des Dialogs und der Verständigung mit Klientinnen vor.

Nachfolgend wird die Auswertung unterschiedlicher Analysemethoden beispielhaft illustriert, wobei je Analysemethode jeweils zwei bis drei zentrale konstatierende Hypothesen aufgeführt sind.

Fallbeispiel

Sven, ein 13-jähriger Junge, der von seiner Lehrperson an die Schulsozialarbeit überwiesen wurde.

Aus dem gemeinsam erstellten *Zeitstrahl*:

- Die auffälligen Verhaltensweisen von Sven in der Schule – das Rauchen, Stehlen und die Schlägereien – zeigen sich jeweils leicht zeitversetzt zu den schwerwiegenden Vorkommnissen in der Familie: psychische Krankheit der Mutter, Scheidung der Eltern, Heimplatzierung des kleinen Bruders.
- Seit seinem Kindergarteneintritt sucht Sven engen Kontakt zu seinen Lehrerinnen, es sei ihm einfach wichtig, gemocht zu werden.
- Als traurige Momente nennt er den Auszug seines Vaters sowie den Weggang seines jüngeren Bruders.

Ergänzend aus der *Silhouette* von Sven:

- Als Stärke sieht er seine körperliche Kraft sowie seine liebe Art, als Schwäche bezeichnet er seine Konzentrationsschwierigkeiten.
- Sein Wunschtraum ist es, endlich bei seinem Vater zu leben, und seine grösste Angst, dass seine Mutter sich etwas antun könnte.

Aus der am Standortgespräch durchgeführten *Perspektivenanalyse* mit Sven, den Eltern, der Lehrperson und dem Schulsozialarbeiter kann Folgendes festgehalten werden:

- Alle Beteiligten sind Sven wohlgesinnt, Mutter und Vater tragen jedoch einen Konflikt um das Obhutsrecht aus und sind stark mit sich selber beschäftigt.
- Die Lehrperson wünscht sich ihren normalen Unterricht zurück, kann und will den Zusatzaufwand mit Sven nicht mehr leisten.
- Sven selber fühlt sich in seinen Anliegen, schulische Unterstützung zu erhalten, nicht ernst genommen und die Schulsozialarbeiterin nennt als Problem die vielen unausgesprochenen Erwartungen.

Daraus kann folgende *Fallthematik* herausgearbeitet werden:

- Sven, ein 13-jähriger Jugendlicher,
- der sich mehr schulische Unterstützung wünscht und sich in seinem Anliegen nicht ernst genommen fühlt;
- der bei seiner psychisch kranken Mutter lebt, um die er sich sorgt, getrennt von seinem Vater und seinem im Heim platzierten Bruder, mit denen er gerne leben würde;

- der in jüngster Vergangenheit geraucht und gestohlen hat und an Schlägereien beteiligt war, fast zeitgleich zu tiefgreifenden Vorkommnissen in der Familie (Krankheit, Scheidung, Fremdplatzierung);
- dem seine Eltern und auch die Lehrperson generell wohlgesinnt sind, wobei die Eltern in erster Linie mit sich beschäftigt sind, die Lehrperson keinen Zusatzaufwand mehr leisten kann und will und die Schulsozialarbeiterin viele unausgesprochene Erwartungen wahrnimmt.

2.2 Erklärende Hypothese und handlungsleitende Arbeitshypothese in der Diagnose

Der Prozessschritt der Diagnose ist eng mit dem Prozessschritt der Analyse verwoben. Am Ende der Analyse wird mit der Fallthematik festgehalten, was genau in der Diagnose besser erklärt und verstanden werden muss und/oder es wird bereits die Indikation für eine Intervention gestellt (vgl. Hochuli Freund/Stotz 2015:181). In der Diagnose geht es also um Fallverstehen, es geht darum Erklärungsversuche anzustellen und die noch unklaren, erklärungsbedürftigen Aspekte der in der Analyse herauskristallisierten Fallthematik zu erhellen (vgl. ebd.:217). Ziel dieses Fallverstehens ist es, Bedingungen und Möglichkeiten von Entwicklung zusammenzufassen und damit eine Grundlage für die Handlungsphase zu schaffen. Daher hat eine Diagnose niemals nur einen Selbstzweck, sondern mündet schlussendlich immer in Ziele und Intervention (vgl. Hochuli Freund/Sprenger-Ursprung 2016:52). Eine Diagnose ist stets vorläufig, eine Momentaufnahme und Annäherung. In diesem Prozess des Fallverstehens sind Deutungsversuche zu einem Fall vorzunehmen und in Form von Hypothesen festzuhalten (vgl. ebd.:218).

Im Konzept KPG unterscheiden sich die Hypothesen im Prozessschritt der Diagnose von denjenigen in der Analyse: Es ist nun von sog. *erklärenden Hypothesen* die Rede. Auch sie werden als methodisches Hilfsmittel zur Verdichtung von Erkenntnissen genutzt, um auf der Grundlage von Fallinformationen und Expertenwissen Erklärungen zu generieren (vgl. ebd.:225) War es bei den konstatierenden Hypothesen in der Analyse noch untersagt, Wirkungszusammenhänge anzusprechen, so geht es in der Diagnose genau darum: Elemente der Ausstattung, Bedingungen, Gegebenheiten und Vorkommnisse zueinander in Bezug zu stellen und Wissensbestände zu nutzen, um aktuell vorliegende Schwierigkeiten zu *erklären* und damit Ansatzpunkte zu deren Veränderung zu eruieren. Die erklärenden Hypothesen beziehen sich jeweils auf die Fallthematik und den darin festgehaltenen Erklärungsbedarf und sie beginnen sinnvollerweise stets mit ›weil‹.

Wie in der Analyse werden auch in der Diagnose so viele Hypothesen wie nötig erarbeitet, bis die Fallthematik genügend erhellt ist. Um diesen Prozess der Erklärens- und Verstehensbemühungen methodisch zu strukturieren, haben die Autoren des Konzepts KPG die Methode des ›Theoriegeleiteten Fallverstehen‹ entwickelt. Hier werden unterschiedliche theoretische und/oder empirische

Wissensbestände mit Fall und Fallthematik strukturiert in Verbindung gebracht, die wichtigsten Erkenntnisse werden in erklärende Hypothesen verdichtet und auf dieser Grundlage wird abschliessend eine handlungsleitende Arbeitshypothese formuliert (vgl. ebd.:222–230, siehe Abb. 13).

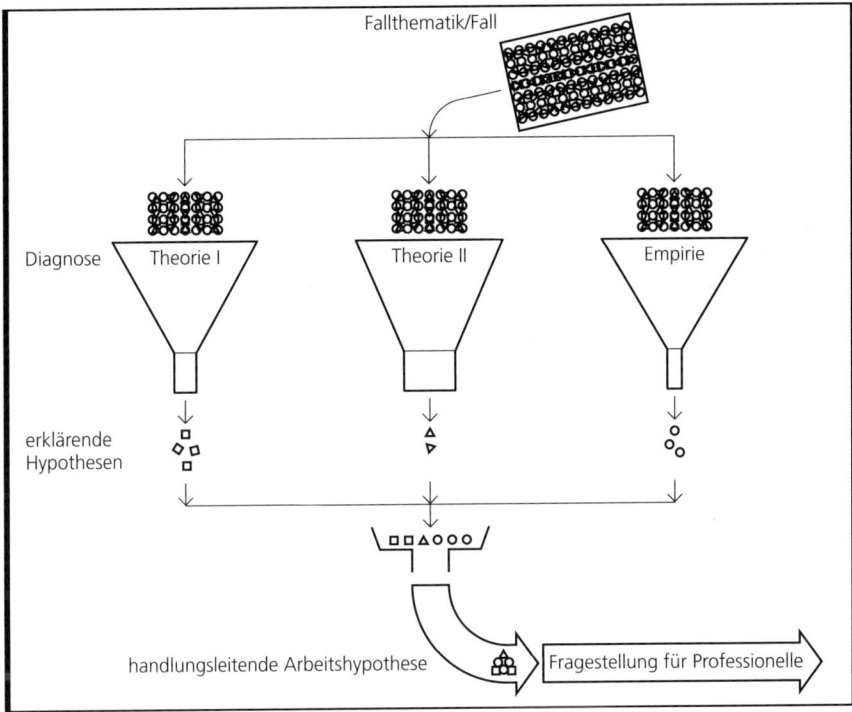

Abb. 13: Theoriegeleitetes Fallverstehen (Hochuli Freund/Stotz 2015:224)

Unsere Erfahrungen mit Studierenden und Praktikern haben gezeigt, dass ein solch strukturiertes methodisches Vorgehen sehr sinnvoll und ergiebig, jedoch auch sehr anforderungsreich ist und mit hohen Kompetenzanforderungen einhergeht. Gerade wenn Professionelle mit unterschiedlichen Ausbildungsniveaus zusammenkommen und/oder sehr wenige zeitliche Ressourcen zur Verfügung stehen, kann eine minimale Form der Diagnose zunächst sinnvoll sein: Damit werden erfahrungsbasierte, implizite Erklärungen zusammengetragen, ausgesprochen und damit diskutierbar gemacht (vgl. Hochuli Freund/Sprenger-Ursprung 2016:53). Dazu kann beispielsweise die Methode ›Böser Blick, freundlicher Blick‹ genutzt werden.[3] Auch hier werden zahlreiche erklärende Hypothesen formuliert.

---

3 Ausgehend davon, dass alle Gefühle und Einschätzungen dem Klienten gegenüber stets wirksam sind, und zwar ob ausgesprochen oder nicht, geht es in dieser effizienten Methode darum, in streng eingehaltener Reihenfolge Erklärungen durch die Brille des bösen und freundlichen Blicks hervorzubringen um schliesslich auf Basis des Letzteren

Eine Diagnose mündet direkt in die Handlungsphase, was anhand der *handlungsleitenden Arbeitshypothese* gut illustriert werden kann. Neben dem Blick in die Vergangenheit geht es bei dieser Hypothesenform auch darum, ein prognostisches Element einzubringen (vgl. Hochuli Freund/Stotz 2015:218). Eine handlungsleitende Arbeitshypothese wird aus den verschiedenen erklärenden Hypothesen hergeleitet, hierzu werden die für die Erhellung der Fallthematik ergiebigsten Erklärungen ausgewählt. An sich liesse sich jede erklärende Hypothese in eine handlungsleitende Arbeitshypothese umformulieren, könnte also eine Vielzahl von Arbeitshypothesen formuliert werden. Für die Weiterarbeit jedoch ist es wichtig, an dieser Stelle eine strukturierte Komplexitätsreduktion vorzunehmen. Die Fokussierung der wichtigsten Erklärungs-Elemente in *einer* handlungsleitenden Arbeitshypothese ist wichtig. Formal ist die handlungsleitende Arbeitshypothese eine *Wenn-dann-Formulierung* und fällt damit in die Kategorie der nomopragmatischen Hypothesen nach Staub-Bernasconi (siehe 1.2.)

Wie im Prozessschritt Analyse ist es auch in der Diagnose zentral, die Erkenntnisse mit dem Klienten zu validieren, d. h. als erklärende Hypothesen zur Diskussion zu stellen und auch die handlungsleitende Arbeitshypothese gemeinsam kritisch zu prüfen. Denn in einer Diagnose soll neben dem Fremdverstehen auch dem Selbstverstehen von Klienten Raum gegeben werden (vgl. Rätz-Heinisch/Köttig 2007:251). Das bedeutet für Professionelle neben ihrer Expertinnentätigkeit rund um das Fallverstehen, einen Dialog in der Diagnose sicherzustellen und mit der Haltung einer kooperativen Diagnostik an einen Fall heranzutreten (vgl. Ursprung 2014:42f.).

Fallbeispiel

Erklärungsbedürftig aus der Fallthematik erscheint nun, weshalb Sven sich nicht ernst genommen und unterstützt fühlt, obwohl die Lehrerin laut eigenen Aussagen einen Zusatzaufwand betreibt (1) und wie die tiefgreifenden Vorkommnisse in der Familie auf Sven und sein Verhalten einwirken (2). Hierzu wird die Methode ›Theoriegeleitetes Fallverstehen‹ genutzt.[4]

Zu (1): Sven fühlt sich nicht ernst genommen und unterstützt.

- Weil Sven im Unterricht jeweils stark mit seinen Konzentrationsbemühungen beschäftigt ist, hat er keine kognitiven Kapazitäten mehr frei und kann Unterstützungsangebote gar nicht als solche wahrnehmen und einordnen.

Folgerungen für die Handlungsphase abzuleiten (näheres zur Methode vgl. Artikel ›Fallbesprechungs-Materialien‹ von Hochuli Freund in diesem Band).

4 Auf Basis des in der Fallthematik festgehaltenen Erklärungsbedarfs hat sich die Autorin in einem ersten Schritt gedanklich hauptsächlich folgende theoretische Wissensbestände vergegenwärtigt: Kognitive Entwicklung (Piaget), Konzept der biografischen Lebensbewältigung (Böhnisch), Männliche Sozialisation (Böhnisch), Selbstwirksamkeit (Bandura). In einem zweiten Schritt wurden daraus erklärende Hypothesen hergeleitet.

- Weil Sven kognitiv stark in seiner eigenen Welt verhaftet ist und klare Vorstellungen davon hat, wie Unterstützung aussehen soll, kann er die Unterstützung der Lehrperson weder anerkennen noch annehmen.
- Weil Sven grundsätzlich gemocht werden will, fühlt es sich durch gut gemeinte Instruktionen/Unterstützungsangebote in seiner Person nicht ernst genommen und angegriffen.
- Weil Sven sich daran gewöhnt hat, für sich alleine zu sorgen, um seine Mutter mit seinen Schwierigkeiten nicht zu belasten, hat er eine ganz eigene Vorstellung von Unterstützung, welche ihm aus seiner Sicht nicht geboten wird.

Zu (2): Sven raucht, stiehlt und ist an Schlägereien beteiligt.

- Weil Sven die Vorkommnisse in der Familie nicht aktiv beeinflussen konnte und kann, fühlt er sich ausgeliefert und sieht in den auffälligen Verhaltensweisen eine Möglichkeit etwas zu bewirken.
- Weil Sven auf Grund der schwerwiegenden Vorkommnisse in der Familie traurig und verletzt ist und sich schwach fühlt, zeigt er gegen aussen demonstrativ vermeintlich starkes Verhalten.
- Weil Sven seiner kranken Mutter nicht helfen kann und seinen Vater und Bruder verloren hat, will er sich und andere bestrafen, indem er raucht, stielt und sich an Schlägereien beteiligt.
- Weil Sven auf Grund des Verlusts seines Vaters traurig und niedergeschlagen ist, hofft er durch sein auffälliges Verhalten seinen Vater wieder nach Hause zu holen.

Daraus kann folgende handlungsleitende Arbeitshypothese formuliert werden:

> *Wenn* Sven Unterstützung als Bestätigung des ›Gemocht-Seins‹ deuten und seine eigenen Vorstellungen von Unterstützung erweitern kann, *wenn* er Möglichkeiten findet sich selber besser zu spüren, sich trotz Traurigkeit und Niedergeschlagenheit stark zu fühlen und etwas zu bewirken, *dann* wird er sich ernst genommen, getragen und unterstützt fühlen und sich mit den tiefgreifenden Vorkommnissen in der Familie in konstruktiver Weise auseinandersetzen können.

3 Die Arbeit mit Hypothesen in der systemischen Sozialen Arbeit

Auch in der etablierten und weit verbreiteten systemischen Arbeit wird mit Hypothesen gearbeitet, wobei diese eine etwas andere Funktion haben als im Konzept KPG. Nachfolgend werden zuerst die Grundzüge einer Systemischen Arbeit skizziert, um auf dieser Basis Bedeutung und Funktion von systemischen Hypothesen darzulegen. In der aktuellen Literatur ist häufig von systemischer Therapie und Beratung die Rede (z. B. von Schlippe/Schweitzer 2016), wobei unterdessen auch einige Lehrbücher auf die Systemische Soziale Arbeit zugeschnitten wurden (z. B. Hosemann/Geiling 2013). In diesem Kapitel findet eine Bezugnahme auf die systemische Arbeit im Allgemeinen und systemische Soziale Arbeit im Besonderen statt.

3.1 Grundzüge einer systemischen Sozialen Arbeit

Die Systemtheorie kann grundsätzlich als Werkzeug und eine besondere Art von Nachdenken verstanden werden, mit dem grossen Vorteil dabei die Umwelt miteinzubeziehen. Die Besonderheiten systemischen Denkens sind ihr Blick auf Relationen, Rückwirkungen und zeitliche Prozesse: Von Interesse sind dabei insbesondere Beziehungen, Zirkularität sowie Stabilität und Veränderungen (vgl. Hosemann/Geiling 2013:7ff.). Ausgangspunkt systemischer Überlegungen sind Systeme, wobei es Systeme als solche eigentlich gar nicht gibt, vielmehr werden diese in unserer Wahrnehmung als Orientierungshilfe konstruiert (Schwing/Fryszer 2013:22f.)

> »Ein System ist nicht Etwas, das dem Beobachter präsentiert wird, es ist ein Etwas, das von ihm erkannt wird«. (Maturana 1982, in: von Schlippe/Schweitzer 2016:146)

Charakteristisch für systemische Therapie und Beratung sind neben dem konsequenten Einbezug des sozialen Umfelds die Überzeugung, dass jedes Symptom einen Sinn hat, die Orientierung an Ressourcen und Stärken sowie der Fokus auf Lösungen anstelle von Problemen (vgl. Schwing/Fryszer 2013:11f.). Ein zentrales Element systemischen Intervenierens sind Fragen. Wer fragt, regt sein Gegenüber an weiterzudenken und ermöglicht damit Veränderung. In der systemischen Arbeit geht es darum, Wirklichkeitsbeschreibungen zu erweitern, die in einem sozialen System vorgenommen werden (vgl. von Schlippe/Schweitzer 2010:40f.). Durch Fragen wird die gewohnte Sicht der Dinge potenziell verstört, es werden neue Interpretationen von Wirklichkeit angeboten und neue Betrachtungsweisen angeregt. Damit befinden sich Klientinnen und ihre Berater in einem ständigen wechselseitigen Austausch von Wirklichkeitszuschreibungen (vgl. von Schlippe/Schweitzer 2016:249). Auf die vielfältigen systemischen Fragen im Konkreten kann in diesem Artikel nicht näher eingegangen werden.

Grundsätzlich ist es schwierig, die systemische Praxis konkret zu beschreiben, ihre Konzepte sind einerseits nicht direkt umsetzbar und andererseits nicht als rein handwerklicher Satz von Techniken zu verstehen. Zentral sind die *Person* des systemischen Praktikers, die *Beziehung* zum Ratsuchenden sowie der *Kontext*, in dem systemisch gearbeitet wird (vgl. ebd.:199). Von Schlippe und Schweitzer formulieren auf dieser Basis elf grundlegende, das konkrete Handeln inspirierende Prämissen und Haltungen: Die Arbeitsbeziehung zwischen systemischem Praktiker und Ratsuchender ist vertrauensvoll und kooperativ zu gestalten, in Beratungen geht es grundsätzlich darum, Möglichkeitsräume zu vergrössern, Klientinnen werden konsequent als autonom, nicht-instruierbar und als Experten ihres eigenen Lebens angesehen und erst wo es die Situation erforderlich macht, finden Eingriff und Begrenzung statt (vgl. ebd.:199ff.). Grundsätzlich sind Zusammenhänge zirkulär und nicht linear zu denken und zu verstehen, die systemische Praktikerin versucht sich gegenüber von Personen, Problemen und Ideen möglichst neutral zu verhalten, und dabei kongruent zu bleiben. Geleitet von einer fast unstillbaren Neugierde sucht die systemische Praktikerin stets nach neuen Beschreibungen, um die im System immanente und wirksame Eigenlogik zu erfassen, ohne dabei selbstgewiss eigene Glaubenssätze zu reproduzieren, sondern diese bei Bedarf transparent zu machen. Systemische Therapie und Beratung handelt stets ressourcen-, lösungs- und kundenorientiert, soll mit ihren Interventionen vielseitig und kreativ Anregen, mit dem Ziel Klientinnen zu *verstören* und damit dysfunktionale Muster zu durchbrechen. Die hier letztgenannte Prämisse/Haltung ist diejenige der Hypothesenbildung: Systemische Hypothesen sollen nützlich sein, in dem sie ordnen oder anregen und durch ihre Vielfalt Perspektiven und Möglichkeiten erweitern (vgl. ebd.:205ff.).

3.2 Bedeutung und Funktion systemischer Hypothesen

Die Vertretenden der Mailänder Schule, die sich sehr ausgiebig mit der Familientherapie befasst haben, nehmen in Anlehnung an den Oxford Dictionary zum Hypothesenbegriff folgende Klärung vor: Eine Hypothese ist eine »Annahme, die als Grundlage für Überlegungen getroffen wird, ohne Berücksichtigung ihrer Richtigkeit; als Ausgangspunkt für eine Untersuchung« (Palazzoli et al. 1981:126). Die Autoren ergänzen zum funktionellen Wert einer Hypothese im Allgemeinen, dass eine Hypothese weder richtig noch falsch sei, sondern mehr oder weniger *nützlich*; denn auch eine falsche Hypothese trage zu neuen Informationen bei, indem Variablen ausgeschlossen werden können (vgl. ebd.). In einer konkreten Familiensitzung hilft die Hypothesenbildung der Sitzungsleitung beim Aufspüren von Beziehungsmustern. Durch den Ausspruch des Unerwarteten und Unwahrscheinlichen wird bewusst ein neuer Akzent gesetzt, um bisherige in einer Familie wirksame Zuschreibungen nicht zu reproduzieren. Eine Hypothese ist dann systemisch, wenn sie alle Komponenten einer Familie umfasst und eine Annahme zur Funktion der Beziehungsverhältnisse innerhalb der Familie trifft (vgl. ebd.:127f.). In diesem Zusammenhang wird von unterschiedlichen Autoren hervorgehoben, Hypothesenbildung in der systemischen Arbeit wolle den natürlichen menschlichen Vorgang unterbrechen, Komplexität des Zusammenlebens in die Kategorien Ursache und Wirkung reduzieren. Solche gewohnheitsmässig erstellten Kausalitätsvorstellungen würden zwar eine vermeintliche Sicherheit liefern, jedoch auch die Zuschreibung von Verantwortung oder Schuld unterstützen, welche für die Arbeit mit Menschen wenig zielführend ist (vgl. z. B. Hosemann/Geiling 2013:102). Das Datenmaterial für systemische Hypothesen wird grundsätzlich aus zwei Quellen gespeist: aus Wissen über spezifische Systeme, Erfahrung und Forschung sowie aus den eigenen Beobachtungen (vgl. Schwing/Fryszer 2013:129). Bei der Bildung von Hypothesen geht es darum, Beobachtetes in Verbindung mit unterschiedlichsten Wissensbeständen zu bringen – dies also mit Erfahrungswissen anzureichern und auch wissenschaftliche Erkenntnisse zu nutzen. Eine Hypothese ist ein wichtiges Arbeitsinstrument und wird dann als systemisch bezeichnet »[...] wenn sie alle Komponenten eines beobachtbaren Systems mitberücksichtigt und eine Erklärung dafür bietet, wie sie sich aufeinander beziehen« (Boscolo/Bertrando 1994:121). Fokus einer Sitzungsleitung ist es daher zu Hypothetisieren, das heisst

> »[...] genau zu fragen, wie ein System organisiert ist; wie es, unter allem ihm offenstehenden Möglichkeiten, die Organisation annahm, die sich in der Sitzung tatsächlich beobachten lässt; wie Symptome zu dem wurden, was sie sind; wie sich gegenwärtige Beziehungen entwickelt haben.« (Ebd.:129)

Dabei wird auch die Vergangenheit eines Systems in den Blick genommen, nicht jedoch um lineare, kausale Zusammenhänge zu eruieren, sondern um den Blick auf die Kontinuität zwischen Vergangenheit und Gegenwart zu lenken (vgl. ebd.).

Für die heterogenen Praxisfelder der Sozialen Arbeit lässt sich nun nicht generell festlegen, wie solches Hypothetisieren ganz konkret aussehen mag. Ritscher umschreibt es so, dass Professionelle mit ihren benannten und reflektierten Vorannahmen, ihren Hypothesen, in einen Kreislauf von Fragen eintreten (vgl. Ritscher 2002:250). In der Hypothesenbildung verschränken sich Beobachtungen und Alltagswissen mit theoretischen Konzepten, sodass Vorurteile in transparente, überprüfbare und kritisierbare Aussagen überführt werden. Zentral ist neben einer theoretisch gesicherten Formulierung das bewusste Explizieren von Annahmen. Dafür braucht es aber sog. Erkenntnisnischen – beispielsweise in Form von Pausen innerhalb einer Sitzung – damit die mitschwingenden Hypothesen auf der Fachebene diskutiert und ausformuliert werden können (vgl. ebd.:251). Hypothesen sind vorläufige, zu überprüfende Annahmen, welche in der systemischen Therapie anhand ihrer Nützlichkeit gemessen werden (vgl. von Schlippe/Schweitzer 2016:204). Generell nützlich sind Hypothesen, wenn sie die Funktion übernehmen, Ordnung herzustellen und/oder anzuregen. Die Ordnungsfunktion besteht darin, die vielen Informationen in einem Gespräch nach Relevanz zu sortieren und zunächst im Kopf der Fachkraft kognitive Ordnung zu bahnen. Anregend sind Hypothesen mit Neuigkeitscharakter – sie sollen vorerst der Fachkraft und dann auch dem Klientensystem neue Perspektiven anbieten und Möglichkeiten eröffnen –, ebenso Hypothesen mit Überraschungsgehalt, Unerwartetem sowie auch Unwahrscheinlichem. Eine Hypothese aus Sicht der systemischen Therapie ist umso nützlicher, je mehr Mitglieder eines Problemsystems sie umfasst und – in wertschätzender Weise – miteinander verbindet (vgl. ebd.). In der systemischen Arbeit werden neben dem Gespräch mit unterschiedlichsten systemischen Gesprächsführungstechniken und Fragen auch zahlreiche Instrumente genutzt, beispielsweise das Genogramm, der Zeitstrahl oder die Netzwerkkarte (vgl. Schwing/Fryszer 2013). Geht es nun darum auf Basis eines mit einer Klientin gemeinsam erstellten Genogramms Hypothesen der Fachkraft zu explizieren, so ist zentral, diese als

Deutungsvorschläge mit Angebotscharakter zu verstehen, welche von der Klientin auch abgelehnt werden dürfen. Es geht niemals um die richtige Interpretation von Daten, stets um das Kriterium der Nützlichkeit (vgl. Kühling/Richter 2007:254).

Aus systemischer Sicht können zum Fallbeispiel auch Hypothesen formuliert werden, wobei grundsätzlich darauf zu achten ist, Kausalhypothesen zu vermeiden, möglichst viele Beteiligte in die Hypothese zu integrieren und nach Möglichkeit Unerwartetes oder Überraschendes anzusprechen. Nachfolgend mögliche systemische Hypothesen:

- Weil Sven durch sein Verhalten in der Schule auffällt, müssen sich die Eltern nicht mit sich selber und ihren Uneinigkeiten befassen und werden von ihrem schlechten Gewissen wegen der Heimplatzierung des zweiten Sohnes abgelenkt.
- Sven ist traurig über die Trennung seiner Eltern, sein auffälliges Verhalten kann als Versuch gedeutet werden seinen Vater zurückzugewinnen, um sich nicht mehr alleine um seine kranke Mutter kümmern zu müssen.
- Weil Sven von seiner kranken Mutter nicht ausreichend Aufmerksamkeit erhält, ist er diesbezüglich unterernährt und versucht dies in der Schule zu kompensieren. Je mehr Aufmerksamkeit er von der Lehrerin einfordert, desto grösser wird ihr Ärger und Unverständnis ihm gegenüber, was wiederum seinen Einsatz zur Erlangung von Aufmerksamkeit steigert.[5]

4 Gemeinsamkeiten und Unterschiede von Hypothesen der beiden Konzepte

Nach Darstellung der Bedeutung und Funktion von Hypothesen in den Konzepten KPG sowie systemische Arbeit wird in diesem Kapitel bilanziert: Zusammenfassend werden Gemeinsamkeiten und Unterschiede sowie Folgerungen festgehalten.

4.1 Gemeinsamkeiten der beiden Konzepte

Zu allererst wird deutlich, wie wichtig es ist, Konzepte insgesamt zu betrachten und diese nicht auf ihre Modelle oder Einzelaussagen zu reduzieren (vgl. Artikel ›Variationen zum Prozessgestaltungsmodell‹ in diesem Band). Die Bedeutung und Funktion von Hypothesen ist eng mit der im jeweiligen Konzept

---

5 Bei diesen aufgelisteten systemischen Hypothesen wird deutlich, dass es sich hierbei gemäss des Konzepts KPG um erklärende Hypothesen handelt. Systemische Hypothesen sind insgesamt überwiegend in der Diagnose anzusiedeln.

dargelegten Grundhaltung verwoben und kann nicht losgelöst davon betrachtet werden. Eine Gemeinsamkeit der beiden Konzepte besteht in der *zentralen Bedeutung der Hypothesenbildung*: Hypothesen fungieren als *Arbeitsinstrument* und sind ein wichtiges technisches Hilfsmittel für die Professionellen. Bei der Hypothesenbildung geht es darum, auf Basis von Beobachtungen und Daten zu nachvollziehbaren Schlüssen zu kommen, eigene Vorannahmen zu explizieren und fachlich zu untermauern. Deutlich wird hier auch eine wichtige Voraussetzung beider Konzepte, dass es eine gute Datengrundlage braucht, die durch den Einsatz von Frage- und Gesprächstechniken sowie vielfältiger Instrumente unterstützt werden kann. Gemeinsam ist den beiden Konzepten ausserdem ihr Verzicht auf einen Wahrheitsanspruch: Hypothesen können verworfen, weiterentwickelt oder bestätigt werden. Diese Bescheidenheit im Umgang mit eigenen Hypothesen unterstreicht die Bedeutung der Kooperation mit Klientinnen, die in beiden Konzepten betont, gar als Selbstverständlichkeit erachtet wird. Es soll grundsätzlich darum gehen, in den Dialog zu treten, Klienten neue Perspektiven zu eröffnen und neben Fremdverstehen insbesondere ein Selbstverstehen anzuregen und zu unterstützen (vgl. Rätz-Heinisch/Köttig 2016:251). Schliesslich geht es darum, die eigene Kraft der Klienten zur Lösung nutzen (vgl. Schwing/Fryszer 2013:11f.)

Die in der systemischen Arbeit dargelegte *Ordnungs- und Anregungsfunktion* als Kriterium der Nützlichkeit von Hypothesen lässt sich auf das Konzept KPG übertragen: Die unterschiedlichen Hypothesen in den beiden Prozessschritten Analyse und Diagnose haben immer eine Ordnungsfunktion inne, es geht darum, Komplexität zu reduzieren und damit eine Struktur in die Daten zu bringen. In der Analyse werden in einer systematischen Auswertung konstatierende Hypothesen formuliert und zu einer Fallthematik verdichtet, in der deutlich wird, um was es in einem Fall genau geht. In der Diagnose werden mit Hilfe von sinnvoll ausgewählten Wissensbeständen vielfältige Erklärungen generiert und in einer handlungsleitenden Arbeitshypothese zusammengefasst, welche als Basis für hilfreiche Interventionen dient.

Neben dieser ausgeprägten Ordnungsfunktion von Hypothesen im Konzept KPG wird die Anregungsfunktion durchaus auch bedient, jedoch nicht in so starker Ausprägung wie bei der systemischen Arbeit, was u. a. Inhalt des nächsten Kapitels sein wird.

4.2 Unterschiede der beiden Konzepte

Im Konzept KPG werden in der analytisch-diagnostischen Phase zwei Prozessschritte unterschieden: Zunächst wird mit Hilfe geeigneter Methoden und Instrumente herausgearbeitet, worum genau es in einem Fall geht (Analyse), danach wird im Prozess des Fallverstehens nach Erklärungen dafür gesucht und es werden Ansatzpunkte für Interventionen eruiert (Diagnose). Auch hinsichtlich Hypothesen wird in der Logik der beiden Prozessschritte argumentiert und zwischen konstatierenden Hypothesen in der Analyse einerseits und erklärenden Hypothesen sowie der handlungsleitenden Arbeitshypothese in der Diagnose andererseits unterschieden. Hier wird ein grundsätzlicher Unterschied zwischen den beiden Konzepten deutlich. In der systemischen Arbeit gibt es keine Unterteilung in Prozessschritte, auch die analytisch-diagnostische Phase wird nicht zweigeteilt, sondern als Ganzes zeitgleich bearbeitet. Hier zeigt sich eine unterschiedliche Grundhaltung in den beiden Konzepten: In der systemischen Arbeit wird *immer wieder Neues aufgenommen, Hypothesen werden abwechslungsweise formuliert, verworfen oder bestätigt und neu formuliert.* Im Konzept KPG hingegen wird am Ende der Erhebungs- und Explorationsphase in der Analyse und nach dem Suchprozess des Erklärens und Verstehens in der Diagnose jeweils bewusst Komplexität reduziert, indem die *wichtigsten Erkenntnisse fokussiert festgehalten werden* (Fallthematik, Arbeitshypothese), *die die Grundlage für den weiteren Prozess bilden.* Die systemische Arbeit verzichtet demgegenüber vollständig auf eine eigenständige Analyse mit systematischer Auswertung und Fallthematik. Die in Hypothesenform festgehaltenen Erklärungen beziehen sich daher nicht nur auf ein vorab eingegrenztes Thema, sondern können inhaltlich viel offener ausfallen als bei KPG und auch plötzlich in eine ganz andere Richtung gehen. Die Anregungsfunktion von Hypothesen in der systemischen Arbeit ist gewichtiger als bei KPG. Dies zeigt sich auch in der Diagnose nach KPG, in der von Klienten verworfene erklärende Hypothesen nicht unbedingt zu Gunsten neuer Hypothesen über Bord geworfen werden müssen, sondern möglicherweise im Gespräch mit dem Klienten als ein Diskussions- und Reibungspunkt bleiben und/oder auf der Fachebene – für die Gestaltung des Unterstützungsprozesses – genutzt werden können. Insofern beanspruchen Hypothesen nach KPG eine längere Haltbarkeit. Es werden im Verlaufe eines Unterstützungsprozesses nicht fortlaufend (neue) Hypothesen formuliert, was eine systemische Arbeit hingegen auszeichnet.

Fehlt aus Sicht von KPG der systemischen Arbeit eine eigenständige, strukturierte Analyse, so würden Systemikerinnen bei KPG sicherlich die Formulierung von Kausalzusammenhängen bei den erklärenden Hypothesen in Frage stellen. Denn Kausalitäten bilden die soziale Wirklichkeit unzureichend ab (vgl. Hosemann/Geiling 2013:8f.). Wird jedoch dem systemischen Grundsatz Rechnung getragen, dass es bei der Formulierung von Hypothesen niemals um Wahrheit, sondern um das Kriterium der Nützlichkeit geht, dann werden auch mit kausalen Hypothesen nicht etwa Wahrheiten verkündet, sondern lediglich Kommunikationsangebote gemacht (vgl. Preis 2013:192). Hypothesen haben in beiden Konzepten auch die Funktion, mit Klientinnen ins Gespräch zu kommen. Systemiker halten fest, es sei durchaus vertretbar, ›linear-kausale‹ Hypothesen zu formulieren, solange dabei die Offenheit bleibt, diese Hypothese gegebenenfalls auch wieder zu verwerfen (vgl. von Schlippe/Schweitzer 2016:204). Überzeugend an der systemischen Form der Hypothesenbildung ist der konsequente Einbezug des gesamten sozialen Umfelds, wodurch *Wechselwirkungen* innerhalb von Beziehungsgeflechten in einem System thematisiert werden können. Dies ist ein Aspekt, welchem erklärende Hypothesen im Konzept KPG durchaus auch Rechnung tragen sollen und dem künftig ganz explizit mehr Beachtung geschenkt werden darf.

Es stellt sich abschliessend die Frage, inwieweit die beiden Konzepte miteinander kombiniert werden können, ob es möglich ist, nach dem Konzept KPG und gleichzeitig systemisch zu arbeiten. Diese Frage lässt sich mit einem grundsätzlichen ›ja, aber‹ beantworten. Werden die beiden Konzepte ernst genommen wird deutlich, dass nicht alle Ansprüche beider Konzepte gleichermassen eingelöst werden können. Überzeugte Systemiker werden KPG eher nicht nutzen wollen, das darin vorgesehene methodische Arbeiten ist dazu wohl zu strukturiert. Aus Sicht von KPG – und diese ist ja der Fokus dieses Buches – erscheint es wichtig, den zentralen Mehrwert des Konzepts, die klare Strukturierung, Komplexitätsreduktion und Fokussierung in der analytisch-diagnostischen Phase als Grundlage zu nehmen und damit der Ordnungsfunktion von Hypothesenbildung Rechnung zu tragen. Es kann jedoch ein grosser Gewinn sein, dabei auch Elemente aus der systemischen Arbeit zu nutzen. Nach KPG ist eine Analyse mehrperspektivisch vorzunehmen – das entspricht bereits einem systemischen Zugang. Neu und vielversprechend erscheint das systemische Denken in Richtung ›weg von Kausalitäten, hin zu Wechselwirkungen‹. Systemische Hypothesen können in der Diagnose ein wichtiges Arbeitsinstrument sein, um die Fallthematik auch mittels ausformulierter Annahmen über Wechselwirkungen in einem sozialen System zu erhellen. Zentral in der Diagnose nach KPG ist jedoch auch, Erklärungen überhaupt zu formulieren und damit diskutierbar zu machen – gerade wenn es sich um kausale Zuschreibungen handelt. Denn Erklärungen sind stets wirksam, ob sie ausgesprochen sind oder nicht. Nur wenn eigene implizite Erklärungen in ein Gespräch eingebracht werden, kann zielführend damit gearbeitet werden. Dies wiederum ist ein Aspekt, welchem in der systemischen Arbeit wenig Beachtung geschenkt wird.

Literatur

Beller, Siegfried (2004). Empirisch forschen lernen. Konzepte, Methoden, Fallbeispiele, Tipps. Bern: Hans Huber.
Bortz, Jürgen/Schuster, Christof (2010). Statistik für Human- und Sozialwissenschaftler. 7. Aufl. Berlin: Springer.
Boscolo, Luigi/Bertrando, Paolo (1994). Die Zeiten der Zeit. Eine neue Perspektive in systemischer Therapie und Konsultation. Heidelberg: Carl Auer.
Dällenbach, Regula/Rüegger, Cornelia/Sommerfeld, Peter (2014). Zur Implementation von Diagnoseinstrumenten. In: Gahleitner, Silke Brigitta/Hahn, Gernot/Glemser, Rolf (2014). Psychosoziale Diagnostik. Klinische Sozialarbeit. Bd. 5. Köln: Psychiatrie-Verlag.
Galuske, Michael (2013). Methoden der Sozialen Arbeit. Eine Einführung. 10. Aufl. Bearbeitet von Karin Bock und Jessica Fernandez Martinez. Weinheim: Beltz Juventa.
Hartmann, Florian G./Lois, Daniel (2015). Hypothesen. In: (Hrsg.). Hypothesen Testen. Eine Einführung für Bachelorstudierende sozialwissenschaftlicher Fächer. Springer: Berlin. S. 5–16.
Hochuli Freund, Ursula/Sprenger-Ursprung, Raphaela (2016). Kooperative Prozessgestaltung. Mit Klient/-innen gemeinsam handeln. Sozialmagazin 9–10. S. 48–56.

Hochuli Freund, Ursula/Stotz, Walter (2015). Kooperative Prozessgestaltung in der Sozialen Arbeit. Ein Lehrbuch. 3., durchgesehene und überarbeitete Aufl. Stuttgart: Kohlhammer.
Hosemann, Wilfried/Geiling, Wolfgang (2013). Einführung in die Systemische Soziale Arbeit. München/Basel: Reinhardt.
Kühling, Ludger/Richter, Kathrin (2007). Genogramme in der Sozialen Arbeit. In: Michel-Schwartze, Brigitta (2007). Methodenbuch Soziale Arbeit. Basiswissen für die Praxis. 2., überarbeitete und ergänzte Aufl. Wiesbaden: VS Verlag. S. 227–256.
Müller, Burkhard (2012). Sozialpädagogisches Können. Ein Lehrbuch zu multiperspektivischen Fallarbeit. Freiburg i. Br.: Lambertus.
Pantuček, Peter (2012). Soziale Diagnostik. Verfahren für die Praxis Sozialer Arbeit. 3., aktualisierte Aufl. Wien: Böhlau.
Popper, Karl (2005). Logik der Forschung. 11. Aufl. Tübingen: Moor Siebeck.
Preis, Wolfgang (2013). Professionelles Handeln unter den Bedingungen der Ungewissheit? In: Birgmeier, Bernd/Mührel, Eric (Hrsg.). Handlung in Theorie und Wissenschaft Sozialer Arbeit. Wiesbaden: Springer.
Rätz-Heinisch, Regina/Köttig, Michaela (2007). Die Praxis Dialogischer Biografiearbeit – Rekonstruktives Fallverstehen und Unterstützung von Selbstverstehensprozessen. In: Miethe, Ingrid/Fischer, Wolfram/Giebeler, Cornelia/Goblirsch, Martina/Riemann, Gerhard (Hrsg.). Rekonstruktion und Intervention. Interdisziplinäre Beiträge zur rekonstruktiven Sozialarbeitsforschung. Opladen & Farmington Hills: Barbara Budrich.
Ritscher, Wolf (2002). Systemische Modelle für die Soziale Arbeit. Ein integratives Lehrbuch für Theorie und Praxis. Heidelberg: Carl Auer.
Schwing, Rainer/Fryszer, Andreas (2013a). Systemisches Handwerk. Werkzeug für die Praxis. 4. Aufl. Göttingen: Vandenhoeck & Ruprecht.
Schwing, Rainer/Fryszer, Andreas (2013b). Systemische Beratung und Familientherapie. Kurz, bündig, alltagstauglich. Göttingen: Vandenhoeck & Ruprecht.
Selvini-Palazzoli, Mara/Boscolo, Luigi/Cecchin, Gianfranco/Prata, Giuliana (1981). Hypothetisieren, Zirkularität, Neutralität: Drei Richtlinien für den Leiter der Sitzung. Familiendynamik 6. S. 123–139.
Sommerfeld, Peter/Dällenbach, Regula/Rüegger, Cornelia/Hollenstein, Lea (2016). Klinische Soziale Arbeit und Psychiatrie. Entwicklungslinien einer handlungstheoretischen Wissensbasis. Wiesbaden: VS Verlag
Staub-Bernasconi, Silvia (2007). Soziale Arbeit als Handlungswissenschaft. Bern/Stuttgart/Wien: Haupt UTB.
Stimmer, Franz (2012). Grundlagen des methodischen Handelns in der Sozialen Arbeit. 3., überarbeitete und ergänzte Aufl. Stuttgart: Kohlhammer.
Ursprung, Raphaela (2014). Kooperative Diagnostik?! Gemeinsames Fallverstehen als Motivation für persönliche Veränderungsprozesse. In: SozialAktuell 7/8. S. 42–43.
Von Schlippe, Arist/Schweitzer, Jochen (2016). Lehrbuch der systemischen Theorie und Beratung I. Das Grundlagenwissen. 3., unveränderte Aufl. Göttingen: Vandenhoeck &Ruprecht.
Von Schlippe, Arist/Schweitzer, Jochen (2010). Systemische Interventionen. 2. Aufl. Göttingen: Vandenhoeck & Ruprecht UTB.
Von Spiegel, Hiltrud (2013). Methodisches Handeln in der Sozialen Arbeit. Grundlagen und Arbeitshilfen für die Praxis. 5., vollständig überarbeitete Ausgabe. Basel: Reinhardt.
www.anthrowiki.at/Phaidon (Zugriff am 21.12.2016).
www.wissen.de./wortherkunft/hypothese (Zugriff am 21.12.2016).

Teil 2 Arbeitsfeldspezifische Konkretisierungen und Arbeitsmaterialien

Kooperative Prozessgestaltung im Eingliederungsmanagement
Eine praxisfeldspezifische Ausdifferenzierung des Konzepts Kooperative Prozessgestaltung

Ursula Hochuli Freund

Die Methodik Kooperative Prozessgestaltung (KPG) ist ein Praxisfeld-übergreifend einsetzbares, methodenintegratives, auf Kooperation basierendes Konzept für die Gestaltung des professionellen Handelns in der Sozialen Arbeit. Dieses generalistische Konzept wird in diesem Beitrag für das Eingliederungsmanagement konkretisiert – für jene Arbeitsfelder also, in denen es um Unterstützung bei der Integration oder Reintegration in Erwerbsarbeit unter erschwerten Bedingungen geht.[1]

1 Rahmenbedingungen professionellen Handelns im Eingliederungsmanagement

Das Konzept KPG hat ein professionstheoretisches Fundament. Dazu gehören insbesondere die Strukturbedingungen professionellen Handelns in der Sozialen Arbeit sowie die professionsethische Ausrichtung. Das dritte Element dieses Fundaments ist die Notwendigkeit eines Orientierungsrahmens für die Gestaltung des Handelns.

1.1 Strukturmerkmale

Im Folgenden werden jene drei Strukturmerkmale erläutert, welche die Arbeitsfelder des Eingliederungsmanagements entscheidend prägen: das Spannungsfeld zwischen Hilfe und Kontrolle, das strukturelle Technologiedefizit sowie die Koproduktion.

---

[1] Dieser Artikel wurde zunächst verfasst für das ›Handbuch Eingliederungsmanagement‹ von Geisen und Moesch, das 2017 erscheinen wird. Für diesen Band hier wurde der Text leicht gekürzt. Der Abdruck erfolgt mit freundlicher Zustimmung der beiden Herausgebenden.

Spannungsfeld zwischen Hilfe und Kontrolle

Wenn die Soziale Arbeit die berufliche (Re-)Integration von Klienten in Erwerbsarbeit unterstützt, ist dies als anwaltschaftliche Hilfe zu verstehen, welche auf individuelle Schwierigkeiten eingeht, Bedürfnisse und Wünsche aufnimmt und Lösungen befördert, die soziale Integration und Teilhabe wieder ermöglichen. Sozialpädagogen nutzen ihr professionelles Wissen für eine bestmögliche Unterstützung und Begleitung. Dies ist ihr genuiner Auftrag zur *Hilfe*. Die (Re-)Integration in Erwerbsarbeit liegt aber auch im Interesse der Gesellschaft, bauen doch die gesellschaftlichen Sicherungssysteme darauf auf, dass genügend Menschen einer Erwerbsarbeit nachgehen. Wer nicht mehr in der Lage ist, seinen Lebensunterhalt über Erwerbsarbeit eigenständig zu decken, hat Anspruch auf Sozialversicherungs- und/oder Sozialhilfeleistungen. Die entsprechenden Gesetze definieren die Rechtsansprüche auf diese Leistungen, sie beinhalten aber auch ausdifferenzierte Regelsysteme, unter welchen Bedingungen Leistungen beansprucht werden können. Sozialarbeiterinnen handeln im Auftrag der Gesellschaft, als Vertreterinnen von sozialstaatlich legitimierten und finanzierten Organisationen, wenn sie Klienten bei der (Re-)Integration in Erwerbsarbeit unterstützen. Mit dem Auftrag zu dieser Unterstützung ist immer auch der Auftrag zur *Kontrolle* verbunden, inwiefern ein Leistungsanspruch besteht, ob ›Hilfeempfänger‹ Vorgaben einhalten und sich in der vorgeschriebenen Art und Weise um (Re-)Integration bemühen.

Sozialarbeiter bewegen sich demnach stets im Spannungsfeld einer *doppelten Loyalitätsverpflichtung* sowohl der Gesellschaft wie auch den Klientinnen und ihrer Lebenswelt gegenüber (Böhnisch/Lösch 1973:368, Hochuli Freund 2015:50–53). Professionalität zeigt sich darin, dass diese strukturellen Widersprüche situations- und fallbezogen immer wieder aufs Neue ausbalanciert werden.

Strukturelles Technologiedefizit

Das Unterstützungshandeln von Sozialpädagoginnen im Eingliederungsmanagement zielt auf berufliche (Re-)Integration ab. Es geht um die Bearbeitung komplexer Problemstellungen, deren Ursachen vielfältig sind; die Lösungswege können sich sowohl auf die Person (Entwicklung neuer Fähigkeiten, Veränderung der Einstellung, soziale Unterstützung etc.) als auch auf eine Veränderung der Arbeitsbedingungen (andere Aufgaben, neue soziale Konstellationen) beziehen. Nun lassen sich weder Personen noch soziale Situationen zielgerichtet und planmässig verändern – zu mannigfaltig sind die Einflussfaktoren, die möglicherweise wirken. Luhmann und Schorr (1982) haben für diesen Umstand den Begriff ›strukturelles Technologiedefizit‹ geprägt. Während für Probleme, die sich auf die Bearbeitung von Materie und/oder den Umgang mit der ökologischen Umwelt beziehen, sog. Technologien entwickelt werden können – d. h., bei einer spezifischen Problemkonstellation (A) wird mit einem definierten Verfahren (B) eine bestimmte Wirkung (C) erzielt –, fehlen bei sozialen Problemen diese

eindeutigen Ursache-Wirkungs-Zusammenhänge (Luhmann/Schorr 1982:14, Hochuli Freund/Stotz 2013:53–55).
Das professionelle Handeln in der Sozialen Arbeit ist deshalb nicht bzw. nur *sehr begrenzt standardisierbar*. Lediglich die Prozessabläufe in den Erbringungen von Hilfeleistungen sind standardisierbar: das Vorgehen, wie Fälle bearbeitet werden, sowie die Art und Weise, wie unterschiedliche Hilfeleistungen von verschiedenen Hilfesystemen koordiniert werden (z. B. im Case-Management) und wie der fachliche Austausch gewährleistet wird. Die strukturierte Bearbeitung von Fällen, wie sie das Konzept KPG vorsieht, ist eine Antwort auf das strukturelle Technologiedefizit und ermöglicht eine professionelle Herangehensweise.

Strukturmerkmal ›Koproduktion‹

Welche spezifischen personenbezogenen, sozialen Dienstleistungen erbringt die Soziale Arbeit beim Eingliederungsmanagement? Diese sind geprägt durch das sog. *Uno-actu*-Prinzip: Sie werden im selben Moment produziert, wie sie auch konsumiert werden. Der Sozialpädagoge als Produzent der Dienstleistung und die Klientin als ›Konsumentin‹ agieren gleichzeitig. Ohne ein Zutun der Klientin – welcher Art und wie aktiv auch immer – kann die Dienstleistung gar nicht zu Stande kommen. Die Klientin hat dadurch den Status einer ›Ko-Produzentin‹. Diese *Koproduktions-Tatsache* gilt als weiteres Strukturmerkmal der Sozialen Arbeit (Galuske 2013:47-48, Hochuli Freund/Stotz 2015:55–60). Es verweist auf die Notwendigkeit, die Zusammenarbeit mit Klienten bewusst zu gestalten, nämlich als *Kooperation*, wie Schweitzer sie definiert hat: als »zwischen mindestens zwei Personen abgestimmte, auf ein Ergebnis gerichtete Tätigkeit« (Schweitzer 1998:25). Sozialpädagogen haben demnach einen dialogischen Aushandlungs- und Verständigungsprozess mit Klientinnen zu initiieren, Ziele zu vereinbaren und auf diese Weise eine Grundlage für gemeinsames Handeln zu schaffen.
Die Gestaltung der Kooperation mit Klienten hat einen hohen Stellenwert im Konzept KPG, denn ohne aktive Beteiligung der Klienten ist eine Hilfeleistung im Sinne der Sozialen Arbeit nicht möglich. Diese Tatsache ist auch in den Arbeitsfeldern des Eingliederungsmanagements von grundlegender Bedeutung, insbesondere da, wo die eigene Motivation der Klientinnen unklar ist und Aktivitäten in Hinblick auf Reintegration in Erwerbsarbeit verordnet sind, weil sonst der Rechtsanspruch auf Leistungen der Sozialhilfe oder der Invalidenversicherung erlischt bzw. gemindert wird.[2]
Diese Strukturmerkmale – Spannungsfeld zwischen Hilfe und Kontrolle, strukturelles Technologiedefizit und die Koproduktions-Tatsache – prägen als

---

2 Dass Interaktionsdynamiken sich in Zwangskontext entwickeln können und wie Professionelle auch unter diesen Rahmenbedingungen allmählich eine Kooperation mit Klienten erarbeiten können, wird beleuchtet u. a. bei Conen/Cecchin 2013, Kähler/Zobrist 2013, Stotz 2012.

Rahmenbedingungen das Handeln in der Sozialen Arbeit massgeblich und werden deshalb im Konzept KPG durchgehend berücksichtigt.

1.2 Professionsethische Ausrichtung

Die Soziale Arbeit hat den gesellschaftlichen Auftrag, an der Beseitigung sozialer Missstände mitzuwirken und Lösungen für soziale Probleme zu erarbeiten. In den Arbeitsfeldern des Eingliederungsmanagements bedeutet dies, die Inklusion in das Funktionssystem des ersten Arbeitsmarktes wenn immer möglich zu befördern.[3] Die Umsetzung dieses Auftrags ist verbunden mit der Orientierung an professionsspezifischen Werten. Als Zentralwerte der Profession gelten insbesondere gesellschaftliche Teilhabe und Partizipation sowie das *Selbstbestimmungsrecht* der Klienten. Thiersch (2002:213) fordert die Anerkennung der Klienten als »Subjekt ihres Lebens«, Müller (vgl. 1991:144) betont die Achtung vor der Würde und dem Selbstbestimmungsrecht des Menschen, und bei Oevermann (vgl. 2002:78) steht die Unterstützung der »Autonomie der Lebenspraxis« im Zentrum. »Soziale Arbeit fördert [...] die Ermächtigung und Befreiung von Menschen mit dem Ziel, das Wohlbefinden der einzelnen Menschen anzuheben« (Art. 7, Abs. 1) heisst es im Berufskodex Soziale Arbeit Schweiz von avenir social (2010:8). Allerdings ist dieses Selbstbestimmungsrecht in einer Situation von Erwerbslosigkeit per se beschnitten, führt diese doch zu Abhängigkeitsverhältnissen unterschiedlicher Art.[4] Umso mehr sind Sozialarbeiter herausgefordert, die Autonomiebestrebungen und Selbstbestimmungsmöglichkeiten von Klienten auch in dieser Situation von Exklusionsbedrohung zu unterstützen. Als »Menschenrechtsprofession« (Staub-Bernasconi 1994; 2006) setzt sich die Soziale Arbeit für soziale Gerechtigkeit und die Einhaltung der Menschenrechte ein – denn alle Menschen haben einen Anspruch auf ein »gutes Leben« (Nussbaum 2012). Gemäss Artikel 23, Absatz 1 der Allgemeinen Menschenrechtskonvention gehört dazu auch das Recht auf Arbeit:

> »Jeder hat das Recht auf Arbeit, auf freie Berufswahl, auf gerechte und befriedigende Arbeitsbedingungen sowie auf Schutz vor Arbeitslosigkeit.« (United Nations 1948)

Wenn sich die Soziale Arbeit als Menschenrechtsprofession versteht, sollte sie in den Arbeitsfeldern des Eingliederungsmanagements dazu beitragen, dass Menschen einer Arbeit nachgehen können, aber auch darauf achten, dass Arbeitsbedingungen befriedigend sind und den individuellen Bedürfnissen entsprechen, sowie darauf pochen, dass die Entlohnung gerecht ist.

Für *soziale Integration* zu sorgen gilt als weiterer Zentralwert der Profession (vgl. u. a. Böhnisch 2008:30). Dies geschieht in unseren westlichen Gesellschaften ganz massgeblich über Erwerbsarbeit. Die seit einigen Jahren geführte sog.

---

3 Zur systemtheoretischen Konzeption der Sozialen Arbeit als Inklusionsvermittlung bzw. Exklusionsverwaltung siehe Bommes/Scherr 2012:88f.
4 Insbesondere finanzielle Abhängigkeit von Versicherungs- und Sozialhilfeleistungen sowie Abhängigkeit von Behörden und öffentlichen sozialen Institutionen (Maeder/Nadai 2004:67f.).

Care-Debatte stellt diese Gewichtung ebenso in Frage wie die traditionell entlang der Geschlechter organisierte Verteilung von bezahlter Erwerbsarbeit und unbezahlter Reproduktionsarbeit. Auch wenn entsprechende gesellschaftliche Veränderungen gelingen, wird Erwerbsarbeit ein wesentlicher Bestandteil menschlichen Lebens bleiben, der Selbstverwirklichung und soziale Integration ermöglichen kann. Soziale Arbeit im Eingliederungsmanagement wird darauf zu achten haben, die Autonomie der Lebenspraxis – die Bedürfnisse und Vorstellungen von Klienten in Hinblick auf ein gelingendes Leben – so weit wie möglich zu gewährleisten. Gleichzeitig hat sie der gesellschaftlichen Notwendigkeit Rechnung zu tragen, dass Bürgerinnen im Erwerbsalter einer Erwerbsarbeit nachgehen, selbständig für ihre finanzielle Existenzgrundlage sorgen und die gesellschaftlichen Sicherungssysteme mittragen.

Das Konzept KPG geht davon aus, dass sich professionelles Handeln an diesen Zentralwerten zu orientieren hat und stets in dieser ethischen Dimension reflektiert werden muss.

1.3 Strukturierung des Unterstützungsprozesses

Angesichts all der skizzierten Rahmenbedingungen stellt sich die Frage, wie eine professionelle Unterstützung hin zur Inklusionsvermittlung in den Arbeitsmarkt konzipiert werden kann, die ethisch reflektiert ist, die individuelle Lebensvorstellungen von Klientinnen berücksichtigt und die doppelte Loyalitätsverpflichtungen transparent macht? Auf Grund des konstatierten strukturellen Technologiedefizits und angesichts der Tatsache, dass soziale Dienstleistungen nur gemeinsam erbracht werden können, ist eine Strukturierung des Unterstützungsprozesses erforderlich, der eine Kooperation zwischen Professionellen und Klienten in Gang setzen kann. Ebenso erforderlich sind Methoden, welche zum Auftrag einer Organisation sowie zum konkreten Fall passen.[5]

In der Sozialen Arbeit besteht heute Einigkeit, dass es ein systematisches Vorgehen für die Fallarbeit braucht, und dass Phasen- bzw. Prozessmodelle hilfreich sind, um sie zu strukturieren. Es gibt in der Literatur unterschiedliche Prozessgestaltungsmodelle; sie sind alle als zirkuläre Phasenmodelle konzipiert, wobei sowohl Anzahl als auch Bezeichnung der Prozessschritte leicht variieren (u. a. Müller 2009, Neuffer 2013). Stets ist eine analytische Phase erkennbar, in der es um Sammlung, Bewertung, Beurteilung von Informationen und um Erklärungen geht, ausserdem eine Handlungsphase, welche die Planung, Durchführung und Auswertung von Interventionen beinhaltet; auf den Kooperationsaspekt wird üblicherweise nicht eingegangen. Das Prozessgestaltungsmodell, das in der Methodik KPG genutzt wird, unterscheidet sieben Prozessschritte und dient als Struktur für den fallbezogenen kognitiven Prozess des Erfassens, Bewertens, Erklärens, Handelns und Auswertens, aber auch zur Einordnung

---

5 Unter einer Methode wird eine erprobte, überlegte und übertragbare Vorgehensweise mit Fokus auf Problemlagen, Zielsetzungen und Rahmenbedingungen verstanden (Galuske 2013:27).

der Vielzahl an Methoden und Instrumenten, die es in der Sozialen Arbeit mittlerweile gibt (vgl. Hochuli Freund/Stotz 2015:136). Eine Besonderheit des Modells sind die beiden Kooperationsebenen, welche Prozessschritte-übergreifend konzipiert sind. Professionelle der Sozialen Arbeit sind demnach angehalten, bei jedem Prozessschritt Überlegungen anzustellen, welche Formen der Kooperation angemessen sind und welche Methoden hierfür genutzt werden können. Auf diese Weise dient das Modell auch als Rahmen zur Gestaltung der Kooperation – zunächst und v. a. mit Klientinnen, aber auch mit anderen beteiligten Fachpersonen.

2 Gestaltung von Unterstützungsprozessen im Eingliederungsmanagement

Im Folgenden wird dargelegt, wie das professionelle Handeln in den Arbeitsfeldern des Eingliederungsmanagements gemäss dem Konzept KPG gestaltet werden kann. Entlang der Schritte eines Prozessgestaltungsmodells – Situationserfassung, Analyse, Diagnose, Ziele, Intervention und Evaluation – wird darlegt, was in den einzelnen Prozessschritten besonders beachtet werden soll, und es wird auf geeignete Methode und hilfreiche methodische Fragen hingewiesen. Ein Augenmerk liegt bei der Gestaltung der Kooperation mit Klientinnen und Klienten im Eingliederungsmanagement.

2.1 Situationserfassung

> In diesem ersten Prozessschritt »geht es um die Feststellung bzw. Klärung des Auftrags in einem Fall, um die Erfassung der rechtlichen Situation, um die Vorgeschichte (biographische Verlaufsdaten, bisherige Interventionen in Hilfesystemen, auch in der eigenen Organisation) und um die gegenwärtige Situation in relevanten Lebensbereichen. Die Informationen werden mit einer Haltung von Offenheit erfasst und beschrieben, ohne dass eigene Bewertungen vorgenommen werden. Ziel in diesem Prozessschritt ist ein Bild zu erhalten von der Fallsituation, die Anliegen zu erfassen und vorläufige Themen festzustellen« (Hochuli Freund/Stotz 2015:174f.).

Wie lautet der Organisationsauftrag, wie die konkrete Aufgabe des Sozialarbeiters (beispielsweise in einem betrieblichen Sozialdienst)? Welchen konkreten *Auftrag* erteilt ein Klient selber, welches sind seine Anliegen, wenn er z. B. die Beratung des betrieblichen Sozialdienstes in Anspruch nimmt? Welchen Auftrag an den Sozialarbeiter hat die Vorgesetzte formuliert, welche die Beratung vielleicht angeordnet hat? Diese Aufträge setzen den Rahmen für die Fallarbeit insgesamt und sie grenzen auch die Situationserfassung ein. Gerade weil die Soziale Arbeit allgemein geprägt ist durch eine »diffuse Allzuständigkeit« (Galuske 2013:37) für eine grosse Bandbreite möglicher Problemen, ist die spezifische Zuständigkeit, sind die Aufgaben in einem Fall immer genau zu klären:

> »Was faktisch Gegenstand der Bearbeitung wird, konkretisiert sich im situativen und institutionellen Kontext der Fallbearbeitung und ist nicht zuletzt ein Produkt der Aushandlung zwischen SozialpädagogInnen und KlientInnen.« (Ebd.:38)

Die Soziale Arbeit zeichnet sich aus durch einen grundsätzlich *ressourcenorientierten und ganzheitlichen, lebensweltorientierten Zugang*, bei dem nicht nur ein aktuell präsentiertes Problem fokussiert wird, sondern ein Mensch in seiner gesamten Lebenssituation und seiner Biografie in den Blick genommen wird und alle vorhandenen Ressourcen aufgespürt werden. Nun ist dieser prinzipiell ganzheitliche und umfassende Zugang im konkreten Fall nicht nur aus Zeitgründen unmöglich, er ist auch aus professionsethischer Sicht unangemessen. Denn der ganzheitliche Zugang hat laut Müller ein Doppelgesicht: Er ermöglicht zunächst, dass die Komplexität der belastenden Lebenslagen überhaupt sichtbar werden kann; Kehrseite allerdings sind eine geringe Transparenz für den Klienten, welche Leistungen er erwarten kann, sowie die Gefahr eines totalitären, weil prinzipiell grenzenlosen Zugriffs (Müller 1991:112). Eine Einschränkung des Realitätsausschnittes bei der Situationserfassung ist demnach unabdingbar. Eine professionelle Haltung bei der Situationserfassung zeichnet sich aus durch die Bewusstheit, dass lediglich ein kleiner Ausschnitt der komplexen Lebenswirklichkeit eines Menschen erfasst und fokussiert werden kann, sowie durch das Bemühen, zugleich die Lebenswirklichkeit insgesamt zu erahnen.

In den Arbeitsfeldern des Eingliederungsmanagements gilt es sicherlich zunächst *Daten und Fakten* zu erfassen zu einer Person und ihrer Situation hinsichtlich Erwerbsintegration (objektive Daten wie Alter und Geschlecht, biografische Verlaufsdaten zu Ausbildung und Arbeitsverhältnissen, Qualifikationen, aktuelle Arbeitssituation und Ähnliches). In manchen Organisationen bestehen Instrumente (Leitfaden, Erfassungsbogen etc.), die vorgeben, welche Daten erfasst und dokumentiert werden sollen. Der organisationsbezogene Auftrag grenzt den zu erfassenden Realitätsausschnitt zunächst ein auf den Lebensbereich Erwerbsarbeit. Welche weiteren Daten relevant sind, ob beispielsweise auch die familiäre und soziale Situation eruiert werden sollen, welche individuellen und vielleicht auch familiären Krankheitsdaten relevant sind etc., das ist abhängig vom klientenbezogenen Auftrag (und kann sich im Verlaufe einer Beratung oder Begleitung auch ändern). Wichtig ist sicherlich auch, ob das Thema – sei es Krankheit, Überforderung(-sgefühl), (drohender) Ausschluss etc. – erstmalig auftritt oder ob das eine neue Schlaufe in einer vielleicht schon mehrjährigen Geschichte ist. Im Verlaufe einer Beratung/Begleitung kann der Realitätsausschnitt auch verändert werden, weitere Themen und Lebensbereiche kommen hinzu (z. B. Familiensituation mit Suchtthematik) oder ein Thema kristallisiert sich heraus und wird dann noch genau untersucht (z. B.: »In welchen Situationen genau taucht das Überforderungsgefühl jeweils auf? Wie unterscheidet sich dies von früheren Situationen?«).

Informationen werden erfasst mit einer Haltung von Offenheit, Neugier, Unvoreingenommenheit, mit einer Haltung des Nichtwissens. Als Leitmotiv kann der prägnante Satz von Meinhold gelten: »So viel wie möglich sehen – so wenig wie möglich verstehen« (Meinhold 1996:207). Das ist ein hoher Anspruch, impliziert er doch, die Alltagsgewohnheit des sofortigen Bewertens und Schubladisierens bewusst zu hintergehen (»er will sich wichtigmachen«, »er ist ein ›Schnöri‹«) und sich auf das zu beschränken, was gesagt wurde und/oder was beobachtbar ist (»er redet viel und mit eindringlichem Ton, auf Fragen geht er kaum ein«). Es geht um die *Unterscheidung zwischen Informationen und deren Bewertung*. Neben den *objektiven Daten* ist es wichtig herauszufinden, welche *Geschichten* in Bezug auf die Entstehung der aktuellen Problemstellung es gibt. Insbesondere geht es darum, sich die Geschichte des Klienten selber erzählen lassen, und es gilt herauszufinden, welche Geschichten von anderen Beteiligten (z. B. frühere Arbeitgeber) wichtig sein könnten. Wiederum ist die bewusste Unterscheidung zwischen Informationen und deren Bewertung wesentlich: Bewertungen sind als solche zu deklarieren und ›mit Absender zu versehen‹ (nicht: »X hat sich wenn immer möglich um eine Arbeit gedrückt«, sondern: »Aus Sicht des letzten Arbeitgebers hat X versucht, sich vor Arbeiten zu drücken«).

Weitere Strukturierungshilfen sind die Unterscheidungen zwischen *Person* und *Situation*. So sind im Eingliederungsmanagement neben Informationen zur Person (Qualifikation, Fähigkeiten, Schwierigkeiten etc.) auch solche zur Arbeitssituation (konkreter Arbeitsplatz, Anforderungen; Merkmale des Unternehmens, Arbeitsmarktsituation etc.) zu erfassen. Auch das bereits erwähnte Grundprinzip der Ressourcenorientierung kann als Strukturierungshilfe dienen: Es werden einerseits die – personalen und sozialen – *Probleme* und Schwierigkeiten erfasst, gleichzeitig aber immer auch die *Ressourcen* (individuelle Ressourcen des Klienten, soziale Ressourcen in seinem privaten Umfeld, Ressourcen am Arbeitsplatz).

Für die/eine Situationserfassung stehen folgende *Methoden* zur Verfügung:

- *Erkundungsgespräche*: zumeist formelle Gespräche (wie z. B. leitfadengestützte Erstgespräche), aber auch informelle Gespräche (z. B. in einer Kaffeepause);
- *Beobachtung*: meistens in Form von passiv-teilnehmender Beobachtung (während eines Beratungsgesprächs), aber auch systematische Beobachtung (z. B. am Arbeitsplatz mit Beobachtungsbogen zur Selbst- und Fremdbeobachtung), um die genauen Fähigkeiten und Schwierigkeiten zu erfassen;
- *Aktenstudium*: reflektiertes Erfassen wesentlicher Informationen aus fallbezogenen Unterlagen.

Insbesondere die Methode des Erkundungsgesprächs ist geeignet, die Kooperation mit einer Klientin zu initiieren, sie also für die gemeinsame aufgabenbezogene und zielgerichtete Arbeit zu gewinnen. Wertschätzend-interessiert geäusserte Erkundungsfragen dienen nicht nur dazu, dass sich die Professionellen ein erstes Bild der Fallsituation machen können, sondern sie tragen auch dazu bei, dass die Klientin selber sich neu ein Bild macht von ihrer Situation.

2.2 Analyse

Die Aufgabe dieses zweiten Prozessschrittes wird zusammenfassend so definiert:

> »Durch die strukturierte Auslegeordnung soll herausgearbeitet werden, was genau das Thema ist in einem Fall. Die Komplexität wird durch eine gezielte Erfassung von neuen Daten zunächst erhöht und anschliessend durch eine strukturierte Auswertung wieder reduziert. Ziel in diesem Prozessschritt ist die Fallthematik zu erfassen (worum geht es genau?) und daraus Folgerungen abzuleiten: Entweder herauszuarbeiten, was in einem nächsten Schritt erklärt und verstanden werden soll (Diagnose) oder welche Unterstützung indiziert ist (Intervention).« (Hochuli Freund/Stotz 2015:212f.)

Unter einer Analyse wird die systematische Untersuchung eines Sachverhaltes verstanden: Informationen werden – nach im Voraus bestimmten Kriterien – gebündelt und untersucht, und die so entstandene Auslegeordnung wird beurteilt und interpretiert. In der Literatur der Sozialen Arbeit steht heute eine kaum überschaubare Vielzahl an Analysemethoden und -instrumenten zur Verfügung.[6] In vielen Praxisorganisationen in den Arbeitsfeldern des Eingliederungsmanagments sind spezifische Analyseinstrumente vorhanden (die möglicherweise auch als *Assessment-* oder *Screening*-Instrumente bezeichnet werden). Im Konzept KPG werden die verschiedenen Analysemethoden folgendermassen kategorisiert:

- *Notationssysteme*: Falldaten und themenbezogene Aussagen werden in einer bestimmten Struktur (Grafik, Liste, Schema) visualisiert, sodass eine themenbezogene Bewertung möglich wird. Beispiele: Genogramm, Netzwerkkarte, Zeitstrahl etc.
- *Analyse durch Reflexion des eigenen Erlebens*: eine Methode für die Professionellen, bei der sie eigene Emotionen nutzen und reflektieren, um eine Falldynamik und -thematik zu erkennen.
- *Methoden der Perspektivenanalyse*: Die Sichtweisen und Einschätzungen verschiedener Beteiligten werden eruiert mit Hilfe von Fragen wie z. B. bei Müller (2012:139): Was ist für wen ein Problem? Wer hat welches Anliegen?, etc.

---

6 Eine gute Übersicht findet sich in den Sammelbänden Heiner 2004a und Schrapper 2004. – Die Unübersichtlichkeit wird noch gesteigert durch eine uneinheitliche Verwendung der Begriffe Analyse und Diagnose; die systematische Unterscheidung zwischen den beiden Begriffen ist eine der Besonderheiten der Methodik KPG.

- *Klassifikationssysteme*: Bei diesen standardisierten ›Mess‹-Instrumenten werden Einschätzungen zu bestimmten Themenbereichen vorgenommen, entweder *quantitativ*, indem diese in einer Skala (mit Zahlen/Items) codiert werden, oder aber *qualitativ* in Form von Aussagen. Viele Instrumente sind Mischformen (z. B. die Inklusionschart von Pantuček 2012). Die Assessment-Instrumente aus der Rehabilitationspsychologie und – medizin – wie z. B. AVEM (vgl. Schaarschmidt 2006), DIAMO (vgl. Fiedler et.al. 2005)[7] – sind alle dieser Kategorie zuzuordnen.
- *Systemische Analysemethoden*: komplexere, theoriegestützte Methoden, mit denen verschiedene Systeme und ihre Dynamik erfasst und beurteilt werden können. Beispiele: Problem- und Ressourcen-/Machtquellen-Analyse nach Staub-Bernasconi (z. B. 1998) oder Geiser (2013), Lebensbereich- und Mikrosystemanalyse basierend auf Bronfenbrenner (1981), Systemmodellierung nach dem Konzept Integration und Lebensführung (Sommerfeld et al. 2011).

Allgemeine Aussagen, welche dieser Analysemethoden sich für das EM allgemein bzw. für ein bestimmtes Arbeitsfeld eignen, sind kaum möglich. Die nachfogend aufgelisteten Fragen sollen es jedoch erleichtern, eine Auswahl zu treffen (bzw. ein vorhandenes Instrument zu beurteilen und allenfalls zu ergänzen).

Zu welchen Themenbereichen sind Einschätzungen einzuholen?

Auf Basis der Siuationserfassung gilt es zu entscheiden, ob es um eine umfassende Abklärung geht und Themen- und Lebensbereiche auch ausserhalb von Erwerbsarbeit beurteilt werden sollen.[8]

Wenn sich die Analyse auf die Arbeitssituation fokussiert, lassen sich geeignete Kategorien u. a. aus Studien zur Arbeitszufriedenheit ableiten.[9] Darüberhinaus ist wiederum die Unterscheidung zwischen Person und Situation hilfreich.

- Person: Arbeitsverhalten, Arbeitsleistung, Leistungsvermögen, Kompetenzen, arbeitsbezogene personale Ressourcen und Stressoren;
- Person: Gesundheit, Selbstsorge-Verhalten; gesundheitliche Einschränkungen, Suchtverhalten;
- Person: Bedürfnisse, Interessen; Selbstwert-/Kohärenzgefühl; Bewältigungsverhalten;

---

7 AVEM (Arbeitsbezogene Verhaltens- und Erlebensmuster) ist ein psychologisches Instrument, das mit Hilfe von elf Dimensionen nicht nur gesundheitliche Risiken, sondern auch individuelle und soziale Ressourcen erfasst. Clusteranalytisch wurden vier Verhaltens- und Erlebensmuster identifiziert, zwei davon werden als Risikomuster eingestuft.
8 Im umfassenden Leitbogen der ProZIEL-Basis-Diagnostik von Heiner (2004) beispielsweise werden sieben Lebensbereiche unterschieden und mit insgesamt 32 Items erfasst.
9 Z. B. Mertel 2006, Jacquemin 2010 – die beide auch einen Überblick über den aktuellen Forschungsstand enthalten.

- Arbeitssituation: Leistungsanforderungen an einem konkreten Arbeitsplatz;
- soziale Situation am Arbeitsplatz: Kontaktmöglichkeit, Arbeitsklima, Kultur.

Im Gegensatz zu den Fragen zur Situationserfassung – die v. a. Erzählungen generieren sollen – geht es bei der Analyse darum, Bewertung, Beurteilung und Einschätzung zu eruieren. Ebenso sind neben Schwierigkeiten/Belastungen stets auch Ressourcen einzuschätzen.

Strukturiert oder offen?

Bei einem strukturierten Analyse-Vorgehen wird mit Instrumenten gearbeitet, welche bestimmte Kategorien vorsehen (siehe oben) und Themenbereiche und/oder Fragen enthalten. Oft strukturieren diese Instrumente auch die Dokumentation. Darüber hinaus werden in der Praxis oft sog. offene Analysefragen gestellt, die eine Einschätzung erfordern:

- Was ist klar, was ist unklar?
- Was ist einfach, was schwierig?
- Was ist dringlich, was ist dem Klient und/oder den Professionellen wichtig, was kann zurückgestellt werden? Etc.
- Welche Perspektiven sind zu erfassen?

Die Einschätzungen der Klientin selber sind am wesentlichsten und dürfen keinesfalls übergangen werden. Darüber hinaus ist zu klären, wessen Sichtweise ebenfalls wichtig ist: In einem Arbeitsintegrationsprogramm oder in einem Unternehmen ist höchst wahrscheinlich auch diejenige der Vorgesetzten wichtig, vielleicht auch diejenigen der Mitarbeitenden. Auch die eigene Einschätzung der Sozialarbeiterin selber gilt es explizit aufzunehmen. Grundsätzlich sind dabei stets die Anforderungen des ersten Arbeitsmarktes im Auge zu behalten. Fachlichkeit zeigt sich in einer sorgfältigen Unterscheidung der verschiedenen Sichtweisen und Beurteilungen einer transparenten Darlegung und Diskussion von Selbst- und Fremdeinschätzungen mit der Klientin.

Wie werden die erhobenen Daten ausgewertet?

Wenn in der Analyse methodisch strukturiert weitere Daten erhoben werden, erhöht sich damit auch die Komplexität in einem Fall. Deshalb ist es unabdingbar, die Komplexität auch wieder zu reduzieren: indem die Daten ebenfalls strukturiert ausgewertet werden, Hypothesen formuliert und die Erkenntnisse verdichtet und fokussiert werden. Auf diese Weise kann die Fallthematik herausgearbeitet, gemeinsam mit dem Klienten diskutiert und festgehalten werden, worum genau es hier geht.

Aus der Fallthematik ergibt sich, wie in einem Fall weitergearbeitet wird. Ist der Handlungsbedarf offensichtlich – z. B. bei grossen Leistungsschwankungen im Zusammenhang mit übermässigem Alkoholkonsum –, dann geht es im weiteren Prozess darum, Ziele zu formulieren. Ist jedoch deutlich, dass zunächst genauer verstanden werden muss, warum etwas so schwierig ist – z. B. bei grossen, aber für die Beteiligten nicht einschätzbaren Leistungsschwankungen und phasenweiser Erschöpfung –, dann gilt es, diese Fallthematik genauer zu erklären und zu verstehen. Bei einem solchen ›Verstehensbedarf‹ steht als nächstes der Prozessschritt Diagnose an.

2.3 Diagnose

> »Diagnosen sind differenzierte, wissens- oder methodengestützte Deutungen zu einem Fall bzw. einer Fallthematik und enthalten Hinweise für das weitere Vorgehen. Sie haben eine sozialökologische Ausrichtung, wollen die subjektive Sichtweise und Eigenlogik von Klienten entschlüsseln und enthalten Erklärungen für das, was problematisch ist in einem Fall. Diagnosen sind als Hypothesen zu verstehen, die im Verlaufe eines Unterstützungsprozesses überprüft und weiterentwickelt werden. Ziel einer Diagnose ist es, auf der Grundlage von Fallverstehen Hinweise für hilfreiche Interventionen zu generieren.« (Hochuli Freund/Stotz 2015:251)

Mit ›Diagnose‹ ist hier nicht die klassifizierende medizinische Diagnose (z. B. nach ICD 10) gemeint, sondern eine ›soziale Diagnose‹: eine Diagnose, erstellt durch Professionelle der Sozialen Arbeit, welche insbesondere auch die sozialen Aspekte der Lebenssituation einer Klientin berücksichtigt. Eine soziale Diagnose hat den Charakter eine Hypothese, sie ist prozesshaft und wird im Verlaufe eines Unterstützungsprozesses immer wieder überprüft. Soziale Diagnosen haben keinen Selbstzweck, vielmehr bilden sie die Basis für ›gute‹ Interventionen. Als Leitmotiv gilt: »Erst verstehen, dann handeln« (in Anlehnung an Moor 1965). Denn nur, wenn Professionelle eine Vorstellung haben, warum etwas schwierig ist für eine Klientin, können sie die Unterstützung bzw. das gemeinsame Handeln angemessen konzipieren.

Es gibt in der Sozialen Arbeit derzeit zwei Typen von Diagnose-Methoden:

- *Rekonstruktives Fallverstehen*: Zu diesem Typus gehören unterschiedliche Methoden, die jeweils gekennzeichnet sind durch ein ganz spezifisches methodisches Vorgehen; oft werden auch theoretische Wissensbestände als Erklärungswissen beigezogen. Bei der narrativ-biografischen Diagnostik werden die in einem narrativen Interview generierten Selbsterzählungen strukturiert analysiert und interpretiert (u. a. Fischer/Goblirsch 2001). Mit der Methode der objektiven Hermeneutik werden Dokumente unterschiedlicher Art regelgeleitet analysiert, bis eine sog. Strukturhypothese erarbeitet ist (u. a. Kraimer 2000). Bei einer Konversationsanalyse wird die Interaktion zwischen Klient und Sozialarbeiterin rekonstruiert und interpretiert (z. B. Böhringer et al. 2012). Es handelt sich um wissenschaftliche Methoden, deren

Einsatz eine spezifische Kompetenz erfordert. Bei besonders schwierigen Fällen kann es eine gute Möglichkeit darstellen, einem Wissenschaftlerinnenteam entsprechendes Datenmaterial zur Verfügung zu stellen und eine soziale Diagnose erarbeiten zu lassen.
- *Theoriegeleitetes/empiriegestütztes Fallverstehen*: Hier werden Wissensbestände aus der eigenen oder aus Nachbardisziplinen – Theorien, Konzepte, empirische Studien – genutzt, um einen Fall genauer zu beleuchten und mögliche Erklärungen zu generieren. Die generelle Anforderung an professionelles Handeln, Theoriewissen und fallbezogenes Wissen sei zu verbinden (u. a. Dewe et al. 2011), wird in dieser Diagnosemethode methodisch konkretisiert. Es werden folgende Schritte unterschieden:
  – Wahl geeigneter Wissensbestände (ausgehend von der Fallthematik);
  – Relationierung Fall und Theorie: theoriegeleitete Fallüberlegungen;
  – Formulierung erklärender Hypothesen;
  – Fokussierung der Erkenntnisse in einer Arbeitshypothese bzw. Fragestellung (für eine genaue Darstellung siehe Hochuli Freund/Stotz 2015:222–236).
  Die Hypothesen sind in den Verständigungsprozess mit einem Klienten einzubringen, sie dienen als Material für das kooperative Fallverstehen. Professionelle der Sozialen Arbeit sollten über die Kompetenz verfügen, mit dieser Diagnosemethode zu arbeiten.

Der Beizug von soziologischen Theorien (z. B. Theorien zur Flexiblisierung und Prekarisierung der Arbeit[10]) von Studien zur Arbeitsmarktsituation und zur Bedeutung eines südosteuropäischen Migrationshintergrunds bei der Erwerbsintegration etc. erweitern den zumeist defizitorientierten Blick auf die Person des Klienten und können zu einer Entlastung führen. Die spezifischen Bewältigungsprobleme von Menschen können erhellt werden durch Wissensbestände aus Psychologie und Sozialer Arbeit.[11] Ziel ist das *gemeinsame Fallverstehen*. Diagnostische Erkenntnisse mit den Klientinnen zu besprechen, sie gemeinsam zu ›validieren‹ oder zu verwerfen: Dies entspricht einer professionsethischen Grundhaltung, die das Gegenüber ernst nimmt, Expertenwissen zur Verfügung stellt und die von ihrer Struktur her asymmetrische Arbeitsbeziehung zu einer Beziehung auf Augenhöhe zu verändern sucht. Die fallspezifischen Erklärungen bilden eine gute Basis, um Überlegungen anzustellen, was in diesem spezifischen Fall erreicht werden soll (Prozessschritt Ziele) und wie dabei vorgegangen werden könnte (Prozessschritt Interventionsplanung).

Jenseits von spezifischen Diagnosemethoden ist ein ›diagnostisches Fallverstehen‹ (Schrapper 2004) auch Ausdruck einer professionellen Grundhaltung.

---

10 Sennet 2000, Castel 2009 oder zum Labeling Approach zusammenfassend in Lamnek 1999.
11 Als Beispiel genannt sei der Lebensbewältigungsansatz von Böhnisch (u. a. Böhnisch 2016, 2008). Ein hilfreicher Wissensbestand ist auch der ethnopsychologische Ansatz von Erdheim, der Veränderung von jugendlichen Grössenphantasien durch die Konfrontation mit Realität über den Prozess der Arbeit thematisiert (Erdheim 2000, 1991).

Sie zeigt sich in einem kurzen reflexiven Innehalten vor dem Handeln, bei dem nach Erklärungen gesucht wird (immer wieder neu) – und in der Bescheidenheit und dem Wissen, dass es sich dabei nur um einen Versuch handelt, etwas zu erklären und zu verstehen.

2.4 Ziele

> »Ziele umschreiben einen anzustrebenden Sollzustand und sind für den weiteren Unterstützungsprozess handlungsleitend. Gestützt auf Diagnose oder Analyse sollen in Zusammenarbeit mit dem Klienten(system) realisierbare Ziele gefunden, ausgehandelt, formuliert und vereinbart werden. Dabei sind alle Begleitumstände zu berücksichtigen und mögliche Zielkonflikte zu vermeiden. Die Ziele werden unterteilt in Bildungsziele für die Klienten (die nur von den Klienten formuliert oder von ihnen übernommen werden) und in Unterstützungsziele (für die Professionellen). Ziel in diesem Prozessschritt ist eine Richtung für den Unterstützungsprozess zu bestimmen und damit Voraussetzungen für die Interventionsplanung zu schaffen.« (Hochuli Freund/Stotz 2015:269).

Die bisherigen Prozessschritte waren Teil der analytischen Phase der Prozessgestaltung, in welcher der Blick in die Gegenwart und teilweise in die Vergangenheit gerichtet war. In der Analyse wurde herausgearbeitet, worum genau es geht in einem Fall – und vielleicht ergab sich daraus bereits ein Veränderungs-/Handlungsbedarf. Mit der Diagnose wurde die Tiefendimension des Falls erschlossen, wurden Hypothesen erarbeitet, was beim Unterstützungsprozess alles berücksichtigt werden muss. Nun richtet sich der Blick in die Zukunft: Was soll sich angesichts dieses Wissens verändern, wie sieht ein erwünschter Zustand aus? Es gilt, mit allen wichtigen Beteiligten – insbesondere der Klientin selber – Ziele zu vereinbaren, um dem (Re-)Integrationsprozess eine Richtung zu geben.

Mit der Formulierung von *Grobzielen* werden die angestrebten Veränderungen als erreichbar umschrieben (z. B. »Ich habe eine interessante Stelle gefunden, bei der ich mich den Anforderungen gewachsen fühle und ich viele Kontakte zu anderen Menschen habe«). Ziele, die der Klient selber erreichen will, sind sog. *Bildungsziele*; sie sind positiv zu formulieren (»Ich bin fähig, pünktlich zur Arbeit zu erscheinen«, statt: »Ich komme nicht mehr zu spät zur Arbeit«), beziehen sich auf wichtige eigene Wünsche und wirken damit motivierend.

Im systemisch-lösungsorientierten Handlungsansatz finden sich viele Fragetechniken, die den Klienten als Experten seines Lebens ansprechen und die zur Zielfindung genutzt werden können.[12]

Oft ist ein gemeinsamer Prozess nötig, um Wünsche von Klientinnen – die vage und damit auch unverbindlich sein können – zu konkretisieren, sie mit dem gesellschaftlich vorgegebenen Ziel der (Re-)Integration zu verknüpfen und schliesslich als verbindliches Grobziel zu formulieren, an dessen Realisierung dann gemeinsam gearbeitet werden kann.

Das in der Praxis weit verbreitete Anforderungskürzel für Zielformulierungen ›SMART‹ (d. h. Spezifisch, Messbar, Akzeptabel, Realistisch, Terminierbar) hingegen ist erst in einer späteren Phase des Prozesses sinnvoll, wenn es um die Operationalisierung des angestrebten Sollzustandes geht (Prozessschritt Interventionsplanung, siehe 2.5.). Denn ein SMART-Ziel allein, ohne übergeordnetes, motivierendes Grobziel (z. B. »Am Ende des Monats habe ich fünf Bewerbungen geschrieben«) ist kaum hilfreich. Die vielerorts vorgeschriebenen, teilweise bereits allzu konkreten, operationalisierten Zielvereinbarungen sind manchmal Pseudo-Zielvereinbarungen, die dem Klienten mehr oder weniger verordnet werden, und die er – um Sanktionen zu entgehen – mehr oder weniger willig akzeptiert. Solche Ziele sind nicht nur aus professionsethischer Sicht unzulässig (siehe 1.2.), sie haben auch keine motivierende Wirkung und verfehlen damit ihre Funktion.

Wenn keine Verständigung auf wichtige Ziele erreicht werden kann, dann ist auf das stellvertretende Formulieren und Vorgeben von Zielen zu verzichten – denn Veränderungsprozesse bei Klientinnen können weder verordnet noch ›hergestellt‹ werden (siehe 1.1., strukturelles Technologiedefizit). Gleichzeitig gilt es, das vorgegebene Ziel der Re-Integration in den ersten Arbeitsmarkt auch der Klientin gegenüber transparent darzulegen, die Situation einer fehlenden gemeinsamen Zielformulierung auszuhalten und immer wieder zu thematisieren. Hier zeigt sich das Spannungsfeld der doppelten Loyalitätsverpflichtung – die nicht einseitig aufgelöst werden kann – besonders deutlich (siehe 1.1., Spannungsfeld zwischen Hilfe und Kontrolle). Dabei kann es sinnvoll sein, zunächst mit sog. *Unterstützungszielen* zu arbeiten: Der Sozialarbeiter formuliert, was er selber als unterstützende Instanz erreichen möchte in einem Fall (Z. B.: »Es ist mir gelungen, die Gründe für die phasenweise Verweigerung von Frau X. zu erkennen und ihre Motivation zur Zusammenarbeit zu wecken«, oder: »Wir haben in Zusammenarbeit mit Herrn Y. und seiner Vorgesetzten die Arbeitsanforderungen so angepasst, dass sich für ihn neue Perspektiven zeigen«). Dies kann den Weg ebnen zu einer gemeinsamen Formulierung von Grobzielen in Form von Bildungszielen, denen die Klientin wirklich zustimmen kann, und die zugleich das vorgegebene gesellschaftliche Ziel der (Re-)Integration aufgreifen.

Bevor Grobziele dann konkretisiert und operationalisiert werden können, gilt es zunächst Überlegungen zu möglichen Interventionen anzustellen.

---

12 Z. B.: »Wie würde die Situation am Arbeitsplatz aussehen, wenn all ihre gegenwärtigen Probleme verschwunden wären?«, oder: »Was müsste ich bei Ihnen am Verhalten feststellen, damit Sie das Programm beenden können?« (Beispiele bei Conen/Cecchin 2013:147–149).

2.5 Intervention

In der Methodik KPG wird die Intervention[13] unterteilt in zwei Schritte: Planung und Durchführung.

> »Bei der Interventionsplanung gilt es, konkrete Antworten zu finden auf die Frage ›Was tun?‹. Aufgabe ist, mit einer fallbezogenen sinnvollen Auswahl von Interventionen Bildungsprozesse bei Klienten zu unterstützen und zu ermöglichen sowie ihre Lebensbedingungen zu verbessern. Erkenntnisse aus Analyse und Diagnose sowie vereinbarte Grobziele bilden den Rahmen für Interventionsplanung; das Prinzip der Ressourcenorientierung kann als Basis, ein handlungsleitendes Konzept als Hintergrundfolie genutzt werden. Ziel ist es, gemeinsam mit allen Beteiligten Interventionen auszuwählen und konkret zu planen (wer macht wann was wie?).« (Hochuli Freund/Stotz 2015:291).

> »Bei der Interventionsdurchführung im engeren Sinne ist zu überlegen, *wie* das Geplante *zu tun* ist. Es geht darum, Personen, Aufgaben, Vorgehensweisen, Organisationen und Tätigkeiten auf der Basis von offen gelegten Entscheidungsstrukturen miteinander zu vernetzen und für einen angemessenen Informationsfluss zu sorgen. Interventionen sind systematisch und kontinuierlich zu dokumentieren; mittels Controlling soll der Mitteleinsatz überprüft und nötigenfalls angepasst werden. Ziel ist eine wirksame Unterstützung von Klienten(systemen) zum Erreichen der vereinbarten Ziele unter optimalem Einsatz vorhandener Ressourcen.« (Ebd.:307)

Auf Basis der Erkenntnisse aus Analyse und Diagnose und mit Blick auf die vereinbarten Grobziele als Zukunftsperspektive können Überlegungen zu fallbezogen angemessenen Interventionen entwickelt werden. Neben einer gelingenden und nachhaltigen Wiedereingliederung geht es im Eingliederungsmanagement oft auch darum, dass die Klienten ihre Kompetenzen bezogen auf den Arbeitsmarkt verbessern bzw. erhalten können. Eine Intervention kann die Vermittlung in ein bestimmtes Programm bedeuten (z.B. berufliche Massnahme der IV, Motivationssemester, Qualifizierungskurs), v. a. aber auch die konkrete Ausgestaltung der Aufgaben einer Klientin innerhalb eines bestimmten Programms. Sozialarbeiterin und Klientin suchen gemeinsam nach Interventionsmöglichkeiten; ausserdem klärt die Sozialarbeiterin, wer ausserdem in diesen

---

[13] Gemeint ist hier die ›Intervention im engeren Sinne‹, bei der das gesamte weitere Vorgehen mit Hilfe einer expliziten Planung sorgfältig vorbereitet wird. Selbstverständlich finden auch in den bisherigen Prozessschritten – etwa wenn Gespräche zur Situationserfassung oder zum Fallverstehen (Diagnose) geführt werden – bereits Interventionen statt; diese werden als ›Interventionen im weiteren Sinne‹ bezeichnet (Hochuli Freund/Stotz 2015:271).

Suchprozess einbezogen werden soll. Ist neben der Sozialarbeiterin ein Case-Manager aus einem anderen Hilfesystem im Fall engagiert, ist an dieser Stelle des Prozesses eine gemeinsame Sitzung angezeigt.

Die Interventionsplanung beinhaltet verschiedene Schritte. Sie beginnt mit der kreativen Phase der *Suche nach Interventionsmöglichkeiten*, in der der Blick geöffnet und zunächst alles sog. Unmögliche gedacht und gesagt werden kann. Biografische Erfahrungen des Klienten (was schon einmal hilfreich gewesen ist) können ebenso genutzt werden wie der Erfahrungsschatz des Professionellen bzw. der Organisation (was in ähnlichen Fällen schon einmal erfolgreich war). Lohnenswert ist es auch, alle Ressourcen zu erkunden: die individuellen und sozialen Ressourcen des Klienten, die organisationalen und sozialen Ressourcen am Arbeitsplatz. Auf diese Weise können neue, manchmal ungeahnte Möglichkeiten entdeckt werden.[14] Vielleicht gibt es auch Studien, welche die Evidenz von Interventionen in spezifischen Fallkonstellationen nachweisen (Mullen et al. 2000).

Die verschiedenen *Optionen* gilt es in einem zweiten Schritt zu *bewerten*: Wie gross ist der Aufwand, welche Hindernisse und welche weiteren Einflussfaktoren gibt es allenfalls, welche negativen Nebenfolgen könnte das haben etc. Auch die Vorgaben von aussen – rechtliche Bedingungen, Auflagen des Arbeitgebers, anfällige Sanktionen – sind der Klientin gegenüber transparent darzulegen und in die Bewertung der einzelnen Möglichkeiten einzubeziehen.[15] Ein Best- oder Worst-Case-Szenario zu entwickeln ist ein gutes methodisches Hilfsmittel, um insbesondere unerwünschte Nebenwirkungen voraussehen und die Interventionsplanung entsprechend modifizieren zu können.

Auf dieser Basis kann gemeinsam eine *Entscheidung* gefällt werden für eine bestimmte Intervention (bzw. für ein Bündel von Interventionen). Erst jetzt wird die konkrete Planung angegangen. Hilfreich ist, zunächst die Grobziele zu konkretisieren und mit Hilfe der Frage »Was soll bis wann erreicht sein?« in Feinziele zu operationalisieren.[16]

Weiter gilt es zu klären:

- Wer macht was?
- Was gilt es zu koordinieren, wer soll wie informiert werden?
- Was soll wie dokumentiert werden?

---

14 Eine Orientierung am Handlungskonzept ›Empowerment‹ ist dabei hilfreich (vgl. Herriger 2014).
15 Auf diese Weise kann es gelingen, dass die Sozialarbeiterin ihrer Kontrollfunktion gerecht wird, ohne sich selber damit zu identifizieren und ohne von der Klientin damit identifiziert zu werden (siehe 1.1, auch Kähler/Zobrist 2013:102).
16 Erst an dieser Stelle im Prozess ist es hilfreich, Feinziele zu formulieren, die den SMART-Kriterien genügen – d. h. *Spezifisch, Messbar, Aktzeptabel, Realistisch, Terminierbar* sind (siehe oben, 2.4). Sinnvollerweise werden bei jedem Feinziel Indikatoren zur Überprüfung der Zielerreichung formuliert (mit der Hilfsfrage: »Woran kann man erkennen, dass das Feinziel erreicht ist?«).

- Wann findet eine (Zwischen-)Evaluation statt? (Vgl. Hochuli Freund/Stotz 2015:288)

Dieses Vorgehen – sich auf Interventionen zu verständigen – entspricht dem Interventionsmodus ›gemeinsames Handeln‹ (nach Müller 2012:141f.). Wenn keine Kooperation erreicht werden kann, ist gegenüber dem Klienten transparent darzulegen, ob er die vorgeschlagene Intervention auch ablehnen kann (Interventionstypus ›Angebot‹) oder ob es sich um eine Anordnung handelt, die auch gegen seinen Willen umgesetzt wird (Interventionsmodus ›Eingriff‹[17]). Sinnvollerweise werden die Interventionen insgesamt skizziert, konkret geplant, jedoch wird zunächst nur eine erste Interventionssequenz durchgeführt. Eine ständige Überprüfung und Reflektion der realisierten Interventionen und die genaue Planung der jeweils nächsten Schritte sind integraler Bestandteil der Interventionsdurchführung (›rollende Planung‹). Im Verlaufe der Interventionsdurchführung ist in vielen Fällen ein allmählicher *Rollenwechsel* angezeigt. Zu Beginn einer Beratung oder Begleitung nimmt ein Sozialarbeiter oft eine aktive Rolle ein, er kompensiert eine möglicherweise geringe Motivation und/oder hohe Zweifel der Klientin durch eigene Initiative und Engagement und vermittelt Vertrauen in die Klientin und das Gelingen des gemeinsamen Arbeitsprozesses. Wenn auf diese Weise die Kooperationsbereitschaft der Klientin gewonnen und ihr Selbstvertrauen gestärkt ist, ist die Fähigkeit des Professionellen gefragt, sich immer mehr zurückzunehmen und sich selber überflüssig zu machen (vgl. Hochuli Freund/Stotz 2015:298–300)

2.6 Evaluation

»Evaluieren heisst, einen Gegenstand systematisch zu untersuchen und daraus Folgerungen abzuleiten. Bei der fallbezogenen Evaluation geht es um die Bewertung und Beurteilung des Unterstützungsprozesses; dazu gehört auch die gemeinsame Auswertung mit Klienten(systemen). Evaluation bedarf einer bewussten, künstlichen Pause in einem Prozess und erlaubt Distanznahme zum Geschehen. Ziel ist das bisherige Vorgehen zu bewerten, Bilanz zu ziehen und Folgerungen für die weitere Arbeit abzuleiten. Durch Evaluationsgefässe wird die Möglichkeit gemeinsamen Lernens institutionalisiert.« (Hochuli Freund/Stotz 2015:323)

Zu evaluieren ist ein Kennzeichen von Professionalität. Für eine lernende Organisation, die sich weiterentwickeln und aus der einzelnen Fallarbeit Folgerungen ableiten will, ist eine institutionalisierte fallbezogene Evaluation unabding-

---

[17] Eingriffshandeln verletzt die Selbstbestimmung und ist stets legitimationsbedürftig; professionsethisch ist dies nur zu rechtfertigen, wenn eine Gefahr nicht anders abgewendet werden kann – was in den Arbeitsfeldern des Eingliederungsmanagements selten der Fall sein dürfe.

bar. Deren Institutionalisierung ist wesentlich, denn im Handlungsdruck des Alltags passiert Evaluation nicht ›einfach so‹. Allzu oft ist für das Innehalten, Zurückschauen und Bilanzziehen keine Zeit vorhanden – es sei dann, man nimmt sie sich.

Eine *fallbezogene Evaluation* zu konzipieren und zu realisieren liegt in der Verantwortung der fallführenden Sozialpädagogin. Wie bereits in den vorangehenden Prozessschritten gilt es auch hier zu klären, welches die wichtigen Beteiligten sind und wer – neben dem Klienten – einbezogen werden soll. Geklärt werden muss ausserdem, nach welchen Kriterien der (bisherige bzw. abgeschlossene) Unterstützungsprozess bewertet werden soll. Im Qualitätssicherungssystem der Praxisorganisation sind möglicherweise Form und Kriterien hierfür festgeschrieben, und/oder es gibt ein Instrument für die fallbezogene Evaluation. ›Analytische Phase‹, ›Handlungsphase‹ und ›Kooperation‹ sowie ›Gesamtbeurteilung‹ sind die Evaluationsdimensionen im Konzept KPG (vgl. ebd.:316). Bei jeder Dimension stehen unterschiedliche *Kriterien* zur Verfügung. Bei der Evaluationsdimension ›Kooperation‹ ist dies beispielsweise die *Kooperation mit Klientin und Klientensystem*:

> »Wie wurde die Kooperation gestaltet? Wann wurde die Klientin bzw. das Klientensystem einbezogen, und auf welche Weise? [...] Sind Qualität und Ausmass im Verlaufe des Unterstützungsprozesses gestiegen oder gesucken?« (Vgl. ebd.:320)

Aus Zeitgründen ist eine Auswahl zu treffen, welche Dimensionen und Kriterien in einem Fall wichtig sind und beurteilt werden sollen.

Evaluation ist anspruchsvoll, beinhaltet sie doch ein genaues und ehrliches Zugänglichmachen von empfindlichen Punkten (Müller 2012:163). *Voraussetzung* ist ein Klima von Angstfreiheit und Offenheit. Damit die Evaluation gemeinsam mit einer Klientin gelingt, bedarf es eines Vertrauensverhältnisses und die Sicherheit, dass negative Aussagen keine Nachteile nach sich ziehen werden. Vielleicht ist es im Rückblick möglich, Situationen, die geprägt waren von Unfreiwilligkeit und/oder geringer Motivation, gemeinsam kritisch zu betrachten und zu beurteilen.

Eine Evaluation im Fachteam[18] ist wichtig, um das eigene Handeln und organisationsspezifische Vorgaben und Abläufe zu hinterfragen und modifizieren zu können (z. B. die Ausgestaltung eines Programms, Nutzen von Sanktionen etc.). Aus jeder fallbezogenen Evaluation können Folgerungen abgeleitet werden für die Organisationsebene.

Für die einzelnen Professionellen hat Evaluation auch ein Aspekt von Psychohygiene. Die eigene Arbeit differenziert und in Ruhe zu beurteilen, sich über Gelungenes zu freuen, Schwieriges noch einmal zu beleuchten, eigene emotionale Verstrickungen zu reflektieren und aufzulösen (wenn z. B. für den Sozialarbeiter selber die Reintegration eines Klienten unbedingt gelingen sollte) – diese

---

18 Das kann in Gefässen wie Fallsupervision, Fallintervision, Teambesprechungen etc. geschehen. In solchen Reflexionsgefässen kann gemeinsam auch über weitere Prozessschritte in einem Fall nachgedacht werden. Wertvoll sind diese Gefässe nicht nur für die Evaluation, sondern insbesondere auch für den Austausch über die Diagnose (im Sinne von Fallverstehen, siehe 2.3).

Art der kritischen Rückschau ermöglicht nicht nur persönliches Lernen, sondern unterstützt auch das eigene Wohlbefinden.[19]

3 Professionelle Grundhaltung und Arbeitsprinzipien

KPG ist ein professionstheoretisch fundiertes, methodenintegratives Konzept für professionelles Handeln. Klienten werden von Anfang an als aktiv handelnde Akteure gesehen. Dies macht die Methodik KPG zu einem wichtigen Handlungsansatz für die Gestaltung von Unterstützungsprozessen im Eingliederungsmanagement. Im vorangehenden Kapitel wurden Strukturierungsmöglichkeiten vor dem Hintergrund von KPG vorgestellt und es wurde dargelegt, welche Methoden und methodischen Hilfsmittel in den einzelnen Prozessschritten genutzt werden können. Das professionelle Handeln in einem der Arbeitsfelder von Eingliederungsmanagement nach KPG zu gestalten, beschränkt sich jedoch nicht auf die Anwendung von Methoden. Es bedeutet auch und v. a., eine bestimmte professionelle Grundhaltung zu entwickeln und zu internalisieren. Diese Grundhaltung sowie die sich daraus ergebenden Arbeitsprinzipien werden abschliessend stichwortartig umschrieben:

- *Aushalten und Ausbalancieren des Spannungsfeldes zwischen Hilfe und Kontrolle*
  Eine Sozialarbeiterin bringt ihr anwaltschaftliches Selbstverständnis und Engagement für die Interessen der Klienten zum Ausdruck und macht zugleich deutlich, dass sie als Vertreterin einer sozialstaatlich finanzierten Organisation handelt. Sie legt ihre Kontrollaufträge, Vorgaben und Anordnungen transparent dar.
- *Professionsethische Ausrichtung an den Zentralwerten der Profession*
  Sozialpädagogen nehmen Bedürfnisse, Wünsche und Lebensentwürfe von Klientinnen ernst. Sie sind bestrebt, deren Selbstbestimmung zu unterstützen und zugleich ihre berufliche und soziale Integration zu gewährleisten.
- *Bescheidenheit in Bezug auf die eigene Einfluss- und Wirkungsmöglichkeiten*
  Berufliche (Re-)Integration unterliegt keiner Herstellungslogik:[20] Sie kann

---

19 So betrachtet ist eine institutionalisierte Evaluation eine Massnahme zur Burnout-Prophylaxe. Denn eine institutionalisierte Evaluation ermöglicht nicht nur eine wertschätzende Distanznahme zum eigenen Handeln, sondern zugleich auch eine Pause im oft durch Hektik geprägten Berufsalltag (Hochuli Freund/Stotz 2015:314f.).
20 In der Typologie des Tätigseins, die Hannah Arendt (1996) entworfen hat, werden die Unterschiede zwischen der Logik des Herstellens (einer Tätigkeitsform, die sich auf die Bearbeitung von Materie bezieht – wodurch sich beispielsweise Gebrauchsge-

nicht ›hergestellt‹, sondern lediglich angeregt, unterstützt, befördert werden. Für Professionelle der Sozialen Arbeit bedeutet dies den Verzicht auf Grössenfantasien, was alles in der eigenen Macht liegt – und sich dennoch der eigenen Bedeutung in der Begleitung eines Integrationsprozesses bewusst zu sein.

- *Kooperation mit Klientin suchen und erarbeiten*
  Sozialarbeiterinnen können auch in einem Kontext von eingeschränkter Freiwilligkeit eine Arbeitsbeziehung aufbauen. Sie sind in der Lage, einen Prozess gemeinsame Arbeit im Hinblick auf Ziele zu initiieren, welche für die Klientin bedeutsam sind und die zugleich die Vorgaben von Arbeitsplatz und Reintegration ins Erwerbsleben berücksichtigen.
- *Verstehensorientierter Zugang*
  Das professionelle Vorgehen ist gekennzeichnet ist durch die beiden Leitsätze: »Erfassen ohne zu bewerten und zu erklären« und: »Erst Verstehen, dann Handeln«.
- *Strukturiertes und zugleich flexibles methodisches Vorgehen*
  Professionelle der Sozialen gestalten einen Unterstützungsprozess strukturiert, sie verfügen über eine Bandbreite an Methoden – die sie in einem Prozessmodell verorten können – und sind in der Lage, organisation- und fallbezogen geeignete Methoden zu nutzen und diese fallbezogen zu modifizieren (Hochuli Freund 2011:34). Methoden sind stets Hilfsmittel für die gemeinsame, zielorientierte Arbeit mit Klientinnen im Hinblick auf ein gutes Leben und die berufliche (Re-)Integration.

Professionelles Handeln mit dieser Grundhaltung bietet eine Hilfe, die Klientinnen als Akteurinnen im eigenen beruflichen Reintegrationsprozess zu unterstützen und zu begleiten.

Literatur

Arendt, Hanna (1996). Vita activa. Oder vom tätigen Leben. 8. Aufl. München: Piper.
AvenirSocial (2010). Berufskodex Soziale Arbeit Schweiz. Ein Argumentarium für die Praxis der Professionellen. Bern: AvenirSocial.
Böhnisch, Lothar (2016). Lebensbewältigung. Ein Konzpet für die Soziale Arbeit. Weinheim/Basel: Beltz Juventa.
Böhnisch, Lothar (2008). Sozialpädagogik der Lebensalter. Eine Einführung. 5., überarbeitete und erweiterte Aufl. Weinheim/München: Juventa.
Böhnisch, Lothar/Lösch, Hans (1973). Das Handlungsverständnis des Sozialarbeiters und seine institutionelle Determination. In: Otto, Hans-Uwe/Schneider, Siegfried (Hrsg.).

---

genstände herstellen lassen) und der Logik des Handelns (einer Tätigkeitsform, die sich zwischen Menschen abspielt) sehr schön herausgearbeitet.

Gesellschaftliche Perspektiven der Sozialarbeit, Bd. 2. Neuwied, Berlin: Luchterhand. S. 21–40.

Bommes, Michael/Scherr, Albert (2012). Soziologie der Sozialen Arbeit. Eine Einführung in Formen und Funktionen organisierter Hilfe. 2. überarbeitete Aufl. Weinheim/München: Juventa.

Böhringer, Daniela/Karl, Ute/Müller, Hermann/Schröer, Wolfgang/Wolff, Stephan (2012). Den Fall bearbeitbar halten. Gespräche in Jobcentern mit jungen Menschen. Opladen: Barbara Budrich.

Bronfenbrenner, Urie (1981). Die Ökologie der menschlichen Entwicklung. Natürliche und Geplante Experimente. Stuttgart: Fischer.

Busse, Stefan/Ehlert, Gudrun (2012). Die allmähliche Heraus-Bildung von Professionalität im Studium. In: Becker-Lenz, Roland et al. (Hrsg.). Professionalität Sozialer Arbeit und Hochschule. Wissen, Kompetenz, Habitus und Identität im Studium Sozialer Arbeit. Wiesbaden: VS Verlag. S. 85–110.

Castel, Robert (2009). Die Wiederkehr der sozialen Unsicherheit. In: Castel, Robert/ Dörre, Klaus (Hrsg.). Prekarität, Abstieg, Ausgrenzung. Die soziale Frage am Beginn des 21. Jahrhunderts. Frankfurt a. M: Campus.

Conen, Marie-Luise/Cecchin, Gianfranco (2013). Wie kann ich Ihnen helfen, mich wieder loszuwerden? Therapie und Beratung mit unmotivierten Klienten und in Zwangskontexten. 4. Aufl. Heidelberg: Carl Auer.

Dewe, Bernd et al. (2011). Professionelles Handeln. Soziale Arbeit im Spannungsfeld zwischen Theorie und Praxis. 4. Aufl. Weinheim/München: Juventa.

Erdheim, Mario (2000). Aufruhr im Subjekt. Omnipotenz, Mutproben und Arbeit. DU, Heft 6. S. 52–54.

Erdheim, Mario (1991). Psychoanalyse und Unbewusstheit in der Kultur. Aufsätze 1980–1987. Frankfurt a. M.: Suhrkamp.

Fiedler Rolf Georg et. al. (2005) Arbeitsmotivation – Diagnostikinstrumente und ihre Relevanz in der Patientenversorgung. Zum Stand arbeitsbezogener Motivationsdiagnostik. Psychother Psych Med 55. S. 469–475.

Fischer, Wolfram/Goblirsch Martina (2004). Narrativ-biographische Diagnostik in der Jugendhilfe. Fallrekonstruktion im Spannungsfeld von wissenschaftlicher Analyse und professioneller Handlungspraxis. In: Heiner, Maja (Hrsg.). Diagnostik und Diagnosen in der Sozialen Arbeit. Ein Handbuch. Frankfurt a. M.: Dt. Verein für öffentliche und private Fürsorge. S. 127–140.

Galuske, Michael (2013). Methoden der Sozialen Arbeit. Eine Einführung. 10., ergänzte Aufl. Weinheim/München: Juventa Verlag.

Geisen, Thomas/Moesch, Peter (2017). Handbuch Eingliederungsmanagement. Berlin/Heidelberg: Springer (erscheint 2017).

Geiser, Kasper (2013). Problem- und Ressourcenanalyse in der sozialen Arbeit. Eine Einführung in die systemische Denkfigur und ihre Anwendung. 5. Aufl. Luzern: Interact.

Heiner, Maja (2004). Professionalität in der Sozialen Arbeit. Theoretische Konzepte, Modelle und empirische Perspektiven. Stuttgart: Kohlhammer.

Heiner, Maja (2004a) (Hrsg.). Diagnostik und Diagnosen in der Sozialen Arbeit – Ein Handbuch. Frankfurt a. M.: Dt. Verein für öffentliche und private Fürsorge.

Heiner, Maja (2004b). PRO-ZIEL Basisdiagnostik. Ein prozessbegleitendes, zielbezogenes, multiperspektivisches und dialogisches Diagnoseverfahren im Vergleich. In: Dies. (Hrsg.). Diagnostik und Diagnosen in der Sozialen Arbeit – Ein Handbuch. Frankfurt a. M.: Dt. Verein für öffentliche und private Fürsorge. S. 218–238.

Herriger, Norbert (2014). Empowerment in der Sozialen Arbeit. Eine Einführung. 5., erweiterte und aktualisierte Aufl. Stuttgart: Kohlhammer.

Hochuli Freund, Ursula (2011). Methoden erhöhen die Zugangsschwelle zur Sozialen Arbeit nicht – sie vermindern sie. Eine Replik. In: SozialAktuell 12. S. 34.

Hochuli Freund, Ursula/Stotz, Walter (2014). Kooperative Prozessgestaltung in der Praxisausbildung – Begleitung von Studierenden beim Kompetenzerwerb. In Roth, Claudia/Merten, Ueli (Hrsg.). Praxisausbildung konkret. Am Beispiel des Bachelor in Sozia-

ler Arbeit der Fachhochschule Nordwestschweiz. Opladen: Barbara Budrich. S. 151–173.
Hochuli Freund, Ursula/Stotz, Walter (2015). Kooperative Prozessgestaltung in der Sozialen Arbeit. Ein methodenintegratives Lehrbuch. 3., erweiterte und aktualisierte Aufl. Stuttgart: Kohlhammer.
Jacquemin, Axel (2010). Was hat den stärksten Einfluss auf die Arbeitszufriedenheit von Call-Center Agenten? Dissertation, Universität St. Gallen. URL: http://www1.unisg.ch¬/www/edis.nsf/SysLkpByIdentifier/3775/$FILE/dis3775.pdf (Zugriff am 10.10. 2016).
Lamnek, Siegfried (1999). Theorien abweichenden Verhaltens. Eine Einführung für Soziologen, Psychologen, Pädagogen, Juristen, Politologen, Kommunikationswissenschaftler und Sozialarbeiter. 7. Aufl. München: Fink.
Kähler, Harro/Zobrist, Patrick (2013). Soziale Arbeit in Zwangskontexten. Wie unerwünschte Hilfe erfolgreich sein kann. 2., überarbeitete Aufl. München: Reinhardt.
Kraimer, Klaus (Hrsg.) (2000). Die Fallrekonstruktion. Sinnverstehen in der sozialwissenschaftlichen Forschung. Frankfurt a. M.: Suhrkamp.
Luhmann, Niklas/Schorr, Karl Eberhart (1982). Das Technologiedefizit der Erziehung und die Pädagogik. In: Dies. (Hrsg.). Zwischen Technologie und Selbstreferenz. Frankfurt a. M.: Suhrkamp. S. 11–40.
Maeder, Christoph/Nadai, Eva (2004). Zwischen Armutsverwaltung und Sozialarbeit: Formen der Organisation von Sozialhilfe in der Schweiz. In: Schweizerische Zeitschrift für Soziologie 1. S. 59–76.
Meinhold, Marianne (1996). Qualitätssicherung und Qualitätsmanagement in der sozialen Arbeit. Einführung und Arbeitshilfen. Freiburg i. Br.: Lambertus.
Mertel, Barbara (2006). Arbeitszufriedenheit – Eine empirische Studie zu Diagnose, Erfassung und Modifikation in einem führenden Unternehmen des Automotive. Disseration. URL: http://d-nb.info/981263240/34 (Zugriff am 10.10.2016).
Moor, Paul (1965). Heilpädagogik. Ein pädagogisches Lehrbuch. Bern: Huber.
Mullen, Edward J./Bellamy, Jennifer L./Blesoe, Sarah E. (2007). Evidenzbasierte Praxis in der Sozialen Arbeit. In Sommerfeld, Peter/Hüttemann, Matthias (Hrsg.). Evidenzbasierte Soziale Arbeit. Nutzung von Forschung für die Praxis. Baltmannsweiler: Schneider. S. 10–25.
Müller, Burkhard (2012). Professionalität. In Thole, Werner (Hrsg.). Grundriss Soziale Arbeit. Ein einführendes Handbuch. 4. Aufl. Wiesbaden: VS Verlag. S. 955–974.
Müller, Burkhard (2012). Sozialpädagogisches Können. Ein Lehrbuch zur multiperspektivischen Fallarbeit. 7. Aufl. Freiburg i. Br.: Lambertus.
Müller, Burkhard (1991). Die Last der grossen Hoffnungen. Methodisches Handeln und Selbstkontrolle in sozialen Berufen. Völlig überarbeitete Neuausgabe. Weinheim/München: Juventa.
Neuffer, Manfred (2013). Case Management. Soziale Arbeit mit Einzelnen und Familien. 5., überarbeitete Aufl. Weinheim/München: Beltz Juventa.
Nussbaum, Martha C. (2012). Gerechtigkeit oder Das gute Leben. Frankfurt a. M.: edition suhrkamp.
Oevermann, Ulrich (2002). Theoretische Skizze einer revidierten Theorie professionalisierten Handelns. In: Combe, Arno/Helsper, Werner (Hrsg.). Pädagogische Professionalität. Untersuchungen zum Typus pädagogischen Handelns. 4. Aufl. Frankfurt a. M: Suhrkamp. S. 70–182.
Pantuček, Peter. (2012). Soziale Diagnostik. Verfahren für die Praxis Sozialer Arbeit. 3., akutalisierte Aufl. Wien/Köln/Weimar: Böhlau.
Schaarschmidt, Uwe (2006). AVEM – ein persönlichkeitsdiagnostisches Instrument für die berufsbezogene Rehabilitation. In: Arbeitskreis Klinische Psychologie in der Rehabilitation BDP (Hrsg). Psychologische Diagnostik – Weichenstellung für den Reha-Verlauf. Bonn: Deutscher Psychologen Verlag. S. 59–82.
Schrapper, Christian (2004) (Hrsg.). Sozialpädagogische Diagnostik und Fallverstehen in der Jugendhilfe. Anforderungen, Konzepte, Perspektiven. Weinheim, München: Juventa.

Schweizer, Jochen (1998). Gelingende Kooperation. Systemische Weiterbildung in Gesundheits- und Sozialberufen. Weinheim/München: Juventa.

Sennet, Richard (2000). Der flexible Mensch. Die Kultur des neuen Kapitalismus. 6. Aufl. Berlin: Siedler.

Sommerfeld, Peter/Hollenstein, Lea/Calzaferri, Raphael (2011). Integration und Lebensführung. Ein forschungsgestützter Beitrag zur Theoriebildung der Sozialen Arbeit. Wiesbaden: VS Verlag

Staub-Bernasconi, Silvia (1998). Wird die UNO zur Sozialarbeiterin oder wird die Soziale Arbeit zur Menschenrechtsprofession? In: Olympe, Feministische Arbeitsheft zur Politik 1 (1). S. 82–89.

Staub-Bernasconi, Silvia (2006). Der Beitrag einer systemischen Ethik zur Bestimmung von Menschenwürde und Menschenrechten in der Sozialen Arbeit. In: Dungs, Susanne et al. (Hrsg.). Soziale Arbeit und Ethik im 21. Jahrhundert. Ein Handbuch. Leipzig: Evangelische Verlagsanstalt. S. 267–289.

Stotz, Walter (2012). Auch unerwünschte Unterstützung kann zum Ziel führen. Ausgewählte methodische Aspekte zur Kooperation mit KlientInnen im Zwangskontext. In: SozialAktuell 10. S.15–17.

Thiersch, Hans (2002). Sozialpädagogik – Handeln in Widersprüchen. In: Otto, Hans-Uwe et al. (Hrsg.). Erziehungswissenschaft: Professionalität und Kompetenz. Opladen: Leske und Budrich. S. 209–222.

United Nations (1948). Allgemeine Erklärung der Menschenrechte. Resolution 217 A (III) der Generalversammlung vom 10. Dezember 1948. URL: http://www.ohchr.org/en/¬udhr/pages/Language.aspx?LangID=ger (Zugriff am 10.10.2016).

›Kooperative Bedarfsermittlung‹ und Weiterentwicklung des Wohnbereichs
Einführung von Kooperativer Prozessgestaltung in einer Einrichtung der Behindertenhilfe

Jakin Gebert, Ursula Hochuli Freund, Jasmin Hugenschmidt, Raphaela Sprenger-Ursprung

Was bedeutet es, die Methodik Kooperative Prozessgestaltung (KPG) in eine Organisation zu implementieren? Der Beitrag will dies anhand eines dreijährigen Projekts in einer Einrichtung der Behindertenhilfe illustrieren. In diesem Projekt ging es zunächst um die Entwicklung eines ganz neuen Angebots – Kooperative Bedarfsermittlung (KB) –, zugleich aber auch um eine behutsame methodische Neuausrichtung der Arbeit in den bestehenden Wohnangeboten.

Nach Informationen zu Projektanlage und -verlauf wird das neue Angebot KB geschildert mit den verschiedenen Instrumenten, die hierfür entwickelt wurden, sowie einem Berichts-Beispiel. Anschliessend wird die Neuausrichtung in den verschiedenen bestehenden Angeboten erläutert, die in der Ambulanten Wohnbegleitung anders ausfiel als in den stationären Wohnangeboten. Zum Schluss werden die dargelegten Neuerungen kritisch bewertet und Möglichkeiten der Weiterentwicklung besprochen, ein Fazit gezogen sowie am Beispiel des Projekts grundsätzliche Fragen in Bezug auf professionelles Handeln diskutiert.

1 Das Projekt

Im Rahmen eines dreijährigen, von Aktion Mensch geförderten Projektes wurde von 2013 bis 2015 im Wohnbereich der Lebenshilfe Lörrach e. V. – einer Einrichtung der Behindertenhilfe in Deutschland – die Methodik KPG implementiert. Das Projekt bestand aus zwei Teilen.

Im *ersten Teilprojekt* sollte auf Grundlage der Methodik ein neues Angebot speziell für junge Menschen mit einer komplexen Problematik entwickelt werden, die neben einer kognitiven Entwicklungsbeeinträchtigung auch eine schwierige soziale Situation und/oder soziale Auffälligkeiten aufweisen und deren Hilfebedarf hinsichtlich Wohnen unklar erschien. Es sollte ein systematisches, methodisch strukturiertes Verfahren zur KB (inklusive Methoden und Instrumenten) entwickelt werden, das es erlaubt, gemeinsam mit einer Klientin ihren individuellen Bedarf bei der Veränderung ihrer Wohn- und Lebenssituation zu ermitteln.

Im *zweiten Teilprojekt* sollte die fachliche Begleitung in den bestehenden Wohnangeboten nach KPG ausgerichtet werden. Die Klienten sollten mehr als bisher in die Förderplanung einbezogen und die Unterstützung stärker auf ihre Ressourcen und Bedürfnisse ausgerichtet werden. Beide Teilprojekte sollten zum Empowerment der Menschen mit Behinderung beitragen und mehr Selbstbestimmung gewährleisten.

Das Praxisentwicklungsprojekt wurde über die gesamte Laufzeit von der Hochschule für Soziale Arbeit der Fachhochschule Nordwestschweiz (FHNW) unterstützt und wissenschaftlich begleitet. Im Rahmen eines Studienprojekts wurde zudem knapp ein Jahr nach Projektbeginn eine formative Evaluation des Projekts durch zwei Masterstudenten der FHNW vorgenommen, mit Fokus auf die Zusammenarbeit zwischen Wissenschaft und Praxis (Ergebnisse nachzulesen in Rhyner/Schlageter 2015).

Anlage Teilprojekt 1: Entwicklung eines neuen Angebots

Für die erste Projektphase wurde eine *Projektgruppe* ins Leben gerufen. Sie war zusammengesetzt aus jeweils einer Mitarbeiterin aus dem Arbeitsbereich der Werkstatt für Menschen mit Behinderungen (WfbM) und des stationären Wohnbereichs (Wohnheim), vier Mitarbeitenden aus dem ambulanten Wohnbereich (Ambulante Wohnbegleitung und Wohnschule) sowie der Wohnbereichsleiterin. Die Aufgabe der Projektgruppe war, das neue Angebot zu entwickeln, gleichzeitig die aktuellen Anfragen von Klientinnen bezüglich einer Veränderung ihrer Wohnsituation zu bearbeiten und das neue Verfahren fortlaufend in der praktischen Umsetzung zu erproben und weiterzuentwickeln.

Neben regelmässigen Teamsitzungen – die im ersten Jahr 14-tägig, später dann wöchentlich stattfanden – gab es für die Projektmitarbeitenden jeden Monat eine Schulung durch eine Mitarbeiterin der FHNW. Hier wurden die einzelnen Schritte und Instrumente des Verfahrens KB nach und nach erarbeitet. Zwischen den Schulungen wurden Themen und Arbeitsaufträge in kleineren Arbeitsgruppen vertieft und die konkreten Hilfsmittel und Instrumente entworfen. Das Verfahren KB orientiert sich an der Struktur des Prozessmodells KPG. Nach Situationserfassung, Analyse und Diagnose bilden sich Zielsetzung und Interventionsplanung bei KB als Empfehlungsplanung ab. Für jeden Prozessschritt wurden verschiedene Methoden und Instrumente entwickelt. Dabei wurde besonderen Wert darauf gelegt, dass die Anliegen und Sichtweise der Klienten aufgenommen und ihre Stärken und Ressourcen erfragt werden, dass Biografie und Vorgeschichte erfasst werden, aber auch der Kontext beachtet und das Umfeld beleuchtet wird. Neben einer detaillierten Beschreibung von Angebot und Verfahren KB wurden im Verlauf des Projekts diverse Arbeitsunterlagen zur Durchführung der Bedarfsermittlungen erstellt. Es gibt Leitfäden, in denen die einzelnen methodischen Schritte präzise beschrieben werden (mit fachlichen Hinweisen und Hilfestellung für das konkrete Vorgehen), zahlreiche Materialien zur Gestaltung und Dokumentation der Arbeit (Fragebögen, Dokumentationsvorlagen, Formulare etc.) sowie Kommunikationshilfsmittel (Bildkarten etc.) bei einzelnen Methoden.

Aus der Projektgruppe heraus ist in der zweiten Projektphase ein festes vierköpfiges *Team* entstanden, das seitdem für die Umsetzung des Angebots und die Durchführung der Bedarfsermittlungen zuständig ist. Die einzelnen Bestandteile und die fachliche Vorgehensweise werden im nächsten Kapitel ausführlich dargelegt.

Anlage Teilprojekt 2: Kooperative Prozessgestaltung in den bestehenden Wohnangeboten

In einer ersten Projektphase fanden acht halbtägige *Schulungen* zur Methodik KPG statt. Diese sog. Gesamtschulungen für alle annähernd 40 Mitarbeitenden des Wohnbereichs fanden verteilt über ein Jahr im Abstand von jeweils sechs bis acht Wochen statt und wurden von Mitarbeitenden der Hochschule für Soziale Arbeit der FHNW realisiert. In diesen Schulungen wurden theoretische Grundlagen zum Konzept KPG vermittelt und ausgewählte Methoden und Instrumente praktisch erprobt, insbesondere solche, mit denen sich die Wünsche und Sichtweisen der Klientinnen gezielter aufnehmen lassen oder die einen stärkeren Einbezug der Klienten ermöglichen. Ein fester Bestandteil war auch die Reflexion der bisherigen Arbeitsweise.

In der letzten Gesamtschulung wurden Anliegen und Vorschläge aufgenommen, wie die *Einführung der Methodik Kooperative Prozessgestaltung* in der zweiten Projektphase *in den einzelnen Bereichen* (stationäre und ambulante Wohnangebote) gestaltet werden könnte. Die unterschiedlichen Schwerpunkte und Ergebnisse dieser Prozesse werden im dritten Kapitel noch genauer dargestellt.

2 Ein neues Angebot: Kooperative Bedarfsermittlung

Bei der Kooperativen Bedarfsermittlung (KB) wird gemeinsam mit den Klientinnen der individuelle Bedarf im Hinblick auf eine Veränderung ihrer Wohn- und Lebenssituation und die dafür notwendige Unterstützung ermittelt. Dies beinhaltet die Erfassung, Analyse und soziale Diagnostik aller relevanten Informationen zur Person und ihrer aktuellen Situation. Ziel ist es, eine auf die spezifische Situation ausgerichtete Empfehlung zu erarbeiten, welche Unterstützung ein junger Mensch braucht, um sozial integriert, möglichst selbstbestimmt und ›gut‹ leben zu können. Adressatinnen des Angebots sind volljährige Menschen mit einer kognitiven Beeinträchtigung, die ihre bestehende Wohnform verändern wollen und deren Hilfebedarf unklar erscheint. Der Wunsch nach einer Veränderung kann dabei von ihnen selbst ausgehen oder vom Kostenträger initiiert bzw. von Angehörigen oder anderen Bezugspersonen (z. B. gesetzlichen

Betreuern) angeregt werden. Es handelt sich dabei jedoch um ein freiwilliges Angebot, und ihre Bereitschaft zur Zusammenarbeit stellt die Grundvoraussetzung zur Durchführung einer Bedarfsermittlung dar. Eine KB dauert in der Regel vier bis sechs Monate. Während dieser Zeit finden regelmässige Treffen mit den Klienten alleine statt. Bei Bedarf werden Angehörige, Bezugspersonen oder andere Fachkräfte mit einbezogen und weitere Informationen eingeholt. Im Folgenden werden der Ablauf einer KB und die dabei verwendeten Methoden und Instrumente vorgestellt. Anhand eines Beispiels eines Abschlussberichts wird zudem das konkrete Ergebnis einer Bedarfsermittlung veranschaulicht.

2.1 Das Verfahren Kooperative Bedarfsermittlung und die verschiedenen Instrumente

Vor dem Beginn einer KB wird interessierten Klientinnen und Angehörigen in einem *Erstgespräch* erläutert, was das Ziel der KB ist und wie diese ablaufen kann. Dabei werden auch Motivation, Erwartungen und Bereitschaft zur Zusammenarbeit geklärt und eine erste Einschätzung zur Lebenssituation der Klienten eingeholt.

Aufbau einer Arbeitsbeziehung und Informationsgewinnung

Eine KB beginnt die fallführende Fachkraft meist mit einer *Lebensweltorientierten Einzelaktivität* gemeinsam mit einer Klientin. Dabei finden verschiedene Aktivitäten in der Lebenswelt des Klienten statt, die er sich aussuchen kann (z. B. Spaziergang, Eis essen, Training des Fussballvereins etc.). Diese gemeinsamen Aktivitäten ausserhalb eines formellen (Beratungs-)Settings dienen dem Aufbau einer Arbeitsbeziehung und lockern die Atmosphäre. Gleichzeitig dienen sie dazu, vor Ort Informationen über das Umfeld und die Bezugssysteme der Klientinnen zu sammeln und diese in ihrer Lebenswelt zu erleben. Ebenfalls werden für die Situationserfassung bestehende Akten der Klienten gesichtet und gegebenenfalls weitere Auskünfte von involvierten Hilfesystemen, der Arbeitsstelle oder dem persönlichen Umfeld eingeholt.

Analyse gemeinsam mit Klientinnen

Mit Hilfe verschiedener Instrumente und Methoden werden anschliessend gemeinsam Informationen zu Biografie, Ressourcen, Schwierigkeiten, sozialen Beziehungen, Wünschen und Befürchtungen erhoben, dokumentiert und ausgewertet. Bei der Entwicklung des Methoden-Sets wurden Instrumente aus dem Konzept KPG genutzt, auf in der Organisation bereits vorhandene, bewährte Instrumente zurückgegriffen und auf dieser Grundlage weitere, neue Arbeitsmittel erstellt. Fast alle Instrumente können – je nach Beeinträchtigung der Klienten – mit Bildkarten oder Ähnlichem ergänzt und/oder vereinfacht werden. Die Veranschaulichung der Methoden hat sich als sehr hilfreich erwiesen.

Während der Verfahrensentwicklung wurde ein Standard an Instrumenten definiert, welche bei jeder KB angewendet werden. Daneben gibt es mehrere weitere Instrumente, die je nach Fall optional beigezogen werden können. Über die Wahl der Instrumente, den Zeitpunkt ihres Einsatzes und ihre sinnvolle Anwendung wird anhand des individuellen Falls entschieden.

Mit dem Instrument *Silhouette* wird mit Hilfe einer Visualisierung gemeinsam die Selbstsicht einer Klientin auf ihre Stärken, Schwierigkeiten, Wünsche und Ängste erfasst. Die Silhouette kann zu einer *Perspektivenanalyse* erweitert werden, indem die Sichtweise weiterer Personen, meist von wichtigen Bezugspersonen, zu diesen vier Bereichen erfragt werden (vgl. Hochuli Freund 2013). Auf diese Weise ist es möglich, Gemeinsamkeiten oder Unterschiede, allenfalls auch Widersprüche in den Einschätzungen zu erkennen.

Ein weiteres Instrument, das ebenfalls der Erfassung der Selbsteinschätzung der Klienten dient, ist ein *Fragebogen zum Hilfebedarf beim Wohnen*. Hierzu wurde das in der Behindertenhilfe häufig verwendete *H. M. B.-W. Verfahren*[1] herangezogen und in einen leicht verständlichen Fragebogen umgewandelt (vgl. Metzler 2001). Er enthält zu allen Items Aussagen, die von der Klientin mit »Kann ich«, »Kann ich mit Hilfe«, »Kann ich nicht«, »Weiss nicht« und »Will ich lernen« beantwortet werden können. Der Fragebogen ist optional um die Einschätzung einer Fachperson erweiterbar. Alternativ kann zur Beurteilung des Hilfebedarfs der kürze und in leichter Sprache verfasste Fragebogen des Bezirks Oberbayern (2013) zum H. M. B.-W. Verfahren verwendet werden.

Um wichtige biografische Verlaufsdaten zu erfassen, wird mit einer PC-Software zur Erstellung eines *Zeitstrahls* gearbeitet (vgl. easyBiograph o. J.). Dieser bildet den bisherigen biografischen Verlauf der Klienten auf verschiedenen Ebenen ab (Familie, Schule/Beruf, Gesundheit, Freizeit). In einem zweiten Schritt können Einschätzungen erfragt werden: Welche Ereignisse haben Klientinnen als positiv, welche als schwierig erlebt, oder ähnliche Fragen. Anschliessend können Hypothesen zu wichtigen biografischen Einschnitten, wiederkehrenden Ereignissen oder Mustern formuliert werden (vgl. Hochuli Freund/ Stotz 2015:191–193).

Da bei der KB ein möglichst umfassendes Bild der Klienten gewonnen werden soll, ist es wichtig, bestehende Systeme und Netzwerke der Klientinnen zu identifizieren, die als Ressource genutzt und später vielleicht in die Empfehlungsplanung miteingebunden werden können. Zur Erfassung vorhandener Netzwerke und Beziehungen wird zusammen mit den Klienten eine *Netzwerkkarte* erstellt (vgl. ebd.:193–195). Hierzu werden Holzfiguren unterschiedlicher Grösse bereitgestellt, die von den Klientinnen in einer Art Koordinatensystem aufgestellt und in Relation gesetzt werden. Das Koordinatensystem umfasst die Bereiche Familie, Freunde, Schule/Beruf und professionelle Beziehungen. Der Klient bildet jeweils die Mitte des Systems. Je näher eine Figur zum Mittelpunkt gesetzt wird, umso höher ist die Bedeutung der Person für die Klientin. Alterna-

---

1 Die Abkürzung H. M. B.-W. steht für ›Hilfebedarf von Menschen mit Behinderung‹ beim Wohnen. Das Verfahren wird in mehreren Bundesländern in Deutschland für die Hilfeplanung und zur Bemessung der finanziellen Leistungen verwendet.

tiv kann für jeden Bereich eine eigene Netzwerkkarte angefertigt werden. Das Familiensystem wird zudem mit einem *Genogramm* abgebildet und von den Klienten kann damit eine Bewertung der Qualität der Beziehungen zwischen den einzelnen Familienmitgliedern vorgenommen werden (vgl. ebd.:189–191).

Zur Auseinandersetzung mit der eigenen *Zukunftsperspektive* können die Klientinnen zu ihrer Zufriedenheit mit der aktuellen Wohnsituation sowie ihren konkreten Wünschen und Vorstellungen in Bezug auf eine künftige Wohnsituation befragt werden. Dazu werden verschiedene kreative Methoden sowie meist einzelne Fragen des Instruments ›Schöner Wohnen‹ von Gronmann/Niehoff (2003) verwendet.

Hospitationen, Kurzzeitaufenthalte

Im Rahmen einer Kooperativen Bedarfsermittlung besteht auch die Möglichkeit, den Austausch mit anderen Klienten zu suchen und sich durch Hospitationen oder Kurzzeitaufenthalte selbst einen Eindruck von den verschiedenen Wohnangeboten zu verschaffen und zu überlegen, ob die eigenen Klienten sich auf diese Weise angemessen begleitet fühlen würden. Bei einem Kurzzeitaufenthalt wird auch eine detailliertere Einschätzung des Hilfebedarfs in Bezug auf die Grundpflege und -versorgung durch die dortigen Fachkräfte vorgenommen (was gerade für die Wohnempfehlung wichtig ist und sich allein über Gespräche und Beobachtungen bei den Treffen nur schwer einschätzen lässt).

Auswertung der Analyse und Fallverstehen im KB-Team

Nach der Durchführung der Analyse wird im KB-Team eine strukturierte Auswertung der dabei gewonnenen Daten vorgenommen. Die mit jedem Instrument erhobenen Einschätzungen – vorwiegend der Klientinnen selber – werden ausgewertet. Es werden *feststellende Hypothesen* gebildet, d. h., es wird festgehalten, was bei Betrachtung dieser Daten auffällt, ohne dass aber eigene Interpretationen vorgenommen werden (vgl. Hochuli Freund/Stotz 2015:180f.).

Über den gesamten Prozess einer Bedarfsermittlung werden Treffen, weiterführende Informationen, Zeitaufwand und Anmerkungen zur Zusammenarbeit in einer *Verlaufsdokumentation* festgehalten. Diese Dokumentation kann ebenfalls zur Bildung feststellender Hypothesen genutzt bzw. unterstützend hinzugezogen werden. Es werden also auch *Beobachtungen und Einschätzungen der fallführenden Fachkraft*, die sie aus der Zusammenarbeit mit einem Klienten gewinnt, genutzt.

Wenn mit den Instrumenten und in den gemeinsamen Treffen alle relevanten Informationen erfasst und die darauf bezogenen feststellenden Hypothesen formuliert sind, wird auf dieser Basis die *Fallthematik* gebildet. Diese enthält in komprimierter Form die wichtigsten Informationen und Erkenntnisse zur Frage »Worum geht es in diesem Fall?« (vgl. ebd.). Die Fallthematik stellt die Quintessenz der Analyse dar und bildet die Grundlage für die soziale Diagnose.

Durch den Beizug geeigneter Theorien und Studien wird versucht, den Fall zu erhellen und spezifische Aspekte der Fallthematik zu erklären. Zunächst werden theoriebasierte Fallüberlegungen angestellt, die darüber generierten Erklärungen zur Fallthematik werden anschliessend in *erklärende Hypothesen* gefasst. Die zentralen Aspekte aus den verschiedenen erklärenden Hypothesen werden zuletzt in einer *Arbeitshypothese* zusammengefasst, als ›Wenn-dann-Formulierung‹, sodass deutlich wird, welche Bedingungen beachtet werden müssen, damit eine bestimmte Entwicklung stattfinden kann (vgl. ebd.:223–230).

Empfehlung, Abschluss

Die Arbeitshypothese bildet die Grundlage für die *Empfehlungsplanung*. Ausgehend von den dort festgehaltenen Bedingungen werden Überlegungen angestellt, wie die Unterstützung für eine bestimmte Veränderung oder Entwicklung konkret aussehen könnte. Die dabei erarbeitete Empfehlung enthält zum einen Aussagen zu einer sinnvollen weiteren sozialpädagogischen Begleitung, zum anderen eine Wohnempfehlung (Wohnform, Unterstützungsbedarf, Begleitstruktur). Die Empfehlungen sind *trägerneutral* gehalten, sodass im Hilfeplangespräch mit dem Kostenträger überlegt werden kann, welche Leistungsträger die passenden Angebote bzw. Begleitstrukturen bieten können. Dies trägt entscheiden dazu bei, Fehlplatzierungen zu vermeiden und den Klientinnen die Form an Unterstützung und Förderung zukommen zu lassen, die sie tatsächlich wünschen und benötigen.

Alle Informationen, Ergebnisse und Empfehlungen einer KB werden in einem *Bericht* festgehalten. Dieser hat eine festgelegte Struktur und ist gegliedert in:

- Einleitung (Anfrage, Zeitraum, genutzte Instrumente),
- Ausgangslage (Kurzbeschreibung Person und aktuelle Situation),
- Ergebnis (Fallthematik, Arbeitshypothese) und
- Empfehlungen (Schwerpunkte einer Begleitung, Wohnempfehlung).

Ein Beispiel eines solchen Berichts findet sich im nächsten Kapitel. Der Bericht wird *mit den Klienten besprochen*, nach Wunsch auch mit Angehörigen und Bezugspersonen. Der zuständige Kostenträger erhält nach Absprache mit den Klientinnen eine Kopie des Berichts zugeschickt mit der Bitte um ein *Hilfeplangespräch*. Dort soll diskutiert werden, wie die Empfehlungen der KB umgesetzt werden könnten und von wem die erforderliche Hilfe erbracht werden kann.

Den Abschluss einer KB bildet eine *Evaluation*. In einem Evaluationsgespräch mit den Klienten werden gemeinsam verschiedene Aspekte beleuchtet, so z. B. die Art der Zusammenarbeit oder die Zufriedenheit mit dem Ergebnis. Dabei werden geeignete Hilfsmittel und leicht verständliche Fragen verwendet und auf eine einfache Sprache geachtet. Auf der Fachebene wird jede Abklärung im KB-Team umfassend kriteriengeleitet ausgewertet. Für beide Evaluationen liegt ein Leitfaden vor, der zugleich als Dokumentationsbogen dient. Die

Evaluationsergebnisse fliessen in die Gestaltung der nächsten Abklärungen ein und werden zur kontinuierlichen Weiterentwicklung des Angebots genutzt.

2.2 Beispiel eines Kooperativen-Bedarfsermittlung-Berichts

Sehr geehrte Damen und Herren,

mit diesem Bericht möchten wir Sie über den gemeinsam mit Maria Lembo[2] ermittelten Bedarf im Hinblick auf eine Veränderung ihrer Wohnsituation und die dafür notwendige Unterstützung informieren.

Das Anliegen der Mutter von Frau Lembo war es, dass ihre Tochter von zu Hause ausziehen und selbständiger werden solle. Frau Lembo hingegen äusserte, nicht ausziehen zu wollen.

Die Bedarfsermittlung wurde im Zeitraum von ... bis ... durchgeführt. Dafür wurden folgende Methoden und Instrumente genutzt:

⊠ Erstgespräch   ⊠ Lebensweltorientierte Einzelaktivität
⊠ Zeitstrahl   ⊠ Silhouette   ⊠ Perspektivenanalyse
⊠ Genogramm   ⊠ Aktenstudium   ⊠ Fragebogen nach HMBW
⊠ Hausbesuch   ⊠ Netzwerkkarte   ☐ Informationen aus der WfbM
☐ Kurzzeitwohnen   ⊠ So möchte ich wohnen   ☐ Hospitation in Wohnformen
⊠ Abschlussgespräch

Ausgangslage

Frau Lembo wurde 1994 in T. geboren. Sie hat eine zierliche Figur, mittellanges dunkles Haar, braune Augen, ist klein und wirkt zerbrechlich. Am Anfang machte sie einen in sich gekehrten Eindruck, später erzählte sie viel und offen von sich. Dabei benutzte sie ein jugendliches Vokabular und ihre Erzählungen sind von einer grossen Emotionalität geprägt. Sie hat eine diagnostizierte Lernbehinderung an der Grenze zur geistigen Behinderung und einen deutlichen emotionalen Entwicklungsrückstand. Der Kleidungsstil von Frau Lembo ist jugendlich.

Frau Lembo wohnt zusammen mit ihrer Mutter in einer kleinen Wohnung. Die Familie von Frau Lembo ist sehr gross. Frau Lembo hat vier Geschwister und zwei Halbgeschwister. Ihre Eltern sind geschieden, ihre vier Geschwister leben alle nicht in der Nähe. Zum Vater besteht wenig bzw. kein direkter Kontakt.

Im Rahmen der Hilfen zur Erziehung besuchte Frau Lembo ab dem Jahr 2004 eine Einrichtung der Jugendhilfe. In den folgenden Jahren bestand immer wieder Kontakt zum Jugendamt. Zur Unterstützung der Mutter und zur Stär-

---

2 ›Maria Lembo‹ – der Name ist ein Pseudonym – ist mit der Veröffentlichung des Berichts einverstanden.

kung von Frau Lembo war eine Familienhilfe eingesetzt. Zudem wandte sich die Mutter von Frau Lembo zu Erziehungsfragen ratsuchend an das Jugendamt. Nach der Schule besuchte Frau Lembo eine berufsvorbereitende Einrichtung und begann danach eine Arbeitsstelle in geringem Umfang auf dem ersten Arbeitsmarkt bei einer Reinigungsfirma, die von der Mutter vermittelt wurde. Ihren Lebensunterhalt finanziert sie zusammen mit ihrer Mutter. Zur Verbesserung ihrer Leistungen in Mathematik und Deutsch besucht Frau Lembo seit Anfang des Jahres regelmässig einen Wochenendkurs. Frau Lembo hat einen festen Freund und ein paar Freundinnen und Freunde, mit denen sie immer wieder etwas unternimmt. An den Wochenenden geht sie gerne mit Hunden aus dem Tierheim spazieren.

Ergebnis

Die Abklärungen mit Hilfe der verschiedenen Instrumente haben Folgendes ergeben:

Maria Lembo ist eine 20-jährige Frau

- mit einer Lernbehinderung an der Grenze zur geistigen Behinderung und einem emotionalen Entwicklungsrückstand,
- die grosse Schwierigkeiten mit komplexeren Sinnzusammenhängen hat und nur greifbare, lebensnahe Inhalte, zu denen sie einen direkten Bezug hat, zu verstehen scheint,
- mit einer schwierigen Familiengeschichte (Gewalt, Frauenhaus, Jugendamt), die die Trennung ihrer Eltern als besonders einschneidendes Erlebnis ansieht, das sie auch aktuell immer noch sehr beschäftigt und belastet,
- mit einer engen, aber teilweise auch schwierigen Beziehung zur Mutter, einem negativen bzw. unklaren Verhältnis zum Vater, die ein sehr kleines Beziehungsnetz ausserhalb der (Gross-)Familie benennt,
- die angibt, viele praktische Tätigkeiten mit Hilfe ihrer Mutter erledigen zu können,
- nicht gerne alleine ist und den Eindruck vermittelt, sich wenig mit sich selbst und ihren Themen auseinandersetzen zu wollen oder zu können und
- die keine konkrete Vorstellung von ihrer Zukunft hat und im Gegensatz zum Anliegen der Mutter keinen Wunsch hat, von zu Hause auszuziehen.

Auf Grund theoriebasierter Fallüberlegungen[3] wird von folgender Arbeitshypothese ausgegangen:

---

3 Für die Erklärung beigezogene Theorien: Resilienz (Schutz- und Risikofaktoren), Systemökologische Entwicklungstheorie nach Bronfenbrenner, Kognitive Entwicklungstheorie nach Piaget, Traumatisierung.

> Wenn ...
>
> - Frau Lembo die Trennung ihrer Eltern aufarbeitet,
> - die Bedingungen zum Erwerb von Schutzfaktoren verbessert werden,
> - sie die Gelegenheit bekommt, sich in verschiedenen Lebensbereichen ohne die Begleitung der Mutter zu bewegen und dadurch ihre Tochterrolle weniger dominant ist,
>
> dann ...
>
> - kann sie sich aktiv mit sich und ihrer Umwelt auseinandersetzen, entwickelt das altersentsprechende Bedürfnis nach mehr Autonomie und es können Lern- und Entwicklungsprozesse stattfinden,
> - kann sie sich auf neue Themen einlassen, für sich eine eigene Zukunftsperspektive entwickeln und selbständiger werden,
> - wird die Widerstandfähigkeit von Frau Lembo gegenüber kritischen Lebenssituationen erhöht.

Auf Grund dieser Erkenntnisse wird empfohlen bei der Begleitung von Frau Lembo folgende Schwerpunkte zu setzen:

- Frau Lembo sollte unbedingt das Angebot einer psychologischen Beratung in Anspruch nehmen, um die Trennung bzw. Scheidung ihrer Eltern aufzuarbeiten. Ein regelmässiger Austausch in einer Gruppe für Trennungs- und Scheidungskinder sowie Termine bei einer Frauenberatungsstelle könnten hierbei unterstützend sein. Zur weiteren Unterstützung bei der Aufarbeitung der Trennung sowie zur Verbesserung bzw. Vorbereitung der eigenständigeren Lebensführung von Frau Lembo, der Stärkung ihrer emotionalen Kompetenzen und zur Verbesserung ihrer Konfliktfähigkeit könnte psychisch funktionelle Ergotherapie in Anspruch genommen werden.
- Frau Lembo benötigt einen festen Ansprechpartner bzw. eine feste Ansprechpartnerin ausserhalb der Familie, der bzw. die sie in ihrer aktuellen Situation begleitet und alle notwendigen Veränderungen mit ihr plant sowie sie bei der Umsetzung unterstützt. Die Begleitung berät und unterstützt gleichzeitig auch die Mutter im Ablösungsprozess und bestärkt sie in ihrem Erziehungsverhalten.
- Damit die Tochterrolle von Frau Lembo nicht mehr so ausgeprägt ist, ist es notwendig, dass sie Verantwortung für sich und ihre Lebensgestaltung übernimmt und sich die Mutter zurückziehen kann. Deshalb ist es erforderlich, dass Frau Lembo mehr Verantwortung im Haushalt übernimmt. Frau Lembo verlässt sich sehr auf die Unterstützung durch ihre Mutter, die in der Vergangenheit vieles für sie geregelt hat. Durch die Zuständigkeit für Aufgaben im Haushalt lernt Frau Lembo Verantwortung zu übernehmen und selbständiger zu werden. Gleichzeitig bekommt die

Mutter von Frau Lembo so die Möglichkeit, Verantwortung abzugeben und ihre Tochter bei der Verselbständigung zu unterstützen. Am Anfang sollten sich die Aufgaben auf ein oder zwei Tätigkeiten beschränken und nach und nach ausgeweitet werden.
- Im Rahmen einer Begleitung von Frau Lembo sollte das Thema Wohnen bearbeitet werden. Es sollten Anregungen und Anreize geschaffen werden, z. B. in Form eines Probewohnens oder der Hospitation in verschiedenen Wohnformen, sodass Frau Lembo Vorstellungen zum Thema Wohnen und den Wunsch nach einem selbständigen Leben bzw. einem Auszug entwickelt.
- Zudem sollte der Freizeitbereich von Frau Lembo ausgeweitet werden, um so das Ausprobieren und Kennenlernen neuer Rollen zu ermöglichen und Bereiche zu schaffen, in denen sich Frau Lembo alleine, ohne Begleitung der Mutter, bewegt. Über eine Ausweitung des Freizeitbereichs besteht für Frau Lembo auch die Möglichkeit neue Kontakte zu knüpfen. Durch die Auseinandersetzung mit den verschiedenen Lebenssituationen anderer Personen kann sich Frau Lembo mit ihrer aktuellen Situation und ihren Wünschen beschäftigen.
- Frau Lembo benötigt Unterstützung, um eine ihren Vorstellungen und Fähigkeiten entsprechende Arbeitsstelle zu finden. Durch das Ausprobieren verschiedener Tätigkeiten im Rahmen von Praktika wird Frau Lembo lernen, ihre Fähigkeiten besser einzuschätzen und kann dann eine genauere eigene Vorstellung zu ihrer beruflichen Perspektive entwickeln.

Wohnempfehlung
Für die Umsetzung der Inhalte wird folgende Veränderung als sinnvoll erachtet:

- Die Wohnsituation von Frau Lembo bleibt zunächst unverändert, da ein sofortiger Auszug eine Überforderung für Frau Lembo darstellt.
- Eine Begleitung von Frau Lembo sollte in ihrer jetzigen Wohnsituation beginnen um sie bei der Verselbständigung zu unterstützen, den Ablöseprozess verstärkt zu begleiten sowie das Thema Wohnen intensiv zu bearbeiten, um Frau Lembo so auf eine Veränderung ihrer Wohnsituation vorzubereiten.

Gerne möchte ich in einem gemeinsamen Treffen mit Ihnen und Frau Lembo besprechen, wie die Empfehlung konkret umgesetzt und von wem die notwendigen Hilfen erbracht werden können. Bitte lassen Sie mir dazu Terminvorschläge zukommen. Für weitere Auskünfte stehe ich Ihnen gerne zur Verfügung.

Mit freundlichen Grüssen

Lebenshilfe Lörrach e. V.
Kooperative Bedarfsermittlung

3 Veränderung der bisherigen Angebote

Neben der Entwicklung des neuen Angebots ›Kooperative Bedarfsermittlung‹ (KB) ging es in der zweiten Projektphase um die Einführung von KPG in den gesamten Wohnbereich und um die bereichsspezifische Umgestaltung der bestehenden Angebote. In den nächsten Abschnitten werden der Prozess wie auch die vorgenommenen Veränderungen in der Ambulanten Wohnbegleitung, den stationären Wohnangeboten und im Aufnahmeverfahren beschrieben.

3.1 Ambulante Wohnbegleitung

Im ambulanten Wohnbereich werden rund hundert Frauen und Männer in Einzel- und Paarwohnungen sowie kleinen Wohngemeinschaften individuell bei der Bewältigung aller Alltagsanforderungen unterstützt. Drei Teams begleiten die Klientinnen als persönliche Ansprechpersonen und durch regelmässige Hausbesuche.

In der Ambulanten Wohnbegleitung fanden in der Gesamtgruppe der Mitarbeitenden (alle drei Teams) innerhalb von vier Monaten insgesamt vier *Schulungen* statt. Aufbauend auf die Gesamtschulungen zu den einzelnen Prozessschritten (siehe Kap. 1) wurden hier schwerpunktmässig die Prozessschritte Analyse, Diagnose und Ziele bearbeitet. Bei der Schulung zu Analyse ging es neben der Bedeutung des Prozessschritts beispielsweise allgemein darum, Durchführungsmöglichkeiten einer kooperativen Analyse zu skizzieren und zu erproben sowie zu erarbeiten, wie auf dieser Basis schliesslich eine strukturierte Auswertung vorzunehmen ist, um die fallbezogenen Erkenntnisse zu verdichten. Gearbeitet wurde mit unterschiedlichen Analysemethoden: den Notationssystemen Silhouette, Zeitstrahl, Netzwerkkarte und Genogramm sowie dem H. M. B.-W.-Bogen (siehe Kap. 2.1).

Um die Arbeit mit diesen Instrumenten zu unterstützen und insbesondere deren strukturierte Auswertung einzuüben, haben in den Zeiträumen zwischen den Schulungen in den drei Teams jeweils durch eine Mitarbeiterin der FHNW *moderierte Fallbesprechungen* stattgefunden. Hier ging es darum, nach einer kurzen Falldarstellung der Falleinbringerin die dokumentierte Analyse kurz vorzustellen, diese gemeinsam mit dem Team auszuwerten und Überlegungen für die Weiterarbeit anzustellen, sei dies für die Diagnose oder die Ziele. Auch wurde jeweils thematisiert, wie die neuen Erkenntnisse zum Klienten zurückfliessen können. Dabei war es einerseits Thema, wie dies mit Menschen mit Beeinträchtigungen kommuniziert werden kann, andererseits ging es aber auch darum, Klientinnen etwas zuzumuten und die Erkenntnisse des Teams im Sinne einer Schonung nicht einfach zurückzuhalten. Diese Fallbesprechungen waren eine sinnvolle Ergänzung zu den Schulungen. Es war sehr wichtig die Methoden ganz konkret an und mit den eigenen Klienten anzuwenden um wirklich *neue* Erkenntnisse zu gewinnen. So wurde beispielsweise ein vermeintlich schwieriges und/oder antisoziales Verhalten plötzlich als innerhalb der Lebensgeschichte stimmig und für eine Klientin wichtig gedeutet, und die Teams konnten durch diesen neuen Zugang mancherorts auch eigene Muster durchbrechen und neue Interventionen wagen. Schliesslich fanden für die Teamleitungen zwei Schulungen zum Thema *Fallbesprechungen leiten* statt, damit die Fallbesprechungen fortan nicht mehr extern moderiert werden müssen. Der hierfür entworfene *Leitfaden für Fallbesprechungen* hat sich als grosse Hilfestellung erwiesen und konnte im Rahmen der Schulungen mit konkreten Hilfsfragen, beispielsweise zur Auswertung eines Zeitstrahls oder für die Strukturierung allgemein, laufend ergänzt werden.

Im Rahmen der Schulungen wurde deutlich, dass die Arbeitsweise nach KPG insgesamt als Mehrwert erlebt wurde, so war aber auch die *Ressourcenfrage* von zentraler Bedeutung. Schliesslich wurde auf der Leitungsebene festgelegt, dass den Mitarbeitenden zusätzliche Arbeitszeit zur Verfügung gestellt wird für monatliche Fallbesprechungen von 45 Minuten Dauer. Neben diesem Standard wurde auch geklärt, in welchem Rhythmus die neuen Instrumente in der Fallarbeit eingeführt werden müssen: Bei Neueintritten sollen innerhalb des ersten Halbjahrs bis Jahres die Instrumente Silhouette, Perspektivenanalyse, Netzwerkkarte und Zeitstrahl eingesetzt werden.

3.2 Stationäre Wohnangebote

Zu den stationären Wohnangeboten gehört ein Wohnheim mit drei Wohngruppen für Menschen mit schweren Beeinträchtigungen sowie zwei Aussen-Wohngruppen für Menschen mit einem geringeren Unterstützungsbedarf.

Die *Ausgangslage* für die zweite Projektphase war speziell, sowohl hinsichtlich Ausbildung und Arbeitsweise, als auch hinsichtlich Vorwissens zu KPG und Commitment zum Projekt. Die meisten Mitarbeitenden haben eine Ausbildung in Heilerziehungspflege, andere verfügen über keine Fachausbildung, aber über langjährige Arbeitserfahrung in diesem Bereich. Ausserdem hatten nur wenige Mitarbeitende einige der Gesamtschulungen zu KPG besucht (siehe Kap. 1). Von den Mitarbeitenden selber kamen dementsprechend keine Anliegen und Ziele für die zweite Projektphase. Anders als bei der Ambulanten Wohnbegleitung war in den Wohngruppen auch keine systematische Gestaltung der Unterstützung und Begleitung installiert. Wohl gab es das institutionalisierte Gefäss einer wöchentlichen zweistündigen Teamsitzung, diese wurde aber überwiegend für die Regelung organisatorischer Fragen genutzt. Dies wurde von der Wohnbereichsleitung als Problem bezeichnet.

Auf Grund dieser Ausgangssituation kam der für die Ambulante Wohnbegleitung gewählte Zugang über die Verwendung von Instrumenten zur Gestaltung der Klienten-Arbeit nicht in Frage. Vorwissen zu professionellem Handeln im Allgemeinen und zu KPG im Besonderen konnte hier nicht vorausgesetzt werden. Es galt vielmehr, für diesen wenig professionalisierten Bereich einen niederschwelligen, motivationsfördernden Zugang zu finden, um – eher nebenbei – Standards für eine fachliche Arbeitsweise einzuführen. Die Einführung von strukturierten, moderierten Fallbesprechungen schien ein solcher Zugang zu sein. Als Ziel für dieses Teilprojekt wurde vereinbart: »Es finden regelmässige Fallbesprechungen statt, die anhand eines Leitfadens strukturiert sind.«

In einem ersten Zeitraum von vier Monaten fanden in jedem der Teams zwei begleitete, von der FHNW *moderierte Fallbesprechungen* statt. Hierfür standen jeweils zwei Stunden zur Verfügung. Beim ersten Schulungstermin wurden jeweils zwei Fälle mit unterschiedlichen methodischen Zugängen erprobt. Ziel war, die Mitarbeitenden Erfahrungen machen zu lassen mit diesem Vorgehen einer gemeinsamen Fallerkundung. Beim zweiten Termin wurde stets nur noch ein Fall besprochen, dafür das Vorgehen immer wieder auf der Metaebene reflektiert, denn nun ging es auch darum, die Kunst der Fallerkundung nicht nur erfahrbar, sondern auch lernbar zu machen. Parallel dazu wurde ein einfacher *Leitfaden zur Gestaltung der Fallbesprechung* entwickelt (inklusive Beschreibung der ausprobierten methodischen Varianten),[4] ausserdem eine *Vorlage zur Fallvorstellung*.

Mit dem Leitungsteam wurden gleichzeitig *Strukturvorgaben* erarbeitet zur Neuorganisation der Teamsitzung, in die fortan jeweils eine dreiviertelstündige Fallbesprechung integriert sein sollte. In einem Prozess rollender Planung wurden zusätzlich zwei *Schulungen* für die Fachangestellten eingefügt, welche zukünftig die Aufgaben *Moderation* sowie die fortlaufende Flip-Chart-*Dokumentation* übernehmen sollten. Am Ende – ein Dreivierteljahr nach Beginn der Fallbesprechungen – fand in jedem Team noch einmal eine begleitete, moderierte Fallbesprechung statt, bei der auch offene Fragen besprochen wurden.

Die *Erfahrungen* mit diesem Zugang strukturierter, auf dem Konzept KPG basierender Fallbesprechungen waren ausgesprochen positiv. Die anfänglichen Erwartungen bei den ersten Fallbesprechungen waren stets sehr durchmischt und reichten von neugierigem Interesse bis zu skeptischer Zurückhaltung. In der Feedbackrunde am Ende jedoch zeigten sich die allermeisten erfreut darüber, neue Sichtweisen kennengelernt, neue Erkenntnisse und ein vertieftes Verständnis für den Fall gewonnen zu haben. Auch als es darum ging, sich methodisches Werkzeug für die Moderation und Dokumentation anzueignen und selber aktiv diese Aufgaben zu übernehmen, war die Motivation weiterhin erfreulich hoch. Ebenfalls war es erstaunlich einfach, eine neue Struktur für Teamsitzung und Fallbesprechung zu implementieren.

Einige Hindernisse zeigten sich, als die neue Struktur offiziell eingeführt wurde. Einzelne Mitarbeitende fanden es anstrengend und entbehrlich, dass nun zwischen Beschreibung und eigener Bewertung unterschieden werden sollte. Insbesondere in einem Team war es offenbar heikel und eine Herausforderung, sich in eine andere Rolle zu versetzen und etwa die Methode der Fallinszenierung (vgl. Hochuli Freund/Stotz 2015:186f.) zu nutzen. Als Schwierigkeit wurde ausserdem benannt, einen Fall zu besprechen ohne Problemdruck im Alltag.

---

4 Dieser Leitfaden wurde ›by doing‹, mittels Reflexion des eigenen, jeweils situationsbezogen und ad hoc konzipierten Vorgehens entwickelt (also ›reflection-in-action‹ nach Schön 1983). Die grosse Frage dabei war, wie eine Anleitung aussehen kann für ein Vorgehen, das von der Sache her nur ansatzweise standardisierbar ist und auf viel Wissen und Können beruht.

Eine Fallerkundung ›nur‹, um das eigene Fallverständnis und Unterstützungshandeln zu überprüfen, wurde als eher überflüssig angesehen. Der Widerstand machte sich schliesslich fest am wöchentlichen Rhythmus der Fallbesprechung und der fehlenden Zeit für organisatorische Fragen: Man solle die Fallbesprechungen lieber nur bei Bedarf durchführen. Der ad hoc-Leitungsentscheid, einerseits auf den regelmässigen Fallbesprechungen zu bestehen, andererseits die Bedenken aufzunehmen und auf einen zweiwöchentlichen Turnus umzustellen, schuf schnell Entlastung. Was blieb, war der Respekt vor der neuen Aufgabe eine Fallbesprechung anzuleiten – und die Erleichterung, dass es noch eine weitere Runde extern moderierter beispielhafter Fallbesprechungen geben würde.

Ein Jahr später meldeten drei Teamleitungen auf Nachfrage zurück, dass relativ regelmässig Fallbesprechungen durchgeführt würden und der Nutzen gross sei. Eine Teamleiterin gab an, dass die Fallbesprechungen wegen Krankheiten weitgehend ausgefallen seien, die wenigen realisierten jedoch wertvolle neue Erkenntnisse gebracht hätten und die Motivation hoch sei, wieder zurück zu einer Regelmässigkeit zu finden.

3.3 Aufnahmeverfahren

Im Rahmen des Projekts wurde auch das bisherige Aufnahmeverfahren im Wohnbereich überarbeitet und nach KPG ausgerichtet. Einzelne Methoden wurden dabei als neuer Standard festgelegt.

Um sich ein Bild von der betreffenden Person, ihren Ressourcen, Schwierigkeiten und auch Wünschen und Ängsten zu machen, werden im Rahmen des Aufnahmeverfahrens zwei Instrumente eingesetzt: Silhouette und Perspektivenanalyse. Hierfür sind zwei Termine vorgesehen. Sie dienen der Erfassung der Sicht der potenziellen Klientinnen, aber auch der Sicht von Angehörigen, gesetzlichen Betreuern und weiteren für die Klienten wichtige Bezugspersonen und sollen Hinweise auf eine passende Wohnversorgung geben. Über die Aufnahme-Anfragen wird anschliessend in einem Team beraten, das sich aus den Dienst- und Einrichtungsleitungen der jeweiligen Wohnangebote sowie der Wohnbereichsleitung zusammensetzt.

Mit diesen Veränderungen wurde ein grosser Schritt in Richtung eines qualifizierten, standardisierten Vorgehens getan. Durch das einheitliche Aufnahmeverfahren für alle Wohnangebote werden den Fachkräften, welche die zukünftige Begleitung übernehmen, bereits viele Informationen mit auf den Weg gegeben, und es ist sicherstellt, dass alle Klienten gleichbehandelt werden. Ebenfalls bietet es die Möglichkeit, Klientinnen abzulehnen, die nicht zum Auftrag und Angebot der Organisation passen, wodurch Fehlplatzierungen vermieden werden können. Zudem wird die Mitwirkung der Klienten von Anfang an als unverzichtbarer Bestandteil der Arbeitsweise festgeschrieben.

4 Fazit

Abschliessend soll dargelegt und diskutiert werden, welche Auswirkungen dieses drei Jahre andauernde Projekt auf die Arbeitsweise im Wohnbereich der Lebenshilfe Lörrach e. V. hat. Offene Fragen und Herausforderungen bei der Arbeit nach KPG werden dargelegt und der Weiterentwicklungsbedarf der Angebote erörtert.

Zwar wurde bislang keine empirische wirkungsorientierte Evaluation durchgeführt, dennoch können die Erfahrungen und Einschätzungen der verschiedenen Beteiligten zusammengetragen werden. Zunächst lässt sich festhalten, dass durch das Projekt eine Steigerung der fachlichen Qualität bei der Begleitung der Klientinnen in den verschiedenen Angeboten stattgefunden hat und es insbesondere gelungen ist, kooperativer vorzugehen, d. h. die Klienten bewusster einzubeziehen. Insgesamt werden ihnen qualifizierte und fachliche Leistungen zur Verfügung gestellt, die sich an ihren individuellen Bedürfnissen und Empowerment orientieren. Dies beginnt beim ersten Kontakt einer Aufnahmeanfrage, bei dem nun die Sichtweise der Klientinnen eingeholt wird. Das neue Angebot Kooperative Bedarfsermittlung (KB) – bei dem KPG recht konsequent nach Lehrbuch durchgeführt wird – ermöglicht in komplexen und undurchsichtigen Fällen eine umfassende und fundierte Ermittlung des Hilfebedarfs und der Wünsche und Vorstellungen der Klienten. In der ambulanten Wohnbegleitung sind kooperative Analyse-Instrumente und regelmässige Fallbesprechungen institutionalisiert, die Arbeitsabläufe orientieren sich an KPG. Im stationären Wohnbereich finden im Rahmen der Teambesprechungen erstmals strukturierte Fallbesprechungen statt, die neben der Planung eine reflektierte Betrachtung des eigenen Vorgehens sowie erste Ansätze einer professionellen Prozessgestaltung und eines Verstehensprozesses ermöglichen.

Generell hat sich das Handeln insofern verbessert, dass strukturierter und unter Verwendung bestimmter Methoden gearbeitet wird, es dadurch fachlich fundierter ist und sich besser begründen und reflektieren lässt. Weiter besteht ein stärkeres Bewusstsein dafür, die Zusammenarbeit mit den Klientinnen kooperativ zu gestalten, und es werden methodische Werkzeuge verwendet, die dies noch besser ermöglichen. Gleichzeitig bleiben in diesem Zusammenhang aber auch einige Fragen offen. So ist unklar, in welcher Qualität die einzelnen Methoden angewandt werden und inwieweit die Arbeitsweise wie vorgesehen umgesetzt wird. Denn Fachlichkeit lässt sich nicht alleine über Struktur und vorgegebene Standards herstellen. Dementsprechend bleibt offen, wie die vorhandenen Gefässe und Methoden von den einzelnen Mitarbeitenden und Teams ausgefüllt und genutzt werden. Die Arbeit mit dem Konzept KPG ist hoch voraussetzungs- und anspruchsvoll. Es erfordert spezifische Kompetenzen, um eine Fallbesprechung moderieren zu können. Die strukturierte Auswertung der Analyse oder das theoriegeleitete Fallverstehen kann bei KB nur von darin geschulten Personen umgesetzt werden. Auch braucht es eine Grundhaltung von ›Erkunden-Wollen‹ und die Bereitschaft, sich auf einen gemeinsamen, kreativen und manchmal ungewissen Prozess mit einem Klienten einzulassen. Eine weitere Frage ist, wie nachhaltig diese Veränderungen sind, welche Auswirkungen sie für die Klientinnen und Mitarbeitenden haben, wie die Arbeitsweise langfristig aussieht und wie sie sich mit noch grösserem Abstand zum Projekt verändert. Ein nächster wichtiger Schritt wäre deshalb, eine summative Evaluation des Projekts durchzuführen.

Neben diesen eher grundsätzlichen Fragen gibt es auch konkrete Optimierungsmöglichkeiten bei den einzelnen Angeboten. Dies soll stellvertretend am Beispiel von KB aufgezeigt werden. Trotz eines bereits bewusst kooperativ angelegten Vorgehens lässt sich gerade die Gestaltung der Kooperation immer wieder reflektieren und weiterentwickeln. Die gewonnenen Erkenntnisse aus Analyse und Diagnose werden den Klienten mitgeteilt und von diesen validiert. Nach wie vor besteht hierbei die Herausforderung, diesen Dialog mit Klientinnen so zu führen, dass diagnostische Erkenntnisse einfach und verständlich vermittelt werden und ein vertiefter Austausch darüber entsteht.

Ein grosses Problem zeigt sich in Bezug auf die *Finanzierung* des neuen Angebots. Trotz des ursprünglichen Interesses eines Kostenträgers an dem Projekt ist es bislang nicht gelungen, eine Anschlussfinanzierung und Etablierung von KB als feste Leistung zu erreichen. Daher wird KB nach wie vor ausschliesslich organisationsintern genutzt und es stellt sich die Frage, wie ein – aus Sicht der Wissenschaft – innovatives, fachlich fundiertes Verfahren nach aussen verkauft werden und damit dauerhaft Eingang in die Praxis finden kann.

KB richtet sich bislang an eine recht spezifische Zielgruppe. Diese Personen waren meist in der Lage, – mehr oder weniger gut – verbal zu kommunizieren. Eine weitere Entwicklungsmöglichkeit besteht daher darin, das entwickelte Methoden-Set nochmals genauer zu betrachten und das Angebot einer umfassenden Abklärung der persönlichen Situation auch für weitere Personenkreise nutzbar zu machen, beispielsweise für Menschen mit einer schwerst-mehrfach Behinderung. Viele der Instrumente setzen grundlegende Kommunikationsfähigkeiten voraus bzw. bräuchten weitere Anpassungen und Vereinfachungen, um noch breiter einsetzbar zu sein. Ebenfalls eignet sich KB nicht für dringliche Situationen mit einem unmittelbaren Handlungsbedarf. Auf Grundlage der bisherigen Konzeption könnten die Methoden für ein Angebot zur Abklärung akuter Krisen adaptiert werden, ähnlich wie beim Hessischen Konsulentendienst, der sehr schnell und mit geringem Zeitaufwand in der Lage ist, eine Situation abzuklären und die nötigen Interventionen anzuregen (vgl. Jochheim 2014).

Am Beispiel des dargestellten Projekts in der Lebenshilfe Lörrach e.V. kann festgehalten werden, dass die Einführung von KPG eine sichtbare Professionalisierung bewirkt. Deutlich wurde aber auch, dass fachliche Qualität von weiteren Rahmenbedingungen abhängig ist, die Arbeitsweise immer wieder überprüft werden muss und eine kontinuierliche Kompetenzbildung erforderlich ist.

Literatur

Bezirk Oberbayern (Hrsg.) (2013). Welche Hilfen brauchen Sie beim Wohnen – Frage-Bogen zum H. M. B.-W. Verfahren in leichter Sprache. München: Bezirk Oberbayern.

easyBiograph (Hrsg.) (o. J.). URL: http://www.easybiograph.com/ (Zugriff am 06.02.2017).

Gronmann, Petra/Niehoff, Ulrich (2003). Schöner Wohnen. Ein Instrument zur Bewohner(innen)-Befragung. Marburg: Lebenshilfe-Verlag.

Hochuli Freund, Ursula (2013). Analysemethoden. URL: http://www.soziale-diagnostik.ch/methoden-und-instrumente/kooperative-prozessgestaltung/KPG_Analysematerialien_Notation_Perspektive.pdf (Zugriff am 15.12.2016).

Hochuli Freund, Ursula/Stotz, Walter (2015). Kooperative Prozessgestaltung in der Sozialen Arbeit. Ein methodenintegratives Lehrbuch. 3. Aufl. Stuttgart: Kohlhammer.

Jochheim, Martin (2014). Konsulentendienst. Personenzentrierte Beratung mit inklusiver Perspektive bei herausforderndem Verhalten von Menschen mit Behinderung. Theorie und Praxis des Hessischen Konsulentendienstes. Hundsangen: o. V.

Metzler, Heidrun (2001). Hilfebedarf von Menschen mit Behinderung. Fragebogen zur Erhebung im Lebensbereich »Wohnen«/Individuelle Lebensgestaltung (H. M. B.-W– Version 5/2001). Tübingen: o. V.

Rhyner, Aaron/Schlageter, Raphael (2015). Lernprozesse bei kooperativer Instrumente-Entwicklung. Professionelle der Sozialen Arbeit: Hauptdarstellende oder in der Nebenrolle? In: Büschi, Eva/Roth, Claudia (Hrsg.). Innovationsimpulse in der Sozialen Arbeit II. Beiträge zu kooperativen, forschungs- und theoriebasierten Praxisprojekten. Opladen/Berlin/Toronto: Budrich UniPress. S. 125–148.

Schön, Donald A. (1983). The Reflective Practitioner: How Professionals Think in Action. London: Temple Smith.

Implementation eines Tools für sozialpädagogische Prozessgestaltung und Dokumentation in einer Einrichtung der stationären Behindertenhilfe

Raphaela Sprenger-Ursprung, Jakin Gebert, Renate Trawöger, Oliver Eglinger, Ursula Hochuli Freund

In diesem Beitrag wird *ein* mögliches Vorgehen geschildert, wie das Konzept Kooperative Prozessgestaltung (KPG) für eine bestimmte Organisation konkretisiert werden kann. Es handelt sich um eine grosse Einrichtung der Behindertenhilfe, in der das Konzept KPG neu eingeführt und genutzt werden sollte, um die sozialpädagogische Fallarbeit zu strukturieren. Im Zentrum stand die Entwicklung und Einführung einer neuen Falldokumentations-Software. Die Vorgaben hierfür wurden in einer kleinen Expertengruppe der Leitungsebene erarbeitet, die dabei beraten wurden von Wissenschaftlerinnen des Teams KPG der Hochschule für Soziale Arbeit FHNW. Die neuen Standards und Instrumente wurden anschliessend in einem Implementationsprozess top down eingeführt.

Zunächst werden die beiden Teilprojekte – Instrumente-Entwicklung und Implementation – geschildert. Anschliessend werden Anforderungen, Herausforderungen und Gelingensfaktoren bei der Implementation zusammengetragen – im Rahmen von fragengeleiteten schriftlichen Kurzbeiträgen der massgeblichen Akteure in diesem Projekt, aus Praxis und Hochschule.

1 Zwei Projekte: Instrumente-Entwicklung und Implementation

Um die Instrumente zur Prozessgestaltung in der Stiftung Schürmatt gezielt nach KPG weiterzuentwickeln und zu implementieren, brauchte es einige Vorarbeiten. Im Rahmen einer gemeinsamen Instrumente-Beurteilung von zwei Wissenschaftlerinnen und einer Praktikerin wurden die bestehenden Instrumente gesichtet und beurteilt, um den konkreten Weiterentwicklungsbedarf festzustellen. Auf dieser Basis wurden die Instrumente anschliessend – wiederum in Kooperation zwischen Wissenschaftlerinnen und Praktikern – gezielt nach den Standards von KPG weiterentwickelt und im Rahmen des Entwicklungsprojekts KoopIn[1] in der Stiftung Schürmatt implementiert.

---

1 KoopIn ist das Kürzel für das Forschungsprojekt ›Kooperative Instrumente-Entwicklung zur Qualitäts- und Effizienzsteigerung in der Sozialen Arbeit‹, das seit Januar

1.1 Kooperative Instrumente-Beurteilung und -Entwicklung (KoopIn)

Die Bereichsleiterin ›Wohnen Erwachsene‹ der Stiftung Schürmatt hat im Frühjahr/Sommer 2013 den Auftrag erhalten, die in der Organisation bestehende sog. Entwicklungsplanung für den Erwachsenenbereich zu überarbeiten, sowohl für die Bereiche ›Wohnen‹ als auch für die ›Tagesstruktur‹. In der neuen Entwicklungsplanung sollte wie bis anhin eine ICF-basierte Lebensbereichanalyse stattfinden, und insgesamt einfacher handhabbar, gleichwohl aber fachlich fundiert sein. Es sollte ein einheitlicher Rahmen für die Sozialpädagogische Prozessgestaltung (SPG) erarbeitet werden, der den Sozialpädagogen aber dennoch einen Handlungsspielraum gewährt.

Im Juli 2013 fand im Rahmen eines Dienstleistungsprojekts ein erster gemeinsamer Workshop zur kooperativen Instrumente-Beurteilung zwischen der Bereichsleiterin und zwei Wissenschaftlerinnen statt: Die im Erwachsenenbereich vorliegenden Instrumente zu Prozessgestaltung wurden von der Praktikerin erfahrungsbasiert und von den Wissenschaftlerinnen vor dem Hintergrund des Konzepts KPG kritisch beurteilt, um Ansatzpunkte für die Überarbeitung zu bestimmen. Die Ergebnisse dieses Workshops wurden von den Wissenschaftlerinnen in einem Beurteilungs- und Empfehlungsbericht festgehalten. Darin hiess es u. a., in der Stiftung Schürmatt gäbe es eine Vielzahl an Instrumenten, deren Handhabung sehr anspruchsvoll sei. V. a. aber seien diese vielen, z. T. komplexen und in der Anwendung ressourcenintensiven Instrumente wenig miteinander verbunden, sodass der hohe Ressourceneinsatz ohne ersichtlichen Nutzen erfolge. So würden beispielsweise in einem sog. ›Basisbericht‹ sehr viele Daten erhoben, dieser Bericht würde aber kaum für die Prozessgestaltung genutzt. Die Festlegung des sog. Kernthemas wirke beliebig, die Ziele scheinen kaum in einem Zusammenhang beispielsweise mit dem erwähnten Basisbericht zu stehen. Diagnostische Überlegungen im Sinne einer Verstehensbewegung würden fehlen, die Kooperation mit Klientinnen sei nur ansatzweise verankert, womit wichtige Aspekte einer fachlichen Fundierung des Unterstützungshandelns fehlen. Die Wissenschaftlerinnen haben der Stiftung Schürmatt empfohlen, diese fachliche Fundierung zu klären, die bestehenden Instrumente zu vereinfachen und in eine neue, einheitliche Systematik zu integrieren.

Da die Geschäftsleitung der Stiftung Schürmatt sich fast zeitgleich für ein Dokumentationstool entschieden hat, bedeutete dies für ein solches Weiterentwicklungsprojekt nach KPG, die ausgewählten Prozessschritte und Methoden möglichst passgenau in die bestehende Software zu implementieren, was an manchen Stellen Kompromisse erforderlich machte.

Auf dieser Grundlage startete im Februar 2014 schliesslich das Dienstleistungsprojekt KoopIn, in welchem Mitarbeitende der Stiftung Schürmatt und der Hochschule die bestehenden Instrumente zur Prozessgestaltung kooperativ weiterentwickelten. Zum kleinen Projektteam der Stiftung Schürmatt gehörte

---

2016 läuft und auf zweieinhalb Jahre angelegt ist, und an dem sieben unterschiedliche Praxisorganisationen beteiligt sind.

neben der Bereichsleiterin ein Abteilungsleiter (der das Konzept KPG sehr gut kannte); sie leisteten die Hauptarbeit bei dieser Instrumente-Weiterentwicklung. Begleitet wurden sie von denselben zwei Wissenschaftlerinnen der Hochschule. Von Februar bis Juni 2014 fanden fünf vierstündige Workshops statt, in denen auf Basis der Vorarbeiten und Vorschläge der Praktiker sehr effizient und zielorientiert gearbeitet werden konnte. Die Wissenschaftlerinnen beurteilten vorgesehene Modifikationen der Instrumente kritisch und formulierten konkrete Empfehlungen für die Weiterentwicklung. Gemeinsam wurden schliesslich Überlegungen zu einer logischen Verbindung und zur weiteren Nutzung der Instrumente angestellt. Die Inhalte der Workshops folgten der Logik der Prozessschritte des Konzepts KPG. Bezüglich der einzelnen Prozessschritte ergaben sich aus dieser kritischen Diskussion viele Ergänzungen. Nachfolgend finden sich die Ergebnisse, gebündelt nach den thematischen Inhalten der Workshops. Die Mehrfachnennung einzelner Prozessschritte unterstreicht den Bedarf, diese miteinander zu verbinden und zu verschränken um den roten Faden innerhalb der Prozessgestaltung zu gewährleisten.

- *Prozessschritte Situationserfassung/Analyse*: Bei Situationserfassung und Analyse wird neu explizit zwischen den kognitiven Prozessen von Beschreibung und Bewertung unterschieden. Im ICF-Raster werden beobachtungsgestützte Einschätzungen vorgenommen (qualitativ und quantitativ). Die Perspektivenanalyse wird als ergänzende Analysemethode herangezogen, um insbesondere auch die Kooperation mit Klientinnen und dem Klientensystem bei der Analyse zu stärken und herauszufinden, welches deren Themen, Wünsche, Anliegen, Ängste und Befürchtungen sind. Gleichzeitig wurden die kantonalen Vorgaben in Bezug auf die Erhebung des individuellen Betreuungsbedarfs (IBB) bei der Analyse berücksichtigt, um die entsprechenden Vorgaben rückverfolgbar zu dokumentieren und dadurch zu belegen.
- *Prozessschritte Analyse/Diagnose*: Eine systematische Auswertung der Analyse bis hin zu einer Fallthematik soll sichergestellt werden. Von der Fallthematik geht es weiter zum Prozessschritt der Diagnose in einen strukturierten, erfahrungs- und/oder theoriegestützten Fallverstehensprozess, in welchem explizite Erklärungsversuche vorgenommen werden (Weil-Hypothesen) und in eine handlungsleitende Arbeitshypothese münden. Oder es werden – wenn diese diagnostischen Überlegungen im Fall nicht erforderlich sind – aus der Fallthematik direkt mit dem Klienten bedeutsame Grobziele formuliert.
- *Prozessschritte Analyse/Diagnose/Ziele*: Nach der handlungsleitenden Arbeitshypothese in der Diagnose wird für die Professionellen eine Fragestellung formuliert, welche für Professionelle Ansatzpunkte für die Intervention beinhaltet. Diagnostische Erkenntnisse sollen mit Klientinnen besprochen werden (beispielsweise mit Hilfe von unterstützter Kommunikation). Grobziele brauchen die Herleitung aus der Fallthematik und diesen diagnostischen Überlegungen. Bildungsziele müssen für die Klientin bedeutsam und wichtig sein. Es wird festgelegt, dass ein bis drei Grobziele formuliert werden. Auch soll sichergestellt werden, dass vor der Formulierung der Feinziele kreative Interventionsüberlegungen angestellt werden.

- *Prozessschritte Ziele/Interventionsdurchführung/Evaluation*: Es wird festgelegt, was genau wie bei den Zielen und bei der Interventionsdurchführung im Dokumentationstool dokumentiert werden soll. Ein Rhythmus für die fallbezogene Evaluation wird festgelegt und es werden prägnante Evaluationsfragen formuliert, welche die summative Evaluation strukturieren.
- *Gesamtbetrachtung und Dokumentation*: Es wird festgehalten, wo einzelne Schritte im Dokumentationstool Niederschlag finden sollen. Beispielsweise werden die durchgeführten Interventionen bei den Feinzielen innerhalb des ICF-Rasters festgehalten. Hier wird deutlich, dass eine Übersicht zum gesamten Prozessablauf sinnvoll wäre. Es wird festgehalten, dass auch beim Dokumentationstool Anpassungen wünschenswert sind.

Mit dem Projekt KoopIn ist es gelungen, die unterschiedlichen Systematiken zu vereinheitlichen und zu einer logischen, in sich geschlossenen und fachlich fundierten Entwicklungsplanung zu schnüren. Durch das bei den Praktikern vorhandene Wissen zum Konzept KPG war für diesen Entwicklungsprozess von Seiten der Hochschule nur wenig Begleitaufwand notwendig, die punktuelle Beratung und Unterstützung war eine sinnvolle und ergiebige Arbeitsweise. Die Instrumente konnten innerhalb der organisationalen Vorgaben auf hohem Niveau weiterentwickelt werden. Das Resultat beurteilten alle Beteiligten als sehr überzeugend: Differenzierte, gut durchdachte und fachlich fundierte Instrumente! In einem nächsten Schritt ging es darum, die *neue Sozialpädagogische Prozessgestaltung* in der Praxis zu implementieren, damit auch alle Mitarbeitenden über die Kompetenzen verfügen, um danach zu arbeiten.

1.2 Implementation der neuen Instrumente nach KPG

Die Implementation begann mit *Information*: Während der gesamten Entwicklungsphase wurden die Mitarbeitenden von der Leitung regelmässig über die bevorstehende Einführung der neuen, KPG-basierten SPG informiert. Der an der Entwicklung beteiligte Abteilungsleiter bot organisationsintern auch bereits erste inhaltsbezogene Schulungen zum Konzept KPG und zum Prozessschritt Situationserfassung an. Eine von den Wissenschaftlern der Hochschule gestaltete Auftaktveranstaltung mit allen 22 Abteilungsleitenden im Frühjahr 2015 war der offizielle Projektstart zur Implementation der neuen Prozessgestaltung im Wohn- und Arbeitsbereich.

Die *Schulungen* zur Implementation wurden von Wissenschaftlern der Hochschule für Soziale Arbeit gestaltet. Parallel dazu haben im Rahmen der Einführung des Dokumentationstools Schulungen stattgefunden, in welchen Mitarbeitende den technischen Umgang mit dem Tool erlernen sollten. Im Zeitraum von August 2015 bis Juni 2016 wurden im Rahmen der Implementation von SPG fünf ca. dreistündige Schulungen durchgeführt. Diese erfolgten – u. a. zu Forschungszwecken, aber auch aus Ressourcengründen – in zwei unterschiedlichen Varianten: Es gab einerseits Schulungen für 16 Abteilungsleitende, die als Multiplikatoren fungierten und das Wissen anschliessend an ihre Teams weitergeben sollten, andererseits wurden sechs Teams direkt durch zwei Wissenschaftlerinnen geschult. In den Schulungen wurden entlang der Schritte des Prozessgestaltungsmodells theoretische Grundlagen zu KPG vermittelt, und an Beispielen wurde die konkrete methodische Arbeitsweise bei der neuen SPG diskutiert und eingeübt. Ein inhaltlicher Schwerpunkt wurde bei den Prozessschritten Analyse und Diagnose gesetzt. Mit den Abteilungsleitenden wurde darüber hinaus auch ihre Multiplikatoren-Aufgabe thematisiert, und es wurden Möglichkeiten der Weitergabe der Wissensinhalte besprochen. Zwischen den Schulungen hatten die Mitarbeitenden die Aufgabe, die Schulungsinhalte in einer eigenen Fallbearbeitung umzusetzen.

Ein Vierteljahr später fand im November 2016 eine zweite Schulungsrunde zur *Qualitätssicherung* statt. Die Teams konnten auswählen zwischen drei Varianten:

- Fallbesprechung, die durch eine Wissenschaftlerin der Hochschule moderiert wird;
- schriftliche Rückmeldung zu einer auf Video aufgezeichneten selbst moderierten Fallbesprechung;
- schriftliche Rückmeldung zu einer realisierten Fallbearbeitung und -dokumentation.

Die meisten Teams entschieden sich für eine angeleitete Fallbesprechung, einige auch für die schriftliche Rückmeldung zu ihrer Falldokumentation. Dabei zeigte sich, dass der Wissensstand zur SPG sehr heterogen ist und bei einzelnen Prozessschritten, speziell der Analyse, z. T. Unklarheiten darüber bestehen, wie dort genau vorgegangen wird. Konkret wird beim Dokumentationstool nicht automatisch berücksichtigt, dass auch die Perspektive der Klientin zu erfassen ist. Die Auswertung der Analyse ist potenziell missverständlich, weil die Fallthematik einem einzelnen Lebensbereich nach ICF zugeordnet werden muss, daher zur Wahl eines Lebensbereiches als Fallthematik verleitet und damit unterkomplex ausfällt. Im Rahmen der durchgeführten Fallbesprechungen wurde ebenfalls der Wunsch und Bedarf nach weiterer Unterstützung und Rückmeldung zur konkreten Fallarbeit deutlich. Im gesamten Implementationsprozess war auffallend, dass die Mitarbeitenden äusserst engagiert und motiviert an den Schulungen teilgenommen haben, sie die KPG-basierte Prozessgestaltung offensichtlich als Bereicherung für ihre Arbeit erleben und sehr bemüht sind, diese – trotz vielfältiger Herausforderungen – gemeinsam mit ihren Klientinnen gelingend und gewinnbringend umzusetzen. Mit einer Abschlussveranstaltung mit den Abteilungsleitenden Ende November 2016 wurde der Implementationsprozess im Rahmen des Projekts KoopIn abgeschlossen.

Um die neue, methodisch strukturierte Arbeitsweise mit der SPG zu festigen und Nachhaltigkeit bei der Implementation zu gewährleisten, stellt die Organisation weitere Unterstützung zur Verfügung, in Form von regelmässigen Schulungen zur Auffrischung der Inhalte und Einarbeitung für neue Mitarbeitende, einem Handbuch mit den fachlichen Standards sowie Coachings durch interne SPG-Expertinnen.

2 Herausforderungen und Gelingensfaktoren bei einem Implementationsprozess

In diesem Kapitel werden Herausforderungen und Gelingensfaktoren des Implementationsprozesses schrittweise dargelegt, indem die verschiedenen Projektbeteiligten Erkenntnisse aus dem Implementationsprozess einzeln in schriftlicher Form darlegen.

2.1 Reflexionen zum Projekt

Die nachfolgenden Fragen wurden von den drei Wissenschaftlerinnen der Hochschule und den zwei Praktikern einzeln bearbeitet. Es finden sich je Frage immer Ausschnitte der Reflexionen aus Sicht von Hochschule und Praxis.

Welches waren die grössten beiden Herausforderungen bei diesem Implementationsprozess?

Ursula Hochuli Freund, Projektleiterin HSA:
Die grössten Herausforderungen ergaben sich aus dem Umstand, dass die Logik des Fallbearbeitungs-Tools nicht immer der Logik professionellen Handelns nach KPG entspricht. Eine erste Herausforderung bestand darin, diese Differenz gegenüber den Leitungspersonen nachvollziehbar deutlich zu machen, Schulungsschwerpunkte festzulegen und einen Umgang mit dieser Differenz-Problematik zu finden. Eine zweite Herausforderung bestand darin, bei den KPG-Schulungen der Abteilungsleitenden zugleich auch die Frage zu bearbeiten, wie diese das Wissen in ihren Teams weitergeben würden. Diese beiden Ebenen gleichzeitig zu thematisieren, war hoch anspruchsvoll, v. a. auch für die Teilnehmenden. Im Rückblick denke ich, dass wir noch mehr Gewicht auf diese Multiplikatorinnen-Aufgabe legen müssten.

Renate Trawöger, Projektleiterin Stiftung Schürmatt:
Eine der Herausforderungen war, die hohe Anzahl an Mitarbeitenden mit verschiedenen Ausbildungsniveaus für die ›neue Entwicklungsplanung‹ zu gewinnen und zu motivieren. Dies ist im Vorfeld sehr gut gelungen und die meisten Mitarbeitenden haben sich auf diesen Prozess eingelassen. Die Akzeptanz der neuen SPG ist heute hoch und die Mitarbeitenden sehen darin einen Nutzen. Bedingt durch die hohe Anzahl an Mitarbeitenden und der ›branchenbedingten‹ unregelmässigen Arbeitszeit war die Planung der Schulungen eine weitere Herausforderung und sehr zeitintensiv: Der Koordinations- und Organisationsaufwand, um allen die Teilnahme an den Schulungen zu ermöglichen, war erheblich, dazu kommt die Vermittlung der Inhalte an abwesende Teammitglieder.

Was war(en) die grösste Überraschung, die grössten Freuden?

Oliver Eglinger, Projektmitarbeiter Stiftung Schürmatt, interner KPG-Experte:
Die Mitarbeitenden haben sich auf den Prozess eingelassen, waren interessiert und motiviert sich das dazu notwendige Fachwissen zu erarbeiten und mit ihren Klientinnen zu erproben. Erfreulich war auch das Interesse der Teams an einer qualitativ nachhaltigen Umsetzung der einzelnen Prozessschritte – indem sie entsprechende Rückfragen stellten bzw. ihre Ergebnisse beurteilen liessen und zur Diskussion stellten. Beeindruckend ist weiter, dass die Mitarbeitenden heute einen neuen Blick auf die Klienten haben. Eine ›fundierte‹ Auseinandersetzung mit der Biografie und deren exakte Dokumentation hat wichtige Erkenntnisse ermöglicht, welche es den Mitarbeitenden erlauben, aktuelles Handeln und Denkprozesse der Klientinnen besser zu verstehen, entsprechend einzuordnen und auf dieser Basis angemessen zu planen und handeln.

Ursula Hochuli Freund, Projektleiterin HSA:
Zunächst die Freude, dass die Leitung eine neue, zusammenhängende/in sich konsistente, KPG-basierte Prozessgestaltung entwickeln und implementieren wollte. Und dann immer wieder die Freude über die hohe Motivation der Mitarbeitenden, von denen mir berichtet wurde. Auch vermeintlicher Widerstand konnte mit der Zeit gedeutet werden als Ausdruck von: »Das haben wir noch nicht wirklich verstanden – wie ist das denn gemeint?« Die Rückmeldungen bei der Projekt-Abschlussveranstaltung, dass die neue Prozessgestaltung einen spürbaren Unterschied mache, dass das merkwürdig erscheinende Verhalten eines Klienten durch diesen strukturierten Zugang nun plötzlich Sinn mache und dass die Zusammenarbeit mit Klientinnen anders sei, deren Sichtweise nun besser erforscht und ernst genommen werde – sie haben mich sehr gefreut.

Jakin Gebert, Projektmitarbeiter HSA:
Eine der grössten Überraschungen war für mich die hohe Motivation der Mitarbeitenden in beiden Schulungs-Varianten. Die Arbeitsatmosphäre war sehr angenehm, die Offenheit und Bereitschaft der Mitarbeitenden die eigene Meinung zu äussern, Unklarheiten bei der Umsetzung von SPG immer wieder anzusprechen, ohne sich entmutigen zu lassen, habe ich als grosse Bereicherung erlebt. Besonders gefreut hat mich auch, dass bei einigen Mitarbeitenden geradezu eine neue Leidenschaft geweckt wurde, ihre Arbeit zu verbessern. Letztlich war es eine Genugtuung zu hören, welche Effekte die Auseinandersetzung einzelner Mitarbeitender mit SPG hatte, beispielsweise, wenn durch den stärkeren Einbezug der Klienten bei der Analyse bisher unbekannte Wünsche, Stärken etc. ans Tageslicht gekommen sind oder durch diagnostische Überlegungen neue Erkenntnisse für einen Fall gewonnen werden konnten.

Was hat zum Gelingen beigetragen? Und was hat das Gelingen erschwert?

Renate Trawöger, Projektleiterin Stiftung Schürmatt:
Zum Gelingen beigetragen haben sicher die Rahmenbedingungen der Stiftung Schürmatt: Die Organisation hat es ermöglicht für die Implementation genügend Ressourcen – zeitlich und auch finanziell – zur Verfügung zu stellen und den Mitarbeitenden war und ist stets bewusst, dass die Implementation der Organisation ein wichtiges Anliegen ist. Die breite Akzeptanz der Mitarbeitenden und die fachliche Begleitung durch die Wissenschaftlerinnen haben zum Gelingen beigetragen. Die Grösse der Organisation mit der hohen Anzahl an Mitarbeitenden und den verschiedenen Ausbildungsniveaus hat das Gelingen sicherlich erschwert, ebenso war die Weitergabe der Schulungsinhalte an das Team durch die Multiplikatoren mancherorts ein Stolperstein.

Oliver Eglinger, Projektmitarbeiter Stiftung Schürmatt, interner KPG-Experte:
Durch die Schulung der einzelnen Prozessschritte und die Möglichkeit das Erlernte nachfolgend umzusetzen, war es möglich, anstehende Fragen direkt zu klären und zu diskutieren und darauf aufbauend den nächsten Prozessschritt zu implementieren. Das Fachwissen welches durch die Mitarbeitenden der Fachhochschule eingebracht wurde, hat viel zum Verständnis beigetragen. Verunsicherung bei den Teams trat dann auf, wenn Wissenschaftlerinnen und Praktiker bei der Umsetzung des Konzepts KPG unterschiedliche Schwerpunkte gesetzt haben, beispielsweise bei der Perspektivenanalyse. Eine weitere Schwierigkeit bestand darin, dass die einzelnen Teams in der Praxis in unterschiedlichen Tempi unterwegs waren in Bezug auf die Umsetzung der einzelnen Prozessschritte. Zudem wurde das Wissen durch die Multiplikatorinnen unterschiedlich ans Team weitergegeben.

Raphaela Sprenger-Ursprung, Projektmitarbeiterin HSA:
Das grosse Interesse der Mitarbeitenden an der Arbeit mit dem Konzept KPG. Mir kam eine grosse Offenheit und Neugierde entgegen, es wurde deutlich, wie sehr die Mitarbeitenden nach KPG arbeiten wollen. Eine gut spürbare Motivation sowie ein hohes Engagement – sowohl von den Projektverantwortlichen, als auch von den Abteilungsleitenden und den Teams – waren massgebende Gelingensfaktoren der Implementation. Neben der Differenz-Problematik kam das zeitliche Auseinanderfallen von Unterstützungsbedarf und -angebot erschwerend hinzu: Einige Teams befanden sich länger in einer suchenden Erprobungsphase und mussten ihre Fragen aufstauen, obwohl sie nach Orientierung brannten. Künftig ist es wichtig, für eine zeitnahe und unkomplizierte Unterstützung der Teams Ressourcen zu binden.

2.2 Zusammenfassung und Ausblick

Bei den Reflexionen wird deutlich, dass die Projektbeteiligten aus Hochschule und Praxis bei der Umsetzung des Konzepts KPG mancherorts eine unterschiedliche Gewichtung vornehmen. Auch die teilweise fehlende Übereinstimmung zwischen dem Dokumentations-Tool und KPG wird als eine Herausforderung im Implementationsprozess benannt, wobei die Praktiker hilfreiche Arbeitsmaterialien erstellt haben um diese Schwierigkeiten gut zu meistern. Zudem stellt die Grösse der Organisation mit den unterschiedlichen Ausbildungsniveaus ein potenzieller Stolperstein dar. Die Wichtigkeit der Multiplikatorinnenrolle, bei der einzelne Mitarbeitende das erworbene neue Wissen an ihre Teams weitergeben müssen, wird von allen Seiten betont und insbesondere aus Sicht der beiden Praktiker als erschwerender Faktor ins Feld geführt. Dazu kommen unterschiedliche Tempi der Implementation bei den einzelnen Teams sowie ein hoher Unterstützungsbedarf, der nicht immer zeitnah gedeckt werden konnte.

Die Überraschungen und Freuden entpuppen sich unisono als Gelingensfaktoren für die Implementation. Einstimmig betont werden die hohe Motivation und Offenheit, das bemerkenswerte Interesse und Engagement der Mitarbeitenden. Hilfreich waren schliesslich auch die zur Verfügung gestellten Ressourcen der Stiftung Schürmatt und das hohe Commitment der Organisation bezüglich der Implementation einer neuen SPG. Von den Wissenschaftlern wurde dieser Gelingensfaktor betont: Die Praxis wollte eine neue, zusammenhängende/in sich konsistente, KPG-basierte Prozessgestaltung. Die beiden Praktikerinnen fanden das Fachwissen der Wissenschaftler hilfreich und insgesamt wurde die offene und flexible Arbeitsweise im Projektteam beidseitig geschätzt.

Auf dieser Basis werden nun zwei abschliessende Fragen von je einer Wissenschaftlerin und einem Praktiker beantwortet, einerseits zum Ausblick bei der weiteren Implementation und andererseits zu den persönlichen Erkenntnissen aus dem Projekt.

Was bleibt zu tun? Welche Aufgaben und Fragen bleiben für den weiteren Prozess der Implementation?

Ursula Hochuli Freund, Projektleiterin HSA:
Das Wichtigste ist, dass die Leitung die Weiterführung und Vertiefung der Implementation als Aufgabe erkennt, dies intern auch so kommuniziert und die bereits angedachten Massnahmen umsetzt: ein Handbuch zu SPG erarbeiten, das Einführungs-Konzept für neue Mitarbeitende hinsichtlich SPG weiter ergänzen, das Dokumentations-Tool weiterentwickeln. Von grosser Bedeutung ist für mich auch die Umsetzung der Idee, sog. SPG-Expertinnen zu benennen, die allen Mitarbeitenden für Fragen rund um SPG als Ansprechpersonen zur Verfügung stehen und zur Unterstützung beigezogen werden können. Hätte ich selber einen Wunsch frei, dann würde ich mir wünschen, dass die Wirkung dieser Arbeit mit der neuen SPG mittelfristig wissenschaftlich evaluiert wird. Auf diese Weise würde für die Stiftung Schürmatt der Bedarf für mögliche Nachbesserungen bezüglich SPG erkennbar – und wir kämen zu empirischen Befunden darüber, zu welchen Veränderungen die Arbeit nach KPG führt.

Renate Trawöger, Projektleiterin Stiftung Schürmatt:
Damit das Konzept SPG nachhaltig implementiert werden kann, wird ein Handbuch SPG erarbeitet und als interne Experten werden Mentoren und Mentorinnen SPG eingeführt. Das Handbuch wird exemplarisch aufzeigen, mit welchen Methoden die einzelnen Schritte der SPG in der Schürmatt bearbeitet werden und wie dies im Dokumentationstool eingefüllt werden muss. Die Mentoren und Mentorinnen sind Bereichen zugeteilt und haben die Aufgabe, die Teams des jeweiligen Bereichs bezüglich SPG zu unterstützen und zu coachen. Des Weiteren ist es sinnvoll, dass die Organisation auch zukünftig von den Wissenschaftlerinnen in Form von Dienstleistungsaufträgen unterstützt wird. Das elektronische Dokumentations-Tool wird durch Updates und Anpassungen anwenderfreundlicher im Hinblick auf SPG.

Welches ist ihre Lektion, die sie aus diesem Projekt gelernt haben? Oder: Was haben Sie persönlich mit und aus diesem Projekt gelernt?

Jakin Gebert, Projektmitarbeiter HSA:
Mir ist durch das Projekt bewusstgeworden, dass die Implementation ein langwieriger Prozess ist, der seine Zeit in Anspruch nimmt. Für mich selbst heisst das, geduldiger zu sein und nicht zu schnell zu viel zu erwarten, sondern den Mitarbeitenden kritisch-wohlwollende Rückmeldungen zu geben, sie immer wieder zu ermutigen und zu bestärken und ihre Motivation und Interesse zur Auseinandersetzung mit SPG durch mein persönliches Verhalten, aber auch durch die Konzeption der Schulungen zu würdigen. Diesbezüglich scheint mir wichtig zu sein, den Mitarbeitenden genügend Zeit für die Aneignung der Inhalte zur Verfügung zu stellen sowie ihnen viel Raum zum Ausprobieren einzuräumen.

Oliver Eglinger, Projektmitarbeiter Stiftung Schürmatt, interner KPG-Experte:
Dass es möglich ist eine bestehende Entwicklungsplanung derart weiter zu entwickeln, dass sie auf bestehendem Wissen der Mitarbeitenden aufbaut und gültige Inhalte und Daten auch in der weiterentwickelten Prozessgestaltung nutzbar sind.
 Ich durfte die Biografie von sechs Menschen, welche ich im Alltag eng begleite, kennen lernen und hatte zusammen mit dem Team die Zeit, diese zu erschliessen. Ich hatte die Gelegenheit und Offenheit meine bestehenden Schulungen durch ehrliche Feedbacks stetig weiterzuentwickeln und qualitativ aufzuwerten. Mir wurde bewusst, dass ein solches Projekt viel Offenheit und auch Kompromissbereitschaft voraussetzt, weiter wurde jedoch auch meine Phantasie angeregt, um Hindernisse durch das Entwickeln von entsprechenden Instrumenten zu überwinden. Es braucht auch die Ruhe und die Gelassenheit, dass bereits vermitteltes Fachwissen und organisationsspezifisches Vorgehen immer wieder repetiert werden muss, bis es bei allen Mitarbeitenden erfasst und aufgenommen wird.

Variationen zum Prozessgestaltungsmodell
Spiel-Möglichkeiten und Klärungen

Ursula Hochuli Freund, Raphaela Sprenger-Ursprung

Das im Konzept Kooperative Prozessgestaltung (KPG) enthaltene Prozessmodell kann als Orientierungsrahmen eingesetzt werden, um ein methodisch strukturiertes und gleichzeitig konsequent kooperativ ausgerichtetes Handeln sicherzustellen. Um die Bedeutung der einzelnen Prozessschritte zu klären und eine spielerische Annäherung an das Konzept KPG zu ermöglichen, werden in diesem Beitrag Variationen zum Prozessgestaltungsmodell vorgestellt. Den einzelnen Prozessschritten werden *Tätigkeiten*, mögliche *Fragen* sowie *Symbole* und *Metaphern* zugeordnet und es wird in die je spezifische *Grundhaltung* eingeführt. Um aktuellen Missverständnissen künftig vorzubeugen werden anschliessend drei Klärungen zum Konzept KPG vorgenommen.

1 Ein Modell und seine Variationen

Das Konzept KPG bietet einen Denk- und Handlungsrahmen zur Strukturierung des professionellen Handelns in der Sozialen Arbeit. Ein wichtiges Hilfsmittel und Arbeitsinstrument ist das sog. Prozessgestaltungsmodell (vgl. Hochuli Freund/Stotz 2015:138f.). Zunächst wird skizziert, welche Funktionen dieses Modell erfüllt und erläutert, wozu die anschliessend vorgestellten Variationen des Prozessgestaltungsmodells dienen.

1.1 Das Prozessmodell KPG

Phasen- und Prozessmodelle haben eine lange Tradition in der Sozialen Arbeit. Solche Modelle seien oft dem Verdacht der Banalität ausgesetzt, konstatiert Possehl (2002:6, unter Bezugnahme auf von Cranach 1996), beinhalten sie doch ein Problemlöseverfahren, das auch in unserem kulturellen Alltagswissen verankert sei. Und er folgt:

> »Phasenmodelle mögen […] banal sein, ihre praktische Anwendung auf berufliche Probleme erfordert aber möglicherweise keineswegs mehr banale, sondern äusserst schwierige berufs- und situationsspezifische Anpassungen und muss anhand konkreter Fälle eingeübt werden.« (Possehl 2002:6)

In unserem Modell (siehe Abb. 14) werden sieben Prozessschritte, eine analytische und eine Handlungsphase sowie zwei Kooperationsebenen unterschieden.

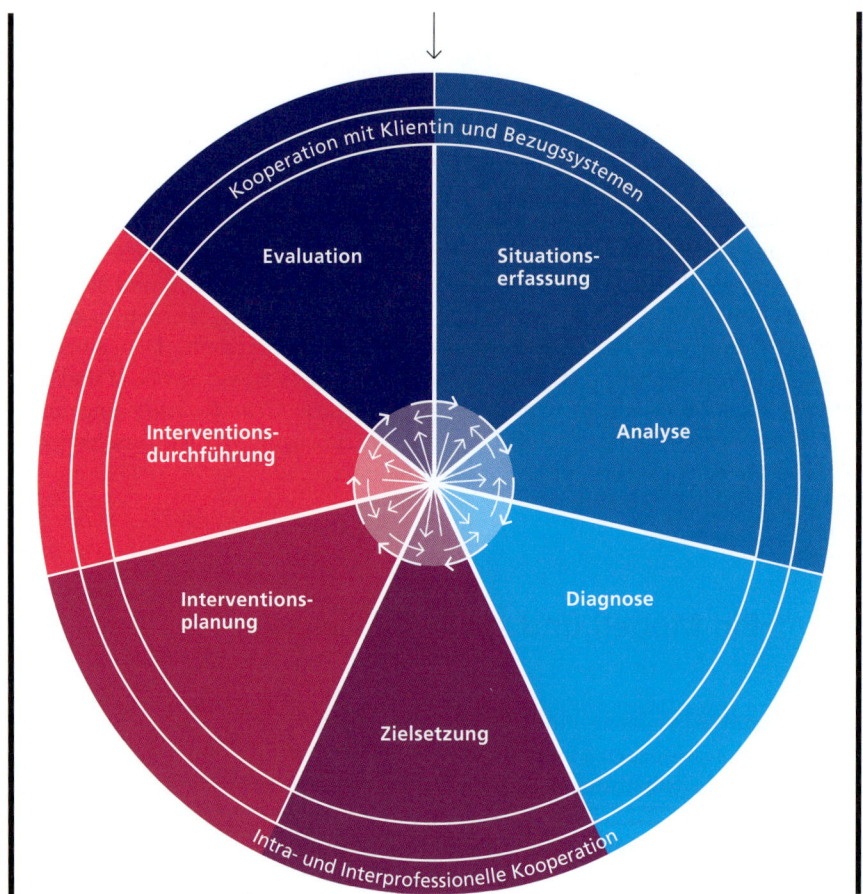

Abb. 14: Prozessmodell Kooperative Prozessgestaltung (Hochuli Freund/Stotz 2015:136)

Das Prozessmodell erfüllt im Rahmen des Konzept KPG mehrere Funktionen. Es dient

- zur Gestaltung der Kooperation mit Klientinnen entlang der Prozessschritte, für den gemeinsamen Denk- und Handlungsprozess;
- zur Gestaltung der Zusammenarbeit auf der Fachebene;
- zur Einordnung von Methoden und Instrumenten;
- zur Habitusbildung von Studierenden und Professionellen (›wissen, was man tut, wenn man etwas tut‹ – ›erst verstehen, dann handeln‹ – ›klientenbezogene Arbeit ohne Kooperation mit Klientinnen ist nicht professionelles Handeln‹; vgl. ebd.:325).

Im zweiten Teil des Lehrbuchs wurde bei den Ausführungen zu den einzelnen Prozessschritten eingangs stets auf die Bedeutung eines Prozessschrittes eingegangen, danach lag der Schwerpunkt v. a. auf dem dritten Aspekt, dem methodischen Vorgehen und den Methoden und Instrumente, die dem jeweiligen Prozessschritt zugeordnet werden können. Durchgehend wurde auch auf den erstgenannten Aspekt, die Gestaltung der Kooperation mit Klienten und ihren Bezugssystemen, eingegangen.

Im Folgenden wollen wir deshalb den vierten Aspekt der Habitusbildung aufgreifen und vertiefen. Wir werden einige Ideen vorstellen, wie das Prozessgestaltungsmodell Studierenden wie Praktikern – in spielerischer Weise – nähergebracht werden kann. Wenn wir das Konzept KPG an der Fachhochschule lehren, geht es im Kern darum, dass Studierende die sieben Prozessschritte verstehen: Dass für sie nachvollziehbar wird,[1] welcher Sinn hinter dieser spezifischen Einteilung steht, die im Methodendiskurs der Sozialen Arbeit teilweise ja auch etwas anders vorgenommen wird, was genau mit den einzelnen Prozessschritten gemeint ist, welche Bedeutung jeder Schritt hat, wie er als Reflexionsfolie für das eigene Denken, Planen und Handeln genutzt werden kann.[2]

Die nachfolgenden Variationen zum Prozessgestaltungsmodell sind so etwas wie Noten für Fingerübungen – und wer Klavier spielen gelernt hat, weiss, wie unverzichtbar solche Übungen sind für virtuoses Spielen. Wenn sie zum Nachdenken anregen und das Verständnis für die einzelnen Prozessschritte erhöhen, dann haben sie ihren Zweck erfüllt: den Umgang mit dem Konzept KPG zu verdeutlichen und einen kleinen Beitrag zu leisten zur Entwicklung von professionellem Können.

1.2 Tätigkeiten

In unseren Lehrveranstaltungen zum Konzept KPG ordnen wir den einzelnen Prozessschritten manchmal Tätigkeiten zu. Das kann beispielsweise bedeuten:

- Offen wahrnehmen, aufnehmen, erfassen, Informationen sammeln – den eigenen Impuls erkennen, sofort bewerten oder erklären zu wollen, und ihn zurückstellen – beobachten – (offene) Fragen stellen und zuhören – Akten kritisch lesen – sich selber, die eigenen Reaktionen beobachten – erste Themen benennen (= **Situationserfassung**)
- Geeignete Methoden auswählen – strukturiert weitere Daten erheben, gezielte Fragen stellen – Einschätzungen verschiedener Beteiligter erfassen und dokumentieren – Daten strukturiert auswerten – Fallthematik herausarbeiten und diskutieren (= **Analyse**)
- Versuchen zu verstehen – theoretische und empirische Wissensbestände beiziehen und nach Erklärungen suchen – Hypothesen formulieren – diagnostische Erkenntnisse mit Klienten besprechen/validieren – bei der Su-

---

1 Siehe den Beitrag von Gebert in diesem Band.
2 Siehe den Beitrag von Hochuli Freund, ›Denken und Handeln‹, in diesem Band.

che nach Erklärungen Handlungsmöglichkeiten aufspüren – Erkenntnisse zusammenfassen, eine Arbeitshypothese (und Fragestellung) formulieren (= **Diagnose**)
- Bilder für den wünschenswerten, anzustrebenden Zustand finden – gemeinsam mit einer Klientin bedeutsame, motivierende (Grob-)Ziele formulieren – Ziele finden, die man selber/auf der Fachebene anstreben will – gemeinsam mit allen relevanten Fallbeteiligten eine Zielvereinbarung treffen (= **Ziele**)
- Möglichkeiten des Vorgehens entwerfen und reflektieren – planen (= **Interventionsplanung**)
- Realisieren/umsetzen/durchführen: z. B. initiieren, abklären, organisieren, begleiten, anleiten, unterstützen, Gespräche führen, kontrollieren, vermitteln, koordinieren – dokumentieren (= **Interventionsdurchführung**)
- Innehalten oder abschliessen – auswerten, bewerten, beurteilen – Folgerungen ableiten (= **Evaluation**)

1.3 Fragen

Ein anderer möglicher Zugang ist derjenige über Fragen, die den Prozessschritten *und Kooperationsebenen (mit Klientinnen und deren Bezugssystemen, auf der Fachebene)* zugeordnet werden können.[3] Im Folgenden findet sich eine Auflistung möglicher Fragen (die selbstverständlich unvollständig ist):

- Welches ist Ihr Anliegen? Wie sehen Sie selber die Situation? Welche Geschichten gehören für Sie dazu? (*Klientenebene*, **Situationserfassung**)
- Was ist unser Auftrag? Was wissen wir? (*Fachebene*, **Situationserfassung**)
- Wie schätzen A, B, C einen bestimmten Aspekt ein? Was ist für wen ein Problem? Wer hat welche Ressourcen? (*Klienten- & Fachebene*, **Analyse**)
- Worum genau geht es hier? Wie können wir das Problem neu rahmen und sinnvollerweise bestimmen? (*Fach- & Klientenebene*, **Analyse**)
- Wie können wir das verstehen? (*Klienten- & Fachebene*, **Diagnose**)
- Wie erklären wir uns das? Welches theoretische/empirische Wissen könnte hier beigezogen werden? Welche erklärenden Hypothesen können wir formulieren? Welche Handlungsmöglichkeiten sind darin enthalten? (*Fachebene*, **Diagnose**)
- Wie kann ich diese Erklärungen in verständlicher und angemessener Weise ins Gespräch mit der Klientin einbringen? Wo klingt etwas an bei ihr? Welche Ansatzpunkte für das gemeinsame Handeln können wir erkennen? (*Klientenebene*, **Diagnose**)

---

3 Das ist ein Zugang, den Burkhard Müller in seinem Fallarbeits-Konzept ›Sozialpädagogisches Können‹ bevorzugt genutzt hat (vgl. Müller 2017).

- Haben wir den Fall ausreichend verstanden? Haben wir den Kern des Problems (der Bewältigungsprobleme des Klienten, der hemmenden Interaktionsdynamik etc.) erfasst und erhellt? welches war der Aha-Moment im Verstehensprozess? Ist eine kohärente Deutung entstanden? Welche Lösungsmöglichkeiten scheinen darin auf? (*Fach- & evtl. Klientenebene*, **Diagnose**)
- Welche Veränderungen wünschen wir uns, streben wir an? (*Fachebene*, **Ziele**)
- Wohin soll diese gemeinsame Reise gehen? Welches ist das wichtigste Ziel für Sie, was möchten Sie erreichen? Wie wird die Situation aussehen, wenn das Problem gelöst ist? (*Klientenebene*, **Ziele**)
- Welche Ideen haben Sie, was Sie tun möchten? Was hat sich in Ihrem bisherigen Leben als Vorgehen bewährt? (*Klientenebene*, **Interventionsplanung**)
- Welche Ressourcen gibt es (im Klientinnensystem, bei uns)? Welche Vorgehensmöglichkeiten fallen uns ein/sind geeignet/haben sich in einem ähnlichen Fall schon einmal bewährt? Was würde jede dieser Möglichkeit wahrscheinlich bewirken? Welche unerwünschten (Neben-)Folgen hätte sie allenfalls? Wofür entscheiden wir uns? Wer macht wann was? (*Fachebene*, **Interventionsplanung**)
- Wie läuft es? Wo braucht es Modifikationen? Wann braucht es einen gemeinsamen Zwischenhalt? Welches sind die nächsten Schritte? (*Klienten- & Fachebene*, **Interventionsplanung**)
- Zeigen sich unerwartete Entwicklungen, unerwünschte Nebeneffekte? Ist unser Aktivitätsgrad angemessen? Wie geht es uns selber dabei? (*Fachebene*, **Interventionsdurchführung**)
- Wie war es? Was hat es gebracht, wie beurteilen wir Prozess und Ergebnis? Was können wir daraus lernen? (*Klienten- & Fachebene*, **Evaluation**)
- Wie hat der Klient die gemeinsame Zeit erlebt? Was war toll? Was war vielleicht auch schwierig, unangenehm? Wie hat er den Kontakt mit der Sozialpädagogin erlebt? Welchen Rat kann er geben, was sie bei einem anderen Nutzer besser nicht machen sollte bzw. unbedingt auch so machen sollst? Was hat er über sich Neues gelernt? (*Klientenebene*, **Evaluation**)
- Welches war die grösste Überraschung/die schwierigste Hürde? Was haben wir möglicherweise vernachlässigt? Welche Gefühle waren mit dieser Fallarbeit verbunden? Worüber freuen wir uns? Womit sind wir besonders zufrieden? In welchem Verhältnis sehen wir Aufwand und Ertrag? Was gilt es bei der Weiterarbeit in diesem Fall unbedingt zu berücksichtigen? Was können wir für andere, ähnliche Fälle lernen? (*Fachebene*, **Evaluation**)

1.4 Symbole und Metaphern

Eine kreative Variante der Nutzung des Prozessmodells stammt nicht in erster Linie von uns selber. Am Ende eines fast dreijährigen Zusammenarbeitsprozesses – währenddessen wir Methoden und Instrumente für ein neu gestaltetes Abklärungsverfahren erarbeiteten (siehe Artikel Gebert et al. in diesem Band) – überraschte uns das dortige Team beim letzten Schulungstreffen mit der Aufgabe, neun kleine Geschenke dem Prozessgestaltungsmodell zuzuordnen. Aus gutem Grund (weil z. B. der Begriff ›Zielwasser‹ nicht allen Beteiligten bekannt war) wird hier lediglich die Lösungsvariante des Kooperative-Bedarfsermittlung-Teams angefügt:

- Notizbuch (= **Situationserfassung**)
- Lupe (= **Analyse**)
- Kerze (= **Diagnose**)
- ›Zielwasser‹ (= **Ziele**)
- Blumensamen (= **Interventionsplanung**)
- Kräutertee (= **Interventionsdurchführung**)
- Postkarten-Set mit Sprüchen (= **Evaluation**)
- Puzzle (= *Kooperation mit Klienten und deren Bezugssystemen*)
- Trinkschokoladen (= *Kooperation auf der Fachebene, intra- und interprofessionell*)

Diese Zuordnung verweist auf eine weitere Variationsmöglichkeit des Prozessgestaltungsmodells. Grundsätzlich geht es darum Symbole oder auch Metaphern einzusetzen, um Komplexität zu reduzieren und durch Bilder die eigene Bewertung eines Inhalts zu kommunizieren und sich dadurch über abstrakte Inhalte wie die Prozessschritte nach KPG zu verständigen (vgl. Schröder 2016: 77). Nachfolgend werden weitere Vorschläge von Symbolen und Metaphern zu den einzelnen Prozessschritten dargelegt:

- in den Spiegel schauen – Fernrohr, Kamera (= **Situationserfassung**)
- unterschiedliche Brillen – detaillierte Landkarte – ›Kunst aufräumen‹[4] (= **Analyse**)
- Scheinwerfer zum Durchleuchten – mit Kerze Licht ins Dunkel bringen – unter Tisch(-decke) schauen – mehrere Trichter mit Filtern[5] (= **Diagnose**)
- Bilder/Vorstellungen von einem schönen Ort, an den man gelangen will (= **Ziele**)
- Material bereitstellen – Hindernisse identifizieren (= **Interventionsplanung**)
- unterwegs/in Bewegung sein – in Tagebuch festhalten (= **Interventionsdurchführung**)
- Erinnerungen bündeln – Bilanz – Austausch mit anderen (= **Evaluation**)

---

4 Vgl. Wehrli 2013 – und seine weiteren Bände zu ›Kunst aufräumen‹.
5 Vgl. Abb. 18, Visualisierung zum Theoriegeleiteten Fallverstehen, in: Hochuli Freund/Stotz 2015:224.

- Reisebegleitung – Coach (= *Kooperation mit Klientinnen und Bezugssystemen*)
- Fäden verknüpfen (= *Kooperation auf der Fachebene, intra-/interprofessionell*)

Anstatt für jeden einzelnen Prozessschritt ein Symbol oder eine Metapher zu suchen, ist es auch möglich, Bilder und Geschichten über alle Prozessschritte hinweg zu nutzen. Wir stellen zwei Beispiele vor.

Theaterbesuch

Anbieten könnte sich hier beispielsweise ein Theaterbesuch, oder die Aufführung einer Theaterprobe (die Phantasie der Lesenden ist hier etwas gefragt).

Zunächst betrachtet die aufmerksame Besucherin das Bühnenbild und erfolgt die Aufführung währen der ersten beiden Szenen (= **Situationserfassung**). Sie befragt die Schauspieler zu ihrer Rolle, zu ihren Beziehungen untereinander und zum Stück insgesamt, oder aber sie redet in der Pause mit anderen Theaterbesucherinnen. Auf diese Weise findet sie genauen Titel des Stücks heraus (= **Analyse**). Nun folgt der Blick hinter die Kulissen: Requisiten und Garderobe werden genau betrachtet, die Dynamik im Stück wird erforscht, das bisherige Drehbuch rekonstruiert (= **Diagnose**). Schliesslich wird ein Bild/eine Skizze für die nächste Szene (oder ein nächstes Stück) entworfen (= **Ziele**). Es wird eruiert, wen und was es für diese Szene/dieses Stück braucht. Es wird terminiert, ein Probenplan entworfen bzw. Einladungen werden verschickt, das Bühnenbild entsprechend umgestaltet etc. (= **Interventionsplanung**). Das neue Stück wird aufgeführt und gefilmt (= **Interventionsdurchführung**). Die Aufzeichnung wird ausschnittsweise nochmals angeschaut, gemeinsam mit dem Regisseur, den Schauspielerinnen und Besuchern wird die Aufführung nachgesprochen, Stärken und Schwächen werden ausgelotet und Folgerungen für ein weiteres Stück werden gezogen (= **Evaluation**).

Wanderung

Je nach persönlichen Präferenzen kann beispielsweise auch eine Wanderung metaphorisch eingesetzt werden.

Bekannte werden zu spannenden Wanderungen befragt, im Netz wird nach Wanderberichten gesucht (= **Situationserfassung**). Die Wünsche/Vorlieben, die körperliche Verfassung, die zeitliche und finanziellen Möglichkeiten aller interessierten Wanderfreundinnen werden eruiert, verschieden Routen und deren Anspruchsniveau studiert, Wanderkarten oder -App besorgt (= **Analyse**). Man lässt die bisherigen gemeinsamen Wanderungen Revue passieren (bzw. liest Reiseberichte sehr genau) und erforscht sie hinsichtlich Schwierigkeiten, Höhepunkte und Dynamik in der Reisegruppe; das Zögern einer Wanderfreundin wieder teilzunehmen, versucht man genauer zu durchleuchten und zu verstehen

(= **Diagnose**). Es wird ausgewählt, in welcher Berghütte übernachtet wird und wann in etwa sie erreicht werden soll (= **Ziele**). Der Rucksack wird bereitgestellt, die Wettervorhersage studiert. Die Route wird in leistbare Etappen eingeteilt, die Erfahrungsberichte von anderen Wanderern noch einmal detailliert studiert (= **Interventionsplanung**). Die Wanderung findet statt, Fotos werden gemacht, Postkarten geschrieben, jemand führt ein Reisetagebuch (= **Interventionsdurchführung**). Anschliessend wird ein Fotoalbum erstellt: Die schönsten Fotos werden ausgewählt und anhand der wichtigsten Stationen und Ereignisse aus dem Reisetagebuch sortiert und beschriftet. Ein Nachtreffen mit allen Beteiligten findet statt, Erinnerungen werden ausgetauscht, Ideen für eine nächste Wanderung gesammelt – bei Bedarf wird eine Meldung an die Berghütte, die Bahn (Reisebüro) gemacht (= **Evaluation**).

Selbstverständlich sind viele weitere Symbole und Metaphern denkbar – Sie werden sicherlich Ihre eigene finden.[6]

1.5 Grundhaltungen

Im Rahmen des derzeit laufenden Forschungs- und Entwicklungsprojekt ›Kooperative Instrumente-Entwicklung zur Qualitäts- und Effektivitätssteigerung in der Sozialen Arbeit‹ (KoopIn)[7] haben wir für die gemeinsame Arbeit mit sieben Praxispartnern *Standards* zu KPG im Allgemeinen und zu den einzelnen Prozessschritten im Besonderen erstellt. Diese haben sich als gute Übersicht und Diskussionsgrundlage für die gemeinsame (Weiter-)Entwicklung bestehender Instrumente zur Prozessgestaltung bewährt. Als ein Element dieser Standards ist jeweils die Haltung ausgewiesen, die in einem spezifischen Prozessschritt erforderlich ist. Diese Grundhaltungen vermögen einerseits Orientierung zu geben für die einzelnen Phasen einer konkreten Prozessgestaltung, anderseits können sie als Puzzleteile einer bewusst ausgestalteten professionellen Grundhaltung verstanden werden (vgl. Hochuli Freund/Stotz 2015:126). Hier eine Übersicht über die Grundhaltungen in den einzelnen Prozessschritten:

- Offenheit, Interesse/Neugier (»so viel wie möglich sehen, so wenig wie möglich verstehen«) (= **Situationserfassung**)
- vielfältige Perspektiven explorieren und herausfinden wollen, worum genau es in dem Fall geht (= **Analyse**)
- Suchbewegungen: nach Erklärungen suchen, versuchen zu verstehen (= **Diagnose**)
- nach vorne schauen; der Klientin motivierende Impulse geben, sich selber aber zurücknehmen (= **Ziele**)
- erfinderisch sein (= **Interventionsplanung**)

---

6 Wir würden uns sehr freuen, wenn Sie uns teilhaben lassen an Ihren Methapern! Unsere Kontaktdaten finden sich bei den Angaben zu den Autorinnen und Autoren.
7 Vgl. u. a. den Beitrag von Sprenger-Ursprung et al. in diesem Band.

- dranbleiben und zugleich flexibel sein (= **Interventionsdurchführung**)
- Wertschätzung für das Geleistete; Verbesserungswille und zugleich Fehlerfreundlichkeit (= **Evaluation**)

2 Drei Klärungen

Mit dem oben gewählten Zugang – Variationen zum Prozessgestaltungsmodell – könnte die Gefahr verstärkt werden, das gesamte Konzept auf diese eine Modellvorstellung zu reduzieren. Auf dieses Missverständnis gehen wir im Folgenden ein und greifen weitere Aspekte auf, die manchmal für Fragen sorgen, und versuchen, etwas zur Klärung beizutragen.

2.1 »Ein Modell ist ein Modell ist ein Modell« (frei nach Gertrude Stein)

Ein Modell ist ein Hilfsmittel. Es ist der Versuch einer visuellen Darstellung eines Themas und zeigt meist ein Gefüge von Zusammenhängen (seien dies Abfolgen und Ebenen, Einflussfaktoren und Auswirkungen etc.). Ein Modell vermag nie die gesamte Komplexität eines Gegenstandes abzubilden, vielmehr dient es zur Reduktion der Komplexität auf die wesentlichen Elemente und Zusammenhänge. Diese Komplexitätsreduktion ist die Leistung ebenso wie die Beschränkung eines Modells. Um es mit Gertrude Stein zu formulieren: Ein Modell ist ein Modell ist ein Modell. Nicht mehr. Aber auch nicht weniger.

Vieles wird im Prozessgestaltungsmodell des Konzepts KPG nicht abgebildet. Die strukturellen Rahmenbedingen, die das Handeln in der Sozialen Arbeit prägen, die professionsethische Ausrichtung professionellen Handelns, die Ausgestaltung der Kooperation und die konkreten methodischen Vorgaben (beispielsweise die Notwendigkeit der Auswertung der erhobenen Einschätzungen im Analyseschritt), die Komplexitätsreduktion und Fokussierung der gewonnenen Erkenntnisse (zu Fallthematik und Arbeitshypothese), die unabdingbare Verbindung zwischen analytisch-diagnostischer und Handlungsphase, die Anforderungen an Zielformulierungen (Rückbindung an analytisch-diagnostische Erkenntnisse, Bedeutsamkeit von Zielen, Unterscheidung von Unterstützungs- und Bildungszielen), die in einer Interventionsplanung gemäss KPG erforderlichen vier Schritte, die Prinzipien von Ressourcenorientierung und Empowerment etc. etc.: All dies lässt sich aus dem Prozessgestaltungsmodell nicht ablesen. Es sind jedoch die Inhalte, die das Konzept KPG als generalistisches Handlungskonzept für die Soziale Arbeit kennzeichnen.

2.2 Einheit der analytisch-diagnostischen Phase

Was im aktuellen (Professionalisierungs-)Diskurs als ›Soziale Diagnose‹ bezeichnet wird, wird im Konzept KPG aufgeteilt in drei Prozessschritte: Situationserfassung, Analyse, Diagnose.

Uns erscheint diese analytische Unterteilung des Prozesses hilfreich, weil dadurch deutlich wird, welch unterschiedliche kognitive Bewegungen hier verlangt sind: wahrnehmen/erfassen – bewerten/herausarbeiten, worum genau es geht – erklären, verstehen/herausarbeiten, welche Bedeutung etwas hat, warum etwas vielleicht so ist, wie es derzeit gerade ist – und Ideen zu generieren, was getan werden kann/was zu tun ist.

Gleichzeitig kann diese analytische Unterscheidung dieses Prozesses der Sozialen Diagnose auch das Missverständnis befördern, dass der diagnostische Prozess im Konzept KPG auf den Diagnoseschritt beschränkt werde (so die Kritik von Göbel 2015:64f.). Es braucht das Herausarbeiten der Fallthematik, diese Klärung, worum genau es geht in einem Fall – das, was Schön 1983 ›Problembestimmung‹ nennt[8] – bevor eben diese Thematik des Falls genauer erhellt, erklärt, verstanden werden kann. Wenn die Klärung der Fallthematik eine unabdingbare Voraussetzung für den Diagnoseschritt ist, dann ist der Analyseschritt ein integraler Bestandteil einer Sozialen Diagnose. Voraussetzung für Analyse wiederum ist die Erfassung der wichtigsten Daten und Geschichten in einem Fall, also die Situationserfassung. Die analytische Unterteilung des Prozesses Sozialer Diagnostik in die Schritte Situationserfassung – Analyse – Diagnose ist lediglich ein Hilfsmittel.

Wie beim Prozessmodell gilt auch hier: Diese analytisch-methodisch-arbeitspraktische Unterteilung kann auch anders vorgenommen werden (wie andere diagnostische Konzepte ja zeigen, siehe den Beitrag von Gebert in diesem Band). Wir halten diese Unterteilung jedoch für die hilfreichste.

2.3 Prozesszyklen und Komplexität

Eine der Begrenzungen des Prozessmodells liegt darin, dass die zeitliche Dimension nicht abgebildet wird. Damit sind auch die unterschiedlichen Möglichkeiten, das Prozessmodell *zeitlich* zu nutzen, nicht ersichtlich. Es braucht deshalb Ausführungen zu den verschiedenen Prozesszyklen (wie sie im Lehrbuch in Kap. 7.3., Arbeit mit dem Prozessmodell, enthalten sind, vgl. Hochuli Freund/ Stotz 2015:140ff.). Weil sich in Bezug auf diese zeitliche Dimension ab und an Fragen stellen, wollen wir diesen Aspekt hier noch einmal aufnehmen.

In Hinblick auf die gemeinsame Gestaltung von länger dauernden Unterstützungsprozessen wird in mittel- und langfristigen Prozesszyklen von Monaten bis zu ein oder zwei Jahren gedacht. In Bezug auf Belange des Alltags hingegen gibt es auch wöchentliche, tägliche, stündliche, minütliche Prozesszyklen (vgl. ebd.:145; siehe Anmerkung 3). Vielleicht kann die Unterscheidung zwischen *in-*

---

8 Siehe den Beitrag von Hochuli Freund, Denken und Handeln, in diesem Band.

formeller Prozessgestaltung (in Alltagssituationen) und *formeller* Prozessgestaltung (im Rahmen eines strukturierten gemeinsamen Prozesses, an dem unterschiedliche Akteure beteiligt sind), klärend wirken. Es geht um Denken, Planen, Handeln und Reflexion *innerhalb eines* Prozessschritts, und *gleichzeitig* innerhalb eines *grösseren* Prozesszyklus. Wir bewegen uns immer in mindestens zwei Prozesszyklen gleichzeitig. Wenn wir in einem grösseren Zeitraum einer Prozessgestaltung denken und handeln (z. B. Situationserfassung), dann ist das selbstverständlich zugleich schon eine Intervention (deshalb die Unterscheidung ›*Intervention im engeren Sinne*‹ und ›*Intervention im weiteren Sinne*‹, vgl. Hochuli Freund/Stotz 2015:294). Die versierte Praktikerin spielt mit diesen zeitlichen Varianten der Bezugnahme auf das Prozessmodell und zwar in Hinblick auf das übergeordnete Ziel: ›Wissen was man tut, wenn man etwas tut‹ (vgl. Hochuli Freund/Sprenger-Ursprung 2016:55).

Auch die zeitliche Abfolge der verschiedenen Prozessschritte ist nicht statisch zu denken. Die Pfeile in der Mitte verweisen darauf, dass die idealtypische Reihenfolge auch verändert werden kann (z. B. dass bei der Situationserfassung manchmal bereits Ziele formuliert werden und eine differenzierte Auslegeordnung, also Analyse, erst danach vorgenommen wird etc.). Michel-Schwartze (2009, 2015) präferiert anstelle eines Phasenmodells ein Ebenen-Modell[9], um deutlich zu machen: »[D]as methodische Vorgehen auf einzelnen Arbeitsebenen kann parallel erfolgen und wird zu keinem Zeitpunkt des Hilfeprozesses beendet, weil Ebenen keiner zeitlichen Begrenzungen unterliegen« (Michel-Schwartze 2016:249f.). Der Vorzug eines solchen Modells ist tatsächlich, dass Parallelität und Interdependenz der Arbeit in den verschiedenen Ebenen (oder eben: Phasen, Prozessschritte) verdeutlicht wird. Der Preis allerdings ist, dass keine Komplexitätsreduktion innerhalb eines jeden Prozessschrittes (bzw. einer Phase, einer Ebene) eingefordert wird – also nie herausgearbeitet werden muss, worum genau es geht (Analyse), auf welche Arbeitshypothese man sich zunächst einmal stützt (Diagnose) etc. –, sodass das, was in einem komplexen Fall schliesslich bearbeitet wird, möglicherweise stärker dem Zufall überlassen wird, als auf einer nachvollziehbar begründeten Entscheidung beruht.

Ein angemessener Umgang mit Komplexität erfordert aus unserer Sicht eine kontinuierliche bewusste Bewegung zwischen Öffnung und Schliessung, einen Wechsel immer wieder zwischen themenbezogener Komplexitätserhöhung und strukturierter Komplexitätsreduktion. Letzteres fällt oft schwer, bedeutet es doch nicht nur, Entscheidung zu treffen, wovon man in einem Fall derzeit ausgeht, sondern auch darüber, was – zumindest aktuell – im Hintergrund bleiben soll (was aber nicht heisst, dass es ausgeblendet und vergessen wird).

---

9 Michel-Schwartze unterscheidet dabei folgende vier Ebenen: 1. Informationssammlung, 2. Problemdefinition (2009 bzw. Diagnose/Problem-und Ressourcenanalyse 2016), 3. Intervention, 4. Evaluation (vgl. Michel-Schwartze 2009:133–151, 2016:250f.).

Literatur

Göbel, Daniel (2015). Diagnose in der Kooperativen Prozessgestaltung im Vergleich mit zentralen Aspekten eines allgemeingültigen Diagnoseverfahrens für die Soziale Arbeit. Bachelorarbeit Sozialwirtschaft, Duale Hochschule Baden-Württemberg, Villingen-Schwenningen.

Hochuli Freund, Ursula/Sprenger-Ursprung, Raphaela (2016). Kooperative Prozessgestaltung. Mit Klient/-innen gemeinsam handeln. Sozialmagazin 9–10. S. 48–56.

Hochuli Freund, Ursula/Stotz, Walter (2015). Kooperative Prozessgestaltung in der Sozialen Arbeit. Ein methodenintegratives Lehrbuch. 3., überarbeitete und erweiterte Aufl. Stuttgart: Kohlhammer.

Michel-Schwartze, Brigitta (2009). Fallarbeit. Ein theoretischer und methodischer Zugang. In: Dies. (Hrsg.). Methodenbuch Soziale Arbeit. Basiswissen für die Praxis. 2., überarbeitete und erweiterte Aufl. Wiesbaden: VS Verlag. S. 121–154.

Michel-Schwartze, Brigitta (2016). Sozialarbeitswissenschaftliche Fallarbeit. Zugänge unter Einbeziehung bezugswissenschaftlichen Wissens. In: Dies. (Hrsg.). Der Zugang zum Fall. Beobachtungen, Deutungen, Interventionsansätze. Wiesbaden: VS Verlag. S. 243–286.

Müller, Burkhard (2017). Sozialpädagogisches Können. Ein Lehrbuch zur multiperspektivischen Fallarbeit. 8., durch Ursula Hochuli Freund aktualisierte und erweiterte Aufl. Freiburg i. Br.: Lambertus.

Possehl, Kurt (2002). Ausgewählte Aspekte einer handlungstheoretischen Konzeption der Methodenlehre der Sozialen Arbeit und ihre didaktische Umsetzung. In: Archiv für Wissenschaft und Praxis der Sozialen Arbeit. Frankfurt a. M.: Deutscher Verein für öffentliche und private Fürsorge. S. 4–41.

Schröder, Julia (2016). Metaphern (in) der Beratung. sozialmagazin 9–10. S. 74–79.

Wehrli, Ursus (2013). Die Kunst, aufzuräumen. 13. Aufl. Zürich: Verlag Kein und Aber.

Fallbesprechungs-Materialien
Strukturierungshilfen für effektive Fallbesprechungen gemäss Kooperativer Prozessgestaltung

Ursula Hochuli Freund

In der beruflichen Praxis braucht es Gefässe für den fachlichen Austausch, u. a. solche für den Austausch über die Gestaltung der Fallarbeit. Fallbesprechungen dienen dazu, eine inhaltliche Auseinandersetzung über Fälle zu führen, neue Interventionsmöglichkeiten in komplexen Fällen zu entwickeln und die Arbeit auf der Fachebene zu koordinieren.

Zunächst werden die verschiedenen Typen und Formen von Fallbesprechungen skizziert. Neben einer geeigneten äusseren Struktur bedürfen Fallbesprechungen v. a. auch einer geeigneten inneren Strukturierung. Es braucht methodisches Werkzeug zur Moderation von Fallbesprechungen, damit der gemeinsame Austausch über Fälle effektiv ist, die zur Verfügung stehende Zeit also zielgerichtet und effizient genutzt wird, um auf der Basis von Fallverstehen zielgerichtete neue Problemlösungen zu erarbeiten. Das zweite, umfangreiche Kapitel enthält deshalb Materialien für die Strukturierung von Fallbesprechungen vor dem Hintergrund des Konzepts Kooperative Prozessgestaltung (KPG) mit Leitfäden, Methodenvorschlägen und Fragemöglichkeiten.

1 Fallbesprechungen: Was – wozu – wann – wie?

Was ist eine Fallbesprechung, und wozu braucht es sie? Das soll zunächst geklärt werden, danach wird ein Überblick gegeben über die unterschiedlichen Formen von Fallbesprechungen.

1.1 Fall und Fallbesprechung

Was ist ein ›Fall‹? Fälle sind Situationen, in denen Professionelle der Sozialen Arbeit grundsätzlich (auch) zuständig sind und die Frage aufwerfen: »Was ist zu tun?« Der Fall wird dadurch zum Fall (für die Soziale Arbeit[1]), indem sich Sozialpädagogen oder Sozialarbeiterinnen mit ihm beschäftigen, ihn bearbeiten. Entgegen dem Alltagssprachgebrauch sind mit ›Fall‹ also nicht einzelne Adres-

---

[1] Ein Fall bestimmt sich immer auch im Verhältnis zu anderen Berufen und Professionen.

saten sozialpädagogisch-sozialarbeiterischen Handelns gemeint, ist nie eine Person ›der Fall‹ (vgl. u. a. Pantuček 2013:95f.). Ein Fall entsteht – und wird nach dem Klienten benannt –, wenn eine Arbeitsvereinbarung getroffen wird mit einer Klientin oder einem Klientensystem, gemeinsam an einem Thema zu arbeiten und Professionelle in der Folge darüber nachdenken, welche Aufgaben sich für sie hier ergeben. Ein Fall ›konstituiert‹ sich dadurch, dass er als Fallgeschichte (›Fall erster Ordnung‹) irgendeiner Art von Fallbesprechung oder individueller Reflexion zugänglich gemacht wird. Durch dieses handlungsentlastete Nachdenken über einen Fall wird die Fallgeschichte neu interpretiert und damit in einen ›Fall zweiter Ordnung‹ transformiert wird. Mit der Suchbewegung des ›Fallverstehens‹ wird der Fall in eine Form gebracht, welche die Planung von Interventionen ermöglicht (vgl. Müller 2017:35f., Müller 2012). Dass bei diesem Fallverstehen Fachwissen genutzt wird, kommt in der Falldefinition von Hörster zum Ausdruck:

> »Ein Fall ist die Einheit eines Untersuchungsprozesses, in dem Allgemeines und Besonderes in eine wie auch immer geartete Beziehung gesetzt werden, eine Beziehung, die in dem jeweiligen Untersuchungskontext sich in strukturierter Form zeigt.« (Hörster 2015:1586)

Eine Fallbesprechung ist ein sog. ›kasuistischer Raum‹ des gemeinsamen Nachdenkens über einen Fall. Dabei können unterschiedliche Aspekte eines Fallgefüges in den Fokus genommen werden: Das soziale System von Sozialarbeiterin, Klient und ihrem gemeinsamen Arbeiten, aber auch alle Lebensbereiche und die gesellschaftliche Umwelt des Klienten ebenso wie die Organisation und gesellschaftliches Umfeld auf Seiten der Professionellen (vgl. Pantuček 2004:2). Ziel ist, dass etwas Neues geschaffen wir, ein vertieftes Verständnis für die Fallproblematik und die daraus folgenden Möglichkeiten der Unterstützung (vgl. Hochuli Freund 2015:143).

1.2 Typen von Fallbesprechungen

Es gibt ganz unterschiedliche Formen von Fallbesprechungen, die sich danach unterscheiden, wer teilnimmt und welchen Zweck sie erfüllen sollen.

Fallbesprechung im intraprofessionellen Team, das gemeinsam Aufgaben der Begleitung und Unterstützung wahrnimmt (z. B. sozialpädagogische Wohngruppe)

Durch die Reflexion der Beobachtungen und Erfahrungen aller am Fall beteiligten Sozialpädagoginnen entsteht ein differenziertes Bild des Falles, der Gemengelage von Ressourcen, Anliegen, Problemen und Hindernissen. Ein gezielter Prozess des gemeinsamen Fallverstehens ermöglicht ein vertieftes Verständnis von Falldynamik und Veränderungsbedarf und ermöglicht ein relativ einheitliches, abgestimmtes Vorgehen bei der Unterstützung und Begleitung.

Fallbesprechung im intraprofessionellen Team, in dem jede Sozialarbeiterin alleine Fälle führt (z. B. Sozialberatung)

Fallbesprechungen werden hier zu definierten Anlässen angesetzt, z. B. bei wesentlichen Eingriffen in die Lebenswelten oder dramatischen Fallverläufen. Durch die gemeinsame Reflexion soll die Perspektive der Fallführenden erweitert werden. Die eigene Strategie soll überprüft, Entscheidungen sollen abgesichert und Hinweise für neue Interventionsmöglichkeiten gefunden werden (vgl. Pantuček 2004, Lüttringhaus/Streich 2008). Bei der Variante einer Kurz-Fallbesprechung geht es v. a. darum, das eigene Vorgehen zu überprüfen und durch (eine) weitere Sichtweise(n) zu ergänzen.

Eine Spezialform ist die Fallbesprechung zu zweit, entweder zwischen Vorgesetzter und Mitarbeiter oder auch zwischen der fallführenden Sozialarbeiterin mit einem erfahrenen Kollegen (Senior Professional‹, so Pantuček 2004). Ebenso kann die Fallbesprechung einer professionellen Stelle mit freiwilligen Mitarbeitenden als Spezialform diesem Typus zugeordnet werden.[2]

Fallbesprechung im interprofessionellen Team – wenn innerhalb einer Organisation verschiedene Professionen/Berufsgruppen an einem Fall beteiligt sind

Die Fallbesprechung dient zunächst der gegenseitigen Information: Austausch über die jeweils vorhandenen Daten zur Situation, über die unterschiedlichen Einschätzungen (Analyse-Ergebnisse). Der Kern der Fallbesprechung ist der Versuch, gemeinsam den Fall zu verstehen, die Expertise von unterschiedlichen Berufsgruppen zu nutzen und ein ›transdisziplinäres‹ Gesamtbild zu erarbeiten (vgl. Obrecht 20015:16).

Danach gibt es zwei Varianten: Bei einer engen Kooperation wird ein gemeinsames (Unterstützungs-)Ziel festgelegt, oft werden auch Interventionen skizziert und koordiniert. Bei einer loseren Kooperation wird die Arbeit in den einzelnen Bereichen fortgeführt, allenfalls gibt es später noch einen Informationsaustausch über die jeweils geplanten Interventionen (vgl. Hochuli Freund 2015:144).

Eine Spezialform ist die organisationsübergreifende Fallbesprechung mit Fachpersonen aus unterschiedlichen Hilfesystemen, oft als ›Helferkonferenz‹ bezeichnet (u. a. Pantuček 2004:10).

Fallbesprechung mit Klientinnen

Alle genannten Varianten können auch durchgeführt werden in Anwesenheit der Klienten. Ziel ist dann insbesondere das gemeinsame Fallverstehen, möglicherweise auch das Ausbreiten von Interventionsideen. Das Vorgehen muss allenfalls modifiziert werden. Es ist noch mehr Gewicht auf eine gute Erläuterung

---

[2] Die ›Fallbesprechung nach Zimmermann‹ (o. J.) wurde speziell für dieses Setting entwickelt. Vgl. http://www.behaveblog.de/?p=1327.

zu Beginn zu legen und insbesondere auch auf eine stets wertschätzende Sprache. Bei einer grossen Runde gilt es darauf zu achten, dass sich der Klient nicht überwältigt fühlt (vgl. ebd.).[3]

Eine hierfür gut geeignete Methode ist das aus der systemischen Therapie stammende ›reflecting team‹ (vgl. u. a. von Schlippe/Schweitzer 2003:199f.). Der fallführende Sozialpädagoge und die Klientin sind Falleinbringende, danach sind sie Zuhörende beim analytisch-diagnostischen Fachgespräch. Am Ende äussern sie, welche Erkenntnisse aus diesem Gespräch sie nun mitnehmen. Damit arbeiten sie danach zu zweit weiter.

Fallbesprechung als Controlling

Bei einem sog. ›Fallscreening‹ werden regelmässig – jedes oder jedes zweite Jahr – entweder alle oder aber über Zufalls-Stichproben ermittelte Fälle durch Vorgesetzte oder eine Fachaufsicht überprüft. Diese Form der Fallbesprechung dient der Überprüfung der Arbeit von Fachkräften (vgl. Pantuček 2004:4). Auf diese Sonderform wird im Folgenden nicht weiter eingegangen.

1.3 Institutionalisierung

Fallbesprechungen können *bei Bedarf* stattfinden und einberufen werden, wenn eine Fallsituation sehr problematisch und schwierig, ein Fallverlauf dramatisch ist und Professionelle Unterstützung benötigen, um wieder handlungsfähig zu werden. Kurz-Fallbesprechungen zu zweit können oft *unbürokratisch und informell* zwischen Tür und Angel stattfinden. Wenn Fallbesprechungen jedoch den fachlichen Austausch über Fälle gewährleisten und eine hohe Qualität der professionellen Unterstützung sicherstellen sollen, dann bedürfen sie einer institutionalisierten, äusseren Struktur.

In vielen sozialen Organisationen finden *regelmässig* – jede Woche, vierzehntäglich oder monatlich – Fallbesprechungen statt. Eine bewährte Möglichkeit ist, jeweils einen Fall während 30 bis 45 Minuten *vertieft* zu behandeln (und dabei sicher zu stellen, dass jeder Fall in einer dem Organisationsauftrag angepassten Regelmässigkeit thematisiert wird). Alle anderen Fälle werden *kurz* – in Form eines Blitzlichtes – thematisiert, mit einer offenen, idealerweise wechselnden Frage (z. B. Ressourcenorientiert: »Was haben wir Neues erfahren über seine Ressourcen?«, oder Highlights/Frust: »Worüber habe ich mich am meisten gefreut bzw. geärgert?«).

Organisationen, die nach einer bestimmten Methodik arbeiten,[4] *rhythmisieren* die Besprechungen in einem Fall entlang der Struktur der Methodik. Die

---

3 Wenn die Professionellen zur Einschätzung kommen, dass die Teilnahme an einer Fallbesprechung nicht zumutbar ist, schlagen Boban/Hinz (2000) vor, ein Symbol für den Klienten auf dem Tisch zu platzieren, um eine wertschätzende Haltung und Sprache sicherzustellen.
4 Wie beispielsweise Kooperative Prozessgestaltung (Hochuli Freund/Stotz 2015) oder Kompetenzorientierung (Cassée 2010).

verschiedenen Prozesse – fallführende Sozialpädagogin und Klientin/Fallbesprechung in den intraprofessionellen Teams (z. B. Wohnen und Arbeit)/interprofessionelle Fallbesprechung (evtl. mit Klient) – werden verschränkt, indem zu definierten Zeitpunkten institutionalisierte Besprechungen mit einem spezifischen thematischen Fokus stattfinden (siehe Materialien dazu in Kap. 2)

1.4 Inhaltliche Struktur

Es besteht Einigkeit darüber, dass Fallbesprechungen einer klaren zeitlichen Struktur bedürfen und eine *Moderation* oder Leitung benötigen, die für eine thematische Fokussierung sorgt und die Einhaltung des Zeitrahmens gewährleistet (vgl. u. a. Tietze 2003, Pantuček 2004, Spangler 2004). Die Aufgabe der Moderation ist voraussetzungsreich und anspruchsvoll, zumal das Gelingen einer Fallbesprechung massgeblich davon abhängt. Die Moderation kann Teilaufgaben auch delegieren (z. B. Zeitverantwortung, Zusammenfassung der Erkenntnisse). Neben allgemeinen Moderationskompetenzen (vgl. z. B. Seifert 2003) sind spezifische Kompetenzen hinsichtlich einer Methodik der Fallbearbeitung bzw. einer Methode der Fallbesprechung erforderlich.

Die vielleicht bekannteste Methode für Fallbesprechungen ist die *kollegiale Beratung*, eine Methode für die Fachberatung unter Kollegen, die u. a. im Kontext von Schule eine längere Tradition hat (vgl. u. a. Tietze 2003, Spangler 2012, Lippmann 2013). Diese Methode der Praxisberatung ist hinsichtlich Zeit und Ablauf klar strukturiert, in Bezug auf den thematischen Fokus jedoch völlig *offen*. Die Bandbreite möglicher Themen sei sehr gross, so Tietze (2003:31), in eine kollegiale Beratung könnten sowohl Fragestellungen eingebracht werden, welche die eigene Person im beruflichen Kontext betreffen wie auch konkrete Praxisprobleme von oder mit einer Klientin. Alle Modelle für kollegiale Beratung sehen vor, dass die Falleinbringerin zunächst den Fall mit ihrer persönlichen Fragestellung einbringt, die Gruppenmitglieder anschliessend durch Rückfragen Unklarheiten beseitigen können. Danach diskutiert die Gruppe den Fall ohne Beteiligung des Falleinbringers. Manchmal ist eine Zwischenphase mit Rückkoppelung zur Falleinbringerin vorgesehen und danach eine weitere Diskussionsrunde. Am Ende gibt die Falleinbringerin ein Feedback, welche Erkenntnisse und Lösungsvorschläge sie mitnimmt.

Die aus dem ärztlichen Kontext stammende Fallberatung nach *Balint* läuft ähnlich ab. Sie wird allerdings von einem Supervisor geleitet, und es wird explizit mit den emotionalen Reaktionen der Teilnehmenden gearbeitet (vgl. Luban-Plozza 1984).

Im Unterschied dazu ist eine Fallbesprechung im organisationalen Kontext der Sozialen Arbeit deutlicher auf die Probleme in einem Klienten-Fall und die Ausgestaltung der professionellen Unterstützung oder Begleitung ausgerichtet. Ziel und Zweck sind stärker eingegrenzt, es geht darum, ein vertieftes Verständnis für die Fallproblematik zu erarbeiten, neue Interventionsideen zu erarbeiten, um die Qualität der professionellen Hilfe zu erhöhen. Die sorgfältige *Vorbereitung* der Fallpräsentation ist stets ein erster Bestandteil einer Fallbesprechung (vgl. u. a. Pantuček 2004). Auch hier gelten teilweise Regeln des phasenweisen Sprechverbots, v. a. beim Typus der Fallbesprechung im intraprofessionellen Team, bei dem eine Sozialarbeiterin einen Fall einbringt, an dem die Kollegen nicht involviert sind (vgl. ebd. und siehe oben).

Im Folgenden werden Strukturierungshilfen für Fallbesprechungen gemäss dem Konzept KPG vorgestellt.

2 Materialien für Fallbesprechungen nach KPG

Dieses Kapitel enthält viele Materialien. Zunächst werden Leitfragen vorgestellt, die für die Fall-Vorstellung genutzt werden können. Die nächste Strukturierungshilfe ist geeignet für Kurz-Fallbesprechungen und für die Einordnung eines Falles, wenn der Fokus einer Fallbesprechung noch nicht festgelegt ist. Anschliessend finden sich Leitfäden, die dem Prozessmodell KPG folgen. Jede Anleitung bezieht sich auf einen Prozessschritt. Es ist jedoch gut möglich und sehr oft sinnvoll, in einer Fallbesprechung zwei Prozessschritte zu bearbeiten (z. B. nach einer sozialen Diagnose noch Unterstützungsziele für die Professionellen zu formulieren). Die Anleitungen sind entsprechend zu modifizieren. Diese analytische Aufteilung soll die Übersicht über die Materialien erleichtern und viele Variationsmöglichkeit bei der Nutzung unterstützen.

Die *Rahmung* einer Fallbesprechung ist wichtig, denn sie macht deutlich, worum genau es in einer Fallbesprechung geht. Jeder Leitfaden für eine Besprechung zu einem Prozessschritt enthält deshalb einen Einleitungstext für die Moderation. Diese *Moderationsaufgabe* ist anspruchsvoll, gilt es doch, für das Einhalten der Struktur zu sorgen und zugleich einen gemeinsamen Verständigungsprozess zu ermöglichen. Als Orientierungshilfe sind *Zeitangaben* eingefügt, welche die Planung und Leitung einer Fallbesprechung erleichtern sollen. Diese Angaben mögen eng bemessen klingen, insbesondere am Anfang. Je mehr diese Form der strukturierten gemeinsamen Reflexion in einem Team eingeübt ist, desto kleiner wird Zeitbedarf.[5]

Zur *Dokumentation* sind keine Anleitungen enthalten. Grundsätzlich ist eine fortlaufende Flip-Chart-Dokumentation sehr zu empfehlen. Auf diese Weise werden – sichtbar für alle – Ergebnisse gesichert, können Erkenntnisse zusammengefasst und argumentative Wiederholungsschlaufen eingeordnet und abgekürzt werden.

Am Ende sind stets *Anmerkungen zur Variante ›Fallbesprechung mit Klientin‹* angefügt.

Hier die Übersicht zu den Materialien:

1. Fallvorstellung
2. Fragen zur Einordnung des Themas und für Kurzfallbesprechungen
3. Fallbesprechung Situationserfassung

---

[5] Die Orientierung an Effizienz soll sicherstellen, dass der Austausch *über* die Arbeit mit Klienten nicht anstelle der Arbeit *mit* Klienten tritt.

4. Fallbesprechung Analyse
5. Fallbesprechung Diagnose
6. Fallbesprechung Ziele
7. Fallbesprechung Interventionsplanung
8. Fallbesprechung Evaluation

2.1 Fallvorstellung

Eine kurze, prägnante Fallvorstellung bildet die Basis einer jeden Fallbesprechung. Alle an der Besprechung Beteiligten erhalten auf diese Weise (mündlich und rasch) die wichtigsten Informationen zum Fall. Zur Fallvorstellung gehört auch die Fragestellung/das Thema für die gemeinsame Besprechung.

Die Falleinbringerin bereitet eine kurze Fallvorstellung vor, nutzt dazu die aktuelle Fall-Akte und macht sich schriftliche Notizen. Sie klärt, ob der Klient bei der Fallbesprechung mit dabei ist (wenn nicht, bringt sie wenn möglich ein Symbol für den Klienten mit[6]).

Tab. 1: Fallvorstellung

Pflichtpunkte
• Wer: Name, Geburtsjahr/Alter, Geschlecht Klientin, seit wann in der Organisation? • Klientenbezogene Aufträge (von wem, von wann); aktuelles Ziel/derzeit wichtiges Thema? • Fragestellung für die Fallbesprechung.
Ausgewählte weitere Aspekte
Nähere Beschreibung ausgewählter Aspekte – je nach Fall und organisationalem Kontext, z. B.: • familiäre Situation (Eltern, Geschwister – Kontakt?) • rechtliche Situation (Beistandschaft?) • Biografie (Kindergarten/Schule, vorherige Einrichtungen einschneidende Erlebnisse) • Gesundheitszustand/Krankheiten/Diagnosen (von wann, von wem?) • Vorgeschichte in der Organisation (seit wann da?) • Ausbildung, Arbeit • finanzielle Situation • Freizeit, Tagesstruktur • soziale Teilhabe (welche Räume nutzt er intern, extern – Vereine, Gemeinschaften?) • Kontakte/Beziehungen (wer ist ihm/ihr wichtig?) • Ressourcen (persönliche, soziale) *(Zeitbedarf: 3–8 Min.)*

---

6 Siehe Fussnote 4, Boban/Hinz 2000.

2.2 Fragen zur Einordung des Themas und für Kurzfallbesprechungen

Die nachfolgenden Fragen können sowohl im Team genutzt werden, wenn es um eine kurze Klärungsrunde zu jedem Fall geht und wenig Zeit zur Verfügung stehen, als auch für Kurz-Fallbesprechungen zu zweit (allenfalls für ›zwischen Tür und Angel‹-Gespräche).

Die beim zweiten Schritt aufgelisteten *Klärungsfragen* dienen dazu herauszufinden, welcher Prozessschritt aktuell thematisiert werden soll. Wenn diese Entscheidung gefällt ist, lassen sich *spezifische Nachfragen* stellen. Wie jede Fallbesprechung wird auch die Kurzfallbesprechung immer mit der Frage nach den Folgerungen abgeschlossen.

Tab. 2: Fragen zur Einordnung des Falls und für Kurzfallbesprechungen

1. Basisfrage: Um wen und um was geht es?
• Klientin: Name – Geburtsjahr/Alter – Geschlecht – seit wann in der Organisation? • Worum geht es aktuell? Welches ist das Thema/Anliegen der Falleinbringerin?
2. Varianten von Klärungsfragen

• **Fehlen noch Informationen? Braucht es mehr Informationen?**
  – Was genau weisst Du noch nicht?
  – Wie kannst Du zu diesen Informationen kommen?
  – Welche Ressourcen gibt es hier (individuelle, soziale, in Hilfesystemen)?   → Situationserfassung

• **Worum geht es hier eigentlich?**
• **Es scheint eine Blockade da zu sein – lass uns herausfinden, was die Fallthematik ist.**
  – Wer hat hier welches Problem? Und wer hat welches Anliegen (verschiedene Beteiligte)?
  – Welches ist Dein Problem in diesem Fall? Wo fühlst Du Dich blockiert? Was genau ärgert Dich?
  – Was sagt der Klient selber, was ihn ärgert/was schwierig ist/was das Problem ist?   → Analyse

• **Verstehst Du eine Situation/eine Dynamik/ein Verhalten gerade gar nicht (mehr)?**
  – Wie kannst Du es Dir erklären? Welche Hypothesen hast Du?
  – Wie erklärst Du es Dir, wenn Du Deinem Ärger/Unwillen nachgibst/die ›böse Brille‹ aufsetzt?
  – Wie erklärst Du es Dir, wenn Du in die Schuhe der Klientin (bzw. der schwierigen Person im Fall) schlüpfst/den ›freundlichen Blick‹ einnimmst?   → Diagnose

• **Stimmt das vereinbarte Ziel nicht mehr?**
• **Ist unklar, woraufhin wir eigentlich arbeiten?**
  – ›Wunderfrage‹ (für die Professionellen): Wenn alles ideal laufen würde – was wäre dann? Was hätten wir dann erreicht?
  – Welches Ziel setzt Du Dir? Was möchtest Du als nächstes erreichen?   → Ziele

Tab. 2: Fragen zur Einordnung des Falls und für Kurzfallbesprechungen – Fortsetzung

• **Weisst Du gerade gar nicht mehr, wie weiter vorgehen?** – Was hat bisher gut funktioniert? Was hat überhaupt nichts gebracht? – ›Verschlimmerungsfrage‹: Was könnten wir tun, damit alles so richtig ›bachab‹ geht? – Wenn wir völlig freie Hand hätten/etwas ganz Verrücktes tun würden: Was könnten wir tun?	→ Interventionsplanung
• **Ist es sinnvoll, kurz zurückzuschauen/auszuwerten?** – Welches ist die grösste Veränderung (seit …)? – Was war das Wichtigste, was Du gemacht hast? – Was/welche unserer Interventionen würden wir am liebsten ungeschehen machen?	→ Evaluation

3. Folgerungen: Wie weiter?

- Welche Erkenntnis nimmst Du mit?
- Was machst Du/wer macht nun was?

2.3 Fallbesprechung Situationserfassung

Tab. 3: Fallbesprechung Situationserfassung

Einleitung

Moderation: »Es geht heute darum, dass wir unsere Beobachtungen zusammentragen – mit dem Ziel, ein möglichst umfassendes Bild der Klientin X zu erhalten. Dabei gelten folgende Regeln:

- Wir wollen Situationen und Verhalten beschreiben und es noch nicht bewerten. Bei andersartigen Aussagen werde ich jeweils unterbrechen und sie entsprechend einordnen (›das ist eine Bewertung, gehört zur Analyse‹ bzw. ›das ist bereits eine Erklärung, gehört zur Diagnose‹).
- Wir halten uns an das Prinzip der Ressourcenorientierung, d. h. mindestens 60 % unserer Schilderungen beziehen sich auf Positives.«

(Zeitbedarf: 10–20 Min.)

Der Falleinbringer nennt die allerwichtigsten Daten zur Person und fasst die wesentlichen Informationen (Beobachtungen und Aussagen des Klienten bzw. des Klientensystems) zusammen.

(Zeitbedarf: 2 bis 3 Min.)

Schritt 1: Austausch Situationserfassung

Der Austausch kann zwei unterschiedliche Ausrichtungen haben: bezogen auf die aktuelle Situation oder als Rückblick.

Aktuelle Situation

Mögliche Fragen für die Moderation:

- Welche Beobachtungen haben wir gemacht in Situationen mit Klientin X im Bereich Y (z. B. Freizeit, Pausensituation, Umgang mit Peers etc.)? Welche Verhaltensweisen haben wir in welchen Situationen beobachten können (die wichtig erscheinen)?
- Welche wichtigen Aussagen der Klientin X haben wir gehört?
- Gab/gibt es besondere eigene Gefühle im Umgang mit Klientin X? Welche?

Teil 2 Arbeitsfeldspezifische Konkretisierungen und Arbeitsmaterialien

Tab. 3: Fallbesprechung Situationserfassung – Fortsetzung

Rückblick bisherige Arbeit	*Evtl. gegen Ende des Austauschs:* • Was ist bei diesen Beobachtungen und Aussagen besonders aufgefallen? Welche vorläufigen Themen sehen wir in diesem Fall X? *Mögliche Fragen für die Moderation:* • Welche Interventionen wurden bisher – im Zeitraum Y – durchgeführt? • Bewertung: Was hat funktioniert/hat sich bewährt/war hilfreich? Was nicht? Wo ist eine gemeinsame Arbeit (Kooperation) mit Klientin und Angehörigen zu Stande gekommen, wo nicht? Welche Ziele wurden erreicht, welche nicht?

Schritt 2: Folgerungen

- Was wollen wir in nächster Zeit noch genauer beobachten?
- Was wird der Klientin zurückgemeldet aus diesem Austausch? Was soll im (Erkundungs-)Gespräch mit ihr weiter vertieft werden? Gibt es bestimmte Analysemethoden, die mit ihr zusammen genutzt werden sollen?

2.4 Fallbesprechung Analyse

Tab. 4: Fallbesprechung Analyse

Einleitung

Moderation: »Wir wollen heute gemeinsam den Fall X untersuchen und herausfinden, worum genau es hier geht. Wir werden uns auf einen gemeinsamen Suchprozess begeben und

- mit Hilfe einer ausgewählten Analysemethode unsere Einschätzungen/Bewertungen zusammentragen,
  dabei aber noch *keine* Erklärungen vornehmen (sonst werde ich sie entsprechend einordnen: ›das ist bereits eine Erklärung‹ = Diagnose),
  (Zeitbedarf: 10 Min.)
- diese Analyse auswerten, indem wir Hypothesen bilden, diese gewichten und zu einer ›Fallthematik‹ verdichten (›hier geht es um …‹)
  (Zeitbedarf: 10 Min.)
- und schliesslich überlegen, was das nun für unsere weitere Arbeit heisst.«
  (Zeitbedarf: 5–10 Min.)

Der Falleinbringer trägt evtl. die Ergebnisse vor aus den Analysen, die bisher (gemeinsam mit Klientin X, evtl. in verschiedenen Organisationseinheiten) vorgenommen wurden.

Schritt 1: Analyse durchführen

Die Moderation wählt eine geeignete Analysemethode aus. Nachfolgend finden sich verschiedene Varianten für eine gemeinsame Analyse insbesondere im Team, jeweils mit Informationen zur konkreten Durchführung.

Tab. 4: Fallbesprechung Analyse – Fortsetzung

Spezialvariante	**Fallinszenierung (im Fachteam)[72]**	• Wichtige Beteiligte im Fall werden bestimmt, Rollen verteilt (d. h., die Fachkräfte übernehmen die Rollen der Beteiligten stellvertretend); • die Rollenträgerinnen versetzen sich in die entsprechende Situation und Perspektive, spüren v. a. auch den Gefühlen in der Rolle nach; • reihum[8] spricht eine Rollenträgerin nach der anderen (in Ich-Form!) und schildert Sichtweise auf Klientin X (»Was denke ich und was fühle ich in Bezug auf Klientin X?«); • danach evtl. zweite Runde, in der einzelne Rollenträger schildern können, welche Gefühle sie während der Inszenierung wahrgenommen haben (insbesondere Klient X); • Rollen werden abgelegt; • gemeinsame Auswertung: Was war auffallend? Wichtigste Erkenntnisse?
	Fallinszenierung: ›Perspektive Klientin X‹	*Wenn lediglich unklar ist, wie die Klientin X selber sich fühlt in der Situation, kann auch einzig diese Perspektive inszeniert werden.* • Eine oder zwei Personen – oder alle – versetzen sich in die Rolle der Klientin X und sprechen (in Ich-Form!) das aus, was sie denken und fühlen in dieser Rolle; • danach gemeinsame Auswertung (wie oben unter ›Fallinszenierung‹).
	Analyse durch Reflexion des eigenen Erlebens (im Fachteam)	*Wenn dicke Luft herrscht und viele negative Gefühle und Bewertungen gegenüber der Klientin X im Raum sind, lohnt es sich, diese schwierigen Gefühle und Bewertungen auszusprechen, denn sie können Hinweise geben auf Gefühle der Klientin X (im Sinne einer Spiegelung oder Übertragung).*[9] • Gefühle, welche in der Arbeit mit Klientin X bei den Fachkräften virulent geworden sind, werden reihum benannt; • optional: Es wird einzeln kurz reflektiert, ob es sich eher um ›eigene‹, d. h. in der eigenen Biografie zu verortende Gefühle handelt, oder ob diese spezifisch durch Klientin X ausgelöst wurden; • die durch die Klientin X ausgelösten Gefühle werden in einem Diskussionsprozess noch einmal gesammelt und es wird gemeinsam ausgewertet, worum es bei der Klientin X gehen könnte.[10]
	Offene Beurteilung von Ressourcen/Kompetenzen	*Bei dieser offenen Analyse werden nur zwei (offene, unspezifische) Fragen gestellt:* • Was kann die Klientin X gut, und was kann sie nicht gut? • Einschätzungen zusammentragen; • gemeinsam wird die Sammlung betrachtet und ausgewertet, was dabei auffällt.[11]

---

7 Genauere Ausführungen dazu in: Hochuli Freund/Stotz 2015:186f, Schattenhofer/Thiesmeier 2001.
8 Es handelt sich nicht um ein klassisches Rollenspiel. Die Moderation hat darauf zu achten, dass keine Interaktion unter den Rollenträgern entsteht.
9 Genauere Ausführungen dazu in: Hochuli Freund/Stotz 2015:187f.
10 Ein Beispiel: Wenn Klientin X bei vielen Fachkräften Gefühle von Niedergeschlagenheit und Ambivalenz auslöst, kann dies darauf hinweisen, dass Klientin X derzeit erschöpft und ausser Stande ist, Entscheidungen zu treffen.
11 Beispielsweise, dass bei Klient Z sehr viele verborgene Ressourcen schlummern, eine ausgeprägte Schwäche dieses jedoch überstrahlt. Oder aber, dass es den Fachkräften schwerfällt eine Einschätzung zu treffen – und es darum geht, zunächst noch mehr Beobachtungen vorzunehmen.

Tab. 4: Fallbesprechung Analyse – Fortsetzung

Systematische Beurteilung von Ressourcen/Kompetenzen	*Hier erfolgt die Einschätzung von Kompetenzen und Ressourcen von Klientin X systematisch entlang eines Bogens, z. B. Kompetenzentwicklung von 12- bis 18-jährigen Jugendlichen (Cassée 2010), oder entlang der Lebensbereiche eines ICF-Analyserasters.* • Gemeinsam eine vollständige Einschätzung vornehmen (evtl. auf Grund der Vorarbeit des Falleinbringers). • Es wird eine gemeinsame Auswertung durchgeführt: Was fällt auf? Wo liegen Stärken und Entwicklungsbedarf von Klientin X? → zwei bis vier konstatierende Hypothesen formulieren.[12] *Weitere Vorgehensvariante:* *Ein entsprechender Bogen kann auch als grobe Vorlage genutzt werden um in die Runde zu fragen:* • In welchen drei (Kompetenz- bzw. Lebens-)Bereichen seht ihr die Stärken von Klientin X, in welchen zwei Bereichen einen Entwicklungsbedarf (und z. T. klebt jeder seine Punkte entsprechend auf)? • Auswertung (wie oben): Wo sieht das Team insgesamt Stärken, wo den Entwicklungsbedarf? → konstatierende Hypothesen formulieren.
Variante mit Klienten(-System): Perspektivenanalyse	*Die beiden letzten Varianten können auch gemeinsam mit dem ganzen Hilfesystem durchgeführt werden. Oft wird eine solche Besprechung ›Standortgespräch‹ genannt.* *Die verschiedenen Sichtweisen können beispielsweise folgendermassen erfragt werden[13] (die Fragen an den Klienten selber werden entsprechend umformuliert):* • Was ist Ihre Geschichte mit dem Klienten? Was haben Sie zusammen erlebt? • Welches sind Ihre Träume für den Klienten? Was wünsche Sie sich, was sich für ihn verändert/er erreicht? (Frage an den Klienten: Was wünschst Du Dir, dass Du erreichen kannst?) • Und welches sind Ihre Albträume, ihre schlimmsten Befürchtungen, was passieren könnte? • Wo sehen Sie seine Stärken? Was kann er sehr gut? • Was erachten Sie als schwierig? Was möchten Sie, dass sich verändert/ er verändern kann?
Schritt 2: Fallthematik und Folgerungen	

Die Ergebnisse der Analyse, d. h. alle konstatierenden Hypothesen werden noch einmal gesichtet und gewichtet, und die wichtigsten Aspekte werden in der sog. Fallthematik zusammengefasst.[14]

---

12 Anmerkung: Wie immer geht es der Hypothesenbildung um Feststellungen, noch *nicht* um Erklärungen.
13 Vgl. Boban/Hinz 2000:136, Hochuli Freund 2013.
14 Aus den zentralen Aspekten der wesentlich scheinenden konstatierenden Hypothesen (und mit den wichtigsten Daten zur Person aus der Situationserfassung) wird eine Fallthematik herausgearbeitet. Hier wird auf den Punkt gebracht, um was es in einem Fall geht, was erklärungsbedürftig erscheint (Diagnose) oder wo es bereits Ansatzpunkte für die Handlungsphase (Ziele) gibt. – Zu Hypothesenbildung und Fallthematik siehe Hochuli Freund/Stotz 2015:180f. und den Beitrag von Sprenger-Ursprung in diesem Band.

Tab. 4: Fallbesprechung Analyse – Fortsetzung

Mögliche Fragen für die Moderation:

- Was taucht immer wieder auf und ist demnach wichtig in diesem Fall?
- Was kann eher vernachlässigt werden?
- Wo gibt es divergierende Einschätzungen von unterschiedlichen Beteiligten? Was ist aus Sicht der Klientin X besonders wichtig?[15]
- Was wirkt widersprüchlich, passt nicht zusammen?[16]
- Was fällt auf, erstaunt oder erscheint klärungsbedürftig?
- Wie können wir Wichtigste nun zusammenfassen und auf den Punkt bringen? Wie lautet die Fallthematik?[17]

Anschliessend geht es um die Klärung des weiteren Vorgehens.
Mögliche Fragen für die Moderation:

- Gibt es noch weiteren Klärungsbedarf?
  Ist es notwendig noch weitere Analysen durchzuführen? Wozu genau müssen noch weitere Informationen eingeholt werden?
- Wie wird die Fallthematik mit der Klientin X (und ihren Angehörigen) besprochen?
- Welche Folgerungen ziehen wir aus dieser Fallbesprechung für die Gestaltung unserer Arbeit?
- Wer macht was? Wer ist verantwortlich?

2.5 Fallbesprechung Diagnose

Tab. 5: Fallbesprechung Diagnose

Einleitung

Moderation: »Heute begeben wir uns auf einen weiteren Suchprozess: Wir wollen versuchen, die Klientin X in ihrer Lebenssituation besser zu verstehen, nach Erklärungen zu suchen für problematische Dynamiken und Verhaltensweisen, für das was so herausfordernd ist in ihrer Lebenssituation. Ziel ist herauszufinden, was wir tun können, d. h. Ansatzpunkte für unsere weitere (gemeinsame) Arbeit zu finden.«
(Zeitbedarf: 20–30 Min.)

Die Falleinbringerin nennt die Fallthematik (= ›worum geht es hier?‹).

---

15 Ein Beispiel: ›Klientin X betont immer wieder sie fühle sich einsam und wünsche sich einen Freund. Sie möchte auch unbedingt weiterhin in den Sportverein, dort sei es lässig.‹
16 Ein Beispiel: ›Klientin X äussert, sie fühle sich einsam, aus Sicht der Professionellen (Wohnen und Schule) ist sie jedoch stets in Kontakt mit anderen Jugendlichen und scheint auch sehr gut anzukommen.‹ Oder: ›Die Eltern vermissen Klientin X, was jedoch nicht auf Gegenseitigkeit beruht.‹
17 Ein Beispiel für eine Fallthematik: ›Es geht um eine 15-jährige Jugendliche marokkanischer Abstammung, die erst seit einigen Monaten in der Organisation weilt und froh ist, nicht mehr bei den Eltern leben zu müssen, die den schulischen Anforderungen nicht gerecht werden will und kann, weil sie es derzeit einfach nicht wichtig findet, die sich einsam fühlt, obwohl sie stets in Kontakt mit Gleichaltrigen ist und grosse Anerkennung geniesst, die völlig unvermittelt aggressive Ausbrüche hat wenn das Thema Familie irgendwo angesprochen wird.‹

Tab. 5: Fallbesprechung Diagnose – Fortsetzung

Schritt 1: Fallverstehen		
Alltagsbasierte Erklärungen mit ›bösem‹ und ›freundlichem Blick‹	*Möglicher Einleitungstext der Moderation:* • Wir nehmen nun alle bewusst eine kalte Haltung ein und schauen mit ›bösem Blick‹ auf die Klientin X (so, wie wir es sonst nie tun würden!). Bitte äussert alle negativen Erklärungen (auch scheinbar völlig abwegige), warum sich die Klientin so (unmöglich) verhält.[18] • Nun wechseln wir den Standort und nehmen alle eine ganz empathische, freundliche Haltung ein. Wir blicken mit warmem, verständnisvollem Blick auf die Klientin X. Bitte äussert Erklärungen, warum sich Klientin X vielleicht aus gutem Grund auf diese Art und Weise verhält, warum ihr Verhalten Sinn macht.	
Theoriegeleitetes Fallverstehen[84]	*Anschliessendes Vorgehen:* • Die wichtigsten Erklärungen auf den Punkt bringen; nach Theorien suchen, mit denen sich diese erfahrungsbasierten Erklärungen ausdifferenzieren lassen und/oder Arbeitshypothese formulieren. • Welche Theorien oder Studien könnten hilfreich sein, diese Fallthematik zu erhellen (mindestens zwei unterschiedliche Zugänge)? • Fallüberlegungen anstellen: Wie kann ein Fall mit Hilfe eines Ausschnittes dieser Theorie beschrieben werden? • Erklärende Hypothesen bilden: prägnante Erklärungen auf die Fallthematik beziehen, Erklärungen auf den Punkt bringen (›weil …‹); • Gewichtung/Validierung: Alle erklärenden Hypothesen werden gesichtet in Hinblick auf sich wiederholende Aspekte/wichtige Erklärungen. Eine wichtige Überprüfungsfrage ist, ob die Klientin dem zustimmt/zustimmen würde. Eine weitere mögliche Überprüfungsfrage lautet: ›Haben wir nun etwas besser verstanden?‹ • Arbeitshypothese bilden (›wenn …, dann …‹): Welche Aspekte/Erklärungen sollten unbedingt berücksichtigt werden? Und was soll ermöglicht werden?[20]	
Diagnose-Gespräch mit Klient	*Wenn die Klientin bei der Fallbesprechung ›Diagnose‹ mit dabei ist, dann ist ganz besonders auf eine achtsame, wertschätzende Haltung und Sprache zu achten und deutlich zu machen, dass es nicht um ›Wahrheit‹ geht, sondern um einen Versuch zu verstehen: dass die Fachkräfte gemeinsam versuchen zu erklären, warum manches (gemäss Fallthematik) für die Klientin so schwierig ist, damit man danach wirklich hilfreiche Interventionen finden kann. Und dass die Klientin, wenn sie zuhört, vielleicht manches selber besser versteht.* *Es empfiehlt sich, die Rolle des Klienten(-Systems) eingangs sorgfältig zu klären. Eine bewährte Möglichkeit ist, den ersten Teil als ›reflecting team‹ zu gestalten, bei dem ein Klient ausschliesslich zuhört. Danach wird er explizit mit einbezogen:*	

---

18 Sinn davon ist, Gedanken auszusprechen, die fachlich gesehen eigentlich unhaltbar, aber eben doch manchmal vorhanden und damit wirksam sind und das professionelle Handeln unbewusst prägen. Sind diese negativen Gedanken ausgesprochen, können sie reflektiert und diskutiert werden.
19 Genauere Ausführungen in: Hochuli Freund/Stotz 2015:220–236.
20 Beispiel für eine Arbeitshypothese: ›*Wenn* Klientin X Möglichkeiten findet sich zu regenerieren, Schwierigkeiten von sich aus anspricht und auch ausserhalb des professionellen Unterstützungssystems vertrauensvolle Kontakte knüpfen kann, *dann* bestehen gute Chancen, dass sie ihre Ausbildung abschliessen kann.‹

Tab. 5: Fallbesprechung Diagnose – Fortsetzung

- Welche Erklärungen leuchten Dir/Ihnen ein, passen, helfen weiter?
- Womit kannst Du/können Sie nichts anfangen, schütteln Sie den Kopf, legst Du Widerspruch ein?
- Welche eigenen Erklärungen hast Du/haben Sie?

Schritt 2: Abschluss und Folgerungen

Mögliche Fragen für die Moderation:

- Haben wir den Fall ausreichend verstanden? → Was gilt es nachzutragen, zu ergänzen?
- Wie wird die Arbeitshypothese mit der Klientin X (und ihren Angehörigen) besprochen?
- Wie fliessen diese diagnostischen Erkenntnisse in die Arbeit mit Zielen ein?
- Welche Folgerungen leiten wir ab für die Gestaltung unserer (Unterstützungs-)Arbeit?
- Wer macht was? Wer ist verantwortlich?

2.6 Fallbesprechung Ziele

Je nach Situation und Energie in der ›Fallbesprechung Diagnose‹ wird anschliessend sogleich mit der konkreten Zielfindung begonnen.

Tab. 6: Fallbesprechung Ziele

Einleitung
Moderation: »Wir haben bisher herausgearbeitet, worum es geht in diesem Fall, welche Dynamiken es hier gibt, welche Muster, und haben eine Arbeitshypothese erarbeitet. Nun wollen wir in die Zukunft schauen, die Veränderungsrichtung bestimmen und Ziele für unsere weitere Arbeit vereinbaren. Dabei wollen wir beides nutzen, die bisher gewonnenen Erkenntnisse ebenso wie die Energie zur Veränderung. Und dann auf den Punkt bringen und vereinbaren, was wir als anstreben wollen.« [21]   *(Zeitbedarf: 10 Min.)*
Der Falleinbringer nennt die Fallthematik (= ›worum geht es hier?‹) und die Arbeitshypothese (= ›wenn ..., dann ...‹).

Fallbesprechung Ziele	
Fallbesprechung ohne Klientin: Unterstützungsziel formulieren	*Mögliche Fragen für die Moderation:* • Wenn wir all diese diagnostischen Erkenntnisse bedenken: Woran wollen wir arbeiten, welche Veränderungen wollen wir unterstützen, und was ist unsere Aufgabe dabei? • Was möchten wir, dass sich an dieser Situation verändert? Was hoffen wir, dass die Klientin erreichen kann?

---

21 Es geht hier um das Finden eines Grobziels. Das soll noch gar nicht zu konkret ein, also noch nicht die SMART-Kriterien erfüllen, sondern es soll wichtig und motivierend sein und den Zustand umschreiben, den alle erreichen wollen (vgl. Hochuli Freund/Stotz 2015:264).

Tab. 6: Fallbesprechung Ziele – Fortsetzung

Variante mit Klient: Bildungsziel formulieren	• Wenn wir zaubern könnten: Was könnten wir dann erreichen, wie sähe die Situation dann aus? • Was möchten wir Professionelle selber erreichen in diesem Fall? Was ist uns wichtig? • Wie lautet das Ziel für uns (also das Unterstützungsziel)?[22] • Welche Ideen/Anregungen für Bildungsziele könnten ins Gespräch mit der Klientin eingebracht werden? *Mögliche Fragen für die Moderation:* • Was soll sich verändern? Was möchtest Du/möchten Sie erreichen?[23] • ›Wunderfrage‹: Angenommen, Sie schlafen heute Abend ein und über Nacht passiert ein Wunder. Das Problem, das Sie belastet, ist schon gelöst. Einfach so/Sie haben es nicht einmal gemerkt/Sie wissen auch nicht, dass und wie das Wunder geschehen ist, weil sie geschlafen haben. Woran werden Sie am Morgen, wenn Sie aufwachen, als erstes erkennen, dass ein Wunder passiert ist? Wer würde es ausser ihnen zuerst bemerken? Woran? Wer noch? Woran noch? Und woran noch?

2.7 Fallbesprechung Interventionsplanung

Tab. 7: Fallbesprechung Interventionsplanung

Einleitung

Moderation: »Wir haben uns schon viel mit dem Fall X beschäftigt, haben versucht herauszuarbeiten, worum genau es hier geht, und zu verstehen, was schwierig/behindernd ist. Nun hat X ein Bildungsziel für sich herausgearbeitet, und wir wollen heute herausfinden, was man tun könnte, welche Interventionsmöglichkeiten es gibt, um dieses Ziel zu erreichen (oder: Wir haben ein Unterstützungsziel für uns selber formuliert). Zunächst gibt es eine kreative offene Phase, in der wir uns keinerlei Denkbarrieren auferlegen. Anschliessend bewerten wir die verschiedenen Möglichkeiten. Erst danach machen wir uns an die konkrete Interventionsplanung.«

(Zeitbedarf: 10–15 Min.)

Die Falleinbringerin stellt die Fallthematik, die Arbeitshypothese und das vereinbarte Bildungsziel und/oder Unterstützungsziel vor (evtl. auch Auftrag, besondere Ressourcen), und stellt die Frage: ›Was könnten wir nun tun?‹

(Zeitbedarf: 5 Min.)

Anmerkung:
Es empfiehlt sich, diese Fallbesprechung gemeinsam mit einem Klienten (oder einem Klientensystem) durchzuführen und die Methode des ›reflecting team‹ zu nutzen. Dabei bringen die fallführende Sozialpädagogin und der Klient den Fall ein und hören bei der Suche nach und der Reflexion von Interventionsmöglichkeiten nur zu.

---

22 Beispiele für ein Unterstützungsziel: ›Es ist uns gelungen, die Motivation von X für eine Zusammenarbeit mit uns zu wecken.‹ – ›Wir wissen, mit Hilfe welcher Ressourcen von X wir sie erreichen und Ansatzpunkte für einen gemeinsamen Arbeitsprozess finden können.‹

23 Beispiele für ein Bildungsziel: ›Ich habe Freunde gefunden, mit denen ich mich gut verstehe/bei denen ich ›ich selber‹ sein kann.‹ – ›Ich kann eine Ausbildung machen, die mir Freude macht und mir entspricht.‹

Tab. 7: Fallbesprechung Interventionsplanung – Fortsetzung

Schritt 1: Interventionsmöglichkeiten entwerfen
Mögliche Fragen für die Moderation: • Wenn wir nun völlig neu denken und überlegen, was man hier – angesichts dieser Situation und in Hinblick auf diese Ziele – tun könnte: Welche Ideen haben Sie? Was könnte die Klientin selber tun? Was die Fachkräfte? Das soziale Umfeld? • Wer hat hier die ungewöhnlichste, verrückteste Idee? • Was hat in einem ähnlichen Fall schon einmal gut funktioniert?
Schritt 2: Reflexion der Interventionsmöglichkeiten
Mögliche Fragen der Moderation: • Ist das überhaupt realisierbar? Sind genügend Ressourcen vorhanden? Wer oder was hat sonst noch Einfluss auf das Gelingen? • Wenn das alles so umgesetzt wird: Welche Nebenwirkungen hat das (v. a. welche ungünstigen)? • Wer könnte Einwände/Bedenken haben und dagegen arbeiten? Welche Hindernisse/Stolpersteine könnten auftauchen? • ›Best-Case‹: Wenn all diese Interventionen so umgesetzt werden, und es läuft alles optimal: Wie ist es dann? Wie würde die Situation in einem (halben) Jahr aussehen? • ›Worst-Case‹: Stellen wir uns vor, alle Interventionen werden so realisiert, und dabei läuft alles schief, was nur schieflaufen kann: Was würde passieren? Wie würde die Situation dann aussehen? Oder: Was könnte im schlimmsten Fall alles passieren? • ›Katastrophengeschichte‹:[24] Stellen wir uns vor, es ist ein Jahr später. Wir haben diese Interventionen alle so umgesetzt. Das Ergebnis ist ein Desaster. – Lasst uns gemeinsam während etwa fünf Minuten die Geschichte dieser Katastrophe zusammentragen. • ›Erfolgsgeschichte‹: Und nun stellen wir uns vor, es ist ein Jahr später. Wir haben diese Interventionen alle so umgesetzt. Das Ergebnis ist ein voller Erfolg. – Lasst uns gemeinsam während etwa fünf Minuten diese Erfolgsgeschichte erzählen. • ›Verschlimmerungsfrage‹: Was könnten die Professionellen tun, um sicher zu stellen, dass alles ganz bestimmt misslingt?
Schritt 3: Interventionsmöglichkeiten auswählen, entscheiden, planen, organisieren
Im Fachteam   *Mögliche Fragen der Moderation:* • Was heisst das nun für die entworfenen Interventionen? Was müssen wir anpassen, was weglassen, was ergänzen? Was müssen wir tun, um den unerwünschten Nebenwirkungen oder Gefahren vorzubeugen? • Welche Ideen überzeugen uns weiterhin ganz besonders?   *Frage an die Falleinbringerin:* • Welche Ideen nimmt sie mit für sich selber? Welche wird sie ins Gespräch mit den Klienten einbringen?
Anmerkung zur Variante ›Reflecting Team mit Klientin‹   *Evtl. Frage an die Klientin:* • Was nehmen Sie/was nimmst du mit?   Dann wird die Sitzung geschlossen. Klient und Sozialpädagogin beraten zu zweit weiter, welche Interventionen ausgewählt werden, was nun konkret getan werden soll.

---

24 Nach Gary Klein, zit. in Kahneman 2011:264.

2.8 Fallbesprechung Evaluation

Tab. 8: Fallbesprechung Evaluation

Einleitung
Moderation: »Heute nehmen wir uns Zeit inne zu halten, zurückzuschauen, gemeinsam zu lernen: Was wir alles gemacht haben im Fall X, was sich verändert hat (und was nicht), wie wir den Prozess bewerten, und welche Folgerungen wir daraus ableiten, d. h., was wir daraus mitnehmen für die weitere Arbeit – in diesem im Fall, vielleicht auch für die weitere Arbeit mit anderen Fällen. [25] Es geht also um Selbstreflexion in Bezug auf unsere fachliche Arbeit und darum, Erkenntnisse zu gewinnen für die weitere Arbeit.«   *(Zeitbedarf: 15–30 Min.)*   *Vorbereitung: Die Falleinbringerin macht sich vorgängig schriftliche Notizen.*   *Moderation und Falleinbringerin machen einen Vorschlag für den Fokus der Evaluation (›das wollen wir genauer anschauen‹).* [26]

Schritt 1: Evaluationsfokus und Evaluationsfragen auswählen	
	Im Fachteam
Evaluationsfragen analytische Phase	• War die Situationserfassung ausführlich genug, prägnant genug, ausreichend ressourcenorientiert? Welche Sichtweisen und Erzählungen haben wir erfasst? Welche Aspekte haben wir übersehen, vergessen? • Welche Analysemethoden wurden eingesetzt? Welche davon brachte besonders wichtige Erkenntnisse? Was hat vielleicht gefehlt? Inwiefern ist es uns gelungen, die Fallthematik überzeugend herzuleiten und die wesentlichen Aspekte prägnant so zusammenzufassen, dass klar ist, worum es in diesem Fall geht? • Wie wurde die Diagnose erarbeitet (erfahrungs- und/oder theoriebasiert)? Welche Theorien und Studien wurden beigezogen, welche davon waren besonders passend und ergiebig, welche weniger? Welches waren wichtige alltagsbasierte Erklärungen? Insgesamt: Was haben wir besser verstanden durch diesen gemeinsamen diagnostischen Prozess? • Wie verlief der gemeinsame diagnostische Verständigungsprozess zwischen den Abteilungen/Professionen, wie derjenige mit dem Klienten? Worum ging es dabei, welches waren wichtige Erklärungen? • Erscheint die Arbeitshypothese auch im Nachhinein gehaltvoll und schlüssig? Inwiefern ist es uns gelungen, die Erkenntnisse auf den Punkt zu bringen und dabei alles Wesentliche einzubeziehen?
	Im Fachteam
Evaluationsfragen zur Handlungsphase	• Inwiefern wurde das, was geplant war, tatsächlich auch umgesetzt? • Was hat sich verändert, ist heute anders (als z. B. vor einem halben Jahr)? Was hat zu dieser Veränderung beigetragen? Inwiefern werden diese Veränderungen als positiv beurteilt? • Gab es eine Annäherung an die Grobziele, wurden sie erreicht? Was hat v. a. dazu beigetragen? Haben sich die Ziele als sinnvoll erwiesen?

---

25 Letzteres gilt insbesondere bei einer Abschlussevaluation.
26 Zu Evaluationsdimensionen, -kriterien und -fragen siehe Hochuli Freund/Stotz 2015:317–320.

Tab. 8: Fallbesprechung Evaluation – Fortsetzung

Evaluationsfragen zur Handlungsphase	• Welche Interventionen waren besonders wertvoll? Welches waren Highlights? Worauf können wir stolz sein? • Welches war die schwierigste Phase im ganzen Prozess? Welches war der herausforderndste Moment? Was hat am meisten Nerven gekostet? Ist etwas gekippt bzw. wäre etwas fast gekippt? Wo haben wir Fehler gemacht? • Wie gross war der Aufwand? Wurden evtl. zu viele oder zu wenige Ressourcen eingesetzt (was hätten wir auch weggelassen können)? In welchem Verhältnis sehen wir Aufwand und Ertrag?
Evaluationsfragen zum Prozess	**Mit der Klientin** *Für eine Evaluations-Fallbesprechung gemeinsam mit einem Klienten (-System) können viele der oben genannten Fragen ebenfalls genutzt werden. Wichtig sind sicherlich Fragen zum eigenen Veränderungsprozess.* *Mögliche Fragen:* • Was hat sich für Sie verändert? Wie beurteilen Sie diese Veränderungen? Was hat zu dieser Veränderung beigetragen? Was war das Hilfreichste/Wichtigste, was Sie selber im letzten (halben) Jahr gemacht haben? Welches waren wichtige Erkenntnisse für Sie in dieser Zeit? • Was ist noch genau gleich wie vor einem (halben) Jahr? Was hat dazu beigetragen, dass es gleichgeblieben ist? Was sollte sich auch gar nicht verändern? • Hat sich das vor einem (halben) Jahr formulierte Ziel als sinnvoll und erstrebenswert erwiesen? Wie viel näher sind Sie diesem Ziel gekommen? Wie würden Sie das Ziel aus heutiger Sicht formulieren?
Evaluationsfragen zur Kooperation	**Im Fachteam** • Was hat diese Arbeitsbeziehung mit der Klientin/dem Klientensystem ausgemacht, welches waren ihre Besonderheiten? Was ist bei der Gestaltung der Kooperation mit dem Klienten besonders gut gelungen? Womit bin ich zufrieden? Welches waren Sternstunden? Was war herausfordernd und wie bin ich damit umgegangen? • Wie sehr wurden die Angehörigen mit einbezogen? Was ist hier besonders gelungen? Was gab es an Schwierigem? Was hätte man vielleicht anders machen sollen? • Wie waren Ausmass und Qualität der Kooperation mit dem Auftraggeber? • Wie sehr wurde mit externen Hilfesystemen zusammengearbeitet? Wo würden wir uns im Nachhinein etwas anderes wünschen? Welches waren wichtige Anregungen aus Fallbesprechungen/von Kollegen? Wo gab es Meinungsverschiedenheiten/Reibungsflächen/Energieverlust? • Was lernen wir als Team/als Einzelne aus diesem Fall? Was ist uns besonders gut gelungen? Worauf können wir wirklich stolz sein? **Mit dem Klienten** *Darüber hinaus werden spezifische Fragen zur Selbsteinschätzung und zur Kooperation aus Sicht der Klienten gestellt. Hier ist es wichtig zu vermitteln, dass man wirklich interessiert ist an dieser Rückmeldung und dass es vielleicht Mut fordert, auch Kritisches zu äussern, aber dass solche Aussagen sehr wichtig seien, damit die Professionelle/die Organisation etwas lernen kann.*

Tab. 8: Fallbesprechung Evaluation – Fortsetzung

Evaluationsfragen zur Kooperation	*Mögliche Fragen:* • Was war das hilfreichste, was ein Professioneller im letzten Jahr gemacht hat? Was war schwierig/verletzend/anstrengend? Was hätte jemand nicht machen dürfen? • Wie war die Zusammenarbeit? Was war gut, was schwierig, was hat gefehlt? • Was sollen wir bei einem nächsten Klienten unbedingt wieder so machen? Was sollen wir noch besser beachten, was anders machen?
Schritt 2: Gesamtbeurteilung und Folgerungen	
Im Fachteam	

- Skalierungsfrage zur Zufriedenheit mit der eignen Arbeit in diesem Fall.
- Welche Erkenntnisse nehmen wir mit (auf den Punkt gebracht)? Wie arbeiten wir weiter damit?
- Was nehmen wir aus dieser Fallarbeit mit für unsere weitere Arbeit (mit anderen Klientinnen)? Was werden wir in Zukunft beachten/ebenso machen/anders machen?

Literatur

Boban, Ines/Hinz Andreas (2000). Förderpläne – für integrative Erziehung überflüssig!? Aber was dann?? In: Mutzeck, Wolfgang (Hrsg.). Förderplanung. Grundlagen – Methoden – Alternativen. Weinheim: Beltz. S. 131–144.

Cassée, Kitty (2010). Kompetenzorientierung. Eine Methodik für die Kinder- und Jugendhilfe. Ein Praxisbuch mit Grundlagen, Instrumenten und Anwendungen 2., überarbeitete Aufl. Bern: Haupt Verlag.

Franz, Hans-Werner/Kopp, Ralf (Hrsg.) (2003). Kollegiale Fallberatung – State of the Art und organisationale Praxis. Bergisch Gladbach: EHP.

Hochuli Freund, Ursula (2015). Multiperspektivität in der Kooperation. In: Merten, Ueli/Kägi, Urs (Hrsg.). Kooperation kompakt. Kooperation als Strukturmerkmal und Handlungsprinzip der Sozialen Arbeit. Opladen: Barbara Budrich. S. 135–152.

Hochuli Freund, Ursula (2013). Analysemethoden. URL: http://www.soziale-diagnostik.ch/methoden-und-instrumente/kooperative-prozessgestaltung/KPG_Analysematerialien_Notation_Perspektive.pdf (Zugriff am 15.02.2017).

Hochuli Freund, Ursula/Stotz, Walter. (2015). Kooperative Prozessgestaltung in der Sozialen Arbeit. Ein methodenintegratives Lehrbuch. 3., erweiterte und aktualisierte Aufl. Stuttgart: Kohlhammer.

Hörster, Reinhard (2015). Sozialpädagogische Kasuistik. In: Otto, Hans-Uwe/Thiersch, Hans (Hrsg.). Handbuch Soziale Arbeit. 5., erweiterte Aufl. München: Reinhardt. S. 1585–1593.

Kahneman, Daniel (2011). ›Thinking. Fast and Slow‹. UK: Penguin Books.

Lippmann, Eric (2013). Intervision. Kollegiales Coaching professionell gestalten. 3., überarbeitete Aufl. Berlin/Heidelberg: Springer.

Lüttringhaus, Maria/Streich, Angelika (2008). Risikoeinschätzung im Team: Keine Zeit? Höchste Zeit! – Das Modell der Kollegialen Kurzberatung zur Risikoeinschätzung und Planung des weiteren Vorgehens. In: EREV Schriftenreihe 49 (1). S. 39–59.

Luban-Plozza, Boris et al. (1984) (Hrsg.). Praxis der Balint-Gruppen. Beziehungsdiagnostik und Therapie. 2., neu überarbeitete Aufl. München: Lehmanns.

Müller, Burkhard (2012). Professionalisierung. In: Thole, Werner (Hrsg.). Grundriss Soziale Arbeit. Ein einführendes Handbuch. 4. Aufl. Wiesbaden: VS Verlag. S. 955–974.

Müller, Burkhard (2017). Sozialpädagogisches Können. Ein Lehrbuch zur multiperspektivischen Fallarbeit. 8., durch Ursula Hochuli Freund aktualisierte und erweiterte Aufl. Freiburg i. Br.: Lambertus.

Obrecht, Werner (2005): Interprofessionelle Kooperation als professionelle Methode. Fachtagung »Soziale Probleme und interprofessionelle Kooperation«, 21./22.10. Zürich: Hochschule für Soziale Arbeit Zürich.

Pantuček, Peter (2004). Fallbesprechungen in der Sozialen Arbeit. Eine kurze Übersicht. URL: http://www.Pantuček.com/201205lak/fallbesprechungen.pdf (Zugriff am 10.02.2017).

Pantuček, Peter (2013). Der Fall, das Soziale und die Komplexität – Überlegungen zur Diagnostik des Sozialen. In: Gahleitner, Silke B. et al. (Hrsg.). Psychosoziale Diagnostik. Köln: Psychiatrie-Verlag. S. 94–106.

Schattenhofer, Karl/Thiesmeier, Monika (2001). Kollegiale Beratung und Entscheidung – Die Inszenierung einer Diagnose. In: Ader, Sabine et al. (Hrsg.). Sozialpädagogisches Fallverstehen und sozialpädagogische Diagnostik in Forschung und Praxis. Münster: Votum. S. 62–69.

Seifert, Josef W. (2003). Visualisieren. Präsentieren. Moderieren. 20. Aufl. Offenbach: Gabal.

Spangler, Gerhard (2012). Kollegiale Beratung. Heilsbronner Modell zur kollegialen Beratung. 2., wesentlich erweiterte Aufl. Nürnberg: Mabase.

Tietze, Kim-Oliver (2003). Kollegiale Beratung. Problemlösungen gemeinsam entwickeln. Reinbek: Rowohlt.

Von Schlippe, Arist/Schweitzer, Jochen (2003). Lehrbuch der systemischen Therapie und Beratung. 10. Aufl. Göttingen: Vandenhoeck & Ruprecht.

Teil 3 Fallarbeit mit KPG
Best-Practice-Beispiele

»Sprechen ist schwierig«
Analyse und Diagnose in einem Fall der stationären Kinderhilfe

Noëmi Hauri

Die nachfolgende Fallbeschreibung stammt aus der Stiftung Landenhof, Zentrum und Schweizerische Schule für Schwerhörige, einer stationären Einrichtung der Kinder-/Jugendhilfe, in der ich parallel zum Studium an der Hochschule für Soziale Arbeit FHNW die studienbegleitende Praxisausbildung absolviere. Es war mir wichtig, die Fallbearbeitung in enger Kooperation mit dem Mädchen zu gestalten. Der Schwerpunkt liegt auf den Prozessschritten Situationserfassung, Analyse und Diagnose gemäss dem Konzept Kooperative Prozessgestaltung (KPG).

1 Kontext der Fallbearbeitung

Die Stiftung Landenhof richtet ihr Angebot an hörbeeinträchtigte Kinder, Jugendliche und deren Eltern in der deutschsprachigen Schweiz. Sie bietet Unterstützungsmöglichkeiten von der Erfassung der Hörbeeinträchtigung bis zum Schulaustritt. Die *Schule* gestaltet einen schwerhörigengerechten Unterricht auf der Basis des kantonalen Lehrplans. Sie umfasst von der Spielgruppe bis zum zehnten Schuljahr alle Stufen. Das *Internat* besteht aus einer Primarschul-Wohngruppe und sechs Oberstufen-Wohngruppen. Das *Externat* beinhaltet zwei Tageshortgruppen. Der *Audiopädagogische Dienst* berät und begleitet hörbeeinträchtigte Kinder und Jugendliche, welche zu Hause wohnen und die Regelschule besuchen. Der *Pädaudiologische Dienst* berät Eltern und Kinder rund um medizinische und technische Fragen und stellt die Versorgung mit Hörhilfen sicher.

Die Grundhaltung des Landenhofs basiert auf dem Verständnis, dass Menschen lernen und sich entwickeln. Jede Person soll in ihrer Einzigartigkeit ernst genommen und ganzheitlich gefördert werden. Ziel ist es, die Kinder und Jugendlichen auf ein selbstbestimmtes Leben in der Gesellschaft vorzubereiten. Es wird grosser Wert daraufgelegt, ihre Kompetenzen zu stärken, ihre Kommunikationsfähigkeit – v. a. auch die Lautsprachkompetenz – zu fördern und ihre Identitätsentwicklung zu unterstützen. Ein weiterer Schwerpunkt des Landenhofs liegt bei der Sensibilisierung der Öffentlichkeit für die Anliegen hörbehinderter Menschen.

Um die Kinder und Jugendlichen adäquat fördern und unterstützen zu können, werden im Landenhof jährlich zwei Standortgespräche durchgeführt, an denen alle wichtigen Beteiligten anwesend sind, und die anhand des ICF-Fragebogens strukturiert werden.

2 Fallbearbeitung

Es geht bei dieser Fallbearbeitung um Lea, ein 12-jähriges Mädchen. Nach mehreren Schnupperaufenthalten lebt Lea seit August auf dem Landenhof, besucht die Schwerhörigenschule und wohnt auf der Primarschul-Wohngruppe. Da bei Lea selektiver Mutismus diagnostiziert wurde, erhoffe ich mir besonders von der Diagnose wertvolle Erkenntnisse, die ich für die Begleitung nutzen kann. Die Kooperation mit Lea sehe ich als Herausforderung, da sie jeweils nur sehr knappe Antworten gibt und von sich aus fast nichts erzählt.

2.1 Situationserfassung

Nachfolgend werden die Ergebnisse der Situationserfassung zusammenfassend dargestellt. Die Informationen zur Vorgeschichte basieren auf dem Aktenstudium und auf Erzählungen der Mutter. Die gegenwärtige Situation wird anhand der Beobachtungen der Professionellen geschildert.

Vorgeschichte

Lea Müller[1] ist 12 Jahre alt und hat zwei Geschwister, davon eine Zwillingsschwester, zu der sie nach Aussagen der Mutter eine enge Beziehung hat. Frau Müller berichtet, dass Lea zwischen drei und acht Jahren immer wieder deutliche Symptome eines selektiven Mutismus gezeigt habe, u. a. sozialer Rückzug, starke Ängste, Schweigen bei Fremden, keine Kontaktaufnahme von sich aus. Im Alter von vier Jahren wurde bei Lea eine an Taubheit grenzende Schwerhörigkeit auf dem rechten Ohr diagnostiziert; links hat sie ein normales Hörvermögen.

Vom Kindergarten bis Ende der zweiten Klasse besuchte Lea eine Schule am Wohnort. Sie wurde audiopädagogisch begleitet und erhielt intensive logopädische Förderung. Ab der dritten Klasse wurde sie in einer sog. Teilintegrationsklasse geschult. Nach Aussage der Mutter hatte sie dort einen guten Start und fand zum ersten Mal eine richtige Freundin. Nach dem ersten Quartal jedoch habe Lea plötzlich ein verändertes Verhalten gezeigt. Sie sei oft aggressiv und frustriert nach Hause gekommen, habe sich über die Schule beschwert, immer

---

1 Der Name ist anonymisiert.

öfters über Bauch- und Kopfschmerzen geklagt. Gemäss dem Bericht der Psychologin fühlte sich Lea den kommunikativen und sozialen Anforderungen der Regelklasse doch nicht gewachsen. Die Situation verschlimmerte sich, es kam zu Angstzuständen, vollständiger Schulverweigerung und einer Neubelebung der mutistischen Symptomatik. Nach einem Semester wurde die Teilintegration für die Nebenfächer beendet, stattdessen wurden die Logopädie-Stunden verdoppelt und Ergotherapie-Stunden eingeführt. Zugleich setzten die Eltern und Lehrpersonen bei Lea den regelmässigen Schulbesuch in den Hauptfächern durch. Ausserdem wurde Lea von einer Psychologin therapeutisch begleitet; auf deren Hilfestellungen zur Angstbewältigung konnte sie sich gut einlassen. Aus Sicht der Psychologin bewirkte der radikale Rückbau der schulischen Integration für Lea eine grosse Entlastung, sodass sich Lea in der vierten und fünften Klasse persönlich und schulisch gut entwickeln konnte. Die rasche Überforderung im grösseren Umfeld der Regelklasse jedoch blieb bestehen. Im Hinblick auf die Weiterbeschulung in der Oberstufe wurde deshalb der Eintritt in den Landenhof beschlossen. Da Lea in den Nebenfächern viel verpasst hatte, repetiert sie hier nun die fünfte Klasse. Unter der Woche wohnt sie auf einer internen Wohngruppe, am Mittwochmittag geht sie jeweils für eine Nacht nach Hause.

Gegenwärtige Situation

Die Sozialpädagoginnen nehmen Lea als höfliches Mädchen wahr, das selbstständig, verantwortungs- und pflichtbewusst ist: Sie erledigt ihre Arbeiten auf der Wohngruppe gründlich, die schulischen Hausaufgaben sorgfältig, behält Ordnung in ihrem Zimmer, denkt selbständig an Termine. Lea selber sagt immer wieder, dass sie sich sehr um gute Leistungen bemühe und es ihr wichtig sei, alles gut zu machen.

Die Mutter beschreibt Lea im familiären Umfeld als sehr kommunikativ, dominant und selbstbewusst. Bei den Geschwistern gebe sie den Ton an und könne auch frech sein. Auf der Wohngruppe hingegen erleben wir Sozialpädagoginnen Lea als zurückhaltend, abwartend und zuhörend, als ein Mädchen, das sich die Welt durch Beobachten erschliesst. In der Anfangszeit äusserte sie oft, dass es ihr zu laut sei. Von sich aus nimmt Lea keinen Kontakt zu anderen Kindern auf und spricht nicht viel. Auf Fragen von uns Erwachsenen gibt sie nur kurze und leise Antworten. Lea zieht sich viel in ihr Zimmer zurück. Nach den ersten Wochen geht sie vermehrt auf Spielangebote ein, öffnet sich in Zweiersituationen mit Erwachsenen etwas mehr, wird kommunikativer. Wir beobachten, dass sie zu einzelnen Mädchen eine Freundschaft aufzubauen beginnt, bei Knaben jedoch bleibt sie auffallend distanziert.

Lea liest viel und kann gut zeichnen und basteln. Bereits nach kurzer Zeit konnte sie selbständig mit den öffentlichen Verkehrsmitteln auf den Landenhof und wieder nach Hause reisen. Manchmal allerdings wirkt Lea bedrückt. Gefragt nach ihrem Befinden, sagt sie entweder »gut« oder »mittel«, wenn man weiter nachfragt, zuckt sie oft mit den Schultern und äussert, dass sie es nicht wisse. Wir haben den Eindruck, dass Lea feinfühlig und sensibel ist, dass es für sie jedoch eine Herausforderung darstellt, ihre Gedanken und Gefühle in Worte zu fassen. Mit dem Einschlafen hat Lea des Öfteren Mühe. Sie erzählte, dass sie sich immer viele Gedanken und Sorgen macht.

In dieser Situationserfassung, die in den ersten drei Monaten erstellt wurde, entstand dank der vielen Informationen ein Bild von Lea mit ihren Ressourcen und Schwierigkeiten, ihrer Vorgeschichte und ihrem Umfeld. Die vorläufigen Themen, die sich dabei zeigten, drehen sich um Sozialkompetenz und den selektiven Mutismus. Lea hat trotz kleiner Fortschritte immer noch vergleichsweise wenig Kontakt zu Gleichaltrigen, es scheint ihr schwer zu fallen mit anderen Kindern zu sprechen. Dem möchte ich in den nächsten beiden Prozessschritten genauer nachgehen.

2.2 Analyse

Um der Komplexität des Falles gerecht zu werden und die Fallthematik genau bestimmen zu können, möchte ich im Rahmen der Analyse noch weitere Daten erheben. Was Lea lernen möchte, was ihre Wünsche und Ziele sind, wurde in der Situationserfassung nicht herausgearbeitet. Dies stellt eine grosse Lücke dar und soll nun im Prozessschritt Analyse nachgeholt werden. Im Landenhof besteht die Analyse standardmässig aus dem ICF-Fragebogen, der als Vorbereitung auf das erste Standortgespräch im neuen Schuljahr dient (siehe oben, Kap. 1). Die verschiedenen Items in diesem ICF-Fragebogen sind meiner Meinung nach für Kinder eher kompliziert formuliert.

Planung

Im Zentrum meiner Analyse steht die Sicht von Lea. Um mehr über die Bedürfnisse und Wünsche von Lea zu erfahren, möchte ich neben dem ICF-Formular die sog. ›Silhouette‹ nutzen. Das ist ein Notationssystem, mit dem die Selbstsicht der Klientin hinsichtlich ihrer Stärken, Probleme, Wünsche und Alpträume erfasst wird (vgl. Hochuli Freund 2013:4). Gerade für schwerhörige Kinder erachte ich dieses Instrument mit der Visualisierung als sehr hilfreich. Ich möchte ausgehend von der Vorlage eine eigene Silhouette mit ansprechenden farbigen, kindergerechten Bildern gestalten. Ich werde mit Lea im Hinblick auf das bevorstehende Standortgespräch ein Gespräch vereinbaren und mich selber detailliert darauf vorbereiten (Ablauf, Ziel, Vorgehen, Best- und Worst-Case des Gesprächs). Der zeitliche Rahmen sollte 30 Minuten nicht sprengen. Ich werde Lea darauf hinweisen, dass ich mir ein paar Notizen mache und ihr erklären, dass ich auf ihre Mitarbeit angewiesen bin, und hoffe, dass sie sich darauf einlässt.

Als Einstieg werde ich die Silhouette mit Lea durchführen. Ich möchte sie selber ihre Stichworte zu ihren Stärken, Problemen etc. aufschreiben lassen. Bei Bedarf werde ich ihr erläutern, was mit diesen Begriffen gemeint ist, und wenn nötig, werde ich ihr weitere konkrete Fragen stellen.

Im zweiten Teil des Gesprächs geht es um die Vorbereitung des Standortgesprächs anhand des ICF-Formulars, um ihre Selbsteinschätzung bei verschiedenen Kompetenzbereichen und ihre Befindlichkeit zu eruieren (siehe Abb. 15). Ich werde Lea Ablauf und Ziel eines Standortgesprächs erläutern. Dabei handelt es sich um eine mündliche Perspektivenanalyse mit Lea, ihren Eltern, der Lehrperson sowie der Bezugsperson der Wohngruppe (vgl. Hochuli Freund/Stotz 2011:179–182). Danach werde ich ihr einige Fragen zu ihrer Befindlichkeit stellen und ihr dann auf dem ICF-Formular jedes Thema (Item) in eigenen Worten erklären, damit sie nachvollziehen kann, worum es geht und sie sich dann selbst einschätzen kann.

Nach dem Standortgespräch werde ich die Silhouette von Lea sowie die Aussagen aller Beteiligten sammeln und ordnen. Davon ausgehend werde ich die konstatierenden Hypothesen formulieren und danach die Fallthematik ableiten.

Umsetzung

Das Vorbereitungsgespräch mit Lea konnte ich wie geplant durchführen. Als ich ihr die Silhouette (siehe Abb. 16) gab und erläuterte, begann sie sogleich ihre Stärken zu notieren. Ganz schnell hatte sie sieben Stichworte beisammen. Beim letzten Punkt (»nicht auf die anderen schauen«) fragte ich nach, was sie damit meint. Sie erklärte mir, dass in der Schule die anderen Kinder oft laut seien oder nicht arbeiten. Sie könne in solchen Situationen gut für sich schauen und konzentriert ihre Aufgaben erledigen, ohne abgelenkt zu werden. Bei der Frage nach den Schwierigkeiten musste sie auch nicht lange überlegen. Als Lea aufschrieb »mit anderen Kindern sprechen« wurde ich hellhörig, da sich das mit unseren Beobachtungen deckte. Ich fragte sie, inwiefern das für sie eine Herausforderung darstelle. Lea zuckte mit den Schultern und sagte, dass sie keine Ahnung habe. Mit Erwachsenen sei es kein Problem, aber mit Kindern sei es schwierig. Manchmal wolle sie etwas sagen, aber es gehe einfach nicht. Ich fragte nach, was sie dann mit »sprechen« bei den Stärken gemeint hat. Lea erklärte mir, dass sie im Vergleich zu den anderen hörbeeinträchtigten Kindern auf dem Landenhof einen guten Wortschatz und eine deutliche Aussprache habe. Was unter Träume sowie Alpträume verstanden wird, musste ich ihr mehrmals erläutern (mit anderen Begriffen wie Wünsche, Ziele bzw. Ängste, Sorgen). Sie notierte in der Silhouette ein »A«, das bedeutet, dass sie die höchste Schulform in der Oberstufe erreichen möchte. Als ich ihr ergänzend die ›Wunderfrage‹ (aus der lösungsorientierten Gesprächsführung) stellte, schrieb Lea bei den Träumen noch »mit anderen Kindern sprechen« auf, was mich sehr freute. Als sie bei den Alpträumen »dass mich die anderen Kinder nicht auslachen« notierte, fragte ich nach, ob diese Angst im Zusammenhang mit der Schwierigkeit »mit anderen Kinder sprechen« stehen könnte. Sie meinte, dass das gut sein könne. Ansonsten hielt ich mich bei Nachfragen mit Beispielen zurück, da ich ihre Antworten nicht beeinflussen wollte.

Teil 3 Fallarbeit mit KPG

LADENHOF Zentrum und Schweizerische Schule für Schwerhörige, 5035 Unterenfelden
PERSÖNLICHE VORBEREITUNG DES STANDORT GESPRÄCHS
GEMEINSAMES VERSTEHEN UND PLANEN

Ausgefüllt durch

Meine Umschreibung der derzeitigen Situation in Stichworten

Pro Bereich 1–2 Kreuze	Begriffe, die besonders wichtig sind, können unterstrichen werden. Es können auch Ergänzungen aufgeführt werden	Hier können auffällige Bemerkungen und Beobachtungen in mehreren Bereichen in Stichworten notiert werden
☐ Stärke ☐ ⇧ ☐ ☐ ⇩ ☐ Problem	**Allgemeines Lernen** Die Schülerin/der Schüler kann zuhören, zuschauen, aufmerksam sein, sich Dinge merken, Lösungen finden und umsetzen; planen; üben … etc.	
☐ Stärke ☐ ⇧ ☐ ☐ ⇩ ☐ Problem	**Mathematisches Lernen** Die Schülerin/der Schüler kann kopfrechnen; schriftlich rechnen; Rechnungen in Sätzen verstehen und lösen; den Rechenstoff, der in der Klassen durchgenommen wird, verstehen und beherrschen … etc.	
☐ Stärke ☐ ⇧ ☐ ☐ ⇩ ☐ Problem	**Spracherwerb und Begriffsbildung** Die Schülerin/der Schüler kann lautgetreu nachsprechen, den Sinn von Wörtern und Symbolen verstehen; korrekte Sätze bilden; einen (altersentsprechenden) Wortschatz aufbauen; Sprache dem Sinn entsprechend modulieren (Erst-und Zeitsprache) … etc.	
☐ Stärke ☐ ⇧ ☐ ☐ ⇩ ☐ Problem	**Lesen und Schreiben** Die Schülerin/der Schüler kann lesen; laut vorlesen; verstehen, was gelesen wird; korrekt und leserlich schreiben … etc.	
☐ Stärke ☐ ⇧ ☐ ☐ ⇩ ☐ Problem	**Umgang mit Anforderungen** Die Schülerin/der Schüler kann aufgetragene Aufgaben selbstständig erledigen; in einer Gruppe eine Aufgabe lösen; Verantwortung übernehmen; den Tagesablauf einhalten; Freude und Frust regulieren … etc.	
☐ Stärke ☐ ⇧ ☐ ☐ ⇩ ☐ Problem	**Kommunikation/Hörbehinderung** Die Schülerin/der Schüler kann verstehen, was andere sagen und meinen; ausdrücken, was sie/er ausdrücken will; anderen Menschen Dinge erklären; Gespräche und Diskussionen führen; kann seine/ihre Kommunikationsgeräte (Hörgeräte, CI und FM-Anlage usw.) fachgerecht benutzen und einsetzen; kann sie den unterschiedlichen Kommunikationsbedürfnissen anpassen … etc.	
☐ Stärke ☐ ⇧ ☐ ☐ ⇩ ☐ Problem	**Bewegung und Mobilität/Reisen** Die Schülerin/der Schüler kann Bewegungsabläufe planen, koordinieren und nachahmen (z. B. im Sport); feinmotorische Bewegungen planen, koordinieren und nachahmen (z. B. beim Basteln, Werken). Die Schülerin/der Schüler kann selbstständig reisen … etc.	
☐ Stärke ☐ ⇧ ☐ ☐ ⇩ ☐ Problem	**Für sich selbst sorgen/Pflege der Hörhilfen** Die Schülerin/der Schüler kann auf die Körperpflege, Gesundheit und die Ernährung achten; sich vor gefährlichen Situationen schützen; die Einnahme von schädlichen Substanzen vermeiden; kann seine Hörhilfen selbstständig sauber und betriebsfähig halten … etc.	
☐ Stärke ☐ ⇧ ☐ ☐ ⇩ ☐ Problem	**Umgang mit Menschen** Die Schülerin/der Schüler kann mit anderen Menschen Kontakt aufnehmen; Achtung, Wärme, Toleranz entgegenbringen und annehmen; Nähe und Distanz regeln; mit Kritik umgehen; Freude empfinden … etc.	
☐ Stärke ☐ ⇧ ☐ ☐ ⇩ ☐ Problem	**Freizeit, Erholung und Gemeinschaft** Die Schülerin/der Schüler kann am gemeinsamen Leben (Familie, Kameraden, Vereinigungen …) teilnehmen; selbst gewählte Lieblingsaktivitäten und Hobbys pflegen; sich erholen … etc.	

Verstehen und Planen – Vorbereitung   Mittelstufe + Oberstufe/Deutsch

Abb. 15: ICF-Formular[2]

---

2 Die Vorlage für dieses sog. ›Schulische Standortgespräch‹ stammt aus der Bildungsdirektion des Kantons Zürich. Siehe: http://www.vsa.zh.ch/internet/bildungsdirektion/¬vsa/de/schulbetrieb_und_unterricht/sonderpaedagogisches0/ssg.html.

»Sprechen ist schwierig«

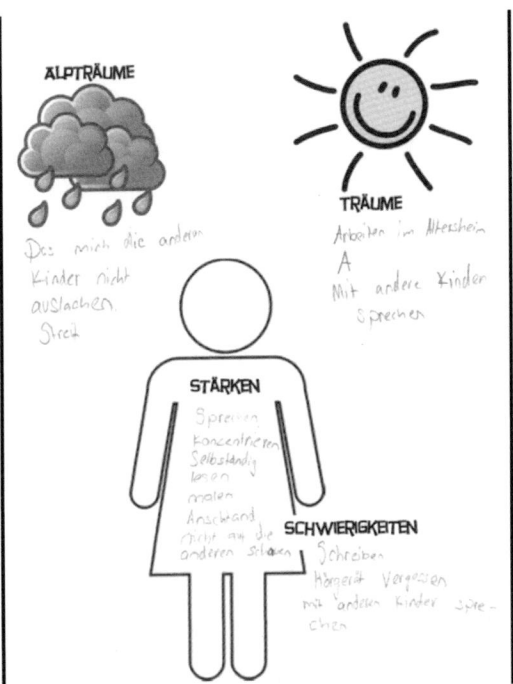

Abb. 16: Silhouette von Lea[3]

Beim ICF-Formular schrieb Lea zuerst drei Sätze zu ihrer allgemeinen Befindlichkeit. Auf meine Nachfragen hin sagte sie schliesslich, dass es ihr auf dem Landenhof gefalle und es ihr gut gehe. Sie möchte weiterhin am Mittwoch nach Hause gehen. Ihre Lehrerin finde sie nett, dafür nerve ein Junge ihrer Klasse. Sie mache sich oft viele Gedanken und Sorgen, darum falle es ihr schwer einzuschlafen. Die Selbsteinschätzung bei den verschiedenen Items ging ganz schnell. Ich erklärte ihr die Themen und sie setzte die Kreuze meistens zuoberst oder an zweiter Stelle. Nur bei »Umgang mit Menschen« kreuzte sie das mittlere Kästchen an und deutete auf die Schwierigkeiten bei der Silhouette. Am Schluss sagte Lea, dass das Gespräch ganz okay gewesen sei, die Arbeit mit diesen beiden Methoden sei für sie nicht so schwierig gewesen. Ich bedankte mich bei ihr und sagte, dass ich nun einiges über sie gelernt habe und Neues erfuhr. Es sei für mich schön gewesen, dass sie sich darauf eingelassen und offen mit mir geredet habe.

Beim Standortgespräch mit allen Beteiligten verwies ich manchmal auf die Silhouette, indem ich beispielweise die Stärken nochmals deutlich hervorhob, die Lea aufgeschrieben hat. Ich berichtete, dass Lea »mit anderen Kindern sprechen« sowohl bei den Schwierigkeiten wie auch bei den Träumen aufgeschrieben hat und bat Lea, nochmals allen zu erklären, was sie damit meinte. Im Verlaufe des Gesprächs zeigte sich, dass alle Anwesenden eine ähnliche Sichtweise haben.

---

3 Das Mädchen ›Lea‹ hat der Veröffentlichung ihrer Silhouette zugestimmt.

Auf Grund der mit Hilfe der Silhouette, des ICF-Formulars und der Perspektivenanalyse im Standortgespräch gewonnenen Erkenntnisse, formulierte ich anschliessend folgende *konstatierenden Hypothesen*:

- Lea kann sich mit Hilfe der Silhouette selber gut einschätzen, sieht viele Ressourcen bei sich selbst und kann diese benennen. Sie sieht sich selber als selbständige und anständige Person, die auf sich selber schauen kann und sich nicht von anderen ablenken lässt. Lea findet, dass sie sich gut konzentrieren kann und Stärken im Sprechen, Lesen sowie Malen hat.
- In der Silhouette hält Lea fest, dass sie sich wünscht, mutiger zu sein und mit anderen Kindern sprechen zu können.
- Im Rahmen des Standortgespräches kam zum Ausdruck, dass alle Beteiligten viele Stärken bei Lea sehen. Sie ist eine sehr selbständige und zuverlässige Person. Ihre Aufgaben und ›Ämtlis‹ erledigt sie pflichtbewusst und es ist ihr wichtig, alles gut zu machen. In der Schule arbeitet Lea konzentriert und beteiligt sich aufmerksam am Unterricht.
- Bei der Auswertung der verschiedenen ICF-Formulare am Standortgespräch wurde deutlich, dass alle Beteiligten – und auch Lea selbst – eine Schwierigkeit beim Umgang mit Kindern sehen. Alle wünschen sich, dass Lea im Umgang mit anderen Kindern mutiger werden kann und lernt mit ihnen zu sprechen.
- Lea bestätigt in diesem Gespräch, dass sie bereits einige Freundinnen gefunden habe. Auch die Fachpersonen des Landenhofs stellen fest, dass Lea seit dem Eintritt bereits einige Fortschritte im Sozialverhalten gemacht hat.
- Die Eltern erzählen beim Standortgespräch, dass sie Lea am Landenhof ganz anders erleben als zu Hause. Sie haben den Eindruck, dass Lea hier alles perfekt machen möchte und daher unter Druck steht.
- Lea hält im ICF-Formular schriftlich fest, dass sie oft Mühe mit dem Einschlafen hat, da sie sich Gedanken macht, was morgen alles sein wird und sie von Sorgen geplagt wird.
- Am Standortgespräch kommt zum Ausdruck, dass bei Lea und den Eltern Ängste im Raum sind, dass sich die Vorfälle der vorherigen Schule wiederholen könnten (dass Lea ausgelacht wird und negative Erlebnisse mit Gleichaltrigen macht) und sie sich dann wieder ganz verschliesst.

Indem ich den Erkenntnisgewinn aus der Situationserfassung und der Analyse fokussiert zusammenfasste, formulierte ich folgende *Fallthematik*:

Lea ist ein 12-jähriges, selbstständiges und pflichtbewusstes Mädchen mit einer Hörbeeinträchtigung, das seit sieben Monaten auf dem Landenhof platziert ist, und

- in der vorherigen öffentlichen Schule auf Überforderungssituationen und negative Erlebnisse mit Peers mit Schulverweigerung und Symptomen des selektiven Mutismus reagierte;

- der es schwer fällt mit anderen Kindern zu sprechen oder Kontakt aufzunehmen und die unter Ängsten leidet;
- für die sich alle wünschen (auch sie selber), dass sie sich von ihren Ängsten und Sorgen befreien kann und lernt, mit anderen zu kommunizieren.

Reflexion

Das Vorbereitungsgespräch mit Lea verlief viel besser, als ich erwartet hatte. Ich hatte mich darauf eingestellt, dass sie von sich aus nicht viel erzählen und nur kurze Antworten geben wird. So war es dann aber gar nicht. Meine detaillierte Vorbereitung auf das Gespräch war sehr hilfreich, sie gab dem Gespräch eine Struktur und bot mir Sicherheit.

Die Silhouette als Analysemethode erlebte ich als sehr hilfreich und gut geeignet für die Arbeit mit Kindern. Je nach Alter, Entwicklungsstand und Situation lässt sich die Methode anpassen. Man könnte auch gemeinsam mit einem Kind eine Silhouette basteln, vielleicht auch die Begriffe verändern. Im Vergleich zum ICF-Formular erachte ich die Silhouette als besser geeignet, um die Perspektive des Kindes zu erfassen. Die ICF-Items sind zwar ausführlich umschrieben, aber eher kompliziert für Kinder. Daher ist die Silhouette eine wichtige Ergänzung zum Standard-Analyse-Instrument im Landenhof.

Das Standortgespräch erachte ich als ein wichtiges Gefäss, um die Ansichten aller Beteiligten hören und diskutieren zu können. Eine gemeinsame Sicht zu entwickeln, ist für die Kooperation ausschlaggebend. Im Fall Lea ist die Ausgangslage ideal, da die Sichtweisen deckungsgleich sind. Dies erleichtert die Arbeit und erfordert keine weitere Auftragsklärung. Mit der Fallthematik habe ich nun einen Gesamtüberblick und weiss, worum genau es in diesem Fall geht.

2.3 Diagnose

Die herausgearbeitete Fallthematik möchte ich nun mit Hilfe der Diagnosemethode des Theoriegeleiteten Fallverstehens genauer erhellen und verstehen (vgl. Hochuli Freund/Stotz 2015:220ff.). Dabei möchte ich Lea nicht auf die Störung »Selektiver Mutismus« reduzieren, sondern auch weiteres Fachwissen nutzen. Wie ich das Fachwissen in den Verständigungsprozess mit Lea einbringen kann, stellt mich vor eine grosse Herausforderung.

Planung

Zunächst werde ich nach geeigneter Fachliteratur suchen, die etwas zur Erhellung des Falles und der Fallthematik beitragen könnte. Aus der Auseinandersetzung damit werde ich erklärende Hypothesen formulieren. Um eine Arbeitshypothese sowie Fragenstellung für die Professionellen abzuleiten, werde ich sowohl die konstatierenden wie auch die erklärenden Hypothesen nochmals betrachten und versuchen Verbindungen herzustellen (vgl. Hochuli Freund/Stotz

2015:229). Mir ist wichtig, dass die Arbeitshypothese für Lea von Bedeutung ist, da diese die Zielrichtung für den weiteren Prozess vorgibt. Daher werde ich versuchen, ihr die erklärenden Hypothesen sowie die Arbeitshypothese zu erläutern und mit ihr darüber in den Dialog zu kommen.

Theoriegeleitetes Fallverstehen

Zunächst möchte ich mich mit dem *Selektiven Mutismus* auseinandersetzen. Selektiver Mutismus gilt als eine emotional bedingte Störung der sprachlichen Kommunikation. In gewissen Situationen tritt bei den Betroffenen eine umfassende Sprachlosigkeit auf, obwohl sie in einem anderen Kontext sprechen können. Tritt das Phänomen zwischen dem vierten und sechsten Lebensjahr auf, wird es Frühmutismus genannt, bei Auftreten zwischen sechs und acht Jahren Spätmutismus. Betroffene können nicht willentlich steuern, wo sie sprechen und wo nicht, es handelt sich um eine Art Blockade (vgl. Katz-Bernstein 2005:20–23). Neben dem Schweigen sind oftmals zusätzliche Auffälligkeiten zu beobachten wie z. B. soziale Ängstlichkeit, Rückzugsverhalten, Schlafstörungen, Sprachentwicklungsverzögerung, Trennungsangst, Schulverweigerung, soziale Isolierung oder zu Hause manipulative und oppositionelle Verhaltensweisen (vgl. ebd.:28f.). Risikofaktoren, die zu einer solchen Störung führen können, gibt es viele. Es handelt sich dabei um eine Potenzierung von mehreren Faktoren. Dazu zählen u. a. sprachliche Störungen, Bilingualität, mutistisch-anmutende Verhaltensweisen von Angehörigen, Temperamentsmerkmale wie Ängstlichkeit oder Schweigsamkeit, belastende Lebensereignisse, Disharmonie in der Familie oder Überforderungssituationen (vgl. ebd.:30). Katz-Bernstein betont, dass die Schule als positiver sozialer (Lern-)Ort etabliert werden soll. Das mutistische Kind soll an allen Aktivitäten der Klasse partizipieren können und Kontakte mit anderen Kindern sollen initiiert und gefördert werden (vgl. ebd. 211–213). Hartmann (1997:131–135) hält fest, dass soziale Verhaltensmuster eingeübt werden müssen. Besonders wichtig für Betroffene sei es, positive Erfahrungen zu machen. Das Schweigen stellt für das Kind eine subjektiv sinnvolle Bewältigungsstrategie dar, daher muss das Sprechen als wertvolles kommunikatives Mittel erst kennen gelernt werden.

Alle Autoren und Autorinnen betonen die Ängstlichkeit der betroffenen Kinder und deren fehlende Kontakte zu Gleichaltrigen. Daher möchte ich anhand weiterer Fachliteratur einerseits herausfinden, welche Bedeutung den Peers zugemessen wird für die kindliche Entwicklung. Andererseits möchte ich mich mit dem Thema Angst auseinandersetzen, da das in den Erzählungen von Lea und deren Eltern immer wieder auftaucht. Neben dem Erarbeiten von Fachwissen möchte ich über Angst und den Umgang damit mit der Psychologin vom Landenhof reden. Sie hat mir im Fall Lea Unterstützung angeboten. Die Betonung der positiven Erfahrungen im sozialen Bereich erinnerte mich an das Konzept der Selbstwirksamkeit von Bandura. Daher möchte ich diese Theorie ebenfalls für das Fallverstehen nutzen.

Bedeutung der Peers: Freundschaftsbeziehungen zu Gleichaltrigen haben bei den Entwicklungsaufgaben eine Sozialisationsfunktion (vgl. Schmidt-Denter

2005:131). Freundschaften geben emotionale Geborgenheit und überwinden Gefühle der Einsamkeit (vgl. Oerter/Dreher 2008:321). Peerbeziehungen sind unerlässlich, um Beziehungsfähigkeit zu erlernen. Sie stellen ein Übungsfeld dar, um verschiedene Prinzipien der Sozialkompetenz zu lernen, z. B. die Gegenseitigkeit, die Perspektivenübernahme, das Aushandeln oder Teilen. Weiter kann geübt werden, Verantwortung zu übernehmen oder sich für andere einzusetzen. Eigene Normen und Werte nehmen in solchen Beziehungen Gestalt an (vgl. Fend 1998:233; 226). In einer Peergroup können sich Mädchen und Knaben ganz natürlich begegnen und miteinander Kontakt aufnehmen, was schlussendlich die Aufnahme von intimen Zweierbeziehungen ermöglicht (vgl. Göppel 2005:165). Auch zur Identitätsfindung können Freundschaftsbeziehungen zu Gleichaltrigen viel beitragen. Es können neue Lebensstile oder unterschiedliche Identitäten ausprobiert werden. Die Peergroup bietet sozialen Freiraum für die Erprobung von neuer Möglichkeiten im Sozialverhalten und um sich selber darzustellen (vgl. Oerter/Dreher 2008:321).

Angst ist ein bedrückender und unangenehmer Ich-Zustand, der als bedrohlich erlebt wird. Dabei handelt es sich um ein subjektives Erleben. Das eigene Verhalten wird stark durch die Angst beeinflusst. Einerseits kann sie zu Passivität führen und Vermeidungsverhalten hervorrufen. Dies hemmt oder vermindert die Entfaltungs- und Entwicklungsmöglichkeiten eines Kindes. Weiter kann Angst zu psychosomatischen Erkrankungen (körperliche Beschwerden, Nervosität oder Schlafstörungen) führen. Anderseits hat die Angst aber auch positive Aspekte, denn sie ist eine Schutzfunktion des Organismus. Durch Angst wird der Mensch aktiviert und steigert seine Reaktions- und Leistungsfähigkeit. Im Umgang mit Angst ist zentral, dass sie wahrgenommen und angesprochen wird (vgl. Hobmair 2008:182–187). Im Gespräch mit der Psychologin vom Landenhof kam zum Ausdruck, dass der Umgang mit Angst sehr abhängig von den Reaktionen des Umfelds sei. Erfolgserlebnisse sollen gefördert und gefeiert werden, statt die Angst in den Vordergrund zu stellen und emotional mit Lea ›mit zu schwingen‹. Man dürfe sich auch nicht verleiten lassen, sie zu schonen oder auf ihr Vermeidungsverhalten einzugehen (›sanfter Druck‹).

Beim Modell der *Selbstwirksamkeit* gemäss Bandura (zit. nach Hurrelmann 2006:66f., Zimbardo/Gerrig 2008:528f.,616) geht es darum, etwas bewirken zu können, ein bestimmtes Verhalten durchzuführen und auftretende Hindernisse überwinden zu können. Situationen, in denen man das Gefühl hat, nicht zurechtzukommen, werden gemieden – selbst wenn man sogar die Fähigkeit und den Wunsch dazu besitzen würde. Daher ist Selbstwirksamkeit eine wesentliche Voraussetzung für eine Verhaltensänderung. Sie kann aufgebaut werden, indem an erreichbaren Zielen gearbeitet wird. Ziele müssen also an die Möglichkeiten und Fähigkeiten angepasst werden. Danach können realisierbare Strategien erarbeitet werden, um die Ziele zu erreichen. Durch positive Erlebnisse entsteht allmählich das Gefühl und Selbstvertrauen, auch weitere Anforderungen erfolgreich meistern zu können.

Während der Auseinandersetzung mit den verschiedenen Theorien konnte ich immer wieder Verbindungen zur Fallthematik von Lea herstellen. Auf Grund dieser theoriegeleiteten Fallüberlegungen konnte ich folgende *erklärenden Hypothesen* formulieren:

- Weil es auf Grund verschiedener Überforderungssituationen bei Lea zu selektivem Mutismus kam, ist ihr Sprechen mit anderen Kindern manchmal blockiert, daher zieht sie sich viel zurück und hat nur wenig Kontakt zu Gleichaltrigen.
- Da Lea wenig Kontakt zu Gleichaltrigen hat, beeinträchtigt dies ihre Sozialkompetenzen, die Bewältigung der Entwicklungsaufgaben, den Aufbau von tragfähigen Beziehungen sowie ihre Identitätsentwicklung.
- Weil Lea von verschiedenen Ängsten geplagt wird und Symptome des selektiven Mutismus zeigt, löst das Passivität, Vermeidungsverhalten, Schlafprobleme sowie psychosomatische Erkrankungen (Schlafstörungen, Bauch- und Kopfweh) aus.
- Weil die Eltern einige Ängste teilen, wird Lea darin bestätigt, dass ihre subjektive Einschätzung sowie die Reaktion darauf angemessen sind.
- Weil Lea ein niedriges Selbstwirksamkeitsgefühl aufweist, meidet sie Situationen, die sie nach eigener Beurteilung nicht meistern kann. Dies erschwert eine Verhaltensveränderung (Kontaktaufnahme mit anderen Kindern).

Diese Hypothesen sind nur mögliche Erklärungen und nicht mit dem Anspruch auf Wahrheit versehen. Es ist ein Versuch, die Fallthematik besser zu verstehen. Da ich die Aufgabe der Professionellen der Sozialen Arbeit v. a. im Stärken und Fördern der Kinder sehe, erachte ich es als wichtig, die Selbstwirksamkeit von Lea zu unterstützen und schrittweise Erfolgserlebnisse zu ermöglichen. Dabei soll Lea das Sprechen als positives Mittel der Kommunikation kennen lernen. Deshalb formulierte ich folgende *handlungsleitende Arbeitshypothese*:

Wenn Lea immer wieder kleine Erfolgserlebnisse im Umgang mit Gleichaltrigen machen kann und ihr Umfeld nicht mit ihren Ängsten mitschwingt,
dann können die Angst, das Vermeidungsverhalten und die psychosomatischen Symptome schrittweise abgebaut sowie ihre Selbstwirksamkeit gestärkt werden, was Lea wiederum darin unterstützt, mit anderen Kindern Kontakt aufzunehmen, Freundschaften zu schliessen, somit ihre Entwicklungsaufgaben angemessen zu bewältigen und Sozialkompetenzen aufzubauen.

Mit Blick auf die Zukunft und darauf, was dieser Bedingungszusammenhang sowie diese Zielrichtung für unsere professionelle Unterstützung bedeuten, formulierte ich auf Grund der Arbeitshypothese die *Fragestellung für die Professionellen*:

Wie kann es uns einerseits gelingen Lea zu unterstützen und Möglichkeiten zu schaffen, damit sie im Umgang mit Gleichaltrigen Erfolgserlebnisse ma-

> chen kann und anderseits das Umfeld zu ermutigen, nicht mit den Ängsten mitzuschwingen?

Ich bat Lea um ein Gespräch und habe ihr meine erklärenden Hypothesen vereinfacht und mit Hilfe von Beispielen erklärt. Ich versuchte ihr aufzuzeigen, was man in der Forschung herausgefunden hat zu den verschiedenen Themen, die bei ihr gerade aktuell sind. Auf Grund aktueller Ereignisse – wie beispielsweise ihrer Angst, an der Karnevalfeier teilzunehmen – erklärte ich ihr mögliche Konsequenzen von Ängsten oder die Bedeutung der Selbstwirksamkeit und wie sich diese auf das Verhalten auswirken kann. Die Hypothese über die Eltern habe ich bewusst weggelassen, da ich Herrn und Frau Müller vor ihrer Tochter nicht in ein schlechtes Licht rücken möchte. Lea hörte aufmerksam zu und bestätigte meine Aussagen. Beim Punkt, was fehlende Kontakte zu Gleichaltrigen auslösen können, wurde sie nachdenklich. Ich zeigte ihr auch eine *vereinfachte und umformulierte Arbeitshypothese*:

> Wenn Du im Umgang mit den anderen Kindern immer wieder kleine Erfolgserlebnisse machen kannst, dann werden Deine Ängste immer kleiner, und es gelingt Dir zunehmend Kontakt zu anderen aufzunehmen, Freundschaften zu schliessen und selbstbewusster zu werden.

Sie erzählte von Situationen, in denen es ihr gelungen ist, Kontakt aufzunehmen und mit anderen Kindern zu sprechen und meinte, dass diese Erlebnisse sie gestärkt hätten. Daher möchte Lea weitere solche Erfolge erleben. Auch ihre Ängste möchte sie konkretisieren und benennen, damit sie diese schrittweise überwinden kann.

Reflexion

Bereits während der Arbeit an der Analyse kamen mir verschiedene Theorien in den Sinn, die sich eignen würden um den Fall zu erhellen. Mit diesem Fachwissen setzte ich mich in der Diagnose vertieft auseinander. Dabei fielen mir immer wieder Parallelen zu Lea auf. Ich hatte verschiedene Aha-Erlebnisse, da ich plötzlich mögliche Erklärungen für ihr Verhalten fand und mir Zusammenhänge bewusstwurden. Es war hilfreich, verschiedene Perspektiven einzunehmen, damit ich mich nicht immer nur um das Thema selektiven Mutismus drehte. Zu erkennen, wie wichtig Peerbeziehungen sind, bestärkte mich darin, dass dies eine angemessen Zielrichtung ist (zumal Therapie des selektiven Mutismus nicht in meiner Zuständigkeit liegt). Ich habe gemerkt, dass alle Aspekte der Fallthematik miteinander verknüpft sind und sich irgendwie bedingen. Der interprofessionelle Austausch mit der Psychologin in diesem diagnostischen Prozess war bereichernd; wir konnten über die Fallthematik diskutieren, und sie liess ihr Fachwissen einfliessen.

Für mich wurde deutlich, wie wichtig es ist, dass man versucht eine soziale Diagnose zu machen, also einen Fall zu verstehen, bevor man Ziele formuliert und Interventionen plant. Vorher hatte ich lediglich überlegt, wie wir Lea dazu bringen könnten, mit anderen Kindern zu sprechen. Jetzt sehe ich weitere Aspekte, die eine Rolle spielen und erkenne neue Ansatzpunkte für unser Handeln.

Die Kooperation mit Lea bereitete mir im Vorfeld Kopfzerbrechen. Ich hatte zunächst keine Ahnung, wie ich die Ergebnisse der sozialen Diagnose mit ihr besprechen könnte. Am liebsten hätte ich auch geschwiegen – genau so, wie das ja auch Lea manchmal passiert. Ich stellte mich aber dieser Herausforderung, bemühte mich, die Hypothesen zu vereinfachen und für Lea verständlich zu formulieren. Ich hatte das Gefühl, dass sie meinen Überlegungen folgen und ihnen wirklich zustimmen konnte. Es freute mich sehr, dass die Hypothesen Lea zum Denken anregten und sie sogar eigene Erlebnisse einbrachte. Ich erlebte dieses Gespräch als sehr bereichernd, auch für mich selber, das nächste Mal werde ich es wieder so machen. Bei schwerhörigen Kindern, die kommunikativ schwächer sind, werde ich mir eine visuelle oder interaktive Methode überlegen.

2.4 Ziele, Intervention und Evaluation

Die weitere Arbeit auf der Grundlage dieser analytisch-diagnostische Erkenntnisse werde ich im Folgenden nur kurz schildern.

Auf Grund der Ergebnisse in der Diagnose formulierte ich zunächst gemeinsam mit Lea *Ziele*, zwei Grobziele sowie die dazugehörigen Feinziele (Bildungsziele BZ). Im Team vereinbarten wir mehrere Unterstützungsziele (UZ).

- **Grobziel 1 (BZ):** Lea gelingt es, sich in konkreten Situationen ihren Ängsten zu stellen und diese zu überwinden.
    - Feinziel 1.1 (UZ): Immer, wenn es Lea gelingt, eine Angst zu überwinden, wird sie von den Sozialpädagoginnen gelobt und das Erfolgserlebnis wird angemessen ›gefeiert‹.
    - Feinziel 1.2 (UZ): Die Sozialpädagoginnen können erkennen, wenn es Lea gelingt, eine Angst zu überwinden, und dafür sorgen, dass das Erfolgserlebnis angemessen ›gefeiert‹ wird.
    - Feinziel 1.3 (UZ): Die Sozialpädagoginnen wissen, wie sie Lea in angsterfüllten Situationen begleiten, besprechen mit ihr die Vorgehensweise vor und vereinbaren ein Notfallszenario.
    - Feinziel 1.4 (BZ): Lea kann ihre Ängste benennen und diese überwinden.
    - Feinziel 1.5 (BZ): Lea kann auf einer Erfolgsliste Situationen festhalten, in denen es ihr gelungen ist, sich ihren Ängsten zu stellen.
- **Grobziel 2 (BZ):** Lea kann mit anderen Kindern Kontakt aufnehmen und mit ihnen reden.
    - Feinziel 2.1 (UZ): Die Sozialpädagoginnen fördern Situationen, in denen Lea mit anderen Kindern Kontakt haben kann.
    - Feinziel 2.2 (UZ): Wenn es Lea gelingt, mit einem Kind Kontakt aufzunehmen oder mit anderen Kindern zu sprechen, bekommt sie auf ihrem

Bonusplan ein Smiley.
- Feinziel 2.3 (BZ): Lea kann mit einer Freundin abmachen.
- Feinziel 2.4 (BZ): Wenn die Kinder im Spielzimmer sind, kann Lea sich dazu gesellen.

Gleichzeitig damit überlegten wir uns mögliche Interventionen. Da Lea keine Ideen hatte, was ihr helfen könnte, die Ziele zu erreichen, machte ich ihr ein paar Vorschläge. Lea entschied sich für einen Bonusplan, auf dem sie jeweils von den Erwachsenen ein Smiley erhält, wenn es ihr gelingt sich an Gruppenaktivitäten zu beteiligen oder mit anderen Kindern zu sprechen. Ausserdem wollte Lea eine Erfolgsliste führen, auf der sie jeweils Situationen kurz schriftlich festhält, in denen sie ihre Angst überwinden konnte. Diese Erfolgsliste soll etwa einmal monatlich gemeinsam angeschaut werden. Dann wird Lea auf einer Skala von 0 bis 10 einschätzen, wo sie sich in Bezug auf ihre Ziele befindet, und markieren, welche Zahl sie als nächstes erreichen möchte.

Auf Empfehlung der Psychologin des Landenhofs bearbeitete ich mit Lea ein Heft von der Beratungsstelle Pro Juventute zum Thema Angst. Dadurch konnte sie lernen, ihre Ängste zu benennen, deren Intensität zu unterscheiden und sich mit möglichen Strategien im Umgang mit Angst auseinandersetzen. Alle Fachpersonen – Sozialpädagogen und Lehrerinnen – versuchten Lea durch sanften Druck zu unterstützen, sich angstreichen Situationen zu stellen. Wenn sie diese meistern konnte, wurde sie gelobt oder bekam auch einmal ein ›Zertifikat für besonders grossen Mut‹. Die Sozialpädagoginnen auf der Gruppe förderten insgesamt Gruppenaktivitäten und achteten darauf, dass Lea partizipieren konnte. Sie wurde immer wieder dazu ermutigt, selber nachzufragen, von sich aus zu erzählen oder auch sich mit einer Freundin zu verabreden.

In den Bezugspersonengesprächen gelang es Lea, sich vermehrt zu öffnen und ihre Ängste zu benennen. Mit der Zeit konnte sie auch im Alltag ihre Bedürfnisse gegenüber den Erwachsenen kommunizieren. Lea wurde im Laufe des Schuljahrs zunehmend mutiger und es gelang ihr, sich angsterfüllten Situationen zu stellen (z. B. am Karneval teilnehmen, bei einem Tanzauftritt mitmachen). Auch im Umgang mit den anderen Kindern bewies Lea immer mehr Mut. Mit der Zeit knüpfte Lea zu verschiedenen Mädchen auf dem Landenhof Kontakte und baute Freundschaften auf. Ab und zu gelang es ihr, sich mit einem der Mädchen aus einer anderen Wohngruppe zu verabreden; z. T. brauchte es dazu etwas Ermutigung und Aufforderung der Erwachsenen. Seit Lea mit einem Mädchen der Wohngruppe befreundet ist, unternimmt sie viel gemeinsam mit ihr. In ihrer Gegenwart wirkt sie manchmal sogar ausgelassen. Es ist ihr gelungen, vermehrt Kontakt zu Kindern zu haben, sich an Aktivitäten zu beteiligen und mit anderen zu kommunizieren.

Sie konnte sich aus eigener Initiative zu den Kindern gesellen und zuschauen oder mitmachen. Wenn sie gefragt wurde, ob sie mitspielen möchte, gelang es ihr vermehrt, sich zu entscheiden und eine klare Antwort zu geben. Nach wie vor ist Lea aber insgesamt eher zurückhaltend, besonders gegenüber Knaben verhält sie sich noch immer sehr distanziert.

3 Folgerungen

Die intensive Auseinandersetzung mit dem Konzept KPG erlebte ich als wertvoll und lehrreich. Ich musste mir bewusst Zeit nehmen, die einzelnen Schritte detailliert zu planen, durchzuführen und zu reflektieren. Dadurch kam ich zu wichtigen Erkenntnissen, die ich auch mit meinen Arbeitskolleginnen teilen konnte.

So realisierte ich, wie wichtig die Kooperation mit dem Kind ist. Zuvor ging ich davon aus, dass Kinder nicht in alle Prozessschritte miteinbezogen werden können. Diese Ansicht veränderte sich durch diese Fallarbeit. Das Mädchen ›Lea‹ beteiligte sich wider Erwarten aktiv an den Gesprächen zu Analyse und Diagnose, wir kamen in einen wertvollen Diskurs, und dadurch entstand eine ganz neue Basis für die weitere Zusammenarbeit. Es war meine eigene Angst, dass Lea nichts sagen würde oder dass ich nicht wüsste, wie mit der Situation umzugehen, die mich fast daran gehindert hätte, den dialogischen Verständigungsprozess bei der Diagnose zu wagen.

Nicht nur die Kooperation bekam für mich mehr Gewicht, sondern auch der Theorie-Praxis-Transfer und die Methodenwahl. Ich konnte die Erfahrung machen, wie hilfreich Fachwissen aus Forschungen und Literatur für den Arbeitsprozess ist. Ebenso wurde mir bewusst, was geeignete Methoden bewirken können. Wenn ich nur mit dem ICF-Formular gearbeitet hätte, wären wichtige Daten zur Selbstsicht von Lea nicht zum Vorschein gekommen. Nun sehe ich, wie wichtig es ist, sich mit verschiedenen Methoden auseinanderzusetzen und die für das jeweilige Kind geeigneten auszuwählen.

Auch erkannte ich, wie wichtig es ist eine soziale Diagnose zu machen, also einen Fall zu verstehen, *bevor* man Ziele formuliert und Interventionen plant. Die Verknüpfung von Fall und Theorie macht professionelles Arbeiten aus – es reicht nicht aus, wenn Sozialpädagoginnen und Sozialpädagogen sich ausschliesslich auf Erfahrungswissen beziehen. Durch die theoriegeleiteten Fallüberlegungen entstand ein besseres Verständnis für Situation und Verhalten von Lea. Daraus wiederum ergab sich eine neue inhaltliche Ausrichtung bei den Zielen und Interventionen.

Dieses strukturierte, sorgfältige Vorgehen habe ich als sehr anregend erlebt. Es gibt in der Sozialen Arbeit eben kein Rezept, es gibt keine feststehenden Kausalbeziehungen, unser Handeln ist nur sehr begrenzt standardisierbar. Genau das macht diese Profession für mich so spannend und herausfordernd zugleich. Dank dem Konzept der KPG kann ich mich im Arbeitsalltag orientieren, an welcher Stelle ich mich im Arbeitsprozess mit einem Kind gerade befinde (vgl. Hochuli Freund/Stotz 2015:141). Es erleichtert mir den Überblick zu bewahren und eine sinnvolle Strukturierung vorzunehmen, ohne wichtige Schritte zu vergessen.

Literatur

Fend, Helmut (1998). Eltern und Freunde. Soziale Entwicklung im Jugendalter. Bern: Verlag Hans Huber.
Göppel, Rolf (2005). Das Jugendalter. Entwicklungsaufgaben – Entwicklungskrisen – Bewältigungsformen. Stuttgart: Kohlhammer.
Hartmann, Boris (1997). Mutismus. Zur Theorie und Kasuistik des totalen und elektiven Mutismus. Berlin: Edition Marhold im Wissenschaftsverlag Volker Spiess.
Hobmair, Hermann (Hrsg.) (2008). Psychologie. 4. Aufl. Troisdorf: Bildungsverlag EINS GmbH.
Hochuli Freund, Ursula (2013). Analysemethoden: Notationssysteme. URL: http://www.soziale-diagnostik.ch/methoden-und-instrumente/kooperative-prozessgestaltung/KPG_Analysematerialien_Notation_Perspektive.pdf (Zugriff am 14.11.2014).
Hochuli Freund, Ursula/Stotz, Walter (2015). Kooperative Prozessgestaltung in der Sozialen Arbeit. Ein methodenintegratives Lehrbuch. 3. überarbeitete, erweiterte Aufl. Stuttgart: Kohlhammer.
Hurrelmann, Klaus (2006). Einführung in die Sozialisationstheorie. 9. Aufl. Weinheim/Basel: Beltz.
Katz-Bernstein, Nitza (2005). Selektiver Mutismus bei Kindern. Erscheinungsbilder, Diagnostik, Therapie. München: Reinhardt.
Oerter, Rolf/Dreher, Eva (2008). Das Jugendalter. In: Oerter, Rolf/Montada, Leo (Hrsg.). Entwicklungspsychologie. 6. Aufl. Weinheim/Basel: Beltz.
Schmidt-Denter, Ulrich (2005). Soziale Beziehungen im Lebenslauf. 4. Aufl. Weinheim/Basel: Beltz.
Zimbardo, Philip G./Gerrig, Richard J. (2008). Psychologie. 18. Aufl. München: Pearson.

Schritt in die Unabhängigkeit
Ein Fall in der Ablösung vom Sozialdienst

Sophie Löw

Der vorliegende Artikel greift einen Fall aus der gesetzlichen Sozialhilfe auf, in welchem der Ablösungsprozess eines Klienten vom Sozialdienst thematisiert wird. Die Autorin setzt den Fokus bei der Fallbearbeitung auf die Prozessschritte der Analyse und der Interventionsdurchführung; auf die Prozessschritte der Zielsetzung und Interventionsplanung wird nur kurz eingegangen. Ihr Ziel ist es, dass der Klient etwas konkret Anwendbares für die Zeit nach der Ablösung von der Sozialhilfe mitnehmen kann.

1 Organisationaler Kontext

Während meiner berufsbegleitenden Ausbildung zur Sozialarbeiterin in der Schweiz arbeitete ich zwei Jahre als Mitarbeiterin in Ausbildung auf den Sozialen Diensten in der Gemeinde B. Dieser Sozialdienst bildet eine Abteilung der kommunalen Verwaltung und bietet folgende Dienstleistungen an: gesetzliche Sozialhilfe (beinhaltet materielle – d. h. wirtschaftliche – und immaterielle Sozialhilfe, d. h. Sozialberatung), Kindes- und Erwachsenenschutz (Abklärungen im Auftrag der Kindes- und Erwachsenenschutzbehörde; Massnahmen) und freiwillige Einkommensverwaltungen. Ich führte einerseits Mandate im Kindes- und Erwachsenenschutz, andererseits betreute ich Klientinnen und Klienten, welche mit wirtschaftlicher Sozialhilfe unterstützt wurden. Die hier dokumentierte Fallbearbeitung bezieht sich auf die wirtschaftliche Sozialhilfe, aus diesem Grund wird detaillierter auf die gesetzliche Sozialhilfe eingegangen.

Im Rahmen der gesetzlichen Sozialhilfe werden in der Gemeinde B. mehrere Hundert Fälle betreut. Durch das soziale Existenzminimum, welches auch Teilhabe am öffentlichen Leben und der Gesellschaft beinhaltet, soll grundsätzlich Armut verhindert und der sozialen Frieden gefördert werden (vgl. SKOS 2005:26). Dementsprechend ist der materielle Auftrag der Sozialhilfe die Existenzsicherung, welche durch die Kantone gesetzlich geregelt wird. Gleichzeitig hat die gesetzliche Sozialhilfe aber auch den Auftrag der Sozialberatung. Die Aufgabe der gesetzlichen Sozialhilfe ist die Förderung der wirtschaftlichen und persönlichen Eigenständigkeit sowie die soziale und berufliche Integration in den ersten Arbeitsmarkt.

Zum Fallverlauf beim Sozialdienst B. gehören das sog. Intake (Fallaufnahme), das Erstgespräch, Anträge an die Sozialkommission sowie Dossierführung mit Beratung in materieller und immaterieller Hilfe. Beim Erstgespräch werden die benötigten Informationen und Unterlagen eingeholt, um den Anspruch auf wirtschaftliche Sozialhilfe prüfen zu können. Die antragstellende Person muss ein ausführliches Antragsformular ausfüllen, bei dem es ganz überwiegend um die wirtschaftlich-finanzielle Situation geht. Wird der Antrag der Intake-Sozialarbeiterin von der Sozialkommission gutgeheissen, wird die Klientin einem fallführenden Sozialarbeiter zugeteilt. In Bezug auf den Gesamtprozess, welche die Klientinnen und Klienten beim Sozialdienst durchlaufen, finden die von Hochuli Freund/Stotz (2015) definierten Prozessschritte Situationserfassung, Analyse und Diagnose im Intake statt. Es wird keine explizite Zielvereinbarung mit der Klientel vorgenommen. Die allgemeinen Fernziele – soziale und berufliche Integration – werden von der Schweizerischen Konferenz für Sozialhilfe (SKOS) vorgegeben. Die Interventionsplanung und -durchführung findet hauptsächlich bei den fallführenden Personen statt, was nicht bedeutet, dass keine erneute Überprüfung und Durchführung der vorherigen Prozessschritte vorgenommen werden kann. Der Fallverlauf wird von den Mitarbeitenden in einer Falldokumentationssoftware festgehalten. Darin müssen die Klienteninformationen jeweils den Bereichen ›Soziales Umfeld‹, ›Gesundheit‹, ›Wohnen‹, ›Ausbildung + Arbeit‹ und ›Finanzen + Vermögen‹ zugeordnet werden. Die Dokumentation ist ein grundlegendes Arbeitsinstrument, welches ein professionelles Arbeiten ermöglicht und auch als Beleg und Beweismittel dient.

Auf dem Sozialdienst B. gibt es viele Checklisten für administrative Abläufe. Es fällt jedoch auf, dass keine definierten Leitlinien und Konzepte zur inhaltlichen Arbeit mit der Klientel sowie mit anderen Fachpersonen und Dritten vorhanden sind.

2   Fallbearbeitung

Junge Erwachsene in der Sozialhilfe erscheinen mir besonders spannend und herausfordernd. Oft konnten sie den Übergang von der Schule oder von einer Berufslehre in eine wirtschaftliche Tätigkeit nicht bewältigen. Ich bin selber jung und fühlte Empathie gegenüber den jungen Sozialhilfebezügern, zumal mir der Übergang vom Studium in die Arbeitswelt damals auch noch bevorstand. Auffallend beim ausgewählten Fall war, dass sich abzeichnete, dass einem jungen Erwachsenen nach mehreren Jahren von Sozialhilfe-Abhängigkeit der Schritt in den ersten Arbeitsmarkt gelingt. Deshalb habe ich den 26-jährigen Klienten Herr K. ausgewählt.

2.1 Prozessschritt Situationserfassung

Die folgenden Informationen zu Herrn K. stammen aus dem Erstgespräch im Intake im April (das ausnahmsweise ich geführt habe).

Herr K. berichtete, er habe zuvor rund vier Jahre Sozialhilfeleistungen in einer Gemeinde in einem anderen Kanton bezogen. Im April habe er eine neue Wohnung suchen müssen, da der ehemalige Hauptmieter weggezogen sei und er die Wohnung nicht alleine habe finanzieren können. Darum sei er neu in die Gemeinde B. gezogen und wohne aktuell in einer Wohngemeinschaft mit zwei weiteren Personen.

Herr K. erzählte, er habe in seiner Jugendzeit grosse Auseinandersetzungen mit seiner Mutter gehabt. Der Vater wohne aktuell in Kambodscha und seine Mutter sei vor etwa zwei Monaten nach Italien abgereist, da sie Probleme mit ihrem Ex-Partner und auch sonstige Probleme habe. Herr K. und seine Schwester wüssten nicht, wo sich die Mutter momentan genau aufhalte. Auch habe er keine Kenntnis darüber, wo sich die Mutter zuvor in der Schweiz aufgehalten hat. Womöglich sei sie irgendwo in einem Hotelzimmer gewesen. An seinem früheren Wohnort sei er immer wieder zu einem Psychotherapeuten gegangen und er möchte auch weiterhin gerne eine ›Person zum Reden‹ haben. Ansonsten sei er gesund.

Er habe eine Berufsattestlehre als Detailhandelsassistent absolviert. Nach seiner Lehre habe er keine Stelle gefunden, seither sei er arbeitslos und auf staatliche finanzielle Unterstützung angewiesen. Während der Sozialhilfeunterstützung im vorigen Kanton habe er verschiedene Arbeitsintegrationsprogramme besucht, jedoch sei ihm der Schritt in den ersten Arbeitsmarkt nie gelungen. Er betonte jedoch, dass er gerne etwas arbeiten möchte, damit er einen geregelten Tagesablauf habe.

Weiterer Verlauf:

Nach dem Erstgespräch meldete ich Herrn K. bei einer Arbeitsintegrationsfirma für eine einmonatige Potenzialabklärung an, die zum Ziel hat, das Potenzial einer Person und die berufliche Situation besser einschätzen zu können. Die Gesamteinschätzung der Professionellen der Arbeitsintegrationsfirma nach der Programmteilnahme lautete: »*Voraussetzung für eine Eingliederung in den ersten Arbeitsmarkt werden als erfüllt beurteilt*«. Als Grund, warum es bisher nicht mit einer Stelle im ersten Arbeitsmarkt geklappt hat, nannte mir Herr K. bereits beim Erstgespräch, dass »immer wieder etwas dazwischen gekommen sei (wie z. B. Wohnwechsel oder Streit in der Familie), was ihn aus der Bahn geworfen habe«.

Seit Juli arbeitet Herr K. als freiwilliger Mitarbeiter unentgeltlich in einer Stiftung, welche Arbeit und Wohnen für erwachsene Menschen mit einer Beeinträchtigung anbietet. Diese Stiftung ist gerade dabei, einen WebShop aufzubauen, bei dessen Prozess Herr K. massgeblich beteiligt ist. Im Oktober überbrachte Herr K. die erfreuliche Nachricht, dass er in dieser Sitftung sehr wahrscheinlich eine Festanstellung erhalten werde. Im November bestätigte Herr K., dass er per Januar die Festanstellung antreten könne. Der Sozialdienst leistet somit eine finanzielle Unterstützung nur noch bis Ende Januar, bis Herr K. seinen ersten Lohn für den Februar erhält. Bis zur Ablösung im Januar sind noch zwei Gesprächstermine im Dezember und Januar vorgesehen.

2.2 Prozessschritt Analyse

Vorüberlegungen, Planung

Betrachtet man den bisherigen Prozess von Herrn K., von der Aufnahme im April bis zur voraussichtlichen Ablösung der Sozialhilfe im Januar, so befinden wir uns im Prozessschritt der Interventionsdurchführung.

In Anbetracht des Fernzieles, eines selbstbestimmten, teilhabenden und (finanziell) unabhängigen Lebens, möchte ich Herrn K. möglichst gut auf die Zeit nach der Ablösung vorbereiten. Um herauszufinden, was Herr K. braucht, damit er langfristig von der Sozialhilfe abgelöst werden kann, braucht es eine Analyse der aktuellen Situation.

Im Gespräch vom 22. Dezember soll zusammen mit Herrn K. herausgefunden werden, was die genaue Fallthematik ist, also ob und in welchem Bereich Herr K. Unterstützung benötigt. Wie oben erwähnt, ist aus Sicht von Herrn K. bisher immer etwas dazwischen gekommen, was ihn aus der Bahn geworfen habe. Im Erstgespräch hatten wir – auf Grund des engen Realitätsausschnittes in der wirtschaftlichen Sozialhilfe der Gemeinde B. – nur oberflächlich angeschaut, was Herr K. mit ›etwas‹ meint. Damit ich eine nachhaltige Intervention planen kann, muss ich jedoch zunächst genauer wissen, in welchem Bereich es zu allfälligen Schwierigkeiten kommen kann. Da wir auf dem Sozialdienst keine standardisierte Analysemethode anwenden, habe ich selbst eine Methode entwickelt, welche ich im Gespräch vom 22. Dezember nutzen möchte.

Im Gespräch soll ein gemeinsames, möglichst offenes Brainstorming zu den einzelnen in der Falldokumentationssoftware festgehaltenen Lebensbereichen (›Soziales Umfeld‹, ›Gesundheit‹, ›Wohnen‹, ›Arbeit‹ und ›Finanzen‹) stattfinden. Die Lebensbereiche habe ich jeweils auf ein Blatt Papier geschrieben und der Inhalt des Gesprächs wird darauf mit Stichpunkten festgehalten. Durch diese teilstandardisierte Methode wird ein gewisser Rahmen vorgegeben, zugleich soll Herr K. alle ihm wichtigen Aspekte einbringen können. Die Daten werden mittels Gespräch dementsprechend qualitativ erhoben. Dabei soll besonders die Selbstbestimmung von Herrn K. berücksichtigt werden, da sie zu den wichtigsten Werten der Sozialen Arbeit gehört. Für die Fachpersonen der Sozialen Arbeit gilt es, die Entscheidungen der Klientinnen und Klienten zu respektieren, denn jeder hat

> »das Anrecht, im Hinblick auf sein Wohlbefinden, seine eigene Wahl und Entscheidungen zu treffen, geniesst höchste Achtung, vorausgesetzt, dies gefährdet weder ihn selbst noch die Rechte und legitimen Interessen Anderer.« (AvenirSocial 2010:8)

Ich möchte dementsprechend darauf achten, dass Herr K. selbst vorgibt, welche Themen er bei den jeweiligen Lebensbereichen besprechen möchte. Meine Perspektive wird dabei in Hintergrund treten und soll nur in Absprache mit Herrn K. einfliessen. Nach der Durchführung der Analysemethode werden konstatierende Hypothesen gebildet, damit ersichtlich wird, in welchem Lebensbereich Herr K. am meisten Schwierigkeiten und Unsicherheiten sieht und was dementsprechend die Fallthematik ist.

Umsetzung

Kurz vor den Betriebsferien konnte am 22. Dezember wie geplant das Gespräch mit Herrn K. durchgeführt werden. Zu Beginn des Gesprächs erklärte ich ihm meinen Vorschlag für das heutige Vorgehen und holte sein Einverständnis ein. Ich zeigte Herrn K. die von mir vorbereiteten fünf Blätter mit den Titeln ›Soziales Umfeld‹, ›Gesundheit‹, ›Wohnen‹, ›Arbeit‹ und ›Finanzen‹ und liess ihn auswählen, über welchen Lebensbereich er als erstes sprechen möchte. Herr K. konnte sich schnell auf die Methode einlassen und sprach offen über das, was gut läuft, über Schwierigkeiten, Befürchtungen und Unsicherheiten. Zwischendurch fragte ich nach, um eine detaillierte Schilderung zu erhalten. Auf Grund des engen Realitätsausschnittes in der wirtschaftlichen Sozialhilfe hatte ich bisher wenig Kenntnis über beispielsweise seine familiäre Situation, seine Hobbies, seine Freunde und sein WG-Leben. Es war dementsprechend sehr spannend mehr von ihm zu erfahren. Seine Aussagen haben wir gemeinsam mit Stichpunkten festgehalten (siehe Abb. 17).

Im Bereich der ›Finanzen‹ stellte Herr K. viele Fragen: Wie gehe ich mit den Einnahmen und Ausgaben um (Budget)? Was sind Nichterwerbstätigen-Beiträge? Wie funktioniert der Ablauf bei der Krankenkasse? Was ist genau Selbstbehalt und Franchise? Wie können die Schulden abgebaut werden? Wie füllt man eine Steuererklärung aus? Was ist die zweite Säule? Ich äusserte die Vermutung, dass er sich noch nie (oder schon länger nicht mehr) mit diesen Themen beschäftigt habe und dementsprechend vielleicht auch keine Dokumente darüber besitze. Herr K. bestätigte das, und ich schlug ihm vor, dass wir beim nächsten Gespräch gemeinsam einen Ordner mit den wichtigsten Unterlagen zusammenstellen könnten, um eine gewisse Ordnung und Übersicht herzustellen. Dies nahm Herr K. sehr gerne an und wir vereinbarten, dass er für das nächste Gespräch seine bisher zu Hause abgelegten Unterlagen mitbringen wird.

Als wir alle fünf Lebensbereiche behandelt hatten, verschafften wir uns anhand der Blätter nochmals einen Überblick über die Bereiche und markierten die jeweiligen Schwierigkeiten. Dadurch wurde für uns bereits am Ende des Gespräches ersichtlich, dass im Bereich ›Finanzen‹ grosse Schwierigkeiten und Befürchtungen, aber auch viel Unwissen vorhanden sind. Die *konstatierenden Hypothesen* (vgl. Hochuli Freund/Stotz 2015:180f.) habe ich nach dem Gespräch abgeleitet und festgehalten:

Schritt in die Unabhängigkeit

Abb. 17: Analysemethode Herr K.[1]

- *Gesundheit*: Im Lebensbereich Gesundheit zeigt sich, dass die familiäre Situation bei Herrn K. stets ein Brennpunkt in seinem Leben ist und seine psychische Gesundheit u. a. davon abhängig ist. Jedoch geht es Herrn K. aktuell sehr gut.
- *Arbeit*: Herr K. ist froh, dass er einen geregelten Tagesablauf hat und schätzt das Wochenende nach einer anstrengenden Arbeitswoche. Er geht gerne zur Arbeit, da er u. a. regelmässigen Kundenkontakt und ein gutes Verhältnis zu seinem Chef hat. Allgemein hat er einen grossen Anspruch

---

1 Herr K. hat der Veröffentlichung dieser Analyse zugestimmt.

an sich selber und hat dementsprechend Respekt davor, wenn viele Bestellungen hereinkommen, da er aktuell alleine im Lager ist.
- *Finanzen*: Herr K. ist froh, wenn er endlich wieder ein eigenes Einkommen hat. Er ist sich jedoch nicht sicher, ob ihm dann der Lohn auf Grund seiner Schulden gepfändet wird. Zudem stellen sich für Herrn K. im Bereich der Finanzen weitere Fragen in Bezug auf die Krankenkasse, die Vorsorgeeinrichtung, Rechnungen und Steuern.
- *Soziales Umfeld*: Herr K. ist gut in sein soziales Umfeld eingebunden und trifft sich viel mit seinen Kollegen und Mitbewohnern. Der Umgang mit der Familie bleibt für Herrn K. immer eine herausfordernde Situation.
- *Wohnen*: Im Bereich des Wohnens sieht Herr K. keine Schwierigkeiten. Die anfänglichen verschiedenen Ansichten zwischen den Mitbewohnern betreffend der Sauberkeit und Ordnung sind aus dem Weg geräumt. Das Zuhause bietet Herrn K. einen Platz zum Ausruhen.

In einem weiteren Schritt habe ich für mich folgende *Fallthematik* formuliert:

»Ein 26-jähriger Mann, welchem nach mehreren Jahren in der Sozialhilfe der Schritt in den ersten Arbeitsmarkt geglückt ist, bei dem jedoch Schwierigkeiten und Unsicherheiten im finanziell-administrativen Bereich vorhanden sind (z. B. Umgang mit einem Budget, Korrespondenz mit Sozialversicherungen)«.

Reflexion

Die ausgewählte Methode ist keine im Buch von Hochuli Freund/Stotz (2015) vorgeschlagene Analysemethode. Da auf dem Sozialdienst B. keine entsprechenden Analysemethoden vorhanden sind, habe ich auf Grund des klientenbezogenen Auftrags sowie des institutionellen Kontextes selber eine passende Methode ausgedacht. Es war vorwiegend eine monoperspektivische Erfassung, da hauptsächlich die Perspektive des Klienten erfragt wurde und meine professionelle Sicht nur nach Rücksprache mit dem Klienten festgehalten wurde. Durch die Vorgabe der Lebensbereiche war eine gewisse Struktur vorhanden, jedoch konnte die Auswahl der Lebensbereiche variabel gestaltet werden. Der Unterstützungsbedarf des Klienten wurde mittels Gespräch qualitativ erhoben, jedoch zeigte er sich auch in quantitativer Form, indem am Schluss des Gesprächs die Schwierigkeiten und Unsicherheiten bei den verschiedenen Lebensbereichen markiert wurden. Eine intraprofessionelle Kooperation fand nur insofern statt, dass ich mit meiner Praxisanleiterin die Auswahl des Klienten und meine Idee der Analysemethode vorbesprach. Ansonsten waren keine weiteren Fachpersonen involviert.

Obwohl ich vor der Analyse bereits die Vermutung hatte, dass Herr K. im Bereich der Finanzen zusätzliche Unterstützung benötigt, konnte ich meinen

Blickwinkel in einem ersten Schritt dank der teilstandardisierten Methode öffnen. Die Komplexität konnte jedoch nur erfolgreich erhöht werden, weil sich Herr K. auf die Methode einliess und viel von sich erzählte. Die gute Kooperation mit Herrn K. schliesse ich einerseits darauf zurück, dass seit April ein Vertrauensverhältnis aufgebaut werden konnte. Andererseits überliess ich stets Herrn K. die Auswahl des Gesprächsthemas, was vermutlich bei ihm ein Gefühl von Selbstbestimmtheit auslöste.

Durch die Analyse wurde deutlich, dass und auch warum Herr K. im Bereich der Finanzen/Administration weitere Unterstützung benötigt: Herr K. ist seit vier Jahren auf wirtschaftliche Sozialhilfe angewiesen. Viele administrative und finanzielle Angelegenheiten (wie z. B. Krankenkasse, Anmeldung Prämienverbilligung, Zahnarztkosten, Mietzinszahlungen, Steuererklärung) sowie die Korrespondenz mit den verschiedenen Ämtern und Stellen laufen demzufolge seit mehreren Jahren direkt über den Sozialdienst. Herr K. konnte bisher bei den administrativen und finanziellen Angelegenheiten wenig bis gar keine eigenen Erfahrungen sammeln. Am Ende des Prozessschrittes der Analyse ist somit ein Handlungsbedarf, und kein weiterer Erklärungsbedarf vorhanden. Der Prozessschritt der Diagnose wird deshalb weggelassen.

2.3 Prozessschritte Zielsetzung und Interventionsplanung

Die Schritte der Zielsetzung und der Interventionsplanung werden kurz gehalten und überwiegend nur auf professioneller Ebene durchgeführt. Die Ablösung von der Sozialhilfe von Herrn K. steht nahe bevor (Ende Januar). Ich möchte ihm beim letzten Termin etwas Brauchbares für die Zukunft mitgeben, d. h. mit ihm konkret die Intervention durchführen.

Bei der Zielsetzung habe ich mich zur Orientierung im Fall zunächst auf das Fern- und Grobziel fokussiert. Das Fernziel richtet sich nach den allgemeine SKOS-Richtlinien und beinhaltet, dass die Klientel zu einem selbstbestimmten, teilhabenden und (finanziell) unabhängigen Leben ermächtigt wird (vgl. SKOS 2005:23f.).

Auf Basis der in der Analyse herausgearbeiteten Fallthematik wurde das Grobziel formuliert, dass *Herr K. finanzielle und administrative Angelegenheiten langfristig eigenständig führen kann.* Mit Blick auf die Zukunft von Herrn K. habe ich mir überlegt, welche Unterstützungsziele (UZ, vgl. Hochuli Freund/Stotz 2015:261f.) ich selber verfolgen will:

- Ich kann Herrn K. am Gespräch im Januar die Abläufe des Krankenkassensystems erklären (UZ 1).
- Ich kann Herrn K. am Gespräch im Januar bei finanziellen und administrativen Schwierigkeiten eine Anschlussmöglichkeit aufzeigen (UZ 2).
- Mir gelingt es, Herrn K. am Gespräch im Januar darin zu unterstützen, eine geeignete Ordnerstruktur mit den wichtigsten Unterlagen zusammenzustellen (UZ 3).

- Ich kann Herrn K. weitere Informationen zu einem möglichen Schuldenabbau liefern (UZ 4).
- Ich kann Herrn K. aufzeigen, welche Kosten bei einer Ablösung von der Sozialhilfe anfallen können (UZ 5).

Beim letzten Gespräch (Durchführungsschritt Analyse) haben Herr K. und ich bereits besprochen, dass wir gemeinsam einen Ordner mit den wichtigsten Dokumenten zusammenstellen werden (vgl. UZ 3). Dadurch haben wir bereits einen Teil der Interventionsplanung gemacht, obwohl noch keine Zielsetzung stattgefunden hat. Dies hat mir gezeigt, dass in der Praxis das Auslassen eines Prozessschrittes sehr schnell passieren kann, insbesondere, wenn in der Organisation keine Arbeit mit Zielen vorgegeben ist. Im Rahmen der Interventionsplanung habe ich auf Grund des Unterstützungszieles 2 ein Blatt mit wichtigen Ämtern und Stellen vorbereitet, an die er sich mit Fragen zu finanziellen und administrativen Angelegenheiten wenden kann. Ein weiteres Thema beim Analyse-Gespräch war die Schulden und deren Abbau von Herrn K. (vgl. UZ 4). Deshalb habe ich bei einer Mitarbeiterin, welche früher bei der Schuldenberatung gearbeitet hat, nach Informationen und Möglichkeiten nachgefragt. Auf ihre Empfehlung hin habe ich für Herrn K. Informationsblätter zur Schuldenberatung in der Region ausgedruckt. Des Weiteren durchsuchte ich in Bezug auf das Unterstützungsziel 5 das Internet nach einem geeigneten Budgetblatt, damit Herr K. einen ungefähren Überblick erhält, mit welchen Ausgaben er zukünftig rechnen muss. Durch diese Interventionen möchte ich Herrn K. eine Hilfestellung geben, wie er sich selbst organisieren und einen Überblick über seine finanziellen und administrativen Angelegenheiten behalten kann. Zudem soll Herr K. wissen, wo er sich bei Schwierigkeiten und Fragen hinwenden kann, sodass er allfällige Probleme selbständig lösen kann.

Reflexion

Ein Teilschritt im Rahmen der Interventionsplanung ist die Reflexion der Interventionsmöglichkeiten (vgl. ebd.:286f.) Es ist schwierig abzuschätzen, was passieren würde, wenn ich gar nichts unternehme. Es könnte alles gut gehen und Herr K. würde sich die fehlenden Informationen selbständig einholen und die allenfalls benötigte Hilfeleistung einfordern. Es könnte aber auch sein, dass er mit der Situation überfordert ist, die Arbeit verliert und wieder Schulden anhäuft. Ein Risiko bei den ausgewählten Interventionen ist, dass andere Lebensbereiche dominanter werden und stärker in den Vordergrund rücken, und Herr K. gar nicht mehr in der Lage sein wird, die erarbeiteten Unterstützungsmaterialien zu benutzen. Im Worst-Case würde Herr K. vermutlich wieder Sozialhilfe beziehen müssen.

Der Prozessschritt der Interventionsplanung bestand im vorliegenden Fall eher in einer Gesprächsvorbereitung. Überlegungen beispielsweise zu Gesprächstechniken, Sitzordnung oder Dokumentationsform hätten mehr einfliessen können.

Auf eine ausführliche Suche nach Interventionsmöglichkeiten habe ich verzichtet. Ich bin der Meinung, dass nicht alle Schritte ausführlich, theorie- und methodengestützt durchgeführt werden müssen. Professionalität zeigt sich meines Erachtens darin, dass man abschätzen kann, wie viel es für eine erfolgreiche Hilfeleistung benötigt und wie man die besonders in der klassischen Sozialarbeit geringen zeitlichen Ressourcen optimal einsetzen kann. Das Risiko dieser Abkürzung besteht allerdings darin, dass ich nicht sicher sein kann, ob die von mir alleine geplanten Interventionen wirklich passend sind für Herrn K., ob er im Gespräch darauf einsteigt und ob er die Unterlagen dann auch langfristig nutzen wird.

2.4 Prozessschritt Interventionsdurchführung

Das Gespräch konnte nicht wie geplant Anfang Januar stattfinden, da ich es aus persönlichen Gründen kurzfristig verschieben musste. Ich vereinbarte mit Herrn K. einen neuen Termin für Ende Januar, welcher dann jedoch von ihm einen Tag vorher abgesagt wurde, da er bereits einen abgemachten Termin vergessen habe. Schliesslich konnte das Gespräch im Februar stattfinden. Diese Terminverschiebungen hatten keine negativen Auswirkungen auf das Schlussgespräch.

Zu Beginn des Gesprächs erklärte ich Herrn K., in Bezug auf die Unterstützungsziele, was ich für das heutige Treffen geplante habe und holte sein Einverständnis dafür ein. Herr K. hatte wie vereinbart seine bisher zu Hause aufbewahrten Unterlagen mitgenommen und gemeinsam stellten wir einen Ordner zusammen. Wichtige Unterlagen, welche Herr K. nicht bei sich hatte, kopierte ich aus seiner Handakte. Das Zusammenstellen des Ordners brachte eine Struktur ins Gespräch, und ich konnte ihm durch die in der Interventionsplanung vorbereiteten Dokumente weiterführende Informationen liefern. Bei den aufgelisteten Ämtern und Stellen erklärte ich Herrn K. deren Funktionen und Aufgaben. Zudem schrieb ich in Rot die zu erledigenden Schritte hin. Des Weiteren erklärte ich Herrn K. die Abläufe der Krankenkasse und machte ein fiktives Rechenbeispiel zur Franchise und zum Selbstbehalt. Die Informationsblätter zur Schuldenberatung und das Budgetblatt übergab ich Herrn K., ohne vorerst viel zu erklären, und fragte ihn, ob er dazu noch mehr wissen möchte. Einerseits wollte ich die Selbstbestimmtheit von Herrn K. ein Stück weit bewahren, da der Inhalt des heutigen Termins schon ziemlich von mir vorgegeben war. Andererseits beabsichtigte ich, dass sich Herr K. bei Unklarheiten die nötigen Informationen selber einholt.

Reflexion

Die Interventionsdurchführung konnte beinahe wie geplant durchgeführt werden. Die einzige Abweichung vom Vorgesehenen war der Gesprächstermin, welcher zweimal verschoben werden musste.

Die Fallarbeit spielte sich v. a. auf der Ebene der Kooperation von mir als Sozialarbeiterin mit dem Klienten ab, bis auf den Umstand, dass ich mir Verweisungswissen (vgl. Müller 2012:53) auf der Fachebene abholte. Eine Reflexion im intraprofessionellen Team fand nur insofern statt, dass ich meiner Praxisanleiterin über das Abschlussgespräch berichtete. Ein zeitliches Fenster für eine Reflexion im Gesamtteam ist beim Sozialdienst B. nicht vorgesehen.

Die Herausforderung bei diesem Prozessschritt stellte sich bei der Dosierung des Unterstützungsgrades dar (vgl. Hochuli Freund/Stotz 2015:298f.). Einerseits sollte ich Herrn K. eine Hilfe zur Selbsthilfe bieten und ihn zur Selbständigkeit und Eigenverantwortung ermächtigen. Andererseits musste ich ihm auf Grund seiner bisherigen Biografie und den zeitlichen Rahmenbedingungen relativ viel vorgeben und erklären, was nach einer Ablösung von der Sozialhilfe auf ihn zukommt. Eine gemeinsame Zielvereinbarung, welche nicht nur Unterstützungsziele enthält, hätte vermutlich die Autonomie von Herrn K. zusätzlich gefördert und den Inhalt der Interventionsdurchführung wäre vermehrt auch durch ihn gestaltet worden.

Gewisse Informationsblätter übergab ich Herrn K. ohne ausführliche Erklärung und überliess ihm die Entscheidung und Verantwortung, ob er darüber mehr Auskunft möchte. Dadurch konnte ich dem Worst-Case ein bisschen entgegenwirken, indem ich ihn darauf hinleitete, sich bei Unklarheiten die benötigten Informationen selber zu beschaffen.

3 Erkenntnisse aus der Fallbearbeitung

Während dem gesamten Arbeitsprozess mit Herrn K. habe ich mich in meiner Rolle als Sozialarbeiterin in Ausbildung in vielerlei Hinsicht sehr sicher gefühlt. Zum einen konnte ich die Nähe-Distanz-Balance gut regulieren und ich fand einen angemessenen, vertrauensvollen Zugang zu Herrn K. Dies merke ich daran, dass sich Herr K. mir gegenüber geöffnet hat, und gleichzeitig mich dieser ›Fall‹ ausserhalb des beruflichen Settings nicht negativ gedanklich beschäftigt hat. Meine bewahrte Distanz hat sicherlich auch mit dem institutionellen Kontext zu tun, bei welchem der Realitätsausschnitt eng beschränkt und der Kontakt mit der Klientel nicht so häufig und nicht so intensiv ist wie z. B. in sozialpädagogischen Arbeitsfeldern. Sicher habe ich mich auch deshalb gefühlt, weil ein solcher Fallabschluss gemeinsam mit Herrn K. sonst nie so ausführlich gemacht wird und deshalb eine Zusatzleistung darstellte.

Ein solch bewusster Abschluss wäre auch ganz allgemein wichtig, um gemeinsam mit der Klientel den Prozess abzuschliessen, sodass danach etwas Neues beginnen kann. Wenn die Professionellen der Sozialen Arbeit besonders auch am Ende eines Unterstützungsprozesses Zeit investieren, wird der schwierige Übergang von der Abhängigkeit in die Unabhängigkeit besser gelingen und womöglich nachhaltiger sein. Erwartet wird die längerfristige Ablösung von der Sozialhilfe von der Gemeinde und der Gesellschaft, aber gleichzeitig werden nicht die nötigen Ressourcen zur Verfügung gestellt, damit dieser Anspruch eingelöst werden kann.

Die Tatsache, dass es beim Sozialdienst B. kaum Arbeitsinstrumente und eine Orientierung an einer Methodik gibt (aus diesem Grund habe ich auch selber ein Analyseinstrument entworfen), kann einerseits eine Chance sein, um kreativ und individuell einen Fall zu begleiten. Es birgt aber auch das Risiko, dass jede Sozialarbeiterin die Fälle auf irgendeine Art und Weise bearbeitet und man besonders durch die fehlende Evaluation gar nicht weiss, ob der Unterstützungsprozess hilfreich war. Damit sichergestellt ist, dass die Klientel beim Sozialdienst B. in den Unterstützungsprozess miteinbezogen wird, bräuchte es feste, einheitliche Abläufe innerhalb der Institution, wie z. B. eine Zielvereinbarung oder einen Evaluationsfragebogen für das Abschlussgespräch mit den Klientinnen und Klienten. Durch eine ausführlichere Evaluation würde man herausfinden, ob die Arbeit der Sozialarbeitenden überhaupt eine Wirkung gezeigt hat (vgl. Hochuli Freund/Stotz 2015:318).

Allgemein gab es bei dieser Fallarbeit fast keine intra- und interprofessionelle Kooperation. Da Herr K. gegen Ende des Unterstützungsprozesses immer selbständiger wurde, habe ich eine Kooperation auf der Fachebene nicht als notwendig erachtet. Zudem fokussierte die Analyse und darauf aufbauend die Zielsetzung und Interventionsdurchführung auch hauptsächlich das Nichtwissen von Herrn K. bei finanziellen und administrativen Angelegenheiten. Läge die Fallthematik eher im Bereich der psychischen Gesundheit, wäre allenfalls die interprofessionelle Kooperation stärker im Vordergrund gewesen, da beispielsweise mit dem Psychiater Rücksprache hätte genommen werden müssen. Die intraprofessionelle Kooperation beim Sozialdienst B. ist insofern institutionalisiert, dass ein Gefäss für ausführlichere Fallbesprechungen geschaffen wurde. Diese finden rund einmal pro Monat statt und es können jeweils nur wenige Fälle diskutiert werden. In Anbetracht dessen, dass ein Sozialarbeiter mit einem 80%-Pensum rund 80–100 Klientinnen und Klienten betreut, werden relativ wenig Fälle gemeinsam besprochen. Ansonsten beschränkt sich die intraprofessionelle Kooperation auf Grund der zeitlichen Ressourcen auf ein Minimum und sie muss bei Bedarf eingefordert werden.

Wie stark mein Einfluss war und inwiefern Herr K. selbst diese positive Entwicklung herbeigeführt hat, könnte wohl in einer Evaluation ein Stück weit herausgefunden werden. Eine Evaluation hätte auch mit wenig Aufwand realisiert werden können, indem ich beim Abschlussgespräch bewusst nochmals gefragt hätte, wie der gesamte Prozess in den letzten Monaten für ihn gewesen ist und was er davon zukünftig mitnimmt. Auf dem Sozialdienst B. gibt es für das letzte Klientengespräch eine Checkliste, welche jedoch nur formale Punkte enthält (wie z. B. die Abmeldung bei verschiedenen Sozialversicherungen). Es ist dementsprechend nicht institutionalisiert, dass beim Abschlussgespräch nochmals gemeinsam mit dem Klienten auf den Arbeitsprozess zurückgeblickt wird. Sowohl für die Klientel, wie auch für die Institution selber, wäre eine bewusste und organisierte Evaluation jedoch wichtig, da sie jeweils eine Möglichkeit zu lernen beinhaltet.

Literatur

AvenirSocial (2010). Berufskodex Soziale Arbeit Schweiz. Ein Argumentarium für die Praxis der Professionellen. Bern.
Hochuli Freund, Ursula/Stotz, Walter (2015). Kooperative Prozessgestaltung in der Sozialen Arbeit. Ein methodenintegratives Lehrbuch. 3., überarbeitete, erweiterte Aufl. Stuttgart: Kohlhammer.
Müller. Burkhard (2012). Sozialpädagogisches Können. Ein Lehrbuch zur multiperspektivischen Fallarbeit. 7. Aufl. Freiburg: Lambertus.
SKOS, Schweizerische Konferenz für Sozialhilfe (2005). Richtlinien für die Ausgestaltung und die Bemessung der Sozialhilfe. Wabern/Bern.

Zielkarte für einen herausfordernden Berufswunsch
Kooperative Prozessgestaltung in der stationären Suchthilfe

Andrea Hauri

Die nachfolgend dokumentierte Fallbearbeitung thematisiert einen Fall in der stationären Suchthilfe, für den die Autorin neun Monate zuständig war. Ein Klient mit einer langjährigen Suchtgeschichte setzt sich ein hohes Ausbildungsziel. Wie ist damit angemessen umzugehen? Mit einer ausführlichen, kooperativ gestalteten Situationserfassung und Analyse zum Thema berufliche Integration geht die Autorin mit dieser Herausforderung um.

1 Kontext der Fallbearbeitung

Die Organisation ist ein anerkanntes Kompetenzzentrum zur umfassenden Behandlung von Süchtigkeit mit stationären und ambulanten Angeboten. Zielgruppe sind drogenabhängige Frauen und Männer, die nach einem körperlichen Entzug gewillt sind, ihre Suchtgeschichte aufzuarbeiten und sich vertieft mit ihrem vergangenen, gegenwärtigen und zukünftigen Leben auseinanderzusetzen.

1.1 Organisationspraktiken

Der Therapieprozess umfasst einen 12- bis 15-monatigen stationären Aufenthalt mit nahtlosen Übergängen zwischen vier verschiedenen Therapiestufen:

- Einstieg und Orientierung (Abklärung),
- Vertiefung (individueller Therapievertrag),
- soziale und berufliche Wiedereingliederung,
- Integration in ein autonomes Leben.

Die Klientinnen und Klienten werden mit Hilfe individueller Therapiepläne dabei unterstützt, sich als Gesamtpersönlichkeit zu entwickeln und sich (wieder) in die Gesellschaft zu integrieren.

Die Arbeitsgrundlage der Organisation ist ein wissenschaftlich fundiertes, potenzialorientiertes, ganzheitliches Behandlungskonzept, die sog. Tiefensystemik. Dieser Ansatz besteht aus vier sich gegenseitig unterstützenden und ergänzenden Bereichen (Säulen):

- systemische Suchttherapie,
- differenzierte suchtspezifische Selbsthilfekonzepte,
- Meditationstechniken sowie
- systemische Paar- und Familientherapie.

Vor dem Hintergrund eines humanistischen Menschenbilds werden Krisen als Chancen zur Weiterentwicklung betrachtet. Um eine erfolgreiche berufliche und soziale Reintegration zu ermöglichen, werden auch eine sozialdienstliche Begleitung sowie eine umfassende Nachbetreuung angeboten. Weiter beinhaltet das Konzept der Suchttherapie ein detailliertes und ausdifferenziertes Regelwerk, damit die Klientinnen und Klienten sich auf die Aufarbeitung und Genesung ihres Suchtproblems konzentrieren können. Als wichtigste Grundregeln gelten die Abstinenz von Drogen, Alkohol und Medikamenten während des ganzen Aufenthaltes sowie keine körperliche und verbale Gewaltandrohung oder -anwendung.

Die Organisation arbeitet nicht nach Kooperativer Prozessgestaltung (KPG). Einzelne Abläufe und Methoden lassen sich zwar gut denjenigen des KPG-Modells zuordnen, jedoch sind in der Organisation nur wenige Hilfsmittel zur Strukturierung der sozialpädagogischen oder sozialarbeiterischen Begleitung vorhanden.

1.2 Begründung der Fallauswahl

Im ausgewählten Fall geht es um den männlichen Klienten R. Er ist 44 Jahre alt, verheiratet und Vater eines 3-jährigen Sohnes. Die Beziehung zu seiner Frau ist aktuell mit vielen Schwierigkeiten verbunden, was dazu führt, dass R. in Bezug auf die Kinderbetreuung sehr gefordert ist. R. ist seit ca. 27 Monaten in der Organisation in Therapie – dies ist überdurchschnittlich lang und hängt damit zusammen, dass R. eine offene Kostengutsprache erhalten hat. Er ist freiwillig ins Therapiezentrum eingetreten auf Grund einer schweren langjährigen Sucht- und Deliktgeschichte. R. befindet sich im letzten Abschnitt seiner Therapie, in der Integrationsphase. R. wohnt zusammen mit zwei anderen Klienten in der sog. Integrationswohnung, welche sich ca. 40 Minuten vom Therapiezentrum befindet. Er erhält keine therapeutische Begleitung mehr innerhalb der Organisation, nimmt jedoch wöchentliche Gespräche mit einem externen Psychotherapeuten wahr.

Bei ihm steht momentan die berufliche Integration im Vordergrund. R. hat keine abgeschlossene Berufslehre. Wegen eines Rückenleidens und den Folgen seiner Suchterkrankung bezieht er derzeit eine volle Invaliditätsrente. Sein berufliches Ziel ist es, an der Höheren Fachschule für Sozialpädagogik zu studieren. Dazu gilt es, verschiedene Strategien auszuloten, u. a. solche mit und ohne Unterstützung der Invalidenversicherung (IV). Aktuell befindet sich R. sowohl in einem Prozess der IV zwecks beruflicher Massnahmen als auch in einer Beratung beim Berufsinformationszentrum (BIZ). Er hat in dieser Schlussphase seiner Therapie einen sehr individuellen Wochenplan. Um im Prozess beruflicher Integration voranzukommen, leistet er in der Organisation offiziell – im Rahmen eines 50% Arbeitspensums – Freiwilligenarbeit und unterstützt in diesem Rahmen neue Klientinnen und Klienten.

Seit mehreren Monaten begleite ich R. als Bezugsperson der Sozialen Arbeit. Seit mehreren Wochen zeigt er sich sehr unverbindlich in Bezug auf Terminvereinbarungen mit mir und auch beim Erledigen von Pendenzen. Er fokussiert sich offenbar nicht mehr auf seine berufliche Integration.

2 Fallbearbeitung

Während der Auseinandersetzung mit dem Fall R. im Rahmen des Kasuistikmoduls im Studium realisierte ich, dass durch diverse Wechsel seiner Bezugspersonen viele Informationen zum Prozessverlauf nicht schriftlich dokumentiert und einige Prozessschritte anscheinend nicht wirklich durchgeführt worden sind. Deshalb erschien es mir am sinnvollsten, den Fokus der Fallarbeit auf die beiden Prozessschritte Situationserfassung und Analyse zu richten. Der relevante Realitätsausschnitt ist die berufliche Integration. Seit dem letzten Standortgespräch zu R. vor ca. einem Monat habe ich durch R.s Anliegen von der Bereichsleitung den konkreten Auftrag erhalten, ihn in seiner beruflichen Integration zu unterstützen.

Die einzelnen Prozessschritte möchte ich in stetiger Zusammenarbeit mit R. durchführen. Meine Grundhaltung soll geprägt sein von Transparenz, Partizipation und Offenheit gegenüber R. Ich möchte seinen Berufswunsch ernstnehmen, ihn zugleich angemessen kritisch – u. a. seine langjährige Suchtgeschichte berücksichtigend – beleuchten und die erforderlichen Kompetenzen im Blick behalten. Die konkrete Planung, Gestaltung und Umsetzung der Prozessschritte werde ich mit meiner Praxisanleiterin (PA) fortlaufend vor- und nachbereiten. Ich werde darauf achten, Pausen gemäss R.s Bedürfnis einzulegen. Die gewonnenen Informationen werden im Dokumentationssystem der Organisation abgespeichert.

Dieser Prozess soll eine Art ›Neustart‹ für die Zusammenarbeit zwischen R. und mir darstellen.

2.1 Prozessschritt Situationserfassung

Vorüberlegungen, Planung

Bei einer sozialpädagogischen Situationserfassung sollen verschiedene Quellen genutzt werden (vgl. Hochuli Freund/Stotz 2015:148). In einem ersten Schritt werde ich mich mit dem Aktenstudium befassen und in den Berichten und im Dokumentationssystem der Organisation nach konkreten Informationen bezüglich R.s beruflicher Integration suchen. Danach werde ich einen Fragebogen erstellen, um damit in einem zweiten Schritt im Rahmen eines formellen Erkundungsgesprächs mit R. strukturiert die fehlenden Informationen zu beschaffen. Der Fragebogen soll in der Organisation in Zukunft als allgemeines, in jedem Fall anwendbares Instrument zur Ermittlung des Standes der beruflichen Integration dienen können und umfassende Fragen zu schulischer Bildung, bisherigen Berufserfahrungen und Berufsfindungsprozess beinhalten. In einem dritten Schritt werde ich ergänzend telefonisch Kontakt mit dem IV-Berater und der Ansprechperson von R. im BIZ aufnehmen, um die Informationen zum Stand von R.s Prozess abzusichern.

Umsetzung

Wie geplant befasste ich mich zunächst mit dem *Aktenstudium* und fokussierte mich dabei ausschliesslich auf Informationen zur beruflichen Integration. Es wurde deutlich, dass mit R. in der Organisation nie eine berufliche Anamnese erhoben worden ist. In den ersten eineinhalb Jahren wurden keine Informationen zu R.s beruflicher Situation schriftlich festgehalten, Einträge dazu sind erst ab dem Zeitpunkt vorhanden, als ich die Bezugspersonenarbeit mit R. vor ca. neun Monaten übernommen habe.

Ich entwickelte einen allgemeinen *Fragebogen zur beruflichen Anamnese*, der 19 Fragen beinhaltet: Fragen zur Schulbildung und Arbeitserfahrung, zu Berufswünschen, Ressourcen und Defiziten. Der Fragebogen für R. enthielt darüber hinaus auch Fragen zum Berufsfindungsprozess in anderen Hilfesystemen (BIZ, IV) sowie zur Freiwilligenarbeit. Der Fragebogen wurde im Qualitätsmanagementsystem der Organisation abgelegt und ist nun für alle Mitarbeiterinnen und Mitarbeiter als Instrument zur beruflichen Situationserfassung zugänglich.

In der *Arbeit mit R.* schien es mir angebracht, ihn zunächst über die neue Arbeitsweise mit dem KPG-Modell zu informieren – weil es ungewohnt sein wird und weil R. kognitiv in der Lage ist, dies zu verstehen. An Hand einer Visualisierung des Modells erläuterte ich ihm, wie dieses aufgebaut ist, wie damit sein Berufsintegrationsprozess strukturiert werden kann und wir ihm optimale professionelle Unterstützung dabei bieten können. Weiter machte ich R. das Angebot, diesen Prozess als eine Art ›Neustart‹ zu gestalten, damit seine zunehmende Unverbindlichkeit und die damit verbundenen Unstimmigkeiten zwischen uns in den letzten Wochen den neuen Prozess nicht als sog. ›Altlasten‹ beeinflussen. R. konnte den Informationen und Erklärungen gut folgen und sie schienen für ihn nachvollziehbar zu sein. Er zeigte sich v. a. bezüglich der Idee des Neustarts begeistert und erleichtert. Eine Woche später wurde das *formelle Erkundungsgespräch mittels des Fragebogens* zur beruflichen Situationserfassung durchgeführt. Sowohl R. als auch ich hatten einen ausgedruckten Fragebogen, und wir arbeiteten ihn Punkt für Punkt gemeinsam durch. Bei fast jeder Frage ergaben sich spannende Diskussionen. Obwohl auch R. seine Antworten selber auf dem Fragebogen festhielt, händigte ich ihm den von mir am Computer ausgefüllten Bogen zur beruflichen Anamnese im Anschluss ebenfalls aus.

Weil R. in diesem Erkundungsgespräch seinen Berufswunsch, die Höhere Fachschule für Sozialpädagogik zu absolvieren, noch einmal deutlich betont hatte, beschlossen meine Praxisausbildnerin und ich, R.s externen Psychotherapeuten für eine *Fallkonferenz* in die Organisation einzuladen. Dies geschah aus der Situation heraus, in der Planung war das so nicht vorgesehen gewesen. R. selber war nicht anwesend, wurde aber vom mir über die bevorstehende Fallkonferenz informiert. Mein Auftrag war es, diese Fallkonferenz vorzubereiten und sie einzuleiten, indem ich R.s aktuelle Themen nennen und festlegen sollte, was aus dieser Fallkonferenz resultieren soll – nämlich verstehen zu können, welche Stolpersteine auftauchen könnten, wo R. immer wieder ansteht und warum, und welche Möglichkeiten es gibt, mit ihm an deren Überwindung zu arbeiten. Auch sollte Klarheit darüber erlangt werden, wie die Zusammenarbeit und Informationsübermittlung mit seinem externen Psychotherapeuten in Zukunft gestaltet werden soll. An der Fallkonferenz waren das gesamte Team und R.s externer Psychotherapeut anwesend. Zu Beginn stellte ich das KPG-Modell vor, berichtete dann über die bereits durchgeführte berufliche Situationserfassung und R.s Ausbildungsziel und erläuterte schliesslich meine Überlegungen zur Gestaltung der Analyse vor und die damit verbundenen Herausforderungen für R. Eine davon wird darin bestehen, dass R. während seines beruflichen Integrationsprozesses – v. a. im Hinblick auf seinen Berufswunsch und die damit verbundene Ausbildung – immer wieder an seine Grenzen, beispielsweise seine mangelnde Verbindlichkeit, stossen wird. Während der Fallkonferenz gab es verschiedene Stimmen bezüglich seines Berufswunsches. Insbesondere Sozialpädagoginnen, die noch nicht lange in der Organisation arbeiteten, äusserten sich kritisch. Auch R.s externer Psychotherapeut beleuchtete mögliche Schwierigkeiten, ein langjähriger Therapeut der Organisation unterstützte dessen Einschätzung. Jedoch gab es keine Einwände, R. nicht in seinem Berufswunsch zu unterstützen. Abschliessend wurden die Zuständigkeiten, die Zusammenarbeit und Informationsübermittlung zwischen mir – stellvertretend für die Organisation – und R.s externen Psychotherapeuten neu geklärt. Falls R. in Zukunft wieder Schwierigkeiten haben sollte – beispielsweise bezüglich seiner Verbindlichkeit, oder mit der Fokussierung auf sich und seinen Integrationsprozess – wird diese Information durch mich oder R.s zukünftige Bezugsperson der Sozialen Arbeit an seinen Psychotherapeuten weitergeleitet. In den Therapiestunden soll dann soweit an diesen Grenzen gearbeitet werden, bis es R. gelingt, diese – mit oder ohne Unterstützung seiner Bezugsperson der Sozialen Arbeit – zu überwinden und in seinem Entwicklungsprozess weiterzukommen. Durch die enge Zusammenarbeit und die regelmässigen Austauschgespräche soll es möglich sein, die Wirkung in R.s Prozess und in seinem System zu erhöhen und Muster zu durchbrechen. Der Schwerpunkt liegt v. a. darin, R. dabei zu unterstützen, den Fokus auf seinen beruflichen Ausbildungsprozess zu richten, für sich und seine Bedürfnisse einzustehen und nicht durch Unverbindlichkeit auszuweichen, wenn er vor einer Herausforderung steht. Verlauf, Inhalt und Beschlüsse der Fallkonferenz wurden von mir im Dokumentationssystem festgehalten.

Nach der Fallkonferenz nahm ich wie geplant *Kontakt* zu den weiteren in den Berufsintegrationsprozess von R. *involvierten Hilfesystemen* (IV und BIZ) auf, um R.s Angaben abzusichern. Eine berufliche Massnahme durch die IV ist derzeit abgelehnt, was sich je nach R.s Entwicklung zukünftig jedoch verändern kann. Momentan bleibt er also zu 100 % IV-Rentner und müsste sich die Ausbildung an der Höheren Fachschule für Sozialpädagogik allenfalls anders finanzieren. Im BIZ ist sein Berufsfindungsprozess bereits abgeschlossen. Auch dort ging für R. klar hervor, dass er eine sozialpädagogische Ausbildung in Angriff nehmen möchte.

Reflexion

Besonders betonen möchte ich die grundsätzliche Herausforderung, R.s Berufswunsch vor dem Hintergrund seiner langjährigen Suchterkrankung zu unterstützen, auch wenn sein Ziel durchaus kritisch betrachtet werden kann. Als Bezugsperson der Sozialen Arbeit hatte ich mich in diesem Spannungsfeld zu bewegen.

Es war nicht einfach, den Prozess zu starten. Zum einen, weil während R.s bisheriger Therapiezeit nie eine berufliche Anamnese erhoben worden ist und zum anderen, weil in der Organisation dafür keine Instrumente zur Gestaltung der Klientenarbeit vorhanden waren. Gleichzeitig bot diese Ausgangssituation aber auch die Chance, durch das Erstellen eines allgemeinen, zugleich flexiblen Instruments zur Erfassung der beruflichen Ausgangslage die Qualität einer beruflichen Anamnese zu optimieren. Ein solches Instrument zu entwickeln erforderte einen hohen Zeitaufwand, der in der Praxis ansonsten kaum gegeben ist. Deshalb scheint es mir umso wichtiger, die diesbezüglich privilegierte Rolle als Auszubildende dafür zu nutzen.

2.2 Prozessschritt Analyse

Vorüberlegungen, Planung

Die aus der Situationserfassung gewonnenen Informationen bieten die Grundlage für die Analyse. R.s Berufswunsch, der in der Situationserfassung deutlich wurde, soll ernst genommen werden. Im Hinblick auf R.s Berufswunsch soll auf der Grundlage der Situationserfassung gemeinsam mit R. eine Art Zeitstrahl erstellt werden, welcher sich in die Zukunft richtet und die jeweiligen Schritte und die damit einhergehenden Etappen, Voraussetzungen und Kompetenzen beinhaltet, die nötig sind, um dieses berufliche Ziel zu erreichen. Als Grundlage für dieses Instrument soll der Zeitstrahl dienen, wie er im Lehrbuch zu KPG dargelegt wird (vgl. Hochuli Freund/Stotz 2015:191–193). Dieser wird so abgeändert, dass er sich in die Zukunft richtet und gleichzeitig eine Zielkarte darstellt. R.s Etappenziele sollen bildlich in Form einer Treppe visualisiert werden. Meine Idee ist, dass sich R. dadurch immer wieder Orientierung verschaffen kann, in welcher Etappe er sich im Moment befindet, was dies bedeutet und welches die nächsten Schritte sind. Die Darstellung in Form einer Treppe soll einer Entmutigung entgegenwirken, indem der Prozess in klare Teilschritte aufgeteilt ist und somit flexibel und machbar erscheint. Diese Zielkarte wird gleichzeitig auch R.s Fahrplan für den letzten Therapieabschnitt darstellen. Die erforderlichen Voraussetzungen auf formaler und persönlicher Ebene, welche für das Erreichen seines beruflichen Ziels notwendig sind, möchte ich gemeinsam mit R. erarbeiten. Dadurch wird gleichzeitig ein Kompetenzenprofil für die Ausbildung an der Höheren Fachschule entstehen.

Vor diesem Hintergrund möchte ich dann mit R. eine Kompetenzanalyse durchführen. Hierfür möchte ich einen weiteren Fragebogen als Analyseinstrument erstellen, welcher sich auf die persönlichen Kompetenzen bezieht, die für eine berufliche Integration erforderlich sind.

Für den gesamten Analyseprozess in direkter Zusammenarbeit mit R. stehen mir vier Termine – also vier Stunden – zur Verfügung.

Umsetzung

Mit meiner PA besprach ich zunächst meine Idee, wie R.s zukunftsorientierte Zielkarte auf der Basis des Zeitstrahls aussehen könnte. Bereits im Vorfeld setzte ich mich mit den Voraussetzungen und Aufnahmekriterien der Höheren Fachschule für Sozialpädagogik auseinander und erstellte einen provisorischen zukunftsbezogenen Zeitstrahl, in dem ich zu bestimmten Etappen auch bereits persönliche und formale Kompetenzen festgehalten habe. Diese Vorbereitungen dienten lediglich dazu, dass ich selber über den erforderlichen Prozess bis zu R.s beruflichem Ziel informiert bin und beim partizipativen Erstellen des Zeitstrahls nichts vergessen geht. Ich erläuterte R. meine Vorstellung der bildlichen Darstellung des zukünftigen Zeitstrahls; in der Zusammenarbeit mit ihm nannte ich diesen *Zielkarte*. Ich schilderte ihm die Zielkarte als ein Instrument, das er sich auch über die Therapie hinaus immer wieder vor Augen halten kann, um zu sehen, wo er sich auf seinem Weg zum Ausbildungsbeginn befindet. Ich hatte den Eindruck, dass R. meinen Erklärungen folgen konnte, er wirkte jedoch skeptisch und konnte sich noch nicht viel darunter vorstellen. Ich skizzierte auf einem Blatt Papier (siehe Abb. 18), wie diese Zielkarte in etwa aussehen könnte, was seine Skepsis etwas zu minimieren schien, und zeigte ihm auf, dass die Situationserfassung, die wir gemeinsam während des letzten Termins durchgeführt hatten, die Grundlage dieser Zielkarte darstellt. Da R. keine eigenen Ideen für die Darstellung der Zielkarte hatte, stimmte er meiner Idee zu.

In einem partizipativen Prozess wurde der zukunftsorientierte Zeitstrahl erstellt. Da sich R. bereits im Vorfeld neben der Informationsveranstaltung der Höheren Fachschule für Sozialpädagogik auch im Internet über diese Ausbildung informiert hatte, brauchte er lediglich eine strukturierte Anleitung, um die verschiedenen Etappen benennen zu können. Auf der Zielkarte wur-

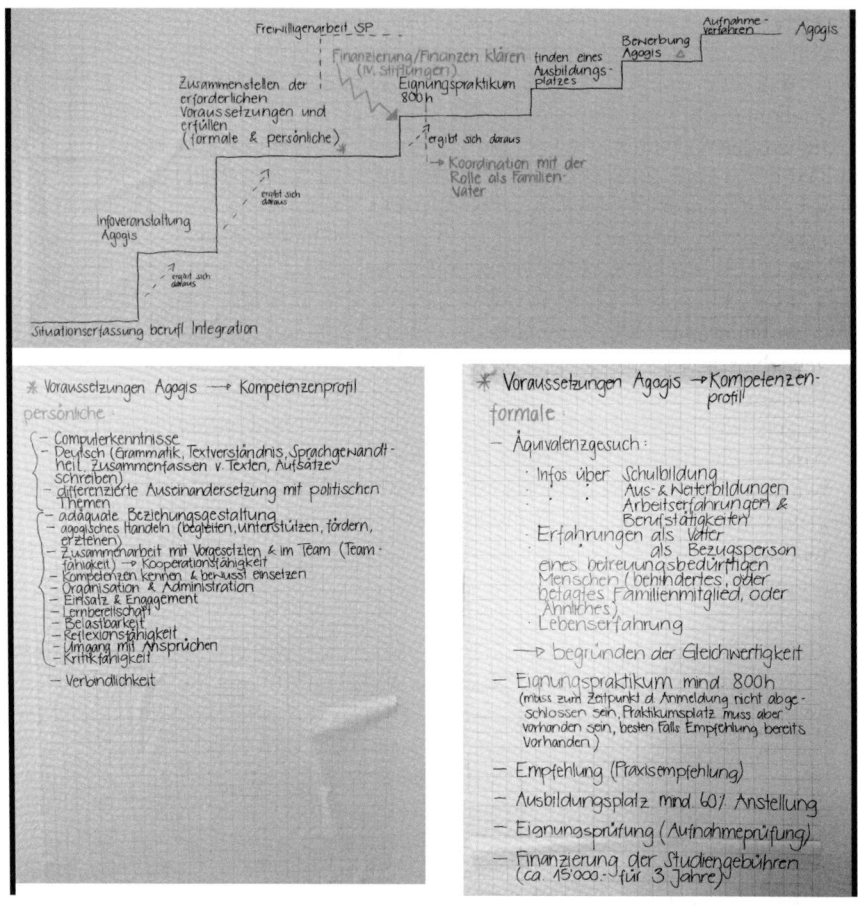

Abb. 18: Zukunftsorientierter Zeitstrahl[1]

den auch die Stellen markiert, wo die Herausforderung der Koordination der Ausbildung mit seiner Rolle als Familienvater besonders hoch ist und wo die Finanzierung des Studiums – und allgemein Finanzen – relevant werden. V. a. der Koordinationsbedarf zwischen Ausbildung und familiären Pflichten war immer wieder Thema im Gespräch. Um etwas Druck aus R.s Fahrplan zu nehmen, baute ich noch eine zusätzliche Etappe ein, die ihn seinen Prozess trotz einiger festgelegter Daten flexibel gestalten lassen: die Freiwilligenarbeit, in welche er bereits eingebunden ist. Das Ergebnis übertrug ich danach auf Flipcharts. Danach wurden noch die formalen Voraussetzungen für die Ausbildung an der Höheren Fachschule für Sozialpädagogik direkt auf einem separaten Flipchart zusammengetragen, da diese wegleitend für die

---

1 Der Klient R. hat der Veröffentlichung dieses Artikels zum Prozess mit ihm zugestimmt.

letzten Etappen der Zielkarte sind. Während R. die jeweiligen Voraussetzungen diktierte, hielt ich diese schriftlich fest.

Während des darauffolgenden Termins ging es ausschliesslich darum, die Zielkarte noch mit den persönlichen Kompetenzen zu vervollständigen, die neben den formalen Voraussetzungen für diese Ausbildung erforderlich sind. Dafür orientierten wir uns am Praxisempfehlungsraster der Höheren Fachschule für Sozialpädagogik. Zu den einzelnen persönlichen Kompetenzen entstanden jeweils kurze Diskussionen, in denen R. von sich aus eine kurze Selbsteinschätzung Preis gab und ich Inputs dazu lieferte.

Auf Grund der vielen formalen und v. a. persönlichen Kompetenzen entschieden meine PA und ich, dass wir zusätzlich die bisher geleistete Freiwilligenarbeit von R. in der Organisation analysieren sollten, und zwar vor dem Hintergrund der für diese Ausbildung erforderlichen persönlichen Kompetenzen. Erst jetzt machte ich mir konkrete Gedanken über ein geeignetes Analyseinstrument. Für diese *Kompetenzanalyse* während der Freiwilligenarbeit wollte ich einen Fragebogen erstellen, der individuell vor dem Hintergrund der erforderlichen persönlichen Kompetenzen gemäss dem Praxisempfehlungsraster der Höheren Fachschule für Sozialpädagogik auf R.s Situation und sein berufliches Ziel zugeschnitten ist. Um den aktuellen Ist-Stand zu ermitteln, soll die Kompetenzanalyse sowohl einen quantitativen als auch qualitativen Charakter haben. Zu jeder Kompetenz soll die Einschätzung auf einer Skala von 0–10 quantitativ analysiert werden, damit eine Tendenz zu eher negativer oder positiver Einschätzung sichtbar wird. Die Fragen zu den jeweiligen Kompetenzen werden offen gestellt, was eine qualitative Analyse ermöglicht. Um R.s aktuellen Stand bezüglich der jeweiligen Kompetenzen optimal analysieren zu können, soll dies – wie in der Planung festgehalten – sowohl in Form einer Selbsteinschätzung als auch einer Fremdeinschätzung durch mich durchgeführt werden (siehe Abb. 19).

Ich bot ihm spontan an, den Fragebogen noch einer dritten Person für eine weitere Fremdeinschätzung abzugeben, die nicht so stark in seinen Prozess der beruflichen Integration involviert ist. R. stimmte sofort zu und schlug einen therapeutischen Mitarbeiter vor, der seinen Therapieprozess früher begleitet hatte, jetzt jedoch nicht mehr intensiv involviert ist. Nach dessen Zusage vereinbarten wir einen Termin zu dritt, bei dem wir die drei ausgefüllten Fragebogen gemeinsam anschauten. Frage für Frage stellten wir alle drei unsere Einschätzungen – quantitativ und qualitativ – nacheinander vor, wobei immer R. begann. Dabei wurde noch nicht diskutiert, lediglich bei Unklarheiten nachgefragt, und ich dokumentierte die verschiedenen Ergebnisse auf einem weiteren Fragebogen. Als Fazit der Analyse kristallisierte sich heraus, dass R. sehr hohe Ansprüche an sich selber hat und sehr kritisch mit diesen umgeht. Er ist sich vollkommen bewusst, welche Kompetenzen er im Hinblick auf die angestrebte Ausbildung noch weiter entwickeln muss. Der hauptsächliche Entwicklungsbedarf besteht in Einsatz und Engagement für seinen eigenen Prozess, in der Organisation und Koordination der Arbeitsaufgaben mit seiner Rolle als Vater, in Zuverlässigkeit und Verbindlichkeit sowie im Erledigen seiner Administration.

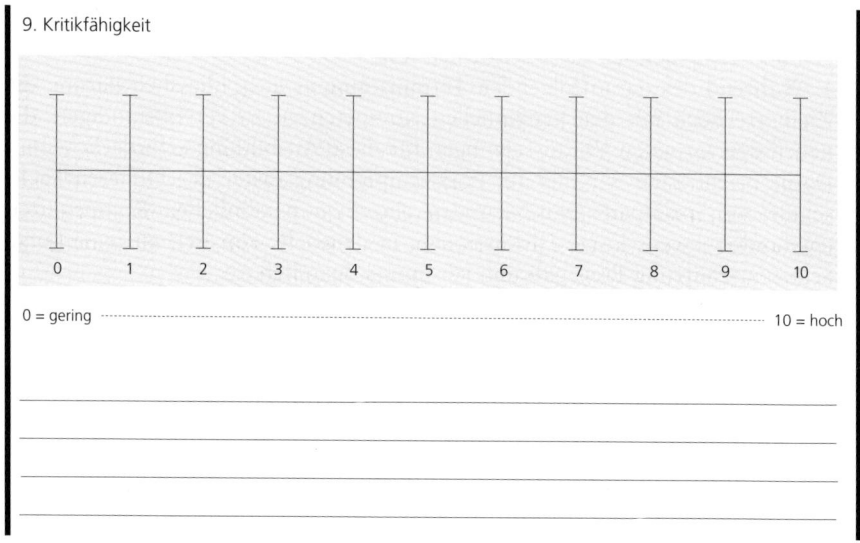

Abb. 19: Beispiel aus dem analytischen Fragebogen

Reflexion

Die Auseinandersetzung damit, für die Analyse ein geeignetes Instrument zu finden, war ähnlich wie bei der Situationserfassung. Die Herausforderung in diesem Prozessschritt bestand v. a. darin, durch Eigeninitiative innovativ und kreativ zu sein. Die Beschäftigung mit verschiedenen Instrumenten aus dem Konzept KPG bot mir die Gelegenheit, Analyseinstrumente zu erstellen, die individuell auf diesen konkreten Fall zugeschnitten sind. Die flexible und rollende Planung habe ich als sehr wirksam erlebt, um auf die individuelle Fallsituation eingehen zu können. Als besonders unterstützend und wertvoll für R. erlebte ich die Visualisierung des zweiten Analyseinstruments in Form des zukunftsorientierten Zeitstrahls. Ich bin sehr zuversichtlich, dass dieses Instrument R. in seinem Prozess über das Organisationssettings hinaus nachhaltig unterstützen wird.

3 Folgerungen

Abschliessend werde ich die Weiterarbeit im Fall kurz skizzieren, die wichtigsten Erkenntnisse aus dieser Fallbearbeitung nach KPG zusammenfassen und sie in Bezug setzen zur Aufgabe sozialpädagogischer Begleitung von Klientinnen und Klienten im Kontext der stationären Suchthilfe.

3.1 Folgerungen für die Weiterarbeit im Fall

Nach der Umsetzung der beiden Prozessschritte Situationserfassung und Analyse fand ein *internes Standortgespräch* statt, wo die Weiterarbeit in R.s Fall besprochen wurde. R., die Bereichsleitung, die Fallführung, der therapeutische Mitarbeiter, R.s zukünftige Bezugsperson der Sozialen Arbeit und ich nahmen daran teil. Vor dem Hintergrund der Analyse-Ergebnisse wurden R.s weiterer Therapieverlauf in Hinblick auf sein berufliches Ziel sowie die Form der Begleitung der neuen Bezugsperson der Sozialen Arbeit besprochen. Mit R. wurden die Beschlüsse der Fallkonferenz thematisiert und die interprofessionelle Arbeit an möglichen Herausforderungen besprochen. Weiter wurde vereinbart, dass R. seinen Aufenthalt in der Organisation noch autonomer und eigenverantwortlicher ausgestalten kann, gleichzeitig wurden aber auch Vereinbarungen getroffen, welche Termine für ihn verbindlich sind und wie in Zukunft mit unverbindlichem Verhalten umgegangen wird.

Der neuen Bezugsperson habe ich mitgegeben, dass sie die Zusammenarbeit mit R. an der Struktur des KPG-Modells ausrichten und die nächsten Prozessschritte wiederum individuell und kreativ gestalten möge. Hohe Transparenz und Begegnung auf Augenhöhe sollten weiterhin gegeben sein. Es erscheint mir wichtig, dass R. auf mögliche Herausforderungen aufmerksam gemacht wird, dass er dabei unterstützt wird, diese anzugehen und sein eigenes Ziel zu verfolgen. Seine vielen kleinen Schritte sollen vor dem Hintergrund des zukunftsorientierten Zeitstrahls immer wieder gewürdigt werden, denn auf diese Weise wird seine Selbstwirksamkeit gestärkt.

3.2 Erkenntnisse

Die grösste Herausforderung in der Zusammenarbeit mit R. bestand darin, die Balance zwischen der Realität – seiner Biografie und Lebenssituation, seiner Suchtgeschichte und der damit verbundenen Bewältigungsmuster – und seinem beruflichen Ziel zu finden. Sowohl meine persönliche Haltung und Werte als auch die damit kongruenten Werte und das Menschenbild der Organisation machten es mir möglich, R.s Ziel ernst zu nehmen und ihn dabei zu unterstützen, aber auch mit ihm gemeinsam die realistischen Herausforderungen in den Blick zu nehmen.

Die klare Struktur des KPG-Modells, die den roten Faden für einen sehr partizipativen Arbeitsprozess sicherstellte, haben alle Beteiligten durchgehend als sehr unterstützend erlebt. Diese Struktur war auch hilfreich für eine enge Kooperation mit den anderen Fachkräften, was ich für einen wichtigen Wirkfaktor halte, ebenso wie meine Transparenz und Offenheit gegenüber R.

Verallgemeinernd kann ich sagen, dass nicht allein das Engagement und die Motivation des Klienten die Wirksamkeit eines Prozesses steigerte, sondern auch eine authentische Wertehaltung der Sozialarbeiterinnen gegenüber Klienten. Eine bewusste Beziehungsgestaltung bildet eine unverzichtbare Basis – v. a.

in der Zusammenarbeit mit suchtkranken Menschen in einer stationären Suchttherapie. Es gehört meiner Meinung nach zur Unterstützung bei sozialer und beruflicher Integration dazu, den Klientinnen und Klienten möglichst auf Augenhöhe zu begegnen, sie in ihre eigenen Prozesse aktiv miteinzubeziehen, gemeinsam zu diskutieren, Vereinbarung so weit wie möglich gemeinsam auszuhandeln und mögliche Herausforderungen auf eine wohlwollende Weise zu thematisieren. Dies scheint mir das Engagement der Klientinnen und Klienten in ihrem eigenen Prozess zu fördern und sie zu motivieren, ihren Weg weiterzugehen.

Literatur

Hochuli Freund, Ursula/Stotz, Walter (2015). Kooperative Prozessgestaltung in der Sozialen Arbeit. Ein methodenintegratives Lehrbuch. 3., überarbeitete, erweiterte Aufl. Stuttgart: Kohlhammer.

Bedürfnisse aufnehmen
Ein neues Freizeitangebot für alte Menschen in der stationären Behindertenhilfe

Mirjam Eberhart

Die nachfolgende Fallbearbeitung wurde im Rahmen des Vollzeitstudiums Bachelor of Arts Soziale Arbeit realisiert, während eines halbjährigen Praktikums in einer stationären Einrichtung der Behindertenhilfe. Es geht um den Fall einer Gruppe. Der Fokus der Fallbearbeitung liegt bei einer ausführlichen Situationserfassung, Analyse und Diagnose. Auf dieser Grundlage entstand ein neues Angebot, das abschliessend kurz skizziert wird.

1 Organisationaler Kontext der Fallbearbeitung

Die Organisation bietet Wohnplätze für Menschen mit einer Sehbeeinträchtigung oder Blindheit an. Die Mehrheit der Klientinnen und Klienten befindet sich im Pensionsalter. Der Kernauftrag der Organisation lautet, den Bewohnerinnen und Bewohner eine optimale Lebensqualität zu ermöglichen und Möglichkeiten zur Teilhabe zu schaffen. Um die Fähigkeiten der sehbeeinträchtigten Bewohnerinnen und Bewohner fördern zu können, sind die Teams interprofessionell aufgebaut. Auf den Wohngruppen können die Bewohnerinnen und Bewohner ihren Alltag autonom gestalten. Autonomie und Selbstbestimmung sollen trotz gewisser struktureller Bedingungen erhalten bleiben. Die Teams sind bemüht, ressourcenorientiert zu handeln und Partizipation, soziale Gemeinschaft und Individualität zu gewährleisten. Halbjährlich werden Bedarfs-Einstufungen vorgenommen, die sich an der benötigten Unterstützungsintensität im Alltag orientieren. Dabei werden individuelle pflegerische und agogische Ziele mit den Bewohnerinnen und Bewohnern formuliert. Diese orientieren sich an der aktuellen Lebenssituation. Durch Angebote auf der Wohngruppe wie Kreuzworträtsel lösen oder ›Kaffee und Kuchen‹ wird das soziale Zusammenleben unterstützt.

Bei schwierigen Lebenssituationen der Klientinnen und Klienten bemühen sich die Fachpersonen fachlich fundiert sowie evidenzbasiert zu handeln. Das Zusammenspiel von Agogik, Pflege und Therapie ist wichtig im Wohnheim. Pflegefachpersonen beobachten, beurteilen, entscheiden und behandeln bei medizinischen und pflegerischen Fragestellungen. Professionelle der Sozialen Arbeit hingegen sind zuständig für das Beobachten, Beurteilen, Entscheiden und Behandeln bei Themen von Biografie, Lebensphase, Lebenswelt und Alltagsgestaltung. Auch das Anbieten von Aktivitäten an den Wochenenden gehört zu ihrem Aufgabenbereich. An diesen Angeboten nehmen meist dieselben Bewohnerinnen und Bewohner teil, und auch die Aktivitäten haben sich schon länger nicht mehr verändert. Deshalb war meine Idee, ein weiteres Angebot zu schaffen. Bei der Organisation stiess ich auf offene Ohren.

2 Fallbearbeitung

Das neue Angebot soll sich an den Bedürfnissen, Interessen und Wünschen der Bewohnerinnen und Bewohner orientieren und möglichst viele Personen ansprechen. Darum bietet es sich an, am Anfang des Prozesses Kooperativer Prozessgestaltung (KPG) anzusetzen. Der wichtigste Schritt wird die Situationserfassung sein, da hier alle relevanten Informationen für die Entwicklung des Projekts erhoben werden müssen. Mir ist es wichtig, alle Bewohnerinnen und Bewohner ausführlich, überlegt und strukturiert zu befragen, damit kann ich ein umfassendes Bild in Bezug auf die Bedürfnisse, Wünsche und Interessen der Personen der Wohngruppe erfassen. In der Situationserfassung wird die Kooperation mit den einzelnen Personen am höchsten sein. In der Situationserfassung soll ein Eindruck der zentralen Themen des Falls erarbeitet werden (vgl. Hochuli Freund/Stotz 2015:151).

Die Analyse wird dazu dienen, eine Auslegeordnung der erhobenen Informationen aus der Situationserfassung zu machen. Durch die Befragungen wird eine Vielzahl von Belangen erhalten, die zu strukturieren sind. Das Ziel ist eine Fallthematik zu erfassen, welche den Grundstein für die Entwicklung des Projekts darstellt (vgl. ebd.:177).

Damit ein weiterer Mehrwert im Zusammenhang mit der Praxisarbeit erzielt wird, werde ich als letzten Schritt eine Diagnose durchführen (vgl. ebd.:215). Die Diagnose wird zur Umsetzung meines Projekts vielleicht nur einen kleinen Anteil beitragen. Dennoch ist mir die theoriegeleitete Erhellung der Fallthematik wichtig, ich erhoffe mir grundlegende Erkenntnisse zur Gestaltung der Unterstützungsarbeit.

2.1 Prozessschritt Situationserfassung

Vorüberlegungen, Planung

Bevor mit einer Prozessgestaltung begonnen werden kann, muss der Auftrag klar sein bzw. geklärt werden (vgl. Hochuli Freund/Stotz 2015:152). Der Auftrag gibt die Rahmenbedingungen in der Arbeitsbeziehung mit der Klientel vor. Es gibt drei Auftragsformen. Übergeordnet steht der Auftrag der Sozialen Arbeit. Das Ziel bei diesem Auftrag ist nach Hochuli Freund und Stotz u. a. »soziale Gerechtigkeit, soziale Integration und Autonomie« (ebd.:151). Weiter gibt es den Organisationsauftrag und die klientenbezogenen Aufträge (vgl. ebd.). In meinem Fall bietet es sich an, sich auf den Organisationsauftrag zu beziehen. In diesem sind Schlüsselwörter wie Integration, Möglichkeit zur Teilhabe und Lebensqualität enthalten. Ein neues Angebot an Aktivitäten kann eine Annäherung zur Integration, Teilhabe und Lebensqualität ermöglichen.

Mit dem Projekt soll die *Integration* der Bewohnerinnen und Bewohner unterstützt werden. Sie erhalten die Möglichkeit an einem Angebot mit anderen Personen mit ähnlichen Interessen teilzunehmen. Durch das Entwickeln von neuen Angeboten können auch Personen hinzukommen, die sonst nicht oder nur wenig bei Gruppenaktivitäten teilnehmen. Die Möglichkeit zur *Teilhabe* wird dadurch realisiert, dass die Bewohnerinnen und Bewohner in der Situationserfassung miteinbezogen werden. Sie beeinflussen durch ihre Aussagen, welche Angebote in Frage kommen. Zudem können sie freiwillig am Angebot teilnehmen, sich dabei beteiligen sowie Anregungen einbringen. Das dritte Schlüsselwort ist die *Lebensqualität*. Lebensqualität ist ein subjektiv geprägter Begriff. Das heisst, Lebensqualität wird nicht von allen Menschen unter gleichen Bedingungen gleich empfunden (vgl. Holzhausen 2009:23). Lebensqualität kann mit Bedürfnissen verbunden werden. In der Wohlfahrtsforschung hat Erik Allardts im Zusammenhang mit der Bedürfnispyramide von Maslow ein Konzept entwickelt, bei dem zwischen materiellen Grundbedürfnissen und höheren Bedürfnissen der Lebensqualität differenziert werden kann (vgl. Mardorf 2006:104). Diese Bedürfnisse beinhalten Gefühle der Zugehörigkeit und Selbstverwirklichung, welche im Projekt evtl. erfüllt werden könnten.

Als erstes habe ich mir überlegt, welcher Realitätsausschnitt sich anbietet. Nach Hochuli Freund und Stotz (2015:153) beinhaltet der Realitätsausschnitt die Komponenten Raum und Zeit und ist bestimmt durch den Auftrag. Da mein Praktikum lediglich ein halbes Jahr dauert, musste ich möglichst bald mit der Situationserfassung beginnen, um noch genügend Zeit für die Umsetzung des Projekts zu haben. Weiter habe ich die Möglichkeit, das Angebot auf der Wohngruppe im Gemeinschaftsraum durchzuführen. Wegen der eingeschränkten Mobilität der Bewohnerinnen und Bewohner sind externe Angebote eher schwierig durchzuführen. In zeitlicher Hinsicht geht es um Vergangenheit und Gegenwart der Bewohnerinnen und Bewohner.

Durch den Umzug in ein Altersheim entsteht eine grosse räumliche und strukturelle Veränderung im Leben. Häufig wechseln die Personen die gewohnte Umgebung. Zudem wird der Tagesablauf in gewissen Lebensbereichen (Essenszeiten, Verfügbarkeit des Personals und somit der Unterstützung) vorbestimmt, was die Autonomie einschränkt. Weiter ist bei den meisten Bewohnerinnen und Bewohner die Sehbeeinträchtigung erst im Alter entstanden. Dieser Umstand erfordert ein grosses Anpassungsvermögen von den Betroffenen. Ich habe häufig beobachtet, dass sie sich bestimmte Fähigkeiten und Fertigkeiten auf Grund der Beeinträchtigung nicht mehr zutrauen. Zudem haben sich die gesellschaftlichen und geschichtlichen Situationen verändert. Die meisten der Bewohnerinnen und Bewohner haben prägende geschichtliche Ereignisse wie den zweiten Weltkrieg miterlebt. Die Freizeitgestaltung bzw. der Begriff Freizeit war damals noch anders geprägt. Später öffnen sich die Möglichkeiten der Freizeitgestaltung. Dennoch waren die Interessen bedingt durch die Sozialisation andere als die der späteren Generationen.

Bei Entscheidungsfragen habe ich die Erfahrung gemacht, dass die Bewohnerinnen und Bewohner mit »Ich weiss es nicht« oder »Das können Sie entscheiden« antworten. Auch um dieser Problematik auszuweichen, bietet es sich, an die Vergangenheit zu berücksichtigen. Viele Bewohnerinnen und Bewohner werden redseliger, wenn sie aus der Vergangenheit erzählen können. Anhand dieser Überlegungen habe ich mich entschieden, Gegenwart und Vergangenheit bei der Situationserfassung zu beachten.

Zum methodischen Vorgehen habe ich mir überlegt, wie ich standardisiert zu den wichtigsten Informationen gelangen kann. Da ich die Situationserfassung in direkten Gesprächen und in Kooperation mit den Bewohnerinnen und Bewohnern machen möchte, bietet es sich an, Erkundungsgespräche zu führen. In den Erkundungsgesprächen geht es darum, Information zu verschiedenen Lebensbereichen der Klientel zu erhalten (vgl. ebd.:159). In einem formellen Gespräch, das sich orientiert an den Interessen, Wünsche und Bedürfnissen, möchte ich zu den benötigten Informationen kommen. Methodisch orientiere ich mich an den offenen Fragen des narrativen Interviews. Zu Beginn wird den Bewohnerinnen und Bewohnern der Sinn und Hintergrund des Gesprächs erklärt. Dies stellt die Phase des Vorgesprächs dar (vgl. ebd.:160f.). In der Einstiegsphase geht es darum, die Personen zum Erzählen zu motivieren. Mit einer offen formulierten Fragestellung mit Bezug zur Vergangenheit wird dies bewerkstelligen. Danach wird mit einer weiteren Frage zur Gegenwart eine zweite Erzählphase eingeleitet. Während der Erzählungen werden Fragen ad hoc gestellt. Zum Schluss werden allenfalls noch Nachfragen gestellt und gefragt, ob wichtiges nicht gesagt werden konnte. Während der Gespräche werde ich Notizen machen und dies im Vorfeld erwähnen, denn es könnte sein, dass die Bewohnerinnen und Bewohner mit Sehbeeinträchtigung nicht recht erkennen können, was ich mache, und das könnte irritierend wirken.

Umsetzung

Ich habe mir die genaue Fragestellung für die Einstiegsphase und die zweite Erzählphase notiert, um bei allen Bewohnerinnen und Bewohner gleich vorzugehen. Ausserdem erstelle ich einen groben Zeitplan der 13 Personen. Den Zeitaufwand schätze ich pro Person zwischen 15 und 30 Minuten. Die Planung ist daher nur ungefähr, weil die Gespräche neben der gewohnten Arbeit im Dienst geführt werden. Es kann vorkommen, dass keine Zeit an einem bestimmten Tag gefunden wird. Es können sich jedoch auch spontane Situationen ergeben, in denen sich ein Gespräch anbietet.

Orientiert an meinem Plan bin ich von Zimmer zu Zimmer gegangen. Das Vorgehen war immer das Gleiche. Ich frage nach, ob die Person Lust und Zeit für ein kurzes Gespräch hat. Stimmt die Person zu, erkläre ich, dass ich gerne in Zusammenhang mit meinem Studium eine kleine Umfrage bei allen

Bewohnerinnen und Bewohner machen möchte. Das Ziel der Umfrage ist, ein neues Nachmittagsangebot zu entwickeln. Ich würde gerne wissen, welches ihre Interessen, Wünsche und Bedürfnisse in Bezug auf das Nachmittagsangebot sind. Zudem erläutere ich, dass ich mir Notizen zu dem Gespräch mache. Als Einstiegsfrage wähle ich: »Erzählen Sie mir doch bitte, was Sie früher in Ihrer Kindheit und Jugend in der Freizeit gerne gemacht haben ...«. Die befragten Personen haben dann von früher erzählt, wobei die Kindheit und Jugend oft vom zweiten Weltkrieg geprägt war. Häufig erzählten sie, dass sie nach der Schule jeweils im Haushalt mithalfen oder auf dem Feld waren und somit Freizeit nicht wirklich kannten. Bei solchen Antworten habe ich nachgefragt, ob es in diesem Rahmen Tätigkeiten gab, welche sie mochten. Konnte keine Verbindung gemacht werden, wurde der Fokus auf das Erwachsenenalter vor dem Heimeintritt gelegt. Auch bei diesen Erzählungen stellte ich ad hoc Fragen, um mehr Informationen zu erhalten. Zum Schluss habe ich mich auf die Ist-Situation bezogen. Ich habe gefragt, ob es eine Aktivität gibt, die sie vermissen. Je nach Person kamen hier viele Ideen und Anregungen zusammen.

Reflexion

Ein Stolperstein hätte sein können, dass einige Personen nicht dazu bereit gewesen wären, mit mir ein Gespräch zu führen. In diesem Projekt bin ich auf die Kooperation der Personen angewiesen, um mein Ziel zu erreichen. Beim Anbieten eines Gesprächs können die Personen ganz unterschiedlich und unvorhersehbar reagieren. Ich hätte mit einer Ablehnung der Gespräche konfrontiert werden können. In der Organisation wird die Haltung vertreten, dass alles auf freiwilliger Basis geschieht, und mit dieser Haltung bin ich in die Gespräche gegangen. Glücklicherweise haben alle auf mein Nachfragen zugestimmt.

Eine Schwierigkeit war, dass sich die Bewohnerinnen und Bewohner gewisse Tätigkeiten, die sie früher gerne ausübten, nicht mehr zutrauen. Ich habe einige Male gehört: »Aber das kann ich gar nicht mehr, weil ich nichts mehr sehe.« Auch wenn ich darauf eingegangen bin und erklärte, dass es diverse Hilfsmittel oder Strukturierungsmöglichkeiten gibt, um der Sehbeeinträchtigung entgegenzuwirken, äusserten die Bewohnerinnen und Bewohner Bedenken. Dies musste ich so akzeptieren, auch wenn es teilweise schwierig war.

Bei einigen Bewohnerinnen dachte ich, dass sie bestimmt viele Ideen liefern würden. Mit dieser Vorstellung und Motivation ging ich ins Gespräch. Jedoch stellte sich heraus, dass die Bewohnerinnen, u. a. wegen demenzieller Veränderungen, wenige Erinnerungen an früher hatten oder bestimmte prägende Ereignisse präsent hatten. In diesen Gesprächen musste ich meine Haltung, v. a. das Gegenüber erzählen zu lassen, ändern. Das war eine Herausforderung. Ich musste die Gespräche mit mehr Fragen und spontan strukturieren. Von diesem Szenario bin ich im Vorfeld nicht ausgegangen und hatte deshalb auch keine Vorüberlegungen gemacht. Schlussendlich wurden dennoch einige Stichworte zusammengetragen.

Bei zwei weiteren Personen bestand die Problematik, dass sie wenig bei der eigentlichen Frage blieben. Sie tendierten dazu, auszuschweifen und sehr detailreich zu erzählen. Zu Beginn empfand ich dies als nicht zielführend. Auch hier habe ich in eine engere Gesprächsführung gewechselt. Dennoch war es schwierig und ich befand mich in einem Dilemma. Ich wollte die Erzählenden nicht unterbrechen, stand aber gleichzeitig unter Zeitdruck. Einerseits, weil nebenbei der normale Arbeitsalltag lief, andererseits, weil ich noch einige weitere Gespräche vor mir hatte. Die Situationserfassung habe ich mir einfacher und weniger zeitaufwändig vorgestellt, als sie dann tatsächlich war.

2.2 Prozessschritt Analyse

Vorüberlegungen, Planung

Weil ich in der Situationserfassung hauptsächlich Stichworte gesammelt habe, entscheide ich mich für eine pragmatische Analysemethode. Am geeignetsten finde ich ein Notationssystem. Da die meist erwähnten Freizeitbereiche abgedeckt werden sollen, finde ich eine quantitative Auswertung angemessen. Der Vorteil einer quantitativen Analyse ist in meinem Fall der Zeitfaktor. Da ich auf Grund der zeitlichen Dimension so bald wie möglich mit dem Projekt beginnen möchte, ist diese Methode optimal. Mit einer Kategorisierung der Begrifflichkeiten und anschliessender Auswertung, werden die gewonnen Erkenntnisse strukturiert. Dieser Arbeitsschritt wird ohne Kooperation auf den Ebenen der Klientel oder anderer Fachkräfte durchgeführt. Die Bewohnerinnen und Bewohner zu involvieren, macht meines Erachtens keinen Sinn, da der Einbezug keine neuen Ergebnisse mehr liefern würde. Weiter wäre der Aufwand zu gross. In einem späteren Schritt werden die Bewohnerinnen und Bewohner über die Ergebnisse informiert und bei der Ausführung des Projekts besteht die Möglichkeit, mir Rückmeldungen zum Angebot zu geben.

Umsetzung

Meine *Analysemethode* und *Datenerhebung* habe ich wie folgt umgesetzt:

> Zuerst mussten die Notizen in eine übersichtliche Darstellung gebracht werden. In einem Dokument habe ich Zimmernummern sowie Aussagen festgehalten. Wurden nebst der Tätigkeit noch weitere wichtige Aussagen gemacht, wurden auch diese festgehalten (z.B. »Das kann ich nicht mehr wegen der Augen.«). In einem weiteren Schritt habe ich begonnen, die Stichworte nach Kategorien zu sortieren. Mit verschiedenen Farben wurden die Worte auf der Liste markiert. Um die Liste etwas übersichtlicher zu gestalten, sind als erstes Tätigkeiten markiert worden, die im Rahmen des Projekts nicht möglich sind. Danach habe ich Aussagen kategorisiert, welche sich Bewohnerinnen und Bewohner vorwiegend wegen der Sehbeeinträchtigung nicht mehr zutrauen. Nach und nach sind Kategorien entstanden wie Kunst,

Musik, Literatur, Tiere oder Rätsel/Spiele. In einem zweiten Schritt wurde eine Tabelle mit den Zimmernummern und Kategorien erstellt. Darin ist die Anzahl der genannten Kategorien eingetragen. Am Ende der Tabelle konnte so ein Total eintragen werden.

Die wichtigsten Erkenntnisse aus der *Auswertung* lassen sich in folgenden konstatierenden Hypothesen zusammenfassen:

- Auf Grund der gesammelten Stichworte kann ausgesagt werden, dass sich die Interessensbereiche der Bewohnerinnen und Bewohner mehrheitlich decken. Aktivitäten in den Bereichen von Handarbeit/Haushalt wurden 19-mal, Musik 15-mal und Literatur 9-mal erwähnt.
- Einige Personen trauen sich bestimmte Tätigkeiten auf Grund ihrer Sehbeeinträchtigung oder sonstigen Alterserscheinungen nicht mehr zu (beispielsweise Nähen an der Nähmaschine oder Kunstausstellungen besuchen).
- Auch wenn den Bewohnerinnen und Bewohnern versucht wird aufzuzeigen, dass gewisse Tätigkeiten durch Hilfsmittel, wie beispielsweise starke Farbkontraste oder Lupen beim Nähen, ermöglicht werden könnten, zeigen sie eine eher ablehnende Haltung.
- Diese ablehnende Haltung resultiert aus anderen Gründen als dem Unvermögen.

Als *Fallthematik* ergibt sich,

> dass die meisten Bewohnerinnen und Bewohner Interessen, Wünsche und Bedürfnisse im Bereich der Musik haben, sie gewisse Tätigkeiten auf Grund der Beeinträchtigungen, auch mit angepassten Methoden und Hilfsmittel, nicht mehr ausführen können oder sich nicht zutrauen und sie schlussendlich eine ablehnende Haltung diesen Tätigkeiten gegenüber einnehmen.

Reflexion

Zu Beginn hatte ich ziemlich Mühe, einen Weg zu finden, wie die Analyse durchgeführt werden soll. Ich war unsicher, ob ich mit einer pragmatischen Methode die Anforderungen an eine Analyse erfülle. Zudem habe ich wenige Analysemethoden gefunden, die sich für Projekte eignen. Dieser Umstand hat mich gehemmt und meine Motivation zur Weiterarbeit nahm ab. In einer kollegialen Beratung habe ich diese Problematik eingebracht, wobei die Gruppe sowie auch ich fanden, dass eine vereinfachte Form der Analyse dem Fall durchaus gerecht würde. Ausserdem benötigen Professionelle der Sozialen Arbeit die Kompetenz, Methoden fallgerecht anpassen zu können (vgl. Hochuli Freund/ Stotz 2015:213f.). Dies war in meinem Fall nötig.

Wie bereits erwähnt, konnte die Kooperation auf der Ebene der Klientel sowie der Fachkräfte nicht stattfinden. Gerade auch weil ich mich für eine simple

Analysemethode entschieden habe, machte es nicht viel Sinn, die Bewohnerinnen und Bewohner beizuziehen. Durch die Besprechung in der kollegialen Beratung hat indirekt eine Kooperation auf der Fachebene stattgefunden. Gemeinsam wurde nach möglichen Methoden gesucht und die Anforderungen der Analyse besprochen.

Das Kategorisieren und die Tabelle haben die Auswertung erleichtert. Dass ich zwei Schritte zur Darstellung gewählt habe, vereinfachte die Übersicht erheblich. Durch die Auslegeordnung der Kategorien in der Analyse konnte eine Bewegung der Öffnung gemacht werden. Mit der Reduktion auf die Tabelle erhielt ich eine übersichtliche Ansicht. Durch das Erstellen von konstatierenden Hypothesen hat sich die Fallthematik etwas mehr geöffnet. Mit den Hypothesen fand eine stärkere Auseinandersetzung mit den Aussagen der Kategorie wenig Freizeit/Einschränkung statt. Dadurch ist mir eine Problematik aufgefallen, die ohne die Hypothesen möglicherweise übersehen worden wäre.

2.3 Prozessschritt Diagnose

Vorüberlegungen, Planung

In der Fallthematik haben sich im weitesten Sinne zwei Thematiken herauskristallisiert. Zum einen habe ich die Erkenntnis, dass die Bedürfnisse für eine Aktivität im Bereich der Musik sind. Weiter hat sich ergeben, dass einige Bewohnerinnen und Bewohner auf Grund ihrer körperlichen Situation gewisse Tätigkeiten ablehnen bzw. sich verbal äussern, dass sie diese nicht mehr können. Da ich mich beim Projekt auf die Durchführung konzentriere, werde ich mich in der Diagnose mit dieser Problematik des Unvermögens befassen. Somit wird ein zusätzlicher Gewinn aus der Arbeit und dem Projekt gewonnen. Für die Diagnose wird Theoriegeleitetes Fallverstehen (vgl. Hochuli Freund/Stotz 2015:220ff.) gewählt.

Theoriegeleitetes Fallverstehen

Zur Erklärung der Selbstwahrnehmung von Unvermögen wähle ich als erstes eine sozialpsychologische Motivationstheorie, die Theorie der kognizierten Kontrolle. Die Aussagen von den Bewohnerinnen und Bewohner, dass sie etwas nicht mehr können und es auch nicht versuchen möchten, kann ein Hinweis sein, dass sie dadurch Kontrolle über ihr Umfeld auszuüben versuchen. Als zweite Theorie ziehe ich die kognitiv-transaktionale Bewältigungstheorie bei. Im hohen Alter stehen Menschen vor vielen Bewältigungsaufgaben. Eine davon ist der Abbau von physischen Ressourcen, dazu gehört auch das Sehvermögen. Durch die Theorie versuche ich, die Unterschiede bei der Verarbeitung von Belastungen zu erhellen, da nicht alle befragten Personen Bedenken bei der Ausführung von Tätigkeiten äusserten.

Die *kognizierte Kontrolltheorie* stammt aus der sozialpsychologischen Forschung. Der Begriff ›Kontrolle‹ wird meistens darüber definiert, dass Menschen überzeugt sind, bestimmte, erwünschte Ereignisse herbeiführen und unerwünschte vermeiden zu können. Kontrolle meint demnach die subjektive Einschätzung einer Person, Kontrolle zu haben. Diese subjektiv wahrgenommene Kontrollmöglichkeit muss sich nicht mit der tatsächlich vorhandenen oder ausgeübten Kontrolle decken, weshalb von ›kognizierter Kontrolle‹ gesprochen wird (vgl. Frey/Jonas 2002:14f.). Der Mensch versucht, durch Kontrolle angenehme Lebenssituationen zu realisieren bzw. unangenehme zu umgehen. Dies kann durch primäre Kontrolle oder sekundäre Kontrolle erreicht werden. Gemäss dem Konzept der primären Kontrolle sucht eine Person durch ihr Verhalten ihr Umfeld ihren Zielen entsprechend zu beeinflussen. Bei ›sekundären Kontrolle‹ versucht sie, sich selber über kognitive Umstrukturierung an die Gegebenheiten der Umwelt anzupassen (vgl. ebd.:15f.). Frey und Jonas (2002:17) beziehen sich einerseits auf die Erkenntnisse von Heckhausen und Schulz und erläutern, dass die Hauptfunktion von sekundärer Kontrolle darin bestehe, den Verlust primärer Kontrolle zu minimieren. Andererseits nehmen sie den von Skinner postulierten Begriff ›Kontrollagent‹ ein: Manchmal delegieren Individuen die Kontrolle an andere Personen oder Systeme, von denen sie annehmen, dass diese eine Situation besser verändern können als sie selber, oder sie setzen Hilfsmittel der Kontrollausübung ein (vgl. ebd.:22).

Als weitere sozialpsychologische Theorie wird die *Kognitive-transaktionale Bewältigungstheorie* von Lazarus genutzt. Menschen reagieren auf bedrohliche und belastende Ereignisse in ihrem Leben unterschiedlich. Wenn immer sich eine Person subjektiv in ihrer Handlungsfähigkeit oder ihrem Wohlbefinden bedroht fühlt, zeigt sie spezifische Bewältigungsreaktionen (vgl. Wentura/Greve/Klauer 2002:101). Als Bewältigungsreaktionen werden alle Bemühungen bezeichnet, »solche Situationen zu meistern, die (zunächst) so eingeschätzt wurden, dass sie die eigenen Ressourcen übersteigen« (ebd.:106f). Die psychologische Bewältigungsforschung geht davon aus, dass die kurz- und längerfristigen Folgen von Belastungen v. a. von der psychischen und kognitiven Verarbeitung abhängen. In einer Belastungs- bzw. Krisensituation können einerseits primäre und andererseits sekundäre Einschätzungen vorgenommen werden. Die primäre Einschätzung betrifft die Situation und ihre Bedeutung für die Person. Hierbei wird abgewogen, ob die Situation positive (Wohlbefinden), negative (Bedrohungen, Herausforderungen) oder keine Auswirkungen für die Person haben. Speziell bei negativen Auswirkungen schliessen sich sekundäre Einschätzungen an, welche die aktuellen Möglichkeiten im Umgang mit der Situation taxieren. V. a. diese sekundären Einschätzungen sind abhängig von Selbstwirksamkeits- und Kontrollüberzeugungen. Bei der Bewältigung wird zwischen problem- und emotionszentrierten Reaktionen unterschieden, wobei beide Formen der Bewältigung gleichzeitig auftreten können, also keine alternativen Strategien darstellen (vgl. ebd.).

Mit den beiden Theorien kann ich nun *theoriegeleitete Fallüberlegungen* anstellen.

> Nicht alle Bewohnerinnen und Bewohner haben Aussagen gemacht, dass sie gewisse Tätigkeiten auf Grund ihrer Sehbeeinträchtigung nicht mehr vollzie-

hen können, auch wenn ihre Beeinträchtigungen stärker sind. Nun stellt sich die Frage, welche Muster dazu führen könnten, dass die Wahrnehmung so unterschiedlich ist. Im Alter finden unterschiedliche körperliche Abbauprozesse statt, im vorliegenden Fall ist der (langsame) Verlust des Sehvermögens zentral. Dieser Abbau kann für einen Menschen einen Kontrollverlust und eine Bewältigungsaufgabe darstellen. Auch wenn durch kompensatorische Hilfsmittel und Methoden im Alltag der Sehrest unterstützt werden kann, schätzen manche Personen diese negative Situation des Nicht-mehr-selbständig-Sehens als zu wenig kontrollier- und veränderbar ein. Andere erkennen, dass sie durch aktives Beiziehen von Hilfsmitteln (beispielsweise einer Lupe beim Lesen) ihr Wohlbefinden befördern und die Kontrolle behalten können. Sagt nun eine Person, sie könne (und wolle) etwas nicht mehr, so hilft ihr dies möglicherweise (sekundäre) Kontrolle über die Situation zu halten. Durch Erlebnisse des Scheiterns fand eine kognitive Umstrukturierung statt, es wurden Vermeidungstendenzen und Abwehrmechanismen gegenüber bestimmten Tätigkeiten entwickelt. Wenn also eine als zu schwierig eingeschätzte Tätigkeit positive Gefühle bedrohen könnte, dann wird dieser Bedrohung mit der Aussage eigenen Unvermögens begegnet und damit (sekundäre) Kontrolle wiedererlangt. Die Furcht des Kontrollverlustes lässt sowohl Angebote als auch Hilfsmittel unattraktiv wirken, denn es werden in keiner Weise angenehme Emotionen damit assoziiert. Die Personen nutzen sich nach Skinner als Kontrollagenten, um durch das Ablehnen von Tätigkeiten einen für sie positiven Zielzustand zu erreichen: Sie vermeiden unangenehme Situationen.

Auch mit der kognitiv-transaktionalen Bewältigungstheorie können ähnliche Annahmen gemacht werden: Erlebt sich eine Person grundsätzlich als selbstwirksam und hat das Gefühl, die für sie wesentlichen Dinge unter Kontrolle zu haben, dann wird sie neue Tätigkeiten eher als Herausforderung (primär) und bewältigbar (sekundär) einschätzen. Erlebt sich hingegen eine Person wenig selbstwirksam, werden neue Situationen als Bedrohungen wahrgenommen, und sie machen Bewältigungshandeln erforderlich. In der sekundären Einschätzung entwirft die Person nun Strategien zur Bewältigung, welche – je nach Situation und kognitiven Strukturen der Person – mehr problem- oder emotionszentriert ausfallen.

Durch Vermeidung neuer Situationen haben die Bewohnerinnen und Bewohner eine Strategie entwickelt, um positive Emotionen aufrecht zu erhalten. Würden sie das Wagnis eingehen und beim Erproben neuer Tätigkeiten tatsächlich scheitern, könnte dies negative Auswirkungen auf ihr Selbstvertrauen und ihre Selbstwirksamkeit haben. Darauf würde folgen, dass sie sich nach jeder Enttäuschung noch weniger zutrauen. Weiter könnten Gefühle der Scham oder Blossstellung auftreten, welche die Bewältigung neuer Situationen beeinträchtigen.

In beiden Theorien lassen sich ähnliche Gründe feststellen, warum die befragten Personen gewisse Tätigkeiten abgelehnt haben könnten. Erstens ist Kognition individuell geprägt, und kognitive Muster, wie Überzeugungen oder die Selbstwahrnehmung, haben einen Einfluss auf die subjektive Wahrnehmung. Zweitens ist die kognitive Verarbeitung wegweisend dafür, wie sich eine Handlung (für den Kontrollgewinn oder die Bewältigung) entwickelt.

Daraufhin konnte ich *erklärende Hypothesen* zur Fallthematik formulieren:

- Weil die Bewohnerinnen und Bewohner in der Vergangenheit negative Erfahrungen und Enttäuschungen in Bezug auf ihre Sehbeeinträchtigungen erlebt haben, hat sich dies in ihrer Kognition verankert.
- Weil sie Situationen ausweichen möchten, die sie subjektiv als negativ einschätzen, vermeiden sie alle Tätigkeiten, die sie sich selber nicht zutrauen und erlangen dadurch wieder Kontrolle und bewahren sich das Gefühl von Selbstwirksamkeit.
- Weil ein Scheitern negative Konsequenzen für das eigene Selbstwirksamkeitsgefühl hätte, vermeiden die Personen alle Situationen, in denen sie vielleicht scheitern könnten.
- Weil sie durch die Vermeidungsstrategie Wohlbefinden auslösen können, stellt eine neue Tätigkeit keine Option für sie dar.

Auf dieser Basis ist folgende *handlungsleitende Arbeitshypothese* entstanden:

> Nur *wenn* die Bewohnerinnen und Bewohner längerfristig positive Erfahrungen mit neuen Tätigkeiten machen und sie sich dabei als selbstwirksam erleben, *dann* entstehen neue positive kognitive Verknüpfung und können neue Tätigkeiten mit Wohlbefinden assoziiert werden.

Daraus habe ich eine *Fragestellung für die Professionellen* formuliert:

> Wie kann es dem Team gelingen, neue Tätigkeiten so anzubieten und die Bewohnerinnen und Bewohner so zu begleiten, dass sie positive Erfahrungen in solchen für sie herausfordernden Situationen machen können?

Reflexion

Der Beginn der Diagnose mit der Theoriewahl stellte für mich eine grosse Hürde dar. Zunächst wollte ich anhand einer Generationen- und einer Sozialisationstheorie zu erklären versuchen, weshalb in der Situationserfassung viele ähnliche Interessen genannt wurden. In der Auseinandersetzung mit den Theorien habe ich jedoch gemerkt, dass diese wenig geeignet sind und kaum zu neuen Erkenntnissen geführt hätten. Deshalb habe ich mich erneut mit verschiedenen Theorien befasst, die sich stärker auf die Fallthematik bezogen. Ich habe realisiert, dass die Sehbeeinträchtigung und weitere physische Abbauprozesse im Alter Bewältigungsaufgaben darstellen. So bin schliesslich auf die Kontroll- und die Bewältigungstheorie gestossen und habe bald gemerkt, dass sich beide

267

gut eignen, um den Fall und die Fallthematik zu erhellen. Die Auswahl geeigneter Theorien war die grösste Herausforderung im Diagnoseprozess.

Durch die theoriegeleiteten Fallüberlegungen erschien das Verhalten der Bewohnerinnen und Bewohner, die neue Tätigkeiten und Hilfsmittel ablehnten, in einem ganz neuen Licht. Ich konnte Erklärungen finden für ihre Denk- und Handlungsmuster, die ich zu Beginn der Fallbearbeitung nicht erahnt hatte. Mit der Fokussierung auf das subjektiv empfundene Unvermögen der Bewohnerinnen und Bewohner ist ein grosser Mehrwert entstanden, für mich wie für das Team. Die handlungsleitende Arbeitshypothese und die Fragestellung für die Professionellen sind auch ausserhalb meines Projekts eine wichtige Grundlage, um die Unterstützung der Bewohnerinnen und Bewohner noch angemessener zu gestalten.

2.4 Prozessschritt Intervention: Neues Angebot ›Musikhörstunde‹

Bereits nach Abschluss der Situationserfassung und Analyse entwickelte sich die Idee eines Nachmittagsangebotes mit Musik, und zwar in Form gemeinsamen Musikhörens. Ich informierte alle Bewohnerinnen und Bewohner über die wichtigsten Ergebnisse der Befragung und über meine Idee. Mein Grundgedanke war, Künstlerinnen oder Künstler aus unterschiedlichen Zeitepochen auszuwählen und etwas über deren Leben zu erzählen. Danach soll gemeinsam für etwa eine halbe Stunde Musikstücke gehört und im Anschluss besprochen und interpretiert werden.

Diese Idee wurde durch die Erkenntnisse aus der Diagnose unterstützt. Ich ging davon aus, dass das Musikhören von den Bewohnerinnen und Bewohnern gemäss primärer Kontrolle als eine angenehme Situation eingeschätzt wird, das keinerlei Bewältigungsverhalten erfordert. Gleichzeitig können neue Tätigkeiten erprobt werden: zusammen Musikhören hören und gemeinsames Sprechen über Musik.

Das neue Nachmittagsangebot zu Musik habe ich monatlich durchgeführt. Die meisten »Musikhörstunden«, wie wir sie nannten, behandelten klassische Musik. Einmal habe ich Angebot mit modernerer Musik aus den 1960er Jahren organisiert. Am Schluss gab es jeweils eine Feedback- und Vorschlagsrunde für die nächste Musikhörstunde.

Erfreulicherweise waren bei jeder Musikhörstunde mehr als die Hälfte der Bewohnerinnen und Bewohner anwesend. Auch das Angebot mit moderner Musik fand Anklang, es nahmen Bewohnerinnen teil, die sich sonst eigentlich nur für klassische Musik interessieren. Das Feedback war stets positiv. Eine Bewohnerin äusserte, dass sie sich schon länger ein solches Angebot gewünscht hatte. Andere Bewohnerinnen sagten, dass sie die Kombination von Informationen zu den Interpreten, Besprechen und Musik hören als spannend und abwechslungsreich empfänden.

Die Entwicklung der Musikhörstunde, die Erfahrungen bei der Durchführung, die Diskussionen über die Musik, all das war für mich persönlich sehr spannend. Damit dieses Nachmittagsangebot auch nach Abschluss meines Praktikums weitergeführt werden konnte, habe ich mein Team über das gesamte Projekt mündlich genau informiert und instruiert. Alle relevanten Informationen habe ich in einem Ordner abgelegt und zugänglich für alle gemacht.

3 Erkenntnisse aus der Fallbearbeitung

Das Hauptanliegen bei der gesamten Fallbearbeitung war, mit der Hilfe des Konzepts KPG ein Projekt zu realisieren. Mit den Schritten Situationserfassung, Analyse und Diagnose ist es mir gelungen, von einem zunächst völlig neuen, unbekannten Fall zu einer Fragestellung für die Professionellen zu gelangen und so die Grundlage für das Projekt (die Intervention) zu legen. Es ist für mich eine wichtige Erkenntnis, dass sich der Aufwand lohnt, eine ausführliche Situationserfassung und Analyse zu erstellen, und dass eine Diagnose zu ganz neuen Erkenntnissen führen kann. Die fortlaufende genaue Dokumentation hat die Fallbearbeitung sehr erleichtert. Auch die Planung aller Schritte habe ich als förderlich empfunden. Auf diese Weise konnte ich die wenige Zeit effizient nutzen und den Zeitrahmen einhalten.

Im Zentrum meines Projektes standen die Bewohnerinnen und Bewohner mit ihren Bedürfnissen, Interessen und Wünschen. Es war mir wichtig, sie alle mit einzubeziehen, denn nur so konnte ich meine Idee umsetzen, für möglichst viele Personen etwas Neues, Vielfältiges und Bedeutsames zu schaffen. Dabei wollte ich auch all Personen ansprechen, die ansonsten wenig an gemeinsamen Aktivitäten teilnehmen. Insbesondere beim Prozessschritt Situationserfassung war die Kooperation mit den Bewohnerinnen und Bewohnern hoch. Die regelmässig hohe Teilnehmerzahl und die Rückmeldungen bei der Musikhörstunde und im Alltag haben mir aufgezeigt, dass dieses Angebot den Wünschen der Personen entspricht. Dank der sorgfältigen Dokumentation kann das Angebot auch nach dem Ende meines Praktikums von anderen weitergeführt werden.

Das Alter und Altern wird häufig mit Stagnation und Abbau verbunden. Dennoch besitzen ältere Personen immer noch viele Ressourcen und Kompetenzen, die es zu nutzen und erhalten gilt. Mit dem geschilderten Projekt wurde jedoch nicht primär an den individuellen Ressourcen und Kompetenzen gearbeitet. Vielmehr wurde auf der Ebene der *Gruppe* ein Gefäss geschaffen, welches das soziale Miteinander fördert und nebenbei auch die individuelle Kompetenzerweiterung unterstützen kann. In der Diagnose wurden ausserdem wichtige Anhaltspunkte formuliert, was die Professionellen der Sozialen Arbeit allgemein beachten sollen, damit sie alternde Menschen mit einer Sehbeeinträchtigung so unterstützen können, dass diese ihre Ressourcen und Kompetenzen möglichst lange gut nutzen können.

Literatur

Frey, Dieter/Jonas, Eva (2002). Die Theorie der kognizierten Kontrolle. In: Frey, Dieter/Irle, Martin (Hrsg.). Theorien der Sozialpsychologie. Motivations-, Selbst- und Informationsverarbeitungstheorien. Bd. 3. 2., vollständig überarbeitete und erweiterte Aufl. Bern: Verlag Hans Huber. S. 13–50.
Hochuli Freund, Ursula/Stotz, Walter (2015). Kooperative Prozessgestaltung in der Sozialen Arbeit. Ein methodenintegratives Lehrbuch. 3., überarbeitete und erweiterte Aufl. Stuttgart: Kohlhammer.
Holzhausen, Martin (2009). Lebensqualität multimorbider älterer Menschen. Konstruktion eines neuen individualisierten Messverfahrens. Serie: Multimorbidität im Alter. Projektreihe der Robert Bosch Stiftung. Bern: Verlag Hans Huber.
Mardorf, Silke (2006). Konzepte und Methoden von Sozialberichterstattung. Eine empirische Analyse kommunaler Armuts- und Sozialberichte. Wiesbaden: VS Verlag.
Wentura, Dirk/Greve, Werner/Klauer, Thomas (2002). Theorien der Bewältigung. In: Frey, Dieter/Irle, Martin (Hrsg.). Theorien der Sozialpsychologie. Motivations-, Selbst- und Informationsverarbeitungstheorien. Bd. 3. 2., vollständig überarbeitete und erweiterte Aufl. Bern: Verlag Hans Huber. S. 101–125.

Autonomieförderung durch systemische Fallbearbeitung
Kooperative Prozessgestaltung in der Spitalsozialarbeit

Noemi Burgener

Die nachfolgend dokumentierte Fallbearbeitung fand im Kontext eines halbjährigen Praktikums in der Spitalsozialarbeit statt und wurde strukturiert nach der Methodik Kooperative Prozessgestaltung (KPG). Der Fokus lag auf den Schritten Situationserfassung, Analyse und Diagnose. Die Prozessschritte Zielsetzung, Interventionsplanung, Interventionsdurchführung und Evaluation wurden anschliessend von anderen Professionellen durchgeführt. Die gesamte Fallbearbeitung durch die Soziale Arbeit dauerte drei Monate, in denen fünf – längere und kürzere – Beratungsgespräche stattfanden.

1 Kontext der Fallbearbeitung

Die Fallbearbeitung mit der Patientin Frau G. erfolgt in einer *psychosomatischen Klinik* (PSOMA), die zu einem kleineren Privatspital gehört. Als Sozialarbeiterin der spitalinternen Sozialberatung bin ich in jeder Fallbearbeitung interprofessionell tätig: Meine Kooperationspartner intern sind aus den Bereichen der Medizin, der Psychologie und der Pflege, extern sind es verschiedene Stellen wie etwa Arbeits- und Wohnintegration. Adressaten sind die Patientinnen und Patienten des Spitals und der Klinik mit ihren individuellen sozialen Systemen. Auch Mitarbeitende können das Angebot der Sozialberatung in Anspruch nehmen. Die Leistungen und Aufträge werden primär für die Klientel erbracht, deren Angehörigen und Bezugspersonen werden in die Entscheidungsfindung mit einbezogen. Die Sozialberatung bietet eine freiwillige Leistung an. In Kontakt trete ich mit Patienten, die den Wunsch nach Beratung äussern, oder mit Patientinnen, welche die oder der behandelnde Arzt oder Ärztin zum Auftrag für die Soziale Arbeit erklärt. Mein Auftrag als Sozialarbeiterin ist die Beratung und Vernetzung in sozialarbeiterischen Fragen sowie die Bedarfsabklärung und Organisation von Anschlusslösungen an den Spital- oder Klinikaufenthalt.

Die Aufgaben der Sozialarbeitenden finden in ähnliche Rahmenbedingungen wie diejenigen der anderen Professionellen des Spitals und der psychosomatischen Klinik statt. Auf Grund der Abrechnungstarife der Leistungen für Patienten gilt eine effiziente Arbeitsweise als oberstes Gebot bei der Fallbearbeitung. Leistungen müssen in einer bestimmten Zeit erbracht werden, damit sie für das Spital wirtschaftlich sind. Neben einer effizienten Arbeitsweise gilt es in der

Fallbearbeitung, die Autonomie und die Ressourcen der Klientel zu achten und zu fördern. Eine erste Kernaufgabe der Sozialberatung ist die Unterstützung von Patienten und deren Angehörigen bei der Bewältigung von *sozialen, wirtschaftlichen, rechtlichen und persönlichen Problemen*. Die andere Kernaufgabe ist die Hilfe bei der *Wiedereingliederung in das soziale und wirtschaftliche Leben*, dies in Zusammenarbeit mit der Pflege, mit Medizinern und externen Hilfesystemen. Als Sozialarbeiterin des Spitals berate ich Patienten bei persönlichen Schwierigkeiten, die in Zusammenhang mit dem Spitalaufenthalt stehen, durch diesen zum Ausbruch kommen oder verschärft werden.

Die Sozialberatung arbeitet nicht nach einem bestimmten Konzept oder festgelegten Methoden, der Weg zum Fallabschluss ist je nach Sozialarbeitenden unterschiedlich. Als neue Mitarbeiterin war diese *individuelle Fallbearbeitung* eine Herausforderung für mich, neben den oben genannten Rahmenbedingungen gibt es keinerlei Vorgaben. Mit zunehmender Arbeitserfahrung in der Sozialberatung begann ich, diese Freiheit zu schätzen – die Fallbearbeitung kann mit individuell erprobten Gesprächs- und Fallverlaufsmodellen gestaltet werden. Als Hintergrundwissen in der täglichen Arbeit dient mir beispielsweise das *bio-psycho-soziale Paradigma* von Engel (1977:129–136). Die drei Bereiche ›bio‹ (physiologische, neuronale Prozesse, Viren, Bakterien, Genetik), ›psycho‹ (Verhalten, Kognition, Einstellungen und Emotionen) und ›sozial‹ (sozioökonomischer Status, soziales Netzwerk, soziale Unterstützung) beeinflussen sich laut Engel gegenseitig und stehen dabei bei jedem einzelnen Menschen in einem Un- oder Gleichgewicht (vgl. ebd.). Je nach Bewältigungsstrategien oder je nach sozialem Unterstützungssystem können beispielsweise Krankheiten im ›System Mensch‹ so aufgefangen werden, dass sie nicht zu einem Ungleichgewicht im System führen. Mit diesem Paradigma können Ressourcen und Schwierigkeiten eines Menschen in Zusammenhang gebracht werden und so weitere Richtungen der Fallbearbeitung aufzeigen. Für die vorliegende Fallbearbeitung nutze ich ausserdem das *Konzept Kooperative Prozessgestaltung* (KPG; Hochuli Freund/ Stotz 2015). Neben dem relativ freien Vorgehen in der Fallbearbeitung stellt die Organisation jedoch *Gefässe* zur Verfügung, die zu einem vertieften Fallverstehen führen und den eigenen fachlichen Horizont erweitern können: tägliche kurze Sitzung im Team sowie die interprofessionellen Fallbesprechungen in der PSOMA-Klinik, jeweils kurz nach Eintritt des Patienten, die bei komplexen Fällen häufiger stattfinden. Ebenfalls wichtig ist der informelle Austausch mit einzelnen Professionellen, die auch am Fallgeschehen beteiligt sind.

Im ausgewählten Fall handelt es sich um die aktuelle Lebenssituation von Frau G. Als Professionsauftrag in der freiwilligen Sozialberatung sehe ich die Autonomieförderung und Ressourcenaktivierung der Klientel. Der Organisationsauftrag an eine Sozialarbeiterin in der psychosomatischen Klinik kann als die Reintegration von psychisch erkrankten Menschen in das gesellschaftliche Leben mit den Bereichen Sozialleben, Arbeit und Gesundheit definiert werden (vgl. AvenirSocial 2010:6). Die klientenbezogenen Aufträge (vgl. Hochuli Freund/Stotz 2015:152) beziehen sich meist auf die Vorbereitung eines gelingenden, möglichst autonomen Alltags nach dem Aufenthalt in der PSOMA-Klinik.

2 Fallbearbeitung

Die Fallbearbeitung wird nach der Methodik KPG nach Hochuli Freund und Stotz (2015) gestaltet. Nach einem interdisziplinären Standortgespräch, an dem ich Frau G. kurz kennenlerne, meldet sie sich, auch auf Empfehlung des Psychiaters, für die freiwillige Sozialberatung. In den nachfolgenden Gesprächen erarbeiten wir die Prozessschritte Situationserfassung, Analyse und Diagnose. Die Schritte Ziele, Interventionsplanung und Interventionsdurchführung wurden von anderen Professionellen durchgeführt, wobei Frau G. die ersten Schritte aus der KPG als Grundlage gedient haben. Kurz vor Klinikaustritt führten Frau G. und ich als Abschluss der Beratung eine kurze Evaluation durch.

2.1 Interprofessionelles Standortgespräch

Die 55-jährige Frau G. ist im Februar in die psychosomatische Klinik eingetreten. Der Alltag wird durch die Pflege strukturiert, die Wochenenden gestaltet Frau G. nach ihren Wünschen meist zu Hause. In der Klinik hat sie regelmässige Gespräche mit dem Psychiater, ab und zu hat sie ärztliche Termine wegen körperlichen Beschwerden. In der Gruppentherapie übt sie sich im Ausdruck ihres eigenen Befindens und in der sozialen Interaktion. Im Falle von Frau G. sind also diverse Professionelle involviert. Zum einen sind das die Professionellen der PSOMA-Klinik: der Psychiater, verschiedene Pflegende und eine Bezugsperson der Pflege, die Gruppentherapeutin, der Psychologe und ich. Daneben ist ein Arzt des Spitals involviert. Auch gibt es eine Bezugsperson der Invalidenversicherung und eine Bezugsperson des öffentlichen Sozialdienstes. Die Koordination des Fallgeschehens liegt beim Psychiater. Für die Zukunft wird wichtig sein, dass eine professionelle Unterstützung für Frau G. auch nach dem Klinikaustritt besteht. Die Aufenthaltsdauer von Frau G. wird in erster Linie vom Psychiater bestimmt, dieser beantragt bei der Krankenkasse Kostengutsprachen für die Klinikkosten.

Beim interdisziplinären Standortgespräch nach einem Monat im März mit dem Psychiater, der Pflege, der Gruppentherapeutin und mir wurde Frau G. zum *Fall für die Sozialberatung* erklärt. Bei diesem Gespräch habe ich Frau G. zum ersten Mal getroffen und einen Auftrag von ihr und vom Psychiater erhalten. Beim Gespräch haben sich zuerst die verschiedenen Professionellen über ihre Einschätzung bezüglich der Situation und Person von Frau G. ausgetauscht und haben dabei Ziele und die weitere gemeinsame und individuelle Vorgehensweise formuliert. Nach KPG war dies der Prozessschritt der Analyse (vgl. Hochuli Freund/Stotz 2015:177ff.). Die Einschätzungen und Ziele wurden Frau G. vorgestellt, und sie konnte sich ebenfalls äussern. Nachfolgend meine Notizen zu diesem Gespräch:

Gruppentherapeutin:
Gruppenfähigkeit ist gegeben, Konfliktfähigkeit eher nicht gegeben. Introspektionsfähigkeit schwierig. Braucht viel Hilfe. Ist aufmerksam, kommt oft zu spät. Manchmal ist sie überfordert. Emotional schnell überflutet. Sagt immer, sie sei traurig, wenig spürbar. Sehr auffällig: ihre grosse Bedürftigkeit. Sucht Zuwendung und Anerkennung. Integration in Gruppe fraglich.

Pflege:
Guter Kontakt zu einzelnen Mitpatienten. Kommentiert alles (unangepasst), überschwänglich, bedankt sich zu sehr. Hat etwas Distanzloses. Absolut unsicher. Teilweise egoistisch.

Psychiater:
Keine Schmerzen und keine Erschöpfung mehr – waren medizinische Einweisungsgründe. Vor 1,5 Jahren Rückenschmerzen, hat Steroide, mit Nebenwirkungen, Husten. Ging dann in ein Spital, noch mehr Cortison, psychische Probleme, Depression. Patientin ist das dritte von sechs Kindern, auf dem Land aufgewachsen, schwierige Kindheit. Vater war Alkoholiker, gewaltbereit. Ist in ärmlichen Verhältnissen aufgewachsen. Hat früh geheiratet, Ehemann ist Alkoholiker, haben sich getrennt nach ›Erniedrigung‹, sind nicht geschieden. Ehemann wohnt momentan wieder in ihrer Wohnung. Ihre Kinder sagen: »Tu nicht so blöd«. Patientin ist extrem vergesslich – das muss abgeklärt werden. Im Verhalten nicht adäquat.

Themen ›Soziales‹:
Hat eine Invaliden-Rente (IV) mit Ergänzungsleistungen (EL), finanzielle Unterstützung vom Ehemann. Ist beim Sozialamt, die Tochter erledigt ihre Post. Schwierige Wohnsituation mit Ehemann am Wochenende.

Der Psychiater definiert als Auftrag an die Sozialberatung, die Wohnsituation gemeinsam mit Frau G. zu bearbeiten. Die Wohnsituation und das (Abhängigkeits-?)Verhältnis zu ihrem Ehemann seien bislang in seiner Beratung zwei grosse Themen gewesen, die aber doch eher im Aufgabegebiet der Sozialen Arbeit lägen. Sein Wunsch sei es, dass eine Lösung gefunden werde, die nach dem Klinikaustritt für Frau G. funktioniere. Der Auftrag des Psychiaters passt zum grundsätzlichen Auftrag der Sozialberatung der Stabilisierung der physischen und psychischen Gesundheit der Patientin und dem Finden einer passenden Anschlusslösung an die Klinik.

Frau G. stimmt den Ausführungen der Professionellen über ihre Situation im Allgemeinen zu. Sie merkt an, dass es ihr in der Klinik wohl sei und dass sie für sich schon grosse Fortschritte gemacht habe. Sie fühle sich in der Gruppe gut integriert. Die Bearbeitung ihrer Wohnsituation liege ihr am Herzen. Sie möchte gerne alternative Wohnformen mit mir anschauen. Ich verstehe dies als Auftrag von ihr. Wir vereinbaren deshalb, dass sie sich für einen Termin bei mir meldet.

2.2 Situationserfassung

Laut Hochuli Freund und Stotz ist für diesen Schritt der KPG »[...] die Kooperation mit der Klientin [...] unabdingbar« (2015:154). Auf Grund der subjektiven Auslegeordnung des bisher Erlebten in der Situationserfassung ist der Klient der Experte seiner Situation und kann die weitere Fallbearbeitung steuern (vgl. ebd.). Die Kooperation mit Frau G. ist innerhalb der Rahmenbedingungen des Spitals und der psychosomatischen Klinik zu gestalten. Diese geben vor, dass die Arbeitsbeziehung zur Patientin durch Freiwilligkeit der Beratungsinanspruchnahme von einer eher kurzen Dauer der Beratung und einer mässigen Verbindlichkeit gekennzeichnet ist (vgl. Hochuli Freund/Stotz 2015:88f). Durch die hohe Freiwilligkeit der Beratung kann eine »[...] starke Aushandlungs- und Beteiligungsorientierung [...]« von Seiten der Patientin möglich sein (Heiner 2010, zit. in ebd.:104). Die durch die Freiwilligkeit starke Involvierung der Patientin könnte nach Abschluss der eher kurzen und mässig verbindlichen Beratung, die »[...] dezidierte Förderung der Eigenverantwortung [...]« von Frau G. zur Folge haben (ebd.). Die Gestaltung der Kooperation nach dem Modell der Beziehungsfundierten Passung nach Heiner könnte Frau G. also anregen, auch nach Abschluss der Beratung die besprochenen Inhalte eigenverantwortlich in die Tat umsetzen zu wollen. Innerhalb der vorgegeben Rahmenbedingungen kann das Kooperationsmodell also stark die Autonomie der Patientin und die Beziehung zum Kooperationspartner fördern und ermöglicht dadurch eine Passung von Problemlage und Problembearbeitung (vgl. ebd.).

Beim ersten Gesprächstermin im März führe ich ein *Erstgespräch als Erkundungsgespräch* im Sinne von Hochuli Freund und Stotz durch (vgl. 2015: 159f.). Im Erstgespräch soll ein detailliertes Bild vom Leben von Frau G. entstehen, gleichzeitig ermöglicht es der Klientin, ein subjektives Empfinden der eigenen Situation, der Sozialarbeiterin und dem Hilfesystem zu gewinnen. Ich lege mir dafür in der Vorbereitung Themenfelder fest, zu denen ich Frau G. offene Fragen stelle. Indem ich die Lebenslage und die Lebenswelt von Frau G. erkunde, erhoffe ich mir einen systemischen Blick auf die aktuelle Situation. Ein ›systemisches Bild‹ einer Person in einer Situation kann laut Kraus durch das Eruieren der Lebenslage und der Lebenswelt eines Menschen kristallisiert werden (vgl. Kraus 2013:153). Der Begriff der Lebenslage wird dabei als die objektiven Rahmenbedingungen eines Lebens definiert (vgl. ebd.). Gemeinsam mit den subjektiven Bedingungen eines Lebens – wie Kraus den Begriff der Lebenswelt definiert (vgl. ebd.) – ergibt sich für mich aus dem Erstgespräch mit Frau G. also ein ›systemisches Bild‹ ihrer aktuellen Situation. Im nächsten Schritt der Analyse sollen dann die Aussagen ausgewertet und in einen geordneten Zusammenhang gebracht werden.

Nachfolgend sind meine Notizen zum Erstgespräch dokumentiert, strukturiert nach den Themenfeldern Wohnen, Familie und nahe Beziehungen, Finanzen, Arbeit und Freizeit und Gesundheit. Gemäss KPG werden dabei die Aussagen von Frau G. wiedergegeben (vgl. Hochuli Freund/Stotz 2015:156f.)

Wohnen:
Frau G. wohnt alleine in einer Wohnung mit einem Hund und einer Katze. Die Wohnung gefällt ihr. Vor der Klinik hatte sie zu Hause Unterstützung durch die psychiatrische Spitex. Sie mag die Wohnung gerne sauber und putzt daher regelmässig. Seit zwei Monaten ist sie nun in der Klinik, am Wochenende geht sie nach Hause. Weil ihr Ehemann zurzeit in ihrer Wohnung wohnt, ist sie manchmal hin und her gerissen zwischen dem Wunsch, am Wochenende nach Hause zu gehen und dem, in der Klinik zu bleiben. Ihr Ehemann mache die Wohnung schmutzig und putze nicht so regelmässig wie sie, das störe sie. Was ihr gefällt ist, dass er zu ihren Tieren schaut und meistens eingekauft hat, wenn sie nach Hause kommt. Ihr Plan sieht so aus, dass ihr Mann, wenn sie aus der Klinik austritt, in seine eigene Wohnung, die dann umgebaut sein wird, ausziehen wird. Sie hofft, dass dies klappt. Sie interessiert sich für andere Wohnformen mit Betreuung oder Begleitung und wünscht sich Informationen dazu.

Familie/nahe Beziehungen:
Die Familie von Frau G. besteht aus ihrem Ehemann, von dem sie getrennt lebt, gemeinsam haben sie vier Kinder. Das erste Kind bekam sie mit 17 Jahren, ihr Mann war 22. Sie habe schon ein Enkelkind, das zweite werde im Sommer geboren. Trotz dem Getrenntsein zu ihrem Ehemann definiert sie die Beziehung als gut. Sie wollen sich nicht scheiden lassen, sie möge ihn immer noch, wisse aber, dass ein Zusammenleben mit ihm nicht funktionieren würde. Ihr Mann sei Alkoholiker, das belaste sie sehr. Sie habe ein Leben lang versucht, gegen den Alkohol anzukämpfen und ihm zu helfen, davon loszukommen. Sie habe es leider nicht geschafft und denke, dass dies auch nicht mehr passieren werde. Ihr Vater sei schon Alkoholiker gewesen. Auch viele ihrer Freundinnen seien Alkoholikerinnen, sie versuche, sich abzugrenzen und sich bewusst zu machen, dass sie ihnen nicht helfen könne. Sie wünscht sich eine stärkere Abgrenzung. Ihre Kinder meinen, sie solle einen Beistand haben, auch fänden sie ein betreutes Wohnen eine gute Idee. Frau G. äussert zu beiden Punkten Skepsis.

Finanzen:
Frau G. bezieht eine Dreiviertel-Rente der IV und Ergänzungsleistungen. Mit dem zuständigen Sozialamt hat sie eine Regelung getroffen, dass die zuständige Sozialarbeiterin und sie gemeinsam ein Konto haben, das zwar auf ihren Namen lautet, aber gemeinsam verwaltet wird. Momentan in der Klinik erhält sie wöchentlich ein ›Taschengeld‹ von ihrem Einkommen. Diesen Kontrollverlust erlebt sie zum einen als störend, da er ihre Freiheiten beschränke, andererseits empfindet sie ihn als hilfreich, da sie mit der Einteilung ihres Einkommens überfordert wäre.

Arbeit/Freizeit:
Vor dem Klinikeintritt ist Frau G. keiner Arbeit nachgegangen. Früher war sie Hausfrau und Mutter. Sie hat keine Ausbildung gemacht. Vor dem Kli-

nikeintritt hat sie in ihrer Freizeit oft Fernseher geschaut und sei keiner bestimmten Freizeitbeschäftigung nachgegangen. In der Klinik habe sie entdeckt, wie erfüllend verschiedene Hobbys seien, sie strickt gerne, malt und liest. Sie macht sich Gedanken, wie es nach dem Klinikaustritt weitergehen wird. Sie interessiert sich für geschützte Arbeitsplätze und wünscht sich Informationen dazu.

Gesundheit:
Frau G. ist adipös, sie bewegt sich schwerfällig und ist rasch ausser Atem. Sie habe eine lange Geschichte mit ihren Rückenschmerzen, eine helfende Behandlung, ausser die Schmerzen zu betäuben, habe sie bis jetzt nicht gefunden. Sie sei sehr vergesslich, ein Arzt habe ihr gesagt, das könnte mit einem unbemerkten Schlaganfall zusammenhängen. Sie sei rasch müde und müsse sich oft hinlegen oder schlafen. Sie habe viele Ideen, was sie unternehmen könnte, die Umsetzung scheitere oft an ihrer Müdigkeit.

2.3 Analyse

Nach KPG werden die Informationen aus dem Prozessschritt der Situationserfassung im Schritt der Analyse mit Hilfe themenbezogener Einschätzungen erweitert. Die Komplexität der Informationen wird dadurch zunächst erhöht, deshalb müssen diese anschliessend bewertet und fokussiert werden, damit die Komplexität wieder reduziert werden kann (vgl. Hochuli Freund/Stotz 2015:180f.). Mit Hilfe verschiedener Analysemethoden soll herausgearbeitet werden, was das Thema des Falles ist (vgl. ebd.:212f.).

Als erstes möchte ich mit der Methode des Zeitstrahls beginnen (siehe Abb. 20), um mir selber eine Übersicht über die von Frau G. subjektiv als wichtig empfundenen Stationen ihres Lebens machen zu können (vgl. ebd.: 191ff.). Als zweite Analysemethode erachte ich eine Problem- und Ressourcenanalyse mit der systemischen Denkfigur (SDF) nach Staub-Bernasconi und Geiser als sinnvoll. Diese Methode ist Teil des von Staub-Bernasconi und Obrecht entwickelten Systemtheoretischen Paradigmas Sozialer Arbeit (vgl. Geiser 2009). Dabei kann ich die Ressourcen und Probleme von Frau G. in einen verständlichen Zusammenhang bringen. Mit der Auslegeordnung nach Ressourcen und Probleme von Frau G. in der SDF sollte klarwerden, was die Thematik des Falles ist.

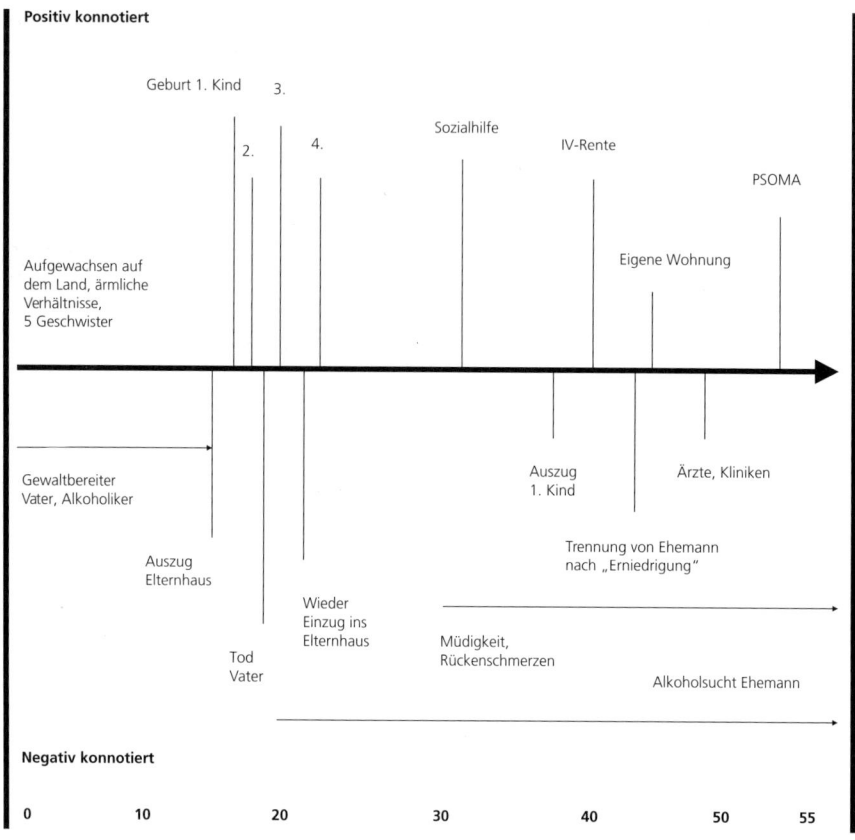

Abb. 20: Zeitstrahl

An einem zweiten Gesprächstermin im April erstellten Frau G. und ich gemeinsam einen *Zeitstrahl* mit wichtigen Stationen in ihrem Leben seit ihrer Geburt bis heute mit 55 Jahren. Wir ordnen die Ereignisse in positive (oben) und negative (unten) Konnotationen. Der Zeitstrahl dient mir selber dazu, einen Überblick zu erhalten und die aktuelle Situation von Frau G. mit ihrem bisherigen Leben als Hintergrundfolie zu verstehen. Frau G. selber soll er ermutigen, auf ein bewegtes bisheriges Leben zurückzublicken, eigene Lösungsversuche zu erkennen und auf das bisher Geleistete stolz zu sein. So kann der Zeitstrahl eine Motivation zur Veränderung sein.

Am gleichen Termin spreche ich mit Frau G. über ihre Einstellungen, ihre Wünsche und Träume, über ihre Beziehungen und ihre Sorgen. Ich notiere mir das Gesagte und ordne es zu einem späteren Zeitpunkt mit Informationen der bisherigen Fallbearbeitung aus Aussagen von Frau G., mit Einschätzungen von anderen Professionellen und mit meinen eigenen Einschätzungen als zweiten Schritt in der Analyse in die *systemische Denkfigur* (SDF) nach Geiser (2009:95ff.) ein.

Autonomieförderung durch systemische Fallbearbeitung

Beim dritten Gespräch mit Frau G., ebenfalls im April, zeige und erläutere ich ihr die Einordnung (siehe Abb. 21). Dabei werden nach Geiser Zusammenhänge zwischen den unterschiedlichen Ausstattungsdimensionen ausgearbeitet (vgl. ebd.:136–149).

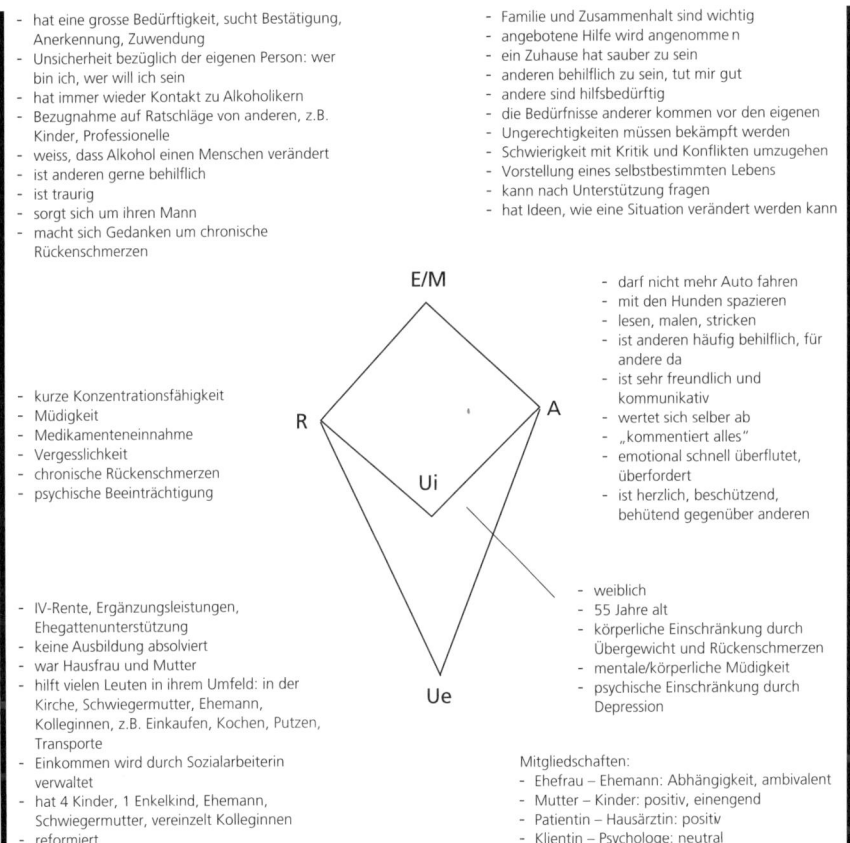

Abb. 21: Situation von Frau G. gemäss systemischer Denkfigur nach Geiser

Bei diesem Gespräch gibt Frau G. beim Betrachten der SDF zu bedenken, dass sie nicht viele Mitgliedschaften oder Beziehungen habe. Ich stimme ihr zu und teile ihr meinen Eindruck mit, dass offenbar keine Beziehung – wie etwa eine gute Freundschaft – ausserhalb von Familie und professionellem Hilfesystem existiere. Sie sagt dazu, sie habe zwar Kolleginnen, aber diese Beziehungen seien eher oberflächlich und einseitig. Meist sei sie diejenige, die in Beziehungen investiere, indem sie anderen behilflich sei oder jemandem in schwierigen Situationen zur Seite stehe. Mit der Einordnung in der SDF fällt auf, dass sie viele Menschen um sich hat, die alkoholkrank sind: ihr Mann, viele ihrer Kolleginnen, ihr Vater früher. Nach eigener Aussage lähmen und hindern sie diese Beziehungen, dennoch könne sie sich nicht davon lösen. Mir fällt die Konzentration auf ihr kleines soziales Umfeld auf, mit den Beziehungen (Ehemann, Kinder, Kirche, einseitige Beziehungen zu Kolleginnen) einerseits und den Tätigkeiten (Fernseher, Hund, lesen, malen, stricken, Haushalt) andererseits. Sie hat kaum neue Impulse von aussen, sondern orientiert sich am Bekannten, an der Familie, den Alkoholikern in ihrem Umfeld und an Tätigkeiten des Haushalts. Ich sehe, dass Frau G. in ihrem Leben beschränkte Möglichkeiten durch beschränkte Ressourcen in *Ue* hat. Sie untersteht einigen Abhängigkeitsverhältnissen und hat manche ungleichen Beziehungen. Sie ist an einige Professionelle gebunden, die eine gewisse Kontrolle über ihr Leben ausüben. Im privaten Bereich üben zum einen sicher die Kinder, zum anderen wahrscheinlich auch ihr Ehemann ebenfalls eine gewisse Kontrolle über ihr Leben aus. Frau G. stimmt dieser Einschätzung zu. Ganz stark sei deshalb ihr Wunsch nach einem selbstbestimmteren Leben. Diesen Wunsch hege sie schon lange, sie sei sich aber im Unklaren, wie sie ihn in die Tat umsetzen solle. Die Kontrolle über ihre Finanzen findet sie zwar etwas unangenehm, sagt aber, dass sie dies nicht alleine machen könnte. Auch die Unterstützung hier in der Klinik und durch ihre Hausärztin erlebt sie als sehr positiv.

Die Fallthematik definiere ich nach diesem Gespräch wie folgt:

> 55-jährige Frau mit ungleichen Beziehungen, in die sie mehr investiert als zurückbekommt, die sich mehr Unabhängigkeit in ihrem Leben wünscht, kombiniert aber mit professioneller Unterstützung.

2.4 Diagnose

Auf der Grundlage der definierten Fallthematik sollen im Schritt der Diagnose durch theoriegeleitete Fallüberlegungen und Erklärungen »Hinweise für hilfreiche Interventionen« gefunden werden (Hochuli Freund/Stotz 2015:253f.). Dazu werden zunächst Fallüberlegungen auf Grund der Methode der SDF vorgestellt. Anschliessend wird mittels Theoriewissen eine soziale Diagnose erstellt (vgl. FHNW 2017). Frau G. wird die – mittels passender Theorien gebildete – Arbeitshypothese validieren.

Fallverstehen anhand der systemischen Denkfigur (SDF)

Die Stärken der SDF liegen darin, dass Zusammenhänge zwischen unterschiedlichen Lebensbereichen kritisch beleuchtet und bewertet werden können (vgl. Geiser 2009:251ff.). Gemäss der Fallthematik berücksichtige ich dabei stark den Wert der Autonomie, der aus dem Wunsch nach mehr Unabhängigkeit von Frau G. deutlich wurde.

Frau G. hat in *Ue* beschränkte Möglichkeiten auf Grund beschränkter Ressourcen. Dieser Umstand könnte ihr geringes Selbstbewusstsein erklären. Der hohe Stellenwert des Helfens für andere könnte ein Ersatz für einen erfüllenden Beruf oder ein erfüllendes Hobby sein, es könnte aber auch mit dem jahrelangen Zusammenleben mit Alkoholikern zusammenhängen. Mit dem Helfen kann sich Frau G. als wirksam erleben und erhält von anderen Lob und Anerkennung. Eine solche Bestätigung erlebt sie möglicherweise nur in diesem Bereich. Die ungleichen Beziehungen könnten ebenfalls durch ihre geringen Ressourcen in *Ue* erklärt werden. Vom Ehemann ist sie sicherlich in einem gewissen Masse abhängig, u. a., da er sie finanziell unterstützt. Frau G. äussert den Wunsch, sich von ihrem Ehemann zu trennen, da rational viele Gründe gegen die Beziehung sprächen. Das Ehepaar ist aber wahrscheinlich emotional sehr verstrickt und die Beziehung ist sehr komplex, sodass die Umsetzung dieser Entscheidung ein langer Prozess ist. Die jahrelange Alkoholabhängigkeit des Ehemannes hat die Beziehung geprägt. Möglicherweise handelt es sich bei der Beziehung um ein gegenseitiges Abhängigkeitsverhältnis. Auffällig ist, dass Frau G. immer wieder ungleiche Beziehungen führt und sich nicht davon lösen kann, obwohl sie erkennt, dass diese Beziehungen nicht förderlich für ihre Entwicklung sind. Als förderlich für sich selbst erkennt Frau G. die Beschäftigungen Malen und Stricken, die sie erst in der Klinik entdeckt hat. Wahrscheinlich hindern sie ihre psychischen und körperlichen Einschränkungen daran, sich aktiv in neuen Beschäftigungen auszuprobieren, gleichwohl verspürt sie den Wunsch nach mehr Freiheiten. Diese Einschränkungen der Müdigkeit und der chronischen Schmerzen könnten auch die emotionale Überflutung und die geringe Konzentrationsfähigkeit erklären. Möglicherweise sind Frau G. ihre eingeschränkten Ressourcen in Bildung, Finanzen, Sozialem und Körperkraft bewusst und sie sehnt sich deshalb nach mehr Freiheiten und Gestaltungsmöglichkeiten ihres Lebens, damit sie in einigen Bereichen ihres Lebens wirksam sein und eigene Entscheidungen treffen kann (vgl. Geiser 2009:136–149).

Fallverstehen mit Hilfe von Theoriewissen

Wie in der Fallthematik festgehalten, kennzeichnen zum einen ungleiche Beziehungen das Leben von Frau G. stark, zum anderen äussert sie den Wunsch nach mehr Unabhängigkeit in ihrem Leben. Mit Hilfe von geeignetem Theoriewissen soll deshalb nach Erklärungen für die kognitiven Modelle und Verhaltensweisen von Frau G. gesucht werden, damit ein vertieftes systemisches Fallverstehen möglich wird und herausgearbeitet werden kann, wo Ziele und Interventionen ansetzen können. Die Suche von Frau G. nach Bestätigung und Lob in ihren ungleichen Beziehungen könnte mit ihrer Kindheit zusammenhängen. Das angespannte Verhältnis zu ihrem gewaltbereiten verstorbenen Vater hat möglicherweise ihr späteres Beziehungsverhalten beeinflusst. Dies soll mit der Bindungstheorie nach John Bowlby und Mary Ainsworth beleuchtet werden (nach Grossmann/Grossmann 2003). Zusätzlich kennzeichnet der Kontakt zu Alkoholikern das Leben von Frau G. stark.

Die Auswirkungen dieser »Co-Abhängigkeit« auf Beziehungsgestaltungen sollen mit dem gleichnamigen Buch von Jens Flassbeck (2010) herausgefunden werden.

Bowlby schreibt, dass das *Bindungsverhalten* eines Menschen in der Kindheit entsteht und ein Leben lang seine Beziehungen beeinflusst (vgl. Grossmann/Grossmann 2003:62f.). Eines von drei Bindungsmuster ist das ängstlich-wiederstrebende, auch unsicher-ambivalent genannt. Dieses Bindungsmuster entsteht, wenn Kinder unsicher sind, ob die Eltern verfügbar sind, wenn es sie braucht (vgl. ebd.:64). Das Kind hat Trennungsängste und klammert sich an die Bezugspersonen. Auch ist es »[...] ängstlich bei der Erkundung der Welt« (ebd.). Bei Frau G. könnte dieses Muster auf den alkoholkranken Vater, dessen Persönlichkeit sich je nach Konsum verändert hat, sowie auf die sehr beschäftigte Mutter von sechs Kindern mit einem Haushalt und einem Hof zurückzuführen sein. Beim Vater wusste Frau G. nie, in welcher Stimmung er gerade war, dies habe sie sehr beschäftigt. Manchmal sei er sehr fürsorglich gewesen, andere Male aggressiv und habe sie wegen einer Kleinigkeit geschlagen. Die Mutter sei kaum für sie verfügbar gewesen. Da Frau G. sehr früh von diesem Bindungsmuster geprägt wurde und sie auch in ihrem weiteren Leben keine anderen Beziehungserfahrungen machen konnte, zeigt sie bis heute ein unsicher-ambivalentes Bindungsmuster. Laut Bowlby äussert sich dieses Muster in einem starken Bedürfnis nach Aufmerksamkeit. Eine Person mit diesem Bindungsverhalten ist entweder angespannt, impulsiv und hat eine niedrige Frustrationstoleranz oder ist passiv und hilflos (vgl. ebd.:65). Gemäss der Einschätzung der anderen Professionellen hat Frau G. dieses starke Bedürfnis nach Aufmerksamkeit und ist eher passiv und hilflos. Bearbeitet werden, könnte diese Bindungsstörung beispielsweise mit der Erfahrungsorientierten Bindungstherapie (vgl. bindungstherapie.com). Bei dieser Therapie erfährt die hilfesuchende Person durch den (Psycho-)Therapeuten und durch andere Erfahrungen, dass es tragfähige, stabile Beziehungen gibt. Die erklärenden Hypothesen nach dem theoriegeleiteten Fallverstehen (vgl. Hochuli Freund/Stotz 2015:225f.) lauten auf Grund der Bindungstheorie:

- Weil Frau G. in ihrem Leben durch instabile Beziehungen geprägt wurde, entwickelte sie ein unsicher-ambivalentes Bindungsmuster und zeigt deshalb ein grosses Bedürfnis nach Aufmerksamkeit.
- Das erlernte Bindungsverhalten von Frau G. erschwert ihr das Erkunden von neuen Tätigkeitsfeldern, da sie ängstlich auf Neuerungen in ihrem Leben reagiert.
- Auf Grund von erlernten Trennungsängsten ist Frau G. in ihrer Beziehungsgestaltung passiv und hilflos, sie wartet eher ab, wie andere die Beziehung zu ihr gestalten, als dass sie eigene Wünsche äussert.

Eine *Co-Abhängigkeit* nennt Flassbeck ein erlerntes schädigendes Verhalten als Reaktion auf die Sucht eines nahen Menschen. Wie die süchtige Person erleben die nahen Bezugspersonen wechselnde Gefühlszustände und dramatische Leiden (vgl. Flassbeck 2010:34f.). Eine Co-Abhängigkeit besteht, wenn die Bezugsperson »[...] ihr negatives Erleben dauerhaft zu beschönigen, zu unterdrücken oder zu verleugnen [versucht] und durch inkonsequentes Handeln ihre Notsituation noch [...] verschlimmern [...]« (ebd.:35). Der Wunsch, einer nahen Person in der Notsituation der Sucht helfen zu wollen wird oft jahrelang ausgenutzt. Durch Manipulationen werden immer wieder Hoffnungen in der helfenden Person geweckt, die wahrscheinlich genauso oft wieder zerstört werden (vgl. ebd.:36f.). Von Co-Abhängigkeit sind laut Flassbeck häufig Personen betroffen, die viele Ressourcen in ihren persönlichen Eigenschaften mitbringen. Das sind Freundlichkeit, positives Denken, Rücksichtnahme, Gutmütigkeit etc. (vgl. ebd.:38). Diese Eigenschaften sind in der Beziehung mit einem Süchtigen von Nachteil, da sie zugunsten des Suchtkonsums missbraucht werden. Oftmals schweigen Angehörige von Suchtkranken zu ihrer Situation, sie empfinden ohnmächtige Wut, Selbstzweifel und eine tiefe Scham und teilen sich deshalb anderen nicht mit (vgl. ebd.:42f.).

Laut meiner Einschätzung trifft die Co-Abhängigkeit auf Frau G. zu. Ihr übermässiges Bedürfnis anderen, meist schwächeren, oft abhängigen Personen zu helfen, könnte ein Verhalten sein, das sie durch das Vorleben der Beziehung zwischen ihren Eltern gelernt haben könnte und das sie mit ihrem Mann weiterhin angewandt hat. Ihrem Mann hilft sie immer wieder, zuletzt hat sie ihn in ihrer Wohnung leben lassen, obwohl sie sich in dieser Situation nicht wohl gefühlt hat. Frau G. weist zahlreiche der aufgeführten Eigenschaften auf, sie ist sehr freundlich, arglos, nachgiebig, gutmütig und rücksichtsvoll. Wahrscheinlich hat sich auch der Selbstzweifel in Frau G. niedergelassen, sie traut sich kaum etwas zu und hinterfragt sich immer wieder, ob sie alles richtiggemacht hat. Als Therapie eines co-abhängigen Verhaltens nennt Flassbeck das Erlernen von anderen Verhaltensweisen, das »Sich-abgrenzen« lernen und das Mitteilen des eigenen Befindens. Durch konsequentes Handeln gegenüber Süchtigen können Freiräume gewonnen werden und das Realisieren von eigenen Lebenszielen und -interessen wird möglich (vgl. ebd.:38). Auch könnte eine Auszeit in einer Kur oder Klinik helfen, mit dem Abstand zum Alltag aus gestörten Gewohnheiten und Stereotypen ausbrechen zu können (vgl. ebd.:167). Als Angehörige einer süchtigen Person sollte auch gelernt werden, nicht nur über die abhängige Person, sondern auch über das eigene Befinden sprechen zu können (vgl. ebd.:175).

Die folgenden *erklärenden Hypothesen* lassen sich aus diesem Zugang herleiten:

- Weil Frau G. durch nahe Beziehungen zu Alkoholikern eine Co-Abhängigkeit entwickelt hat, hat sie Mühe, für ihre eigenen Bedürfnisse und Wünsche einzustehen.
- Durch ihre persönlichen Ressourcen (Freundlichkeit, Gutmütigkeit, Hilfsbereitschaft) ist Frau G. eine wichtige Stütze für andere Menschen.
- Durch die vielen Enttäuschungen und Rückschläge in ihrer Beziehung zu ihrem Ehemann ist Frau G. überzeugt, dass ihre Person an diesem Scheitern mitschuldig ist.

Die *handlungsleitende Arbeitshypothese* (vgl. Hochuli Freund/Stotz 2015:226f.) für die weitere Fallbearbeitung mit Frau G. lautet:

> *Wenn* Frau G. zu Professionellen und anderen Personen stabile Beziehungen aufbauen kann, in denen sie mit Abstand über ihr Erleben als Mitbetroffene von Alkoholabhängigkeit sprechen kann und neue Verhaltensmuster erlernt, *dann* erfährt sie, dass es erfüllende gleichwertige Beziehungen gibt, in denen sie ihre eigenen Vorstellungen einer Beziehung äussern kann, und dass viele ihrer persönlichen Eigenschaften eine Ressource darstellen, mit denen sie sich neue Freiräume schaffen kann.

2.5 Ziele, Interventionsplanung und Interventionsdurchführung, Evaluation

Im vierten Gespräch Anfang Mai habe ich Frau G. meine Erkenntnisse aus der Diagnose nicht direkt mitgeteilt, wie das in der Methode des theoriegeleiteten Fallverstehens eigentlich vorgesehen ist (vgl. Hochuli Freund/Stotz 2015:227f.). Vielmehr habe ich versucht, ihre autonomen Wünsche nach einem anderen Leben nach dem Klinikaustritt zu stärken. Sie hat sich nach unserer Aufstellung der SDF selber sehr viele Gedanken gemacht. Frau G. ist sehr motiviert, den Klinikaustritt so vorzubereiten, dass dieser Ende Mai ohne Schwierigkeiten klappt. Sie äussert, etwas Angst vor der Rückkehr nach Hause zu haben. Ihre übergeordneten *Ziele* umschrieb sie folgendermassen:

> Die Wohnsituation mit ihrem Ehemann klären, eine regelmässige professionelle Unterstützung zu haben und ihre neu gewonnenen Freizeitbeschäftigungen weiterzuführen.

Diese Ziele wird sie mit der Pflege besprechen und gemeinsam werden sie Interventionen planen und durchführen, die zu diesen Zielen hinführen. Ende Mai wird Frau G. aus der Klinik austreten, wir vereinbaren deshalb ein weiteres Gespräch kurz vor Austritt, damit wir die aktuelle Situation und den ganzen Beratungsprozess evaluieren können.

Bei diesem fünften Gespräch Mitte Mai kurz vor dem Klinikaustritt besprechen Frau G. und ich die bis dahin getätigten *Interventionsschritte*. Frau G. hat die Wohnsituation so organisiert, dass eine psychiatrische Pflege ihr zu Beginn zweimal wöchentlich unterstützend in der Alltagsgestaltung hilft. Betreute oder begleitete Wohnformen habe sie sich überlegt und wolle diese Angebote im Moment nicht in Anspruch nehmen. Bei einem klärenden Gespräch mit dem Psychiater und ihren Kindern habe sie sich dazu entschlossen, eine Beistandschaft für sich zu beantragen. Sie wird diesen Schritt mit der psychiatrischen Heimpflege angehen. Das Gespräch mit ihren Kindern habe die Situation etwas entspannt, dies beruhige Frau G. sehr. Sie hat einen ersten Termin bei einem Psychiater in ihrem Wohnort organisiert, den sie regelmässig konsultieren möchte. Die psychiatrische Unterstützung in der Klinik hat sie als sehr hilfreich empfunden und möchte diese nach Austritt weiterführen. Weiter hat sie mit Unterstützung der Pflege einen Brief an ihren Ehemann geschrieben und abgeschickt, in dem sie ihn bittet, aus ihrer Wohnung auszuziehen. Eigentlich wollte sie ihm das persönlich sagen, konnte sich aber nicht dazu überwinden. In dieser Form stimme das so für sie.

Frau G. und ich *evaluieren* die geleistete Fallarbeit nach den Kriterien der Wünschbarkeit/Verträglichkeit, der Wirtschaftlichkeit und des Realitätsbezuges/Kontextes (vgl. Hochuli Freund/Stotz 2015:318f.). Da die Beratungszeit in der psychosomatischen Klinik mit der Patientin eher kurz ist, schliesst dieser Schritt den Beratungsprozess ab. Ich frage Frau G., ob die geleistete Fallarbeit ihren Wünschen entspricht, ob sie daran weiter anknüpfen kann und wie sie sich selber in dieser Zeit verändert hat. Frau G. äussert, den Beratungsprozess als sehr hilfreich für ihre weitere Entwicklung empfunden zu haben. Sie habe meine Gespräche jeweils als Anregung zur Selbstreflexion genutzt, in der Zeit in ihrem Zimmer in der Klinik habe sie oft über ihr Leben nachgedacht. Sie sei froh, dass sie den Entschluss gefasst habe, ihren Alltag zu verändern und nicht mehr so weiterzumachen wie bisher. Auch sei sie froh, dass sie gute Unterstützung durch die Heimpflege und den Psychiater haben werde und dass ihre Kinder ihre Entscheide gutheissen und sie sich aussprechen konnten.

Die Veränderungen durch die Fallbearbeitung sind als sehr positiv zu beurteilen, Frau G. hat ihre eigenen Wünsche geäussert und mit Unterstützung Professioneller Interventionen nach ihren Vorstellungen getätigt. Der professionsbezogene Auftrag der Autonomieförderung und Ressourcenaktivierung wurde in der Fallbearbeitung umgesetzt, die Klientin wurde als Expertin ihres Lebens geschätzt. Der organisationsbezogene Auftrag der Reintegration in das gesellschaftliche Leben wurde gezwungenermassen auch umgesetzt, möglicherweise hätte sich Frau G. noch mehr Zeit in der Klinik gewünscht, da sie sich sehr wohl gefühlt hat. Mit dem Zeitdruck hat sie dies aber sicher auch zu Ideen angeregt und zur Interventionsdurchführung in einer angemessenen Zeit. Der klientinnenbezogene Auftrag wurde aus meiner Sicht sehr gut erfüllt, Frau G. hat ein Unterstützungsnetz nach dem Austritt, sie hat ihren Alltag aber auch nicht von Anfang an komplett verändert, sondern sinnvolle externe Unterstützung organisiert. Mit der Heimpflege kann sie ihr Wunsch nach einer kreativeren Freizeitgestaltung noch weiter vertiefen, wenn für sie der Zeitpunkt stimmt. Ob die Beantragung der Beistandschaft ihrem eigenen Wunsch entspricht, kann ich nicht beurteilen, da dieser Beschluss in einem anderen Gespräch gefasst wurde. Meiner Meinung nach ist es aber eine Intervention, die es für Frau G. auszuprobieren gilt, da eine Beistandschaft die Bedingungen der tragfähigen Beziehung erfüllen kann, die in der handlungsleitenden Arbeitshypothese ausgearbeitet wurden. Damit die weitere Umsetzung der Alltagsgestaltung von Frau G. ihrem Wunsch nach mehr Unabhängigkeit entspricht, ist es aus meiner Sicht sinnvoll, wenn sie eine Bezugsperson in ihrem Unterstützungssystem hat, zu der sie eine vertrauensvolle Beziehung pflegt und die weitere Professionelle koordinieren kann. Dies könnte neben der möglichen mandatstragenden Person, ihr Psychiater, die Person der psychiatrischen Heimpflege oder ihre Sozialarbeiterin sein. Als *Folgerung für die Weiterarbeit im Fall von Frau G.* nach dem Klinikaustritt können nebst der Weiterführung der personenzentrierten Arbeit umgebungsorientierte Aufgaben genannt werden (vgl. Pauls 2013:190). Es soll also nicht nur die Klientin im Mittelpunkt der Fallbearbeitung stehen, wie das in der Klinik der Fall war, auch ihr soziales Umfeld soll aktiv in die Fallbearbeitung einbezogen werden. Aus der Fallbearbeitung wurde nämlich ersichtlich, dass viele Schwierigkeiten von Frau G. mit ihrem sozialen Umfeld zusammenhängen. Die Weiterarbeit mit Bezugspersonen von Frau G. kann deshalb sinnvoll für ihre weitere Entwicklung sein. Die weitere Fallarbeit mit Frau G. und ihren Bezugspersonen (Ehemann, Kinder, Freundinnen) könnte durch die Sozialarbeiterin von Frau G., durch die Bezugsperson der Heimpflege oder dem Psychiater erfolgen.

Selbstreflexion: Das Beratungsende wurde mit einem Aufwand erreicht, das ich als angemessen für das Ergebnis betrachte. Auch für Frau G. haben die fünf Beratungsgespräche gestimmt. Die Schritte der Analyse und Diagnose waren möglicherweise etwas zu ausführlich geplant und durchgeführt. Im Endergebnis haben sie die Klientin aber angeregt, sich selber Ziele zu setzen und diese umzusetzen. Insgesamt fünf Beratungsgespräche sind auch eher viel für die klinische Sozialberatung, gemessen am Ertrag sind sie aber angemessen. In Bezug auf die Zusammenarbeit mit den anderen Professionellen habe ich der Pflege und dem Psychiater möglicherweise zu wenige meiner Erkenntnisse mitgeteilt. Damit die Pflege direkt an meine Erkenntnisse aus der Analyse und Diagnose hätte anschliessen können, hätten sie ausführliche Informationen dazu von mir gebraucht. Sicher haben sie durch die Wünsche und angestrebten Ziele von Frau G. gemerkt, dass sie sich schon viele Gedanken zur weiteren Bearbeitung gemacht hat. Der wöchentliche kurze Austausch war sehr gut, dort haben die anderen Professionellen den aktuellen Stand unserer Fallbearbeitung erfahren und konnten ihrerseits mit der Patientin ungefähr am gleichen Ort anknüpfen.

3 Reflexion und Erkenntnisse

Zunächst werden theoriegeleitete Erkenntnisse für das Arbeitsfeld der Spitalsozialarbeit diskutiert, die sich anhand dieser Fallbearbeitung verdeutlichen lassen. Abschliessend werden die eigenen Erfahrungen mit der Methodik KPG reflektiert.

3.1 Erkenntnisse und Folgerungen für die Fallarbeit in der Spitalsozialarbeit

Pauls beschreibt als häufige Settings in der klinischen Sozialarbeit *räumlich abgegrenzte Settings mit Kommstruktur* (Klientel mit Leidensdruck suchen Beratungsstelle auf), *zeitdefinierte Settings* (vorgegebener Zeitrahmen) und *zeitlich variable Settings* (variable Dauer und Häufigkeit von Gesprächen und Interventionen; vgl. Pauls 2013:184f.). In diese Settings, in die auch die vorliegende Fallarbeit eingeordnet werden kann, sieht er die Vorteile eines leichteren Vertrauensaufbaus zwischen der Klientin und der Sozialarbeitenden durch den freiwilligen Rahmen. Die Vorteile sieht er auch in der Möglichkeit für den Klienten, sich auf einzelne Termine vorbereiten zu können, und in der möglicherweise stärkeren Motivation der Kooperationspartner für die Beratung, da sie über eine kurze Dauer stattfindet. Im individuell gestaltbarem Rahmen der Beratung sieht er die Vorteile der Effizienz: Die Klientel hat ein Mitspracherecht in der Ausgestaltung und im Aufwand und der Dauer der Beratung (vgl. ebd.). Etwa einen Monat vor Klinikaustritt wusste Frau G. das Datum ihres Austrittes, möglicherweise hat sie auch deswegen so rasch anschliessende Lösungen organisiert. Als mögliche Nachteile in Settings der klinischen Sozialarbeit definiert Pauls die Störung des Beratungsprozesses durch andere Professionelle oder Vorgänge. Auch mir war oft nicht klar, welche Themen die Pflege oder der Psychiater behandeln. Von Gespräch zu Gespräch waren plötzlich wieder andere Ideen aktuell. Auch in der Oberflächlichkeit einer kurzen Beratungsdauer und dem damit verbundenen fehlenden Bindungsaufbau sieht Pauls eher ein Nachteil (vgl. ebd.). Der freiwillige Kontext erleichtert Sozialarbeitenden also die Kontaktaufnahme mit einem Klienten, einer Klientin, erschwert aber gleichzeitig die Bildung einer tragfähigen Beziehung. Das Mitbestimmungsrecht der Klientin über die Ausgestaltung der Beratung entspricht dem professionellen Grundsatz der Autonomieachtung. Sozialarbeitende sehen sich dabei aber auch mit dem Auftrag der Organisation (Wirtschaftlichkeit, Interprofessionalität) konfrontiert, den sie zu erfüllen haben. Da zahlreiche Professionelle in eine Fallbearbeitung involviert sind, besteht, wie Pauls beschrieben hat, die Möglichkeit von Störungen (vgl. ebd.).

Auch in der Fallbearbeitung von Frau G. sind gewisse Interventionen doppelt oder erschwert angegangen worden, da eine ungenügende Absprache zwischen den Professionellen bestanden hat. Längere Absprachen würden möglicherweise zu viel Zeit in Anspruch nehmen. Verbesserungspotenzial sehe ich in der Definition der Aufträge der verschiedenen Professionellen. Ob das Thema Wohnen beispielsweise nun zum Auftrag der Pflegenden oder zu dem der Sozialberatung gehört, wurde nie abschliessend definiert. Als wichtig erachtet Pauls deshalb auch die gemeinsame Definition von konkret zu bearbeitenden Aufgaben – im interprofessionellen und im klientenbezogenen Kontext (vgl. ebd.:186). In der Fallbearbeitung mit Frau G. wurde das Augenmerk auf die Ressourcenaktivierung und die Autonomieförderung, also auf die ›Hilfe zur Selbsthilfe‹ gelegt. Diesen Fokus empfiehlt auch Pauls (vgl. ebd.:187). Er entspricht sicher auch dem freiwilligen Setting, das keine abschliessende Beratung in kurzer Zeit ermöglicht, vielmehr können der Klientel aber ›Werkzeuge‹ mitgegeben werden, mit denen auch nach dem Klinikaustritt ihre Situation verändert werden kann. In der Klinik werden personenzentrierte Aufgaben verfolgt, individuelle Ressourcen und Probleme können eruiert, Bedürfnisse und Ziele formuliert werden (vgl. ebd.:189).

Am Beispiel der Sozialberatung in einer Rehabilitationsklinik hat Spaar-Huber aufgezeigt, dass interprofessionelle Zusammenarbeit durch die folgenden drei Steuerelemente gekennzeichnet ist: *Macht, funktionale Arbeitsteilung* und *Kommunikation* (vgl. SFSS 2013:1). In der Fallbearbeitung von Frau G. lag die Kooperation des Fallgeschehens und somit auch die Steuermacht beim Psychiater. Die funktionale Arbeitsteilung wurde am interdisziplinären Standortgespräch ausgehandelt, die Aufgaben wurden professions-adäquat verteilt. Die Kommunikation fand formell im wöchentlichen Austauschgefäss statt, informell bei punktuellen Fragen oder Anliegen an einzelne Personen. Laut Heiner kennzeichnet sich diese Kooperation als *kontinuierliche Zusammenarbeit* (vgl. Heiner 2007:473). Für eine Fallbearbeitung muss mit anderen Fachkräften der gleichen Organisation kooperiert werden. Aus den Erfahrungen der vorliegenden Fallbearbeitung kann sich eine stärkere interprofessionelle Zusammenarbeit bei zukünftigen Fallbearbeitungen als hilfreich erweisen. Dabei gilt es abzuwägen, ob eine Fallbearbeitung dadurch effizienter gestaltet werden kann und sich daraus mehr Vorteile für die Klientel ergeben, oder ob vielmehr knappe Zeitressourcen der Beratung für die interprofessionelle Zusammenarbeit verwendet werden müssen. Wie auch Heiner erwähnt, ist oft nicht klar, welche Zuständigkeiten welche Profession betreffen; wichtig dabei ist, die eigene Profession zu kennen und sich unter anderen Fachkräften positionieren zu können (vgl. ebd.: 475f.). Dabei bedurfte und bedarf es auch in der vorliegenden Organisation stetiger interprofessionellen Aushandlungen der Zuständigkeiten, die je nach Konstellation der Kooperationen wiederholt geführt werden. Am Beispiel des in Kapitel 1 erwähnten bio-psycho-sozialen Modells wird aber deutlich, dass verschiedene Professionen am Fallgeschehen beteiligt sein müssen, damit eine systemische Fallbearbeitung möglich wird, da jede Profession Gesundheit anders definiert und erst das Zusammenspiel ein vollständiges Bild von Gesundheit ergibt.

3.2 Methodik Kooperative Prozessgestaltung

Mit der vorliegenden Fallbearbeitung wird deutlich, dass die Methodik KPG mit ganz unterschiedlichen Methoden ausgeführt werden kann. Bei der Auswahl spielen persönliche Präferenzen der fallführenden Person und die individuelle Situation der Klientel eine grosse Rolle. Auch die Möglichkeiten der Klientel beeinflusst die Wahl der Methoden. Diese Freiheit zur Auswahl ist einerseits eine grosse Stärke der Methodik, andererseits erfordert sie von den Professionellen viel Eigenleistung und Flexibilität, was meines Erachtens eine gewisse Arbeitserfahrung voraussetzt. Ohne zuvor geleistete, organisationsinterne

Denkarbeit zur Passung der verschiedenen Methoden in der Organisation bedeutet es für eine einzelne Sozialarbeiterin einen grossen Aufwand, die verschiedenen Prozessschritte zu planen. Eine Organisation sollte einen Rahmen mit möglichen Methoden zur Verfügung stellen, die fallbezogen angepasst werden können. Die Prozessschritte können je nach organisationsspezifischen Kontext und Auftrag, Bedürfnissen der Klientinnen und Klienten und ausgewählten Methoden zeitlich stark variieren. Der in dieser Fallbearbeitung eher ausführliche analytische Teil der KPG hat ein vertieftes Fallverstehen aufseiten der Klientin und der Professionellen ermöglicht. Auch hat er die Klientin zu selbständigem Handeln, zu Selbstreflexion und zu mutigen Schritten angeregt. Durch die ausführliche und sensible Auslegeordnung und das diagnostische Fallverstehen wurden Ziele und neue Handlungsmöglichkeiten sichtbar. Die Ziele und die Weiterarbeit in einem Fall sind auf diese Weise stark durch die Klientel geprägt, sie sind individuell, bedeutsam und realistisch. Auch im Sinne einer sich positionierenden klinischen Sozialarbeit hilft ein vertieftes Fallverstehen, nachfolgende Interventionen inner- und ausserhalb der Organisation zu vertreten. Als grossen Vorteil des ausführlichen analytischen Teils der KPG für die Klientel sehe ich eine erhöhte Motivation bei der Fallbearbeitung und eine vertiefte eigene Auseinandersetzung. Bedürfnisse und Ziele können mit einer Auslegeordnung der ›Ist-Situation‹ besser erkannt und benannt werden. Die Klientin erlebt sich dabei als Expertin ihrer Situation. Die gemeinsame Evaluation mit der Klientel in der KPG empfinde ich ebenfalls als wichtigen Schritt, zum Innehalten während der Prozessgestaltung oder auch als gemeinsamen Abschluss einer Begleitung. Die gemeinsam erarbeiteten Informationen, Ziele und Interventionen können dabei als Ganzes überblickt und beurteilt werden. Mit der Evaluation entstehen neue Perspektiven für die Weiterarbeit in einem Fall. Eine gemeinsame Fallbearbeitung in Kooperation fordert also viel Eigenleistung von Klienten, sie stellt aber auch sicher, dass die Interventionen ihre Wünsche aufnehmen und dass Kompromisse innerhalb der organisationalen Rahmenbedingungen ausgearbeitet wurden.

Literatur

AvenirSocial (2010). Berufskodex Soziale Arbeit Schweiz. Ein Argumentarium für die Praxis der Professionellen. Bern: AvenirSocial.

bindungstherapie.com (o. J.). Erfahrungsorientierte Bindungstherapie (EBT). Infos für Fachkollegen. URL: http://www.bindungstherapie.com/abt/ebt.html (Zugriff am 17.07.2016).

Engel, Georg L. (1977). The Need for a New Medical Modell: A Challenge for Biomedicine. Science, New Series 196 (4286).

FHNW (Hrsg.) (2017). Definition Soziale Diagnostik. URL: http://www.soziale-diagnostik.ch/definition-soziale-diagnostik (Zugriff am 15.01.2017).

Flassbeck, Jens (2010). Co-Abhängigkeit. Diagnose, Ursache und Therapie für Angehörige von Suchtkranken. Stuttgart: Klett-Cotta.

Geiser, Kaspar (2009). Problem- und Ressourcenanalyse in der Sozialen Arbeit. Eine Einführung in die Systemische Denkfigur und ihre Anwendung. Luzern: interact.

Grossmann, Klaus E./Grossmann, Karin (Hrsg.) (2003). Bindung und menschliche Entwicklung. John Bowlby, Mary Ainsworth und die Grundlagen der Bindungstheorie. Stuttgart: Klett-Cotta.

Heiner, Maja (2007). Soziale Arbeit als Beruf. Fälle – Felder – Fertigkeiten. München: Reinhardt.

Hochuli Freund, Ursula/Stotz, Walter (2015). Kooperative Prozessgestaltung in der Sozialen Arbeit. Ein methodenintegratives Lehrbuch. 3., überarbeitete und erweiterte Aufl. Stuttgart: Kohlhammer.

Kraus, Björn (2013). Erkennen und Entscheiden. Grundlagen und Konsequenten eines erkenntnistheoretischen Konstruktivismus für die Soziale Arbeit. Weinheim/Basel: Beltz Juventa.

Pauls, Helmut (2013). Klinische Sozialarbeit. Grundlagen und Methoden psycho-sozialer Behandlung. 3. Aufl. Weinheim/Basel: Beltz Juventa.

SFSS (2013). Interprofessionelle Zusammenarbeit in der Reha-Klinik: Auftrag und Aufgaben der Sozialberatung. Silvia Spaar-Huber. Leiterin Sozialberatung REHAB Basel. URL: http://sfss.ch/cms//home/dienstleistungen/vortraege-berichte/ (Zugriff am 01.12.2016).

Anhang

Abbildungsverzeichnis

Abb. 1: Zentrale Kompetenzen für professionelles Handeln in der Sozialen Arbeit 29
Abb. 2: Allgemeines Modell professioneller Fallarbeit 32
Abb. 3: Zirkulärer Problemlösungsprozess 32
Abb. 4: Phasenmodell 33
Abb. 5: Werkzeugkasten für methodisches Handeln 34
Abb. 6: Zyklusmodell für den Hilfeprozess 34
Abb. 7: Verlaufsmodell der didaktischen Arbeit 36
Abb. 8: Leitfaden zur prozessorientierten Systemvernetzung 37
Abb. 9: Prozessmodell Kooperative Prozessgestaltung – schwarz-weiss ... 38
Abb. 10: Qualitätsmerkmale der ersten drei Prozessschritte 44
Abb. 11: Wenceslaus Hollar, Landscape Shaped like a Face. 90
Abb. 12: Vorgehen in der Analyse 110
Abb. 13: Theoriegeleitetes Fallverstehen 113
Abb. 14: Prozessmodell Kooperative Prozessgestaltung – farbig 180
Abb. 15: ICF-Formular 220
Abb. 16: Silhouette von Lea 221
Abb. 17: Analysemethode Herr K. 237
Abb. 18: Zukunftsorientierter Zeitstrahl 252
Abb. 19: Beispiel aus dem analytischen Fragebogen 254
Abb. 20: Zeitstahl 278
Abb. 21: Situation von Frau G. gemäss systemischer Denkfigur nach Geiser 279

Tabellenverzeichnis

Tab. 1: Fallvorstellung 197
Tab. 2: Fragen zur Einordnung des Falls und für Kurzfallbesprechungen   198
Tab. 3: Fallbesprechung Situationserfassung 199
Tab. 4: Fallbesprechung Analyse 200
Tab. 5: Fallbesprechung Diagnose 203
Tab. 6: Fallbesprechung Ziele 205
Tab. 7: Fallbesprechung Interventionsplanung 206
Tab. 8: Fallbesprechung Evaluation 208

Autorinnen und Autoren

Burgener, Noemi, Jg. 1991. Während ihres Bachelor-Studiums an der Hochschule für Soziale Arbeit FHNW absolvierte sie ihr zweites Praktikum in der Sozialberatung eines Spitals und einer psychosomatischen Klinik. Seit ihrem B. A.-Abschluss 2016 arbeitet sie als Sozialarbeiterin bei einem städtischen Sozialdienst.
Kontakt: n.burgener@windowslive.com

Eberhart, Mirjam, Jg. 1989, B. A. Soziale Arbeit. Während ihres Studiums an der Hochschule für Soziale Arbeit FHNW absolvierte sie ihr zweites Praktikum in einer stationären Einrichtung der Alten- und Behindertenhilfe. Seit dem Abschluss 2015 arbeitet sie als Sozialpädagogin in der Behindertenhilfe.
Kontakt: mia.eberhart@gmail.com

Eglinger, Oliver, Jg. 1976, Sozialpädagoge FH, ist Teamleiter Sozialpädagogik in der Stiftung Schürmatt, einer Einrichtung der Behindertenhilfe. Er ist Lehrbeauftragter an der Hochschule für Soziale Arbeit der FHNW für Kasuistik und Prozessgestaltung.
Kontakt: oeglinger@fhnw.ch

Gebert, Jakin, Jg. 1989, M. A. Soziale Arbeit. Er arbeitet am Institut Professionsforschung und -entwicklung der Hochschule für Soziale Arbeit FHNW in verschiedenen Projekten und Dienstleistungen zu Kooperativer Prozessgestaltung. Zuvor war er in der Behindertenhilfe tätig.
Kontakt: jakin.gebert@fhnw.ch

Hauri, Andrea, Jg. 1993, studiert Soziale Arbeit an der Hochschule für Soziale Arbeit FHNW. Die studienbegleitende Praxisausbildung absolvierte sie in einer stationären Suchthilfe-Einrichtung, nun ist sie als Sozialarbeiterin bei einer Schuldenberatungsstelle tätig.
Kontakt: hauri.andrea@hotmail.de

Hauri, Noëmi, 1991, studierte Soziale Arbeit an der Hochschule für Soziale Arbeit FHNW und arbeitete in der studienbegleitenden Praxisausbildung als Sozialpädagogin in Ausbildung in der Stiftung Landenhof, Zentrum und Schweizerische Schule für Schwerhörige. Seit ihrem B. A.-Abschluss 2016 arbeitet sie weiterhin als Sozialpädagogin auf dem Landenhof.
Kontakt: noemi.hauri@gmail.com

Hochuli Freund, Ursula, Jg. 1957, Dr. phil., ist Professorin an der Hochschule für Soziale Arbeit FHNW, Institut für Professionsforschung und -entwicklung. Ihr Schwerpunkt in der Lehre ist professionelles Handeln in der Sozialen Arbeit. Sie ist Co-Autorin des Lehrbuchs zu Kooperativer Prozessgestaltung und arbeitet in Forschungs- und Dienstleistungsprojekten an der arbeitsfeldspezifischen Weiterentwicklung des Konzepts.
Kontakt: ursula.hochuli@fhnw.ch

Hugenschmidt, Jasmin, Jg. 1988, B. A. Soziale Arbeit, arbeitet bei der Lebenshilfe Lörrach e. V. als Team- und Dienstleitung für die Kooperative Bedarfsermittlung und das Begleitete Wohnen in der Herkunftssituation und wirkt im Aufnahmeverfahren mit.
Kontakt: Jasmin.Hugenschmidt@lebenshilfe-loerrach.de

Löw, Sophie, Jg. 1991, studierte Soziale Arbeit an der Hochschule für Soziale Arbeit FHNW. In ihrer studienbegleitenden Praxisausbildung war sie während zwei Jahren als Sozialarbeiterin in Ausbildung in den Sozialen Diensten einer Gemeinde tätig. Seit ihrem B. A.-Abschluss 2016 arbeitet sie weiterhin als Sozialarbeiterin und führt Fälle in der gesetzlichen Sozialhilfe sowie Mandate im Kindes- und Erwachsenenschutz.
Kontakt: loew.sophie@gmail.com

Trawöger, Renate, Jg. 1967, Sozialpädagogin FH, seit 2010 Bereichsleiterin Wohnen in der Stiftung Schürmatt, Zetzwil.
Kontakt: renate.trawoeger@schuermatt.ch

Schreiber, Kathrin, Jg. 1969, M. A. Soziale Arbeit, ist Lehrerin HF Sozialpädagogik an der Höheren Fachschule Gesundheit und Soziales HFGS in Aarau. Ihre Schwerpunkte im Unterricht sind professionelles Handeln sowie die Professionsethik in der Sozialen Arbeit. Zuvor arbeitete sie am Institut Professionsforschung und -entwicklung der Hochschule für Soziale Arbeit FHNW in der Lehre und in Dienstleistungen zu Kooperativer Prozessgestaltung.
Kontakt: kathrin.schreiber@hfgs.ch

Sprenger-Ursprung, Raphaela, Jg. 1981, B. A. Soziale Arbeit, M. Sc. Psychologie, seit 2009 wissenschaftliche Mitarbeiterin am Institut für Professionsforschung und -entwicklung an der Hochschule für Soziale Arbeit FHNW. Ihr Arbeitsschwerpunkt ist professionelles Handeln in der Sozialen Arbeit. Neben ihrer Lehrtätigkeit arbeitet sie in Forschungs- und Dienstleistungsprojekten an der arbeitsfeldspezifischen Weiterentwicklung des Konzepts Kooperative Prozessgestaltung.
Kontakt: raphaela.sprenger@fhnw.ch